Margrit Twellmann
Die deutsche Frauenbewegung
Ihre Anfänge und erste Entwicklung 1843–1889

athenäums studienbuch
Geschichte

Margrit Twellmann

Die deutsche Frauenbewegung

Ihre Anfänge und
erste Entwicklung 1843–1889

Die Deutsche Bibliothek – CIP-Einheitsaufnahme

Twellmann, Margrit:
Die deutsche Frauenbewegung : ihre Anfänge und erste
Entwicklung 1843–1889 / Margrit Twellmann. – Frankfurt am
Main : Hain, 1993
  (Athenäums Studienbuch)
  ISBN 3-445-07258-2

Verlag Anton Hain Meisenheim 1993
© 1972 Verlag Anton Hain Meisenheim GmbH
Alle Rechte vorbehalten
Druckbetreuung: Frohberg GmbH, Freigericht
Printed in Germany
ISBN 3-445-07258-2

Gewidmet meinen Kindern

Friedrich Wihelm †

und Beatrice

Vorwort

Die vorliegende Arbeit wurde angeregt durch die Dissertation Werner Thönnessens:

Die Frauenemanzipation in Politik und Literatur der deutschen Sozialdemokratie (1863-1930), Gelnhausen 1958.

Parallel zu dieser Arbeit sollte die Frauenemanzipation in Politik und Literatur der deutschen liberalen Parteien untersucht werden. Doch nach Einsicht in die entsprechende Literatur wurde der Schwerpunkt der Arbeit von den liberalen Parteien auf die aus dem liberalen Gedankengut erwachsende bürgerliche Frauenbewegung verlagert, da die Liberalen, befangen in der herkömmlichen Vorstellungswelt, keineswegs als Verfechter des Emanzipationsgedankens auftraten, sondern unter dem Druck vor allem wirtschaftlicher und sozialer Verhältnisse höchstens zu Zugeständnissen bereit waren. Von Ausnahmen abgesehen, schenkten sie aus eigenem Antrieb der bürgerlichen Frauenbewegung nur begrenzte Beachtung, und ihre Haltung gegenüber manchen Forderungen der Frauenbewegung unterschied sich oft nur durch eine Nuance in der Formulierung von der der Konservativen oder Klerikalen. Im Gegensatz zur proletarischen Frauenbewegung, der die Genossen (wenn auch oft nur widerwillig) zur Seite standen, war die bürgerliche Frauenbewegung auf sich selbst gestellt, sie allein war Trägerin des gesamten Geschehens, auf das die Liberalen auf der anderen Seite in einer Reihe mit den übrigen Parteien reagierten - oder es auch unterließen. - Aus diesen Gründen empfahl es sich, die bürgerliche Frauenbewegung in den Mittelpunkt der Betrachtung zu stellen und die Haltung der liberalen Parteien als Teil der "Umwelt" der bürgerlichen Frauenbewegung zu berücksichtigen.

Bei Durchsicht der Sekundärliteratur zur Frauenbewegung fiel besonders auf, daß sie meist von Mitgliedern der Frauenbewegung geschrieben wurde, deren Gesichtswinkel durch ihre Zugehörigkeit zu einer bestimmten Gruppe der Frauenbewegung bestimmt war[1]. Man kon-

---

1) Einen vortrefflichen straffen Überblick über die Entwicklung der deutschen Frauenbewegung bis zum ersten Weltkrieg gibt:

Dr. Frances Magnus- von Hausen, Ziel und Weg in der deutschen Frauenbewegung des XIX. Jahrhunderts. In: Deutscher Staat und Deutsche Parteien. Friedrich Meinecke Festschrift. Hrsg. v. Paul Wentzcke. München, Berlin 1922, S. 199 ff.

Diese Untersuchung darf als notwendige Ergänzung zu den folgenden einführenden Schriften betrachtet werden:

Helene Lange, Gertrud Bäumer, Handbuch der Frauenbewegung. Teile I u. II, Berlin 1901;

Else Lüders, Der "linke Flügel". Ein Blatt aus der Geschichte der deutschen Frauenbewegung. Berlin 1904;

Agnes von Zahn-Harnack, 80 Jahre Frauenbewegung 1849-1928. Berlin-Tempelhof 1938; (Bedingt:

Das Frauenbuch. 3 Bde. Hrsg. v. Eugenie v. Soden. Stuttgart 1913/14).

zentrierte sich dadurch stärker auf die Arbeit der eigenen Gruppe und streifte die Bestrebungen anderer Gruppen mehr am Rande oder widmete ihnen, wie im Falle der proletarischen Arbeiterinnenbewegung, eine Sonderbetrachtung in einem Sonderkapital. Von dem Blickpunkt der noch in der Arbeit und den Kämpfen der Frauenbewegung engagierten Schreiberinnen war dieses methodische Vorgehen sicherlich gerechtfertigt: man stand nebeneinander, arbeitete miteinander - oder auch gegeneinander - an der Realisierung bestimmter Ziele. Diese Bearbeitung beeinträchtigt jedoch die Darstellung der inneren dynamischen Entwicklung der Frauenbewegung. Im allgemeinen behandelt man ausführlich das "Was" und bringt eine minuziöse Kompilation von Fakten, man untersucht unter dem Gesichtswinkel des eigenen Standortes auch sorgfältig das "Warum", doch zumeist fehlt das "Wie", das nur aus dem Kraftfeld des Gesamtgeschehens entwickelt werden kann und nachweisen muß, wie sich eine bestimmte Forderung in einer Organisation entwickelte und nach außen vertreten wurde im Wechselspiel der Beeinflussung durch andere fortschrittliche und hemmende Gruppen der Frauenbewegung und der Umwelt.

Diese Beobachtung bestimmte die Auswahl des Quellenmaterials und das weitere methodische Vorgehen.

Hinsichtlich des Quellenmaterials wurden als zuverlässigste Quellen deshalb vor allem die Frauenzeitschriften ausgewählt, sie bilden den Grundstock der Arbeit. Dieses Material wurde ergänzt durch zeitgenössische Literatur, Memoirenwerke und, falls die Quellenlage unzureichend war, durch später geschriebene Sekundärliteratur. An Zeitschriften wurden benutzt:

a) Für den sozialistischen Flügel der deutschen Frauenbewegung:
"Die Gleichheit". Red. C l a r a Z e t k i n, 1.-29. Jg., 1891-1918/19;
"Sozialistische Monatshefte". 1908/09; 1912-14; 1918.

b) Für den linken Flügel der bürgerlichen Frauenbewegung ("Radikale" genannt; vorwiegend liberal, z.T. demokratisch oder sozialistisch orientierte Mitglieder):
"Frauenwohl", Zeitschrift für Saueninteressen. Hrsg. v. "V e r e i n
F r a u e n w o h l " (Berlin), 1./2. Jg., 1893/94;
"Die Frauenbewegung". Hrsg. v. M i n n a C a u e r, 1.-25. Jg. 1895-1919;
"Beilage zur Frauenbewegung, Parlamentarische Angelegenheiten und Gesetzgebung". Red. Dr. jur. A n i t a A u g s p u r g, 1900-1906;
(Organ des "Vereins Frauenwohl", Berlin; des "Verbandes fortschrittlicher Frauenvereine"; des "Deutschen Vereins für Frauenstimmrecht").

"Zeitschrift für Frauenstimmrecht". Hrsg. v. Dr. jur. A n i t a A u g s p u r g, 1.-6. Jg., 1907-1912); (Organ des "Deutschen Verbandes für Frauenstimmrecht");

"Frauenstimmrecht, Monatshefte des Deutschen Verbandes für Frauenstimmrecht". Red. Dr. jur. Anita Augspurg. 1.-2. Jg., 1912/ 13-1913/14; (fortgesetzt als: "Die Staatsbürgerin", s.u.).
"Zeitschrift für Frauenstimmrecht. Monatsschrift für die staatsbürgerliche Bildung der Frau". Hrsg. v. Minna Cauer, 1912-18; (Organ des "Vereins Frauenwohl", Berlin).

"Mutterschutz. Zeitschrift zur Reform der sexuellen Ethik". Hrsg. v. Dr. phil. Helene Stöcker, 1.-3. Jg., 1905-07; dann: "Die Neue Generation". Hrsg. v. Dr. phil. Helene Stöcker, 4.- 15. Jg., 1908-19; (Publikationsorgan des "Bundes für Mutterschutz").

"Die Frau im Staat". Hrsg. v. Dr. Anita Augspurg und Lida Gustava Heymann, 1. Jg., 1919; (u.a. Publikationsorgan der "Internationalen Frauenliga für Frieden und Freiheit", deutscher Zweig).

c) Für den mittleren Flügel der bürgerlichen Frauenbewegung (später "Gemäßigte" genannt, vorwiegend liberal und nationalliberal orientierte Mitglieder):
"Neue Bahnen". Hrsg. v. Louise Otto-Peters und Auguste Schmidt, 3.-4. Jg., 1868/69; 10.-11. Jg., 1875/76; 18.-19. Jg., 1883/84; 31.-54. Jg., 1896-1919; hrsg. nacheinander von: Auguste Schmidt, Elsbeth Krukenberg, Dr. phil. Gertrud Bäumer, Dr. Elisabeth Altmann-Gottheimer.
"Blätter für soziale Arbeit". (Beilage zu den "Neuen Bahnen"), hrsg. v. Dr. Elisabeth Altmann-Gottheimer, 4.-7. Jg., 1912-15; (Organe des "Allgemeinen deutschen Frauenvereins").

"Der Frauen-Anwalt". Hrsg. v. Jenny Hirsch, 1.-6. Jg., 1870/71- 1875/76;
"Deutscher Frauen-Anwalt". Hrsg. v. Jenny Hirsch, 1878-81; (Organ des "Verbandes deutscher Frauensbildungs- und Erwerbsvereine").

"Die Frau. Monatsschrift für das gesamte Frauenleben unserer Zeit". Hrsg. v. Helene Lange (später zusammen mit Dr. phil. Gertrud Bäumer), 1.-27. Jg., 1893/94-1919/20.

"Centralblatt des Bundes deutscher Frauenvereine". Hrsg. v. Jeanette Schwerin, 1. Jg., 1899/1900; hrsg. v. Marie Stritt, 2.-14. Jg., 1900/01-1912/13; dann:
"Die Frauenfrage. Zentralblatt des Bundes deutscher Frauenvereine". Hrsg. v. Marie Stritt, 15.-22. Jg., 1913/14-1920.
"Mitteilungen des Rheinisch-Westfälischen Frauenverbandes", "Mitteilungen des Vereins Frauenbildung - Frauenstudium" (Beilagen zum "Centralblatt"; 13. Jg., 1911/12 ff.);

"Frau und Staat" (Beilage zum Zentralblatt, 14. Jg., 1912/13 ff.); hrsg. v. Ida Dehmel, 1.-5. Jg., 1912/13-16; (Organ der "Deutschen Vereinigung für Frauenstimmrecht").

"Die Staatsbürgerin". Red. Adele Schreiber, 3.-8. Jg., 1914/15-19; (Organ des "Deutschen Verbandes für Frauenstimmrecht", 1916 ff. Organ des "Deutschen Reichsverbandes für Frauenstimmrecht").

"Jahrbuch der Frauenbewegung". Hrsg. v. Dr. Elisabeth Altmann - Gottheimer, 1913, 1914;
"Jahrbuch des Bundes deutscher Frauenvereine". Hrsg. v. Dr. Elisabeth Altmann - Gottheimer, 1917, 1918, 1919.

Die Literatur des rechten konfessionellen und konservativen Flügels der bürgerlichen Frauenbewegung konnte ausgeklammert werden, da der "Deutsch-evangelische Frauenbund" und der "Deutsche Frauenbund" dem "Bund deutscher Frauenvereine" beitraten und das Geschehen in diesen Organisationen in allen Vereinsorganen der liberalen bürgerlichen Frauenbewegung genau beobachtet und kommentiert wurde. Das gleiche gilt für den "Katholischen Frauenbund", der sich jedoch dem "Bund deutscher Frauenvereine" nicht anschloß.

Bei der Auswahl der liberalen Zeitungs- und Zeitschriftenliteratur erfolgte eine Beschränkung auf die Organe jener Parteigruppierungen, die sich gegenüber den Forderungen der Frauenbewegung besonders aufgeschlossen zeigten, so:
"Die Nation, Wochenschrift für Politik, Volkswirtschaft und Literatur". Hrsg. v. Theodor Barth, 1.-24. Jg., 1883/84-1906/07.
(Theodor Barth: Nationalliberale Partei/Sezession, Deutsche Freisinnige Partei, Freisinnige Vereinigung, Demokratische Vereinigung).
"Die Hilfe". Hrsg. v. Friedrich Naumann, 1.-25. Jg., 1895-1919.
(Friedrich Naumann: National-Soziale Partei, Freisinnige Vereinigung, Fortschrittliche Volkspartei, Deutsche Demokratische Partei).

Diese Beschränkung dürfte sich nicht negativ auswirken, da die politisch orientierten Frauenorganisationen gleichzeitig scharf alle Vorgänge in Parteien, Parlamenten und im gesamten öffentlichen Leben überwachten, die Frauenangelegenheiten berührten; die stenographischen Berichte wichtiger Reichstagsdebatten z. B. findet man oft gleichzeitig in zwei oder drei Frauenzeitschriften.

Methodisch empfahl sich zunächst eine chronologische Gliederung der Arbeit, die sich an den einzelnen Entwicklungsstadien der bürgerlichen Frauenbewegung orientiert. Die sich hieraus ergebenden Abschnitte (A, B, ...) sind nach Sachgebieten in Kapitel untergliedert. Die Reihenfolge der Kapitel wird bestimmt durch die Bedeutung des entsprechenden Sachgebietes innerhalb der Gesamtbestrebungen der Frauenbewegung. Im Rahmen der einzelnen Kapitel wird nun versucht, die Analyse der Arbeit auf einem Sachgebiet mit einer Zusammenschau der dynamischen Vorgänge zu verbinden. Als Konstante ist das jeweilige Sachgebiet vorgegeben, die Variablen sind die Hauptgruppen der Frauenbewegung und die Umwelt. Hieraus ergibt sich im Prinzip immer dasselbe Kraftfeld: das Verhältnis der Frauengruppen und der Umwelt zu einer Sache wirkt auf erstere zurück und beeinflußt die Beziehungen der Frauengruppen untereinander und zur Umwelt, gewinnt jedoch gleichzeitig im Spannungsfeld dieser Wechselwirkungen neue Akzente.

Es ist nicht möglich, jedes Kapitel der vorliegenden Arbeit in dieser Weise zu behandeln; einerseits wäre der Umfang der Arbeit dann kaum zu bewältigen, andererseits zwingen auch die Gegenstände einiger Sachgebiete oder die mangelhafte Quellenlage zu einer anderen Methode.

Der dieser Arbeit beigefügte Quellenband unterstützt bis zu einem gewissen Grad das oben beschriebene methodische Vorgehen, indem er die Arbeit von einer zu detaillierten Behandlung einzelner Gegenstände entlastet und hierdurch Raum schafft für die Berücksichtigung der Dynamik der Entwicklung. Prinzipiell ist der Quellenband jedoch nur eine Zugabe: die Dissertation ist ein in sich geschlossenes Ganzes, sie kann ohne den Quellenband existieren - während der Quellenband ohne Kenntnis der Dissertation nicht voll ausgeschöpft werden kann. (Vgl. weitere Angaben zum Quellenband im Vorwort desselben). Die Verzahnung des Dissertationstextes mit dem Quellenband erfolgt durch hochgestellte Sternchen* im Kontext an jenen Stellen, zu denen Quellen vorliegen; die Sternchen erscheinen dann nochmals unter dem Anmerkungsapparat mit der entsprechenden Seitenzahl des Quellenbandes.

Die oben gegebenen Hinweise zum Quellenmaterial deuten bereits an, daß die im Thema gewählte Formulierung: "deutsche Frauenbewegung" - vom Standort der Gegenwart beurteilt und weit interpretiert wird. Die Endziele der "Frauenbewegung" lassen sich wie folgt umreißen:

a)   die Emanzipation der Frau mit dem Ziel der Gewinnung gleicher Rechte und Pflichten für beide Geschlechter auf allen Gebieten des menschlichen Lebens - als Ausgangspunkt für das weitere Wirken der beiden Geschlechter;

b)   die Realisierung dieser Rechte und Pflichten in der gleichberechtigten Teilnahme beider Geschlechter auf allen Gebieten des menschlichen Lebens - als Mittel zu einer von beiden Geschlechtern gleichmäßig getragenen Ausgestaltung aller menschlichen Lebensbereiche.

Es verbietet sich jedoch, die mit diesen Endzielen zugleich definierten Kriterien als absolute Maßstäbe gegenüber den sich allmählich entwickelnden Organisationen der Frauenbewegung anzuwenden, die von kleinen Nahzielen zu größeren übergingen, an Umfang und Tiefe gewannen und erst nach Jahrzehnten auf alle Bereiche des menschlichen Lebens übergriffen. Um dieser Entwicklung gerecht zu werden, empfiehlt es sich, diese Maßstäbe zu relativieren und auch jene Organisationen als Träger der Frauenbewegung anzusprechen, die während der hier behandelten Epoche nur eine partielle Emanzipation und eine partielle Teilnahme des weiblichen Geschlechts auf einigen Gebieten des menschlichen Lebens erstrebten, wenn jene partiellen Ziele als Etappen auf dem Wege zum Endziel gewertet werden können. – Eine solche Relativierung erlaubt ferner, das breit gefächerte Feld der verschiedenen Strömungen – von der weit vorstoßenden proletarischen Frauenbewegung bis hin zu der zurückliegenden konfessionellen – als "Frauenbewegung" anzusprechen. Die unterschiedlichen Auffassungen über die Wege zu den jeweiligen größeren oder kleineren partiellen Zielen innerhalb der Hauptgruppen der Frauenbewegung sind Unterscheidungsmerkmale dieser Gruppen, berühren aber nicht ihre Zugehörigkeit zur "Frauenbewegung".

Da für die sozialistische Arbeiterinnenbewegung bereits Werner Thönnessens Untersuchung vorliegt, wird in dieser Arbeit die proletarische Frauenbewegung nur insoweit berücksichtigt, als sie integrierender Bestandteil des Kraftfeldes der Frauenbewegung ist. Auch aus diesem Grund rückt die bürgerliche Frauenbewegung stärker in den Mittelpunkt der Untersuchung.

Meinem verehrten Lehrer, Herrn Professor Dr. Abendroth, schulde ich größten Dank für die vielfachen Anregungen und sachlichen Hinweise, doch vor allem für die Ermutigung zur umfassenden kritischen Auseinandersetzung.

Herrn Dr. jur. P. P. Freiherrn von Egloffstein danke ich sehr für die mir so großzügig erlaubte Auswertung der in seinem Besitz befindlichen Memoiren von Lida Gustava Heymann in Zusammenarbeit mit Dr. jur. Anita Augspurg

"Erlebtes – Erschautes!
Deutsche Frauen kämpfen für Freiheit, Recht und Frieden". 1850–1940.
(I. Bearbeitung 1938; II. Bearbeitung 1940/41)[2]
sowie für zahlreiche wertvolle Unterlagen und Hinweise zum Leben und Wirken dieser beiden Führerinnen des radikalen linken Flügels der deutschen und internationalen Frauenbewegung.

Mein herzlicher Dank gilt ferner den Damen Berndt, Krahmer und Seibel von der Universitätsbibliothek Gießen für ihre stete Hilfe bei der Auffindung und Beschaffung von Quellen- und Bildmaterial.

Gießen/L. im Oktober 1967.

2) Anm. d. V.: Die Memoiren werden demnächst erscheinen im Verlag Anton Hain KG, Meisenheim/Glan; sie werden von d. V. herausgegeben.

INHALTSVERZEICHNIS

A. 1843 – 1865: ANFÄNGE

I. Die 40er Jahre und die "Bewegung" der Frauen

"Dem Reich der Freiheit werb' ich Bürgerinnen".

Louise Otto (1849)[1]

1. Allgemeine Charakteristika

Das Quellenmaterial, das diesem Zeitabschnitt zugrunde gelegt werden kann, ist spärlich. Neben den Auskünften zeitgenössischer Quellen, des Volkstaschenbuches "Vorwärts" (1847)[2] und der zur Verfügung stehenden Jahrgänge (III und IV) der "Frauen-Zeitung" (1851/52), müssen zahlreiche Fakten späteren Quellen oder der Sekundärliteratur entnommen werden. In dieser Situation läßt es sich manchmal nicht umgehen, auch weniger umfassende Hinweise in den Quellen verallgemeinert in das Gesamtbild einzufügen; dies gilt vor allem für Art und Umfang der 1848. entstehenden Frauenvereine.

Das "Handbuch der Frauenbewegung" (hrsg. von Helene Lange und Gertrud Bäumer)[3] und andere Werke der Sekundärliteratur umgehen z.T. diese Schwierigkeit durch eine mehr biographische Behandlung des betreffenden Zeitabschnittes, wobei Louise Ottos Leben und Wirken in den Mittelpunkt der Betrachtungen gestellt werden[4].

Um Wiederholungen zu vermeiden, soll sich dieses Kapitel stärker auf eine Analyse des Inhalts und der Ziele der "Bewegung" der Frauen während der 40er Jahre konzentrieren. Doch auch hierbei bilden Louise Ottos Äußerungen und ihr Wirken für die Beurteilung bestimmter Vorgänge und Entwicklungen sehr oft die einzige sichere Grundlage. Weiterhin dürfte aus folgenden Gründen die starke Beachtung Louise Ottos gerechtfertigt sein:

1) Bei einem Vergleich der Ausführungen Louise Ottos mit den übrigen erfaßten Frauenbestrebungen ist es auffällig, wie weitgehend diese mit ihren Darlegungen übereinstimmen. Sicher darf angenommen

---

1) Motto der "Frauen-Zeitung". Hrsg. v. Louise Otto. 1849-52.

2) "Vorwärts!" Volkstaschenbuch. Hrsg. v. Robert Blum. Leipzig 1847.

3) Helene Lange, Gertrud Bäumer: Handbuch der Frauenbewegung, I. Teil, Berlin 1901, S. 22 ff.

4) Anm. d. V.: Eine vortreffliche biographische Skizze ist enthalten in: Gertrud Bäumer: Gestalt und Wandel. Berlin 1950, S. 323 ff.*
ferner sind zu empfehlen:
Auguste Schmidt, Hugo Rösch: Louise Otto-Peters. Leipzig 1898
und: Handbuch der Frauenbewegung, I, S. 27 f., S. 34 ff.

* Qu. 1 ff.; 10 ff.; 20 f.

werden, daß Louise Otto durch ihre schriftstellerische Tätigkeit in ihren Leserkreisen anregend wirkte; andererseits aber, und diese Vermutung hat den Vorzug größerer Wahrscheinlichkeit, dürfte sie die in weiten Frauenkreisen des freiheitlich gesinnten Bürgertums gefühlten und gedachten Wünsche, Hoffnungen und Nöte mitgefühlt, durchdacht und niedergeschrieben haben; gebildet und weltoffen für alle Strömungen ihrer Zeit wurde sie zur Sprecherin gleichgesinnter Frauen[5].

2) Verließ Louise Otto, sobald es ihr möglich war, die von den schreibenden Frauen bevorzugte oder den Herausgebern geforderte Anonymität und zeichnete neben ganz wenigen anderen ihre Arbeiten mit ihrem Namen; sonst findet man die Namen der Verfasserinnen in Gestalt von: Laura M. , L. V. , Anna, Meta, Hedwig etc. - oder auch nur in Gestalt eines Sternchens. - Ferner trat sie in Verbindung mit den Kreisen der "Vaterlandsfreunde", wurde Mitarbeiterin in ihren Organen; gründete (höchst ungewöhnlich für eine Frau!) 1849 eine "Frauen-Zeitung" und rückte so allein schon durch ihren Mut und ihre Aktivität in den Mittelpunkt der Bewegung.

3) Zeigen sich in Louise Ottos schriftstellerischer und praktischer Arbeit während jener Epoche bereits deutlich Anschauungen und Ziele, die sie als Gründerin des Allgemeinen Deutschen Frauenvereins (1865) in dieser Organisation wieder aufleben ließ und die der überwältigenden Majorität der bürgerlichen Frauenbewegung gegenüber eine ungewöhnlich zähe Formkraft behaupteten.

Inmitten der sich immer mehr intensivierenden freiheitlichen Bewegung stellte Louise Otto 1847 fest:

"Wenn die Zeiten gewaltsam laut werden ... so kann es niemals fehlen, daß auch die Frauen ihre Stimme vernehmen und gehorchen. ... Es ist ein Leben und Streben in unserer Zeit, wie es nie vorher gewesen. ... Dies Leben hat auch die Frauen mit in seine bewegten Kreise gezogen"[6].*

Versuchte Louise Otto mit diesen Worten das Phänomen des erneuten politischen Erwachsens der deutschen Frauen während der 40er Jahre zu charakterisieren, so darf man hinzufügen, daß sie hiermit zugleich ein Kausalgesetz aussprach, das für die spätere deutsche Frauenbewegung uneingeschränkt gültig blieb und das man etwa so formulieren könnte: jede Bewegung, jede Aktion in dem von Männern gestalteten öffentlichen Leben löste ein Echo, eine Reaktion in der Frauenwelt aus; und umgekehrt erzeugten Vorgänge in der organisierten Frauenbewegung

---

5) Vgl. Malvida v. Meysenbug: Memoiren einer Idealistin. 2 Bde. Berlin/Leipzig o. J. , S. 268 ff.**
6) Louise Otto: Die Teilnahme der weiblichen Welt am Staatsleben. In: "Vorwärts!" S. 41 f.
* Qu. 3   ** Qu. 49 ff.

und Veränderungen im Frauenleben eine Stellungnahme (meist eine Abwehrstellung) in der Männerwelt.

Schon während der Freiheitskriege waren weite Frauenkreise von der politischen Bewegung jener Jahre erfaßt worden; die Erinnerung an die Opferbereitschaft und patriotische Begeisterung der Frauen während dieser aufgewühlten Zeit blieb in dem freiheitlich gesinnten Bürgertum lebendig und wurde von den "Vaterlandsfreunden" auch insofern gepflegt, als man die Frauen bei politischen Erwägungen und Aktionen nicht ganz vergaß. So luden z. B. am 22. 4. 1832 die süddeutschen radikalen Liberalen Wirth und Siebenpfeifer auch "Deutsche Frauen und Jungfrauen" ein zum Hambacher Fest und forderten sie auf: "schmückt und belebet die Versammlung durch eure Gegenwart!".*

Die Frauen und Jungfrauen jener freiheitlich gesinnten Kreise des deutschen Bürgertums wiederum waren in ihrem Fühlen und Denken, in ihrer ganzen Lebenshaltung geprägt sowohl von dem Gedankengut des deutschen Idealismus als auch der Romantik; sie waren fähig, den plötzlich wieder aufflammenden politischen revolutionären Geist mitfühlend zu erleben, und sie blieben empfänglich für die großen politischen Ideen der folgenden Jahre, die in poetischer Gestalt[8] von Herwegh, Kinkel, Freiligrath, Hoffmann von Fallersleben u. a. m. an sie herangetragen wurden, nämlich:

"Einigkeit und Recht und Freiheit für das deutsche Vaterland ...";
Freiheit und Brüderlichkeit, Humanität und Gerechtigkeit für jeden einzelnen, die deutsche Nation, für die ganze Menschheit! Kinkel rief ihnen zu:

"Es schaut auf Euch, Ihr Frauen, Hoffend das Vaterland!"

Und die Frauen fühlten sich als Priesterinnen des Ideals, als Hüterinnen der heiligen Flamme der Begeisterung, als Mahnerinnen der Männer, wenn deren Kampfesmut und Kräfte zu ermatten drohten. - Auch die Frauen lieferten ihre Beiträge zur politischen Poesie; 1847 veröffentlichte Louise Otto die "Lieder eines deutschen Mädchens", die in dem freisinnigen deutschen Bürgertum eine begeisterte Aufnahme fanden; man feierte Louise Otto als die "Lerche des Völkerfrühlings".

Gerade diese zwischen Männern und Frauen bestehende Gemeinsamkeit der Ideen und der Begeisterung für menschheitsbeglückende Ziele verdient aufmerksame Beachtung: sie war einerseits ein hervorragendes Charakteristikum jener bewegten Epoche und sie bildete andererseits vor allem für die Frauen den Ausgangspunkt, ihre eigene Lage und ihre

---

7) Otto Klein-Hattingen: Geschichte des deutschen Liberalismus. 2 Bde. Berlin-Schöneberg 1911/12, S. 121.

8) Hierzu bemerkt Louise Otto in "Vorwärts", 1847, S. 42 ff.: "Zuerst hat die politische Poesie die Frauen geweckt. ... so drang der Sinn für Politik auf dem belebenden Flügelschlag der Taube Poesie in das weibliche Herz, ...".**

* Qu. 1   ** Qu. 4

Aufgabe in Familie, Gesellschaft und Staat zu überdenken und neu zu gestalten, um das "Werk der Welterlösung zu fördern"[9],* wie Louise Otto sagte, d. h. um helfen zu können, jene menschheitsbeglückenden Ideen zu verwirklichen.

Jener Gleichschritt, mit dem im privaten Leben die Frauen den freiheitlich gesinnten Männern in das Reich der Ideen, der Begeisterung, der Gefühle, Wünsche und Hoffnungen zu folgen verstanden, dürfte auch einige Männer zu weiterreichenden Überlegungen veranlaßt haben. So stellte im Herbst 1843 Robert Blum in den "Sächsischen Vaterlandsblättern" die Frage nach der "Teilnahme der weiblichen Welt am Staatsleben", die er selbst bejahend beantwortete[10]; da er um weitere Stellungnahmen gebeten hatte, antwortete auch ein "sächsisches Mädchen":

"Die Teilnahme der Frauen an den Interessen des Staates ist nicht ein Recht, sondern eine Pflicht"[11].**

Das "sächsische Mädchen" war die vierundzwanzigjährige Louise Otto*** (1819-1895), die mit diesen für eine Frau wahrhaft kühnen Worten ihr Wirken "im Allgemeinen und für das Allgemeine" begann. Der Kontakt zwischen Louise Otto und den freiheitlichen demokratischen Kreisen kam schnell zustande; sie wurde von nun an Mitarbeiterin in Robert Blums "Sächsischen Vaterlandsblättern", in Ernst Keils "Leuchtturm" und "Planet" (später auch seiner "Gartenlaube") und in der demokratischen "Typographia"[12]. Sie mußte jedoch die meisten ihrer Beiträge unter dem Pseudonym "Otto Stern" veröffentlichen - da Damen über solche Dinge nicht schrieben[13]- woran man ermessen kann, wie einzigartig Louise Otto einerseits die damalige gebildete Frauenwelt überragte und wie erdrückend andererseits die herrschenden Vorurteile auf den Frauen lasteten.

Jene mutige Antwort Louise Ottos (1843) und das Motto ihrer "Frauen-Zeitung" (1849-52) - "Dem Reich der Freiheit werb' ich Bürgerinnen" - erfuhren in den späteren Kämpfen, Erörterungen und Darstellungen der bürgerlichen Frauenbewegung mannigfache Interpretationen; die Erklärung hierfür liegt in der Art der historischen Darstellung: jene Zitate werden zumeist in einer Schilderung bestimmter Gescheh-

---

9) G. Bäumer, Gestalt und Wandel, S.337.

10) Louise Otto, "Vorwärts", S.37/38.

11) G. Bäumer, Gestalt und Wandel, S.332.

12) Louise Otto-Peters berichtet hierzu in: Das Recht der Frauen auf Erwerb. Hamburg 1866, S.78: Eines Tages sei sie von Schriftsetzern besucht worden, die sich ausdrücklich mit dem, was sie schrieb, einverstanden erklärten und sie um Beiträge zur "Typographia" ersuchten.

13) Schmidt-Rösch, S.26.

* Qu. 34   ** Qu. 1   *** Qu. 7 ff.; 27 ff.

nisse der 40er Jahre unter starkem biographischen Bezug auf Louise Otto wiedergegeben.

Versucht man über eine Analyse des Gesamtgeschehens der 40er Jahre und der historischen Situation der Frauen zu dem tatsächlichen Inhalt jener Forderung Louise Ottos vorzustoßen, so kann man feststellen, daß mit den Worten "Teilnahme der Frauen an den Interessen des Staates" der gesamte Fächer der Frauenbestrebungen jener Epoche umschrieben wurde. Innerhalb jenes Fächers zeichnen sich zwei Hauptrichtungen ab, die Bildungsbestrebungen und diejenige, die man als "soziales Wirken" bezeichnen könnte; eine strenge Trennung einzelner Richtungen verbietet sich jedoch, da alle Frauenbestrebungen homogen aus dem Gedankengut jener Zeit erwuchsen, fließend ineinander übergingen und einander ergänzten.

2. Bildungsbestrebungen

Bildung!

Ein Zauber strahlte aus von diesem Wort und wirkte gleichermaßen auf Männer und Frauen. – Die Bildung der Persönlichkeit, die volle, harmonische Entfaltung aller von Gott (oder der Natur) dem Menschen gegebenen geistigen und körperlichen Fähigkeiten wurde als eine natürliche oder von Gott auferlegte Verpflichtung des Menschen betrachtet – und zwar für alle Klassen der menschlichen Gesellschaft; nur durch Bildung war jene sittliche Höherentwicklung des Individuums, des ganzen Menschengeschlechtes zu erreichen, die schließlich zu beider Vollendung führen sollte, jenem erhabenen letzten Ziel, das die Schöpfung ihrem vollendetsten geistbegabten Wesen, dem Menschen, gesetzt hatte. Dieses hohe Ziel verknüpfte wiederum das Individuum mit den Menschen, unter denen es lebte, und verpflichtete es zum Dienst gegenüber den Mitmenschen, gegenüber der Gesellschaft, der Nation, der ganzen Menschheit.

Allen voran waren zu diesem Dienst die "gebildeten" Schichten des Bürgertums berufen, doch nur die Männer brachten die hierfür notwendigen Voraussetzungen mit; die Bildung der Frauen dieser sogenannten "höheren Klassen" der Gesellschaft wurde so sehr vernachlässigt,* daß sie kaum jemals zur vollen Entfaltung der eigenen geistigen Fähigkeiten gelangten. In der damaligen Frauenbildung bestimmte die Nachfrage das Angebot: die Männer, auch die freisinnigsten, fragten nach tüchtigen und fügsamen Hausfrauen, hingebungsvollen Müttern, sittsamen und opferbereiten Gattinnen; an "Bildung" verlangten sie vor allem Herzensbildung, Gemütstiefe, frommen Sinn, Begeisterungsfähig-

* Qu. 15 ff.

keit und wiederum Hingabe und Opferbereitschaft etc. * Die Frauen boten diese gefragten Eigenschaften – mehr oder minder.

Wenn der Eindruck, den die vorliegenden Dokumente vermitteln,
nicht trügt, so war das, was die Frauen am innigsten mit den Männern
im "geistigen Raum" teilten, die Begeisterung! Dies ist nur zu verständlich: der von der Romantik erweckte und gepflegte Kult der Gefühle war in dieser Generation noch ungebrochen und entzündete sich
immer wieder neu an den literarischen Werken jener Epoche. Eingeschlossen in den engen Rahmen des Hauses, ausgeschlossen von jeder
gründlichen Schulbildung mußte sich das Augenmerk der Mädchen und
Frauen ganz auf jene allgemein gelesenen und gepriesenen literarischen
Schöpfungen konzentrieren, wenn sie ihren geistigen Hunger stillen wollten; ** diese Literatur wurde von der Männerwelt bereitwillig in ihre Hände gelegt; den Inhalt jener poetischen und schöngeistigen Werke konnten
sie sich auch zumeist zu eigen machen, vermochten sie ihn auch nicht
immer mit dem Verstand zu durchdringen, ihre Gefühle erfaßten ihn
um so inniger und durchlebten alle Höhen und Tiefen – von himmelstür-
mender Freude und Begeisterung bis hin zu Tränen des Mitleids und der
Trauer. Die auf diese Weise "gebildeten" Frauen erbebten unter der
Leidenschaft der politischen Poesie (vgl. oben) und ließen sich willig
auf den Wogen der männlichen Begeisterung mitemportragen – was um
so leichter geschehen konnte, als ihnen durch mangelhaftes materielles
Wissen alle Voraussetzungen für sachliches Denken und nüchterne Kritik fehlten.

Es wäre irrig, wollte man aus diesen Ausführungen einen Gegensatz
zu dem eben geschilderten Bildungsstreben konstruieren. Das soeben
gezeichnete Frauenbild war das herkömmliche, das übliche, es wurde
allgemein bejaht – auch von Louise Otto. Doch wenn die hellsten Köpfe
unter den Frauen sich selbst und ihre Fähigkeiten an jenen menschheitsbeglückenden Zielen maßen, die sie bejahten und zu deren Verwirkli-
chung sie beitragen wollten, und wenn sie sich weiterhin in der übrigen
Frauenwelt umschauten, dann bemerkten sie einen großen Unterschied
zwischen dem, was war, und dem, was sein sollte. – Genau an diesem
Punkt setzten die Bildungsbestrebungen der Frauen ein.

1847 veröffentlichte Louise Otto hierzu einen sehr aufschlußreichen
Aufsatz: "Die Theilnahme der weiblichen Welt am Staatsleben", in dem
sie feststellte:

"Die Erziehung und Bildung der Frauen steht mit unseren staatlichen
und socialen Verhältnissen im Widerspruch"[14] .***

Ausgangspunkt ihrer Kritik:
die absolut mangelhafte Erziehung und Bildung der Mädchen: sie lernen

---

14) Louise Otto, "Vorwärts", S. 52 ff.
* Qu. 87 ff.; 91 ff.   ** Qu. 3 f.; 8 f.   *** Qu. 10 ff.

nur bis zum 14. Lebensjahr, beschäftigen sich, wenn der Geist erwacht, nur mit Tanzen, Piano, französischer und englischer Literatur, Zeichnen und Sticken, Putz und Tand; es dominiert "Halbwisserei", "Nachbeterei ohne Selbstdenken".

Folgen:

a) charakterlich: geistige Unselbständigkeit – "Die meisten Frauen bleiben Zeit ihres Lebens hindurch – Kinder. Erst leben sie unter steter, ja stündlicher Aufsicht im Elternhause und wagen keine anderen Ansichten zu haben als die in der Familie herrschenden; dann werden sie Gattinnen, und ... urteilen ... im Geist ihres Mannes, ..."; sie opfern den "reinen harmlosen Sinn den Göttern des Tanzes und sinnlichen Vergnügungen", – überhören "über dem Syrenensange der Eitelkeit die sanfte Sprache des Herzens ...";

b) im Verhältnis zum Manne: die Mädchen werden "zu Puppen der Männer" erzogen, und "zu einer Puppe" ausgeputzt – und als solche hinausgeschickt "auf den Markt des Lebens, sich einen Käufer zu suchen, ..."; sie können nicht die Gefährtinnen der Männer sein, sind noch nicht einmal gute Hausfrauen.

Abhilfe:

a) Fortsetzung des höheren Unterrichts nach der Konfirmation (etwa ein Sechstel der üblichen Schulstunden) in Privatzirkeln (gebildet aus den Töchtern mehrerer Familien) oder in Mädcheninstituten (möglichst in kleinen Städten oder auf dem Land).

b) Lehrgegenstände: Weltgeschichte (man lehre sie "als ein lebendiges organisches Ganzes", der "Geist der Weltgeschichte muß lebendig" werden), vaterländische, deutsche Geschichte und Zeitgeschichte ("So bildet gewiß schon in den zarten Gemütern Begeisterung sich aus für die Angelegenheiten des Vaterlandes"), ferner Naturwissenschaften und "vor allem das Turnen".

c) Bildungsziel und Methode: es gilt nicht, "ihnen gelehrte Sachen vorzutragen, mit denen sie ihr Gedächtnis anfüllen sollen, sondern g e r a d e   n u r das Interesse an höheren Dingen in ihnen rege zu erhalten, sie zum Selbstdenken und Selbstweiterstreben aufzumuntern". – "Man rüste sie ... aus mit fester moralischer Kraft, frommem Sinn, deutscher Innerlichkeit und Gefühlstiefe, ...".

d) Begründung: "sich geistig immer mehr zu vervollkommen, ist die Aufgabe eines jeden Menschen, die heilige Forderung der Natur, ja unserer christlichen Religion, an uns alle".

Besonders charakteristisch für diese Epoche sind Louise Ottos Bildungsziel und ihre Abneigung gegen "gelehrte Sachen", die das "Gedächtnis anfüllen"; denn Bildung galt vor allem bei den Frauen nur als ein Mittel, das den Charakter formen und ganz bestimmte Eigenschaften hervorbringen sollte; so wünschte man an anderen Stellen z. B. Reinheit, Würde, Anmut, Bescheidenheit und alle bereits oben aufgeführten Eigenschaften. Man achtete weniger auf das, was eine Frau konnte, als darauf, wie sie war. - Vor einer "gelehrten" Frau, die sich den Wissensstoff eines Mannes erarbeitet hatte und beherrschte, empfand man offensichtlich einen Horror vermischt mit einem Minderwertigkeitskomplex; sie "ist eine Unnatur, die nirgend ihren Platz findet", rief "W. M." in der Frauen-Zeitung" aus. "Wie unbehaglich fühlt man sich in der Nähe eines Wesens, das sich in Gesellschaft anderer seines Geschlechts stets wie eine Riesin unter Zwergen vorkommt, ..."[15]* - Noch war die Zeit nicht gekommen, die die Mädchen dieser Schichten in großer Zahl zur Arbeit und damit zur Konkurrenz mit dem beruflich und wissenschaftlich wohl ausgerüsteten Manne zwang; noch galt es in den wohlhabenderen Mittelschichten als Selbstverständlichkeit, daß die Töchter heirateten und bis zu ihrer Eheschließung im Elternhause blieben; jedes wohlhabendere Bürgerhaus war in dieser Periode noch ein großer "Haus-Wirtschaftsbetrieb", der so mannigfache produktive Aufgaben an die Hausfrau stellte, daß auch für Töchter genug Arbeit vorhanden war.

Das Problem der unverheiratet bleibenden Frau war aber in diesen Schichten bereits existent und wurde auch in seinen menschlichen und wirtschaftlichen Auswirkungen klar erkannt. - Ehelosigkeit war ein hartes Schicksal und bedeutete für ein Mädchen: Verzicht auf den "natürlichen" Versorger, Verzicht auf persönliches Lebensglück, Verzicht auf eine geachtete Stellung in der Gesellschaft; die "alte Jungfer" war ein Gegenstand des Spottes: denn w a s eine Frau war, wurde sie allein durch ihren Gatten.

Zur Lösung des hierbei entstehenden Problems der persönlichen Lebenserfüllung dürfte allgemein die "Bildung" als Allheilmittel betrachtet worden sein: Bildung erhob den Menschen zu einem höheren geistigen Sein, wodurch das individuelle Liebes- und Glücksbedürfnis sublimiert werden konnte zur Nächstenliebe, zur Wohltätigkeit gegenüber dem bedürftigen Mitmenschen;
"so findet sie in wahrer Bildung, in dem Genuß innerer Güter auch in dem Bewußtsein, ihre Kräfte dem Dienste der Menschheit gewidmet haben, reichlichsten Ersatz" -[16]**
lautete die Hilfsformel des (1848 ff. gegründeten) Berliner Frauen-Bildungsvereins. Zugleich erhoffte man, durch den Dienst an der Menschheit (der unten ausführlicher behandelt wird) den unverheirateten Frauen eine geachtete Lebensstellung schaffen zu können.

Übereinstimmend lehnen alle Zeugnisse die Ehe als "Versorgungsanstalt" ohne persönliche Zuneigung als eine "Herabwürdigung" ab; sie

---

15) "Frauen-Zeitung", 4. Ig., Nr. 14, 14. 4. 1852, S. 109 f.
16) "Frauen-Zeitung", 3. Jg., 23. 11. 1851, S. 334.
* Qu. 91   ** Qu. 60 ff.

ist ein "Hohnsprechen allen jungfräulichen Gefühls und aller keuschen Sitte"[17],* bemerkte Louise Otto. - Doch was sollte ein unverheiratet bleibendes Mädchen tun, wenn es arm war? Arbeiten! lautete die Antwort.

Auch hier wurde Bildung als ein Hilfsmittel betrachtet: sie machte "den Menschen selbständig und frei, ... zum lebendigen Gliede der menschlichen Gesellschaft"[18] und ertüchtigte ihn hierdurch nach der Auffassung der damaligen Zeit für jeden Beruf. - Louise Otto beschuldigte direkt die mangelhafte Mädchenbildung, daß sie die Mädchen der höheren Stände unfähig mache, "sich selbständig durchs Leben zu helfen"[19].**

Es ist nun interessant festzustellen, daß man da, wo eine Berufstätigkeit der Frauen ins Auge gefaßt wurde, auch konkretere Vorstellungen über ihre Ausbildung entwickelte. - Bei Louise Otto zeigte sich dies 1847 bereits in Ansätzen; sie faßte für die Frauen dieser Stände den Lehr- und kaufmännischen Beruf ins Auge, doch vor allem den ersteren. Sie wünschte, daß die Leitung jener weiterführenden Bildungsanstalten "in die Hände vaterländisch gesinnter Frauen" gelegt werde, man "mache überhaupt die ganze Anstalt zu einer wahrhaft nationalen, zeitgemäßen, in der vorzugsweise deutscher Sinn und schwesterliche Gleichheit in edler einfacher Sitte walte"[20].*** Über eine Berufsausbildung der Lehrerinnen oder gar der kaufmännisch tätigen Frauen äußerte sie sich nicht; ihre Wünsche fanden jedoch in den oben dargelegten Abhilfsvorschlägen, vor allem in den Lehrgegenständen ihren Niederschlag.

In ihrer "Frauen-Zeitung" unterstützte Louise Otto später (1849-52) alle Einrichtungen, die sich auch die Berufsausbildung der Frauen zum Ziel setzten: die Fröbelschen Kindergärtnerinnen-Institute und die Hamburger Frauenhochschule. Auch diese Einrichtungen waren fest verwurzelt in dem Gedankengut jener Epoche.

Friedrich Fröbel (1782-1852) erstrebte zwar im Idealfall jene Mädchenbildung, die alle weiblichen Wesen auf ihren "hohen mütterlichen Beruf" vorbereiten sollte, aber er bildete in den 1848 ff. zahlreich entstehenden Kindergärtnerinnen-Instituten vorwiegend Kindergärtnerinnen aus, die beruflich tätig werden wollten.****

Die Hamburger Frauenhochschule wurde von der Hamburger Deutsch-Katholischen "Freien Gemeinde" und dem von ihr gegründeten Frauenbildungsverein (unter Leitung von Emilie Wüstenfeld) in Zusammenarbeit mit der gebefreudigen freisinnigen Hamburger Bürgerschaft und den überall beheimateten Fröbelanhängern errichtet (1848/49-52); ein Kindergarten und eine Elementarklasse zur Ausbildung von Kindergärtnerin-

17) L. Otto, "Vorwärts", S. 60.
18) "Frauen-Zeitung", 3. Jg., 9.11.1851, S.309.
19) L. Otto, "Vorwärts", S. 60.
20) L. Otto, "Vorwärts", S.55/56.
    * Qu. 14   ** Qu. 14   *** Qu. 12 f.   **** Qu. 46 ff.

nen und Lehrerinnen wurden ihr sofort angegliedert. Diese Anstalt unternahm mit einem spürbar "radikaleren" Akzent die Berufsausbildung
der Frauen. Malvida von Meysenbug, die 1850-52 in der Frauenhochschule arbeitete, verdanken wir eine ausführliche Darstellung* in ihren
"Memoiren einer Idealistin"; sie berichtet:

"Die ökonomische Unabhängigkeit der Frau möglich zu machen durch
ihre Entwicklung zu einem Wesen, welches zunächst sich selbst Zweck ist
und sich frei nach den Bedürfnissen und Fähigkeiten seiner Natur entwickeln
kann - das war das Prinzip, auf welches die Anstalt gegründet war"[21].

Hamburger Professoren hielten Vorlesungen in den üblichen Schul-
disziplinen, ferner in Mathematik, Physik, Chemie, Astronomie, Geschichte der Religionen und Erziehungslehre[22]. Malvida von Meysenbugs
Schilderung vermittelt den Eindruck, daß es sich bei dieser Hochschule
um eine gut organisierte und recht straff geführte Ausbildungsstätte handelte, in der auch Wissen erarbeitet wurde. - In der Gemeindeschule**
der Hamburger "Freien Gemeinde" wurde der Berufsertüchtigung ebenfalls starke Beachtung geschenkt; Mädchen und Knaben erhielten denselben Unterricht, in den Elementarklassen sogar in Koedukation.

Den Vorgängen in Hamburg dürfte in jeder Hinsicht eine Ausnahme-
stellung zukommen; man erkannte hier klar, was notwendig war, und
hatte Mut, Entschlußkraft - und Geld! - genug, um die entsprechenden
Maßnahmen durchzuführen. Der Schlüssel zur Erklärung dieses Geschehens dürfte in der sozialen Struktur dieses Kreises liegen; er setzte sich
vor allem zusammen aus Frauen und Männern des Hamburger Patriziats,
die in echt hanseatischer Weltoffenheit und Kühnheit auch das Risiko einer Frauenhochschule einzugehen vermochten.

Alle anderen in dieser Arbeit erfaßten Bildungsbestrebungen zeigen
einen engeren, kleinbürgerlichen Charakter. Sicher ist, daß ein Verlangen nach "Bildung" bestand, doch die Versuche, in tiefere Bildungsbe-
reiche vorzustoßen, waren tastend und ziellos. Die Diskussion über die
Elementarbildung der Mädchen blieb ganz den konventionellen Vorstellungen verhaftet.*** Für eine systematische geistige Weiterbildung dürfte
noch jedes Verständnis gefehlt haben; so erhielt z. B. Louise Otto, als
die Frauenhochschule in ihrer "Frauen-Zeitung" um Schülerinnen warb,
ein bissiges Eingesandt von weiblicher Hand: die Töchter der Geldari-
stokratie seien schon gebildet genug[23].

Diesen Mädchen und Frauen dürfte vor allem jene allgemein übliche Art der "Weiterbildung" vertraut gewesen sein, die z. B. der Berliner Frauenbildungsverein seinen Mitgliedern bot; er veranstaltete
"wissenschaftliche Unterhaltungen" in Gestalt "wissenschaftlicher Vor-

21) Malvida von Meysenbug, Memoiren einer Idealistin. 2 Bde. o.J., I., S. 298.
22) H. Lange, G. Bäumer, Handbuch. I, S.31.
23) G. Bäumer, Gestalt und Wandel. S.343.
  * Qu. 49 ff.   ** Qu. 53   *** Qu. 54 ff.

träge" über griechische Literatur, Schillers Dramen, Astronomie und das Leben der Pflanzen[24].* "Wissenschaftliche Unterhaltungen" dürften, hart formuliert, das hervorragendste Merkmal der dilettierenden Bildungsbestrebungen sowohl der Männer als auch der Frauen jener Epoche gewesen sein. Die Erklärung liegt auf der Hand: in dem schönen Bestreben, in die Breite zu wirken, wollte man allen Schichten des Volkes in einer adäquaten Weise "Bildung" geben; man konnte sie bei dem allgemeinen Wissensstand nicht in Gestalt nüchterner wissenschaftlicher Referate in die diversen Handwerker-, Gesellen-, Arbeiter-, Dienstboten-, Frauenvereine etc. hineintragen, sondern man mußte bestrebt sein, "Belehrung" mit "Freude und sittlicher Erhebung" zu verbinden. Auf diese Weise kamen jene "wissenschaftlichen" Unterhaltungen zustande, die in der späteren Frauenbewegung noch jahrzehntelang ein zähes Leben behaupteten, die aber auch noch in den sechziger Jahren in den Arbeiterbildungsvereinen nachweisbar sind. (Der zweite Gesichtspunkt: "Freude und sittliche Erhebung" wird an anderer Stelle noch ausführlicher zu behandeln sein).

Sehr charakteristisch ist ferner, daß die Frauen - trotz des allgemein gefühlten Bildungsbedürfnisses - die Forderung einer besseren höheren Mädchenbildung nicht den öffentlichen Gewalten gegenüber erhoben. Alle Bildungsbestrebungen von der Hamburger Frauenhochschule und Fröbel bis hin zu jenen "wissenschaftlichen Unterhaltungen" entsprangen privater Initiative; Louise Otto rief "Deutsche Männer und Frauen" auf, die von ihr gewünschten Mädcheninstitute zu gründen[25].** Dieses Vorgehen ist einerseits Ausfluß der historischen Entwicklung, abgesehen von dem staatlich geregelten Elementarunterricht wurde jede "höhere Mädchenbildung" fast ganz der Privatinitiative überlassen;*** andererseits waren die Mädchen und Frauen noch so sehr mit dem Haus verknüpft, daß von Frauen und Männern die "hauswirtschaftliche" Ausbildung und Tätigkeit der Mädchen fast als Hauptbestandteil der Ausbildung schulentlassener Töchter betrachtet wurde. Auch im Hinblick auf die geistige Ausbildung blieb so das Augenmerk auf private Unternehmungen konzentriert, zumal man voraussetzte, daß die geistige Weiterbildung die hauswirtschaftliche Tätigkeit der Mädchen nicht stören dürfe oder miteinschließen müsse - wie im Falle der Fröbelinstitute und wohl auch der von Louise Otto gewünschten Mädcheninstitute; sogar in der Hamburger Frauenhochschule wurden unter dem Einfluß der Fröbelschen Erziehungslehre alle anfallenden Hausarbeiten von den Schülerinnen selbst verrichtet. Zudem wußte man auch noch gar nicht, was man eigentlich lernen wollte, man lehnte nur die "Gelehrsamkeit"

24) "Frauen-Zeitung", 3. Jg., Nr. 44, 16.11.1851, S. 319.
25) Louise Otto, "Vorwärts", S. 56.
* Qu. 59 ff.   ** Qu. 13   *** Qu. 15 ff.

der Knaben- und Männerausbildung ab und scheute auch deshalb vor Forderungen an die öffentlichen Gewalten zurück; erst unter dem Zwang zur Arbeit und unter dem Druck des Konkurrenzkampfes formten sich später konkrete Forderungen an den Staat und die Kommunen.

Der Vollständigkeit halber sei erwähnt, daß neben den 1848 ff. entstehenden Frauenbildungsvereinen auch Frauenturnvereine gegründet wurden. Während der 40er Jahre waren zahlreiche Männerturnvereine entstanden, die neben der "Bildung des Leibes" auch die Formung eines neuen freiheitlich gesinnten Männergeschlechts erstrebten und handfeste freiheitliche politische Ziele verfolgten[26].* In Anlehnung an das männliche Vorbild dürfte auch Louise Otto 1847 das Mädchenturnen in ihre Forderungen zur Erziehungsreform eingeschlossen haben. Das Echo, das die Frauenturnvereine fanden, war auch unter den freiheitlich gesinnten Frauen vermischt mit Skepsis, doch diejenigen Mädchen und Frauen, die das Turnen bejahten, turnten im Alter von 15 bis 50 Jahren, und in dem Sturm der Begeisterung der 48er Jahre wollte man auch nicht nur die leibliche Gesundheit fördern, sondern "Deutsches Frauen- und Menschentum" hervorbringen[27].**

3. Soziales Wirken

Allen Frauenbestrebungen gemeinsam dürfte während der 40er Jahre der "soziale" Akzent gewesen sein. - Wenn man sich um 1900 ff. in dem Bund deutscher Frauenvereine mit wachsender Ausschließlichkeit der "sozialen Hilfsarbeit" zuwandte, liebte man es, auf die 40er Jahre, vor allem auf Louise Otto zu deuten, um festzustellen, wie fortschrittlich und sozial diese damals schon gehandelt habe, man setze nur ihr Werk fort, wenn man sich der sozialen Hilfsarbeit widme, die eine "königliche Domäne der Frau" sei[28], wie Helene Lange feststellte.

Ohne Louise Ottos große Verdienste schmälern zu wollen, muß festgestellt werden, daß "soziales Wirken" sozusagen "im Geist der Zeit" lag. Wollte man die sittliche Vollendung des Individuums und des ganzen Menschengeschlechtes als großes Ziel erstreben, dann mußte man im kleinen jedem dazu Gelegenheit geben. Es entsprach dem "Geist der Zeit", den Bildungsbestrebungen den ersten Platz auf dem Feld des sozialen Wirkens zuzuweisen, denn man glaubte, wie oben dargelegt wurde, daß Bildung jeden Menschen auch zum Beruf ertüchtige, ihm helfe, lange und harte Arbeit zu ertragen und sie gut zu verrichten, da Bil-

---

26) Richard Glaß, Die körperliche Erziehung ist der Hebel der Freiheit! In: "Vorwärts", 1847. S. 156 ff.

27) "Frauen-Zeitung", 3. Jg., 18. 7. 1851. S. 189 f.

28) G. Bäumer, Gestalt und Wandel. S. 397.

* Qu. 77 ff.   ** Qu. 79 ff.

dung ihm Freude und damit auch Kraft gebe; man hoffte auch, Bildung werde jeden Arbeitenden anregen, beruflich weiterzustreben, seine wirtschaftliche Lage zu verbessern und sich als tätiges Glied der menschlichen Gesellschaft zu vervollkommnen; und schließlich erwartete man von der Bildung noch eine andere moralische Wirkung; sie sollte dem Menschen helfen, durch alle Fährnisse des Lebens hindurch den "rechten Weg" zu finden und – das galt vor allem für die Frauen – ein "sittsames Leben" zu führen; konkret gesprochen bedeutete dies: nicht lügen, stehlen oder betrügen und in puncto Sexualmoral "rein" und "keusch" zu sein. Diese letzte Erwartung vor allem wurde von Männern und Frauen gleich intensiv gehegt, denn das herkömmliche und in "Herz und Gemüt" aller Männer und Frauen fest verankerte Bild der Frau vertrug sich absolut nicht mit der Vorstellung von einem weiblichen Wesen, das sich Lug, Trug und Diebstahl oder gar sexueller Zügellosigkeit hingab[29].

Vergleicht man den Katalog alles dessen, was "Bildung" fördern und vervollkommen sollte, mit den Möglichkeiten, die den Frauen geboten wurden, so mußten sich die Frauen in ihrem Streben nach jener von allen Menschen geforderten Vervollkommnung zwangsläufig fast ausschließlich auf den Bereich der moralischen Höherentwicklung konzentrieren – und hier wieder auf den zentralen Punkt der Sexualmoral, die somit unangetastet jene alles dominierende Stellung im Frauenleben behaupten konnte, die ihr von Religion und Herkommen schon immer zugesprochen worden war. Die Frauen wiederum, ausgeschlossen von jeder Bewährung im weiteren, größeren Leben, hielten sich an d i e s e Bewährung, bejahten die Sexualmoral als unantastbaren Zentralpunkt weiblichen Lebens auch in den folgenden Jahrzehnten; denn: in diesem Punkt konnte sich jede Frau bewähren und gewiß sein, dadurch als "unbescholtene Person" von den Mitmenschen akzeptiert zu werden; selbst wenn sie sonst nichts Positives im Leben leistete, diese Leistung, nichts "Unrechtes" zu tun, wog alles auf!

Man stößt hier auf eine Lebens- und Ordnungsmacht, die man später in liberalen Männerkreisen zwar manchmal etwas spöttisch als "das sanctissimum" belächelte, die aber nichtsdestoweniger als "moralischer Lebensnerv" sowohl der Frauen als auch der Frauenbewegung bezeichnet werden kann; er strahlte aus auf alle Frauenbestrebungen der 40er

---

29) Anm. d. V.: Entsprechend groß war das Entsetzen über einen Berliner Frauenkreis, der sich in Männerkleidung an männlichen Zechgelagen beteiligte, öffentlich rauchte und in Fragen der Liebe und Ehe den Lehren George Sands und den Ansichten des "Jungen Deutschland" huldigte. Als " d i e Emanzipierten" * waren sie noch jahrzehntelang sprichwörtlich und flößten konventionellen Frauengemütern Furcht ein vor der Frauenbewegung, vor dem Frauenstudium, vor einem "Verlust der Weiblichkeit" überhaupt.

  * Qu. 85 ff.

Jahre, vor allem die sozialen, und wirkte weiter in der Frauenbewegung der späteren Jahrzehnte.

Der Glaube an die Bildungsfähigkeit der Menschen aller Schichten war in jener Epoche ein sicheres vermittelndes Band zwischen den gebildeten und wohlhabenden Klassen der Gesellschaft und den handarbeitenden Schichten einerseits sowie der sich bereits entwickelnden proletarischen Bevölkerung andererseits. In den diversen Gesellen-, Handwerker- und Arbeitervereinen u. a. m. waren die "Gebildeten" bemüht, ihr Wissen mitzuteilen, Freude und Kraft zu geben und in jeder Hinsicht die "Höherentwicklung" dieser Menschen zu fördern. Doch konfrontiert mit dem Elend und der Hilflosigkeit des sich nun entwickelnden Proletariats erkannte man, daß auch andere Hilfeleistungen nötig waren; so wurde z. B. 1844 in Preußen der "Centralverein für das Wohl der arbeitenden Klassen" gegründet (Präsidium: Dr. Adolf Lette); Fröbels Kindergartenbewegung versuchte ebenfalls, in dieser Not zu helfen (1840 wurden die ersten Kindergärten in Blankenburg und Dresden gegründet). Auch Frauen wandten sich diesem Elend zu: 1831 pflegten während einer Choleraepidemie Bettina von Arnim in Berliner Armenvierteln, Amalie Sieveking in den Hamburger Spitälern Cholerakranke. Bettina schilderte 1845 in ihrem "Königsbuch"[30] das proletarische Elend des "Vogtlandes", des ärmsten Viertels von Berlin, das sie 1831 gesehen hatte; Amalie Sieveking gründete den "Verein für die Armen- und Krankenpflege", den sie trotz ihrer engen Beziehung zur evangelischen Kirche nicht dieser unterstellte, sondern selbst leitete[31]. 1836 gründete Pastor Fliedner, angeregt durch die hervorragenden Leistungen von Elizabeth Fry im Gefängnis von Newgate, das Mutterhaus der Diakonissen in Kaiserswerth[32]; er nannte die Diakonissen "Gemeindemütter", die "mit den Armenvätern der Gemeinde, dem Pfarrer und den kirchlichen Armenpflegern"[33] im Dienste der Armen und Kranken wirken sollten.

"Soziales Wirken" war zu Beginn der 40er Jahre so schon in mancher Form spürbar, als Louise Otto in einem besonders harten Winter anläßlich eines Besuches in Öderan (Erzgebirge) das proletarische Elend mit eigenen Augen sah. Ihr echtes soziales Empfinden und ihr Gerechtigkeitsgefühl empörten sich gegen den ausbeutenden Kapitalismus, der so gar nicht in ihr idealistisches Weltbild paßte; es ehrt sie und zeichnet sie vor allen anderen aus, daß sie sich nicht abwandte, sondern mu-

30) Bettina von Armin, Dies Buch gehört dem König. Berlin 1843, III. Teil.

31) Anna Paulsen, Aufbruch der Frauen, Lahr 1964, S. 51 ff.

32) A. Paulsen, Aufbruch, S. 25, 35.

33) Anm. d. V.: Dem sicher verblüfften Minister erklärte sie hierbei: "Exzellenz, ich bin prinzipielle Gegnerin der Zensur". ("Gleichheit", 1913, S. 212 f.).*

* Qu. 29

tig das Arbeiterinnenproblem, überhaupt das Problem der auf Arbeit angewiesenen Mädchen und Frauen der niederen Stände aufgriff und damit vor die Öffentlichkeit trat. Mit ihren Gedichten: "Klöpplerinnen" und "Weberlied"* versuchte sie das Gewissen der Mitwelt wachzurütteln für die in Heimarbeit arbeitenden Spitzenklöpplerinnen und die mit der Konkurrenz der Fabriken ringenden Weberinnen; ihr 1846 erschienener Roman "Schloß und Fabrik" wurde "wegen aufregenden Inhalts" sogar von der Zensur beschlagnahmt und erst freigegeben, nachdem sich Louise Otto in einer Audienz beim Kultusminister bereit erklärt hatte, bestimmte Stellen zu streichen. Weiterhin behandelte Louise Otto das Arbeiterinnenproblem in ihren Otto-Stern-Beiträgen in den verschiedenen Zeitungen und ging auch 1847 auf dieses ein in ihrem oben bereits erwähnten Aufsatz - "Die Theilnahme der weiblichen Welt am Staatsleben"[34].** Hier nun weist Louise Otto mit aller Entschiedenheit das Wort "Pöbel" für die armen Volksschichten zurück, dies Wort bedeute Ausgestoßensein -

"wir werden dann immer nur die Rechte eines Teils verfechten, die Rechte der Bourgeoisie, die Rechte des Proletariats aber verleugnen und dadurch ganz in denselben Fehler verfallen, welchen wir an der Partei tadeln, die z. B. nur die Rechte des Adels verficht. Es wird dann eine Zeit notwendig kommen, wo der Proletarier gegen den Bourgeois auftritt, wie dieser jetzt gegen den Baron. Damit eben diese Zeit nicht komme, gilt es, den Pöbel aufzuheben, d. h. durch Volkserziehung unmöglich zu machen, daß wir die eine Klasse unseres Volkes mit einem entehrenden Namen belegen können. Wir müssen also auch gerade vorzugsweise, wenn wir von Erziehung sprechen, auch die Erziehung der unteren Klassen berücksichtigen, da diese ihrer am allerbedürftigsten sind. Aber freilich! hier stoßen wir sogleich auf den faulen Fleck unserer gesellschaftlichen Zustände - das Proletariat - in all seinem Elend, seiner Armut und Hilflosigkeit".

Und die von ihr vorgeschlagenen Mittel zur Abhilfe:

a) Man gebe den Mädchen "einen innern festen moralischen Halt ... der sie aufrecht halte in den Gefahren des Lebens, und ... Gelegenheit ... sich Geschicklichkeiten und Kenntnisse zu erwerben, durch welche sie ihr Brot verdienen können".

b) Man gebe ihnen Gelegenheit zur Arbeit und ausreichenden Lohn.

c) Man vermittle und stärke diesen "moralischen Halt" in Sonntagsschulen, sonntäglichen Examina in der Kirche und anderweitigen Zusammenkünften.

Ganz klar stellte Louise Otto in diesem Zusammenhang weiterhin fest: die Ursachen der Prostitution sind Hunger und Unwissenheit und jene Erziehung, die den Mann als das einzige Lebensziel und den einzigen Lebensinhalt der Frau hinstellt.

34) "Vorwärts", S. 57 ff.
   * Qu. 23 f.   ** Qu. 20 fi.

Das Jahr 1848, das "Jahr des Völkerfrühlings", von dem man so viel erhoffte, brachte zugleich eine wirtschaftliche Krise; am härtesten litt die arbeitende Bevölkerung. Überall entstanden Frauenvereine zur Unterstützung Hilfsbedürftiger, denen kurze Zeit später schon die Betreuung der hilfsbedürftigen Angehörigen der Freiheitskämpfer zufallen sollte. Den notleidenden Männern suchten die Kommunen z. B. durch Straßenbau- und Forstarbeiten zu helfen, die Frauen vergaß man. Zugleich versuchten die männlichen Arbeiter (wie es sich später in wirtschaftlichen Notlagen noch oft wiederholen sollte), ihre weiblichen Konkurrenten abzuschieben, ein für allemal. Am radikalsten gebärdeten sich die Schneider: der 1848 in Frankfurt tagende Schneiderkongreß forderte den Schutz seines Gewerbes gegen die weibliche Arbeit, den Ausschluß der Frauen von der Anfertigung nicht bloß männlicher, sondern auch weiblicher Bekleidungsstücke; in Berlin reichte die Schneider-Innung Beschwerde ein, worauf ihr vom preußischen Handelsminister eröffnet wurde, "daß dem selbständigen Betriebe des Gewerbes durch 'Frauenpersonen' gesetzlich auch gar nichts im Wege stehe und die Beschwerde deshalb jeder Begründung entbehre"[35]; im Königreich Sachsen war die Lage der "Kleiderverfertigerinnen" - Schneiderinnen durften sie sich nicht nennen - noch gedrückter: da keine Gewerbefreiheit bestand, durften sie nur bei männlichen Meistern lernen und nur in den Häusern der Kunden "Kleider verfertigen"; die Schneider-Innung führte Razzien in ihren Wohnungen durch und beschlagnahmte alles Nähbare, das sie vorfand; auch diese Herren beeilten sich, 1848 bei den Behörden vorstellig zu werden zwecks "Abstellung der Pfuscherei"[36]; ebenso ließen die Weber des Vogtlandes ihre Innung petitionieren, "sämtliches Arbeiten durch Pfuscherinnen zu verbieten"[36]. Das liberale sächsische Ministerium Oberländer suchte der Arbeiterfrage und des hinzutretenden Krisennotstandes Herr zu werden durch die Einsetzung einer "Kommission zur Erörterung der Gewerbs- und Arbeitsverhältnisse". Louise Otto versuchte nun, dem "Vergessenwerden" der arbeitenden Frauen durch die "Adresse eines Mädchens" an die Kommission vorzubeugen, in der sie vermehrte und verbesserte Arbeitsgelegenheiten für die Frauen verlangte, auf die sittlichen Gefahren hinwies, denen die Arbeiterin bei unzureichenden Löhnen ausgesetzt sei[37], und mit den Worten schloß:

35) "Frauen-Zeitung". 3. Jg., Nr. 3/4, 15. 2. 1851, S. 14.

36) 36) G. Bäumer, H. Lange: Handbuch der Frauenbewegung, I. Teil, S. 36/7.

37) Anm. d. V.: Wenn Werner Thönnessen in: "Die Frauenemanzipation in Politik und Literatur der Deutschen Sozialdemokratie (1863-1933)". Diss. 1958, S. 47 - feststellt: "Es war ein alter sozialdemokratischer Grundsatz, daß ein Verbot oder eine Einschränkung der Frauenarbeit die von der Produktion ausgeschlossenen Frauen der Prostitution als der einzigen Erwerbsmöglichkeit zutreibe" - dann darf vielleicht an dieser Stel-

"Glauben sie nicht, meine Herren, daß Sie die Arbeit genügend organisieren können, wenn Sie nur die Arbeit der Männer und nicht auch die der Frauen mit organisieren. Und wenn man überall vergessen sollte, an die armen Arbeiterinnen zu denken - ich werde sie nicht vergessen"![38]

Auch in dem Programm ihrer ab 21. 4. 1849 erscheinenden "Frauen-Zeitung" legte Louise Otto ihren Leserinnen die soziale Verantwortung für die arbeitenden Frauen ans Herz und bat auch die Arbeiterinnen um Zuschriften, um ihre Angelegenheiten vor die Öffentlichkeit zu bringen.* Während der 48er Jahre dürfte Louise Otto in engem Kontakt mit der arbeitenden Bevölkerung, auch den Männern gestanden haben[39].** Da die "Assoziation" freigegeben wurde, organisierte sie die arbeitenden Frauen in: Arbeiterinnen-, Näherinnen- und Dienstbotenvereinen[40].***

Einige Beiträge in dem 3. Jahrgang der "Frauen-Zeitung" zeigen, daß sich der Frauenkreis um Louise Otto auch mit den Problemen der Maschinenarbeit, der Konkurrenz, mit dem kapitalistischen Wirtschaftssystem insgesamt auseinanderzusetzen suchte. Besondere Beachtung fordert ein Vorschlag, das kapitalistische Ausbeutungssystem und die Konkurrenz durch die "Assoziation" zu überwinden, wobei man zwar sehr verschwommen, unter Assoziation die Vergesellschaftung der Produktivkräfte verstanden haben dürfte; man erwartete, daß das "System der allgemeinen Assoziation" das Proletariat beseitigen werde; jedes Glied der Gesellschaft erhalte dann den notwendigen Unterricht zur Entfaltung seiner Fähigkeiten sowie die notwendigen Werkzeuge und den geeigneten Arbeitsplatz zu ihrem Gebrauch[41].****

Besonders auffallend ist bei Louise Otto der Kontrast zwischen ihren problemgerechten Forderungen (nach Ausbildungsmöglichkeiten, Vermehrung und Verbesserung der Arbeitsgelegenheiten, einer gemeinsamen "Organisation" der Männer- und Frauenarbeit) und den von ihr vorgeschlagenen detaillierten Hilfsmaßnahmen, die sich, so wie sie in dem vorhandenen Material vorliegen, nicht mit einer direkten beruflichen Förderung der Frauen beschäftigen, sondern (analog ihren Abhilfevorschlägen zur höheren Mädchenbildung) eine Charakterformung, die Vermittlung eines "festen moralischen Halts" erstrebten. So weit Louise

le auf die vorhergehende kausale Verbindung derselben bei Louise Otto hingewiesen werden. L. Otto stand in Kontakt mit dem Leipziger Arbeiterbildungsverein und August Bebel u. wiederholte auch diesen Gesichtspunkt in ihren "Neuen Bahnen" (vgl. ff. Kapitel) Die Arbeiter, die (wie auch Thönnessen betont) echt bürgerliche sexualmoralische Überzeugungen zu den ihrigen machten und verfochten, konnten diesen Gesichtspunkt ohne Zögern übernehmen, zumal er ja auch durch Tatsachen erhärtet wurde.

38) G. Bäumer, H. Lange, Handbuch, I., S. 37.
39) "Gleichheit", 23. Jg., Nr. 13, 19.3.1913, S. 195 f.
40) G. Bäumer, Gestalt und Wandel, S. 333.
41) "Frauen-Zeitung", 3. Jg., Nr. 16, 26.4.1851, S. 89/90.
* Qv 34 f.   ** Qu. 29 f.   *** Qu. 33   **** Qu. 24 ff.

Otto mit ihren problemgerechten Forderungen in ein von Frauen noch
nicht betretenes Feld vorgestoßen sein dürfte, so harmonisch fügten sich
ihre konkreten Vorschläge in die allgemeinen "sozialen" Bemühungen
der bürgerlichen "gebildeten" Frauen für die "handarbeitenden Schwestern" ein. Belehrende Unterhaltungen in Sonntagsschulen oder anderen Zusammenkünften zwecks "moralischer Festigung und Erhebung"
dürften (analog den Bestrebungen der oben genannten diversen männlichen Vereine) der Hauptzweck der Vereine für die arbeitenden Frauen
gewesen sein. Die vorliegenden Quellen berechtigen zu der Annahme, daß unter diesen die Dienstbotenvereine am zahlreichsten vertreten waren; die Erklärung ist naheliegend: einerseits waren die Dienstboten jene Handarbeiterinnen, mit denen die bürgerlichen Frauen am
meisten zu tun hatten, und andererseits, wenn Bildung die Leistungen
hob – warum sollte man im Zuge der großen "Weltverbesserung" nicht
auch einmal etwas im wohlverstandenen Eigeninteresse tun?

Ferner entstanden jene Vereine der arbeitenden Frauen wohl kaum
aus spontanen Zusammenschlüssen der arbeitenden Frauen selbst, sondern dürften mit größter Sicherheit von bürgerlichen Frauen für und
"zum Wohle der handarbeitenden Schwestern" gegründet worden sein.

Die übrigen nachweisbaren Hilfsvereine * der Frauen (1848 ff.), die
sich z.B. der erwachsenen Hilfsbedürftigen und verwahrloster Kinder
annahmen, die Kindergärten gründeten oder Sonntagsschulen für Mädchen errichteten u. a. m., vervollständigen das Bild der "organisierten
Bewegung" der Frauen während jener Jahre.

Versucht man, dieses Geschehen zu analysieren mit dem Blick auf
die bürgerlichen Frauen, dann stellt man fest, daß sich hierbei die als
"Domäne" der Frauen betrachteten "fürsorgenden" und "erziehlichen"
Aufgaben aus dem herkömmlichen Rahmen des Hauses und der privaten
Wohltätigkeit hinaus in die Gesellschaft verlagerten und daß man sich in
dieser neuen, weiter gespannten Tätigkeit auch wieder ganz auf jenes
Erziehungsziel konzentrierte, das den Frauen in der Familie als das
wichtigste galt – nämlich: auf den "festen moralischen Halt", von dem
man sich hier allerdings auch einen positiven Einfluß auf die Arbeits-
leistung versprach. – Berufsprobleme einer sachgerechten Lösung zuzuführen, überstieg das Vermögen der Frauen, die sich selbst nur mit
vorsichtigen, tastenden Schritten in das größere gesellschaftliche Leben wagten, in dem sie zunächst nur das tun konnten, was ihnen aus dem
kleineren privaten Leben vertraut war. – Von den handarbeitenden Frau-
en liegt keine Äußerung vor; ihre wirtschaftliche und geistige Situation
dürfte noch so niedergedrückt und eng gewesen sein, daß sie alles mit
sich geschehen ließen und keine eigene Initiative entwickelten.

* Qu. 62 f. ; 67 ff. ; 71 ff.

4. "Bürgerliche" Ziele

"Dem Reich der Freiheit werb' ich Bürgerinnen" - dieses Ziel gab Louise Otto ihrer "Frauen-Zeitung" als Motto mit auf den Weg und legte im Programm dieser Zeitung den Inhalt der Rechte und Pflichten der "Bürgerinnen" genauer dar:

"Wir wollen unser Teil fordern:

a) das Recht, das Rein-Menschliche in uns in freier Entwicklung aller unserer Kräfte auszubilden,

b) und das Recht der Mündigkeit und Selbständigkeit im Staat.

Wir wollen unser Teil verdienen:

c) wir wollen unsere Kräfte aufbieten, das Werk der Welterlösung zu fördern, zunächst dadurch, daß wir den großen Gedanken der Zukunft: Freiheit und Humanität (was im Grunde zwei gleichbedeutende Worte sind) auszuarbeiten suchen in allen Kreisen, welche uns zugänglich sind,

in den weiteren des größeren Lebens durch die Presse,

in den engeren der Familie durch Beispiel, Belehrung und Erziehung.

Wir wollen unser Teil aber auch dadurch verdienen,

d) daß wir nicht vereinzelt streben nur jede für sich, sondern vielmehr jede für alle,

e) und daß wir vor allem derer zumeist uns annehmen, welche in Armut, Elend und Unwissenheit vergessen und vernachlässigt schmachten"[42].*

In dieser Zusammenfassung der Rechte und Pflichten konzentrieren sich in den Punkten a) d) und e) die oben dargelegten Bildungs- und sozialen Bestrebungen nun sozusagen als "weibliche Bürgerrechte und Bürgerpflichten". Punkt b) enthält mit Sicherheit (das kann man aus anderen Äußerungen Louise Ottos schließen) die Forderung des Rechtes auf Erwerb und auf Gleichheit der Frauen mit den Männern "vor dem Gesetz" (so im Gewerberecht, in Prozeß- und Vereinsgesetzen, in den Zivilgesetzen z. B. bzgl. der in manchen Bundesstaaten noch bestehenden Geschlechtsvormundschaft). Louise Ottos Ziel war, die Frau dem Manne "gleichzustellen"[43],** sie im persönlichen, wirtschaftlichen und gesellschaftlichen Leben zu einem selbständigen, selbstverantwortlichen Menschen zu erheben. Schon 1847 hatte sie gefordert:

"Selbständig müssen die deutschen Frauen werden, nur dann werden sie auch fähig sein, ihrer Pflicht, teilzunehmen an den Interessen des Staates, immer und auf die rechte Weise nachzukommen. Diese Selbständigkeit kann nur durch individuelle Bildung befördert werden; denn nur ein selbständiges Herz führt zum selbständigen Handeln"[44].***

42) G. Bäumer, Gestalt und Wandel, S. 336/37.
43) "Frauen-Zeitung", 3. Jg., Nr. 45, 23. 11. 1851, S. 321.
44) Louise Otto, "Vorwärts", S. 61.
* Qu. 34 f.   ** Qu. 36 ff.   *** Qu. 14

Besonders interessant ist nun, daß Louise Otto g l e i c h z e i t i g mit dem Anspruch auf Selbständigkeit – einer Forderung also, deren Realisierung erst die Zukunft bringen konnte – die Anerkennung derselben in den Gesetzen forderte: gleich dem Manne soll die Frau als "Mündige" behandelt werden! Sie forderte demnach im juristischen Bereich die Anerkennung ihrer Theorie durch eine Modifikation der Gesetze, um mit Hilfe der modifizierten Gesetze ihre anderen theoretischen Ziele leichter und besser realisieren zu können. Diese nichts weniger als "radikale" Forderung spricht für Louise Ottos klare, nüchterne Beurteilung der Lage der Frauen. – Doch wie weit reichte ihr Mündigkeitsanspruch im politischen Raum?

Punkt c) gibt deutlich zu erkennen, daß in Punkt b) nicht die letzten Konsequenzen einer "politischen Müdigkeit" der Frauen gezogen wurden in Gestalt des Frauenwahlrechts oder einer Beteiligung der Frauen an der Handhabung des Staatsapparates; den "Bürgerinnen" wird als Aktionsraum für ihr Wirken im Dienste der "Freiheit und Humanität" die Familie, die bedürftige Gesellschaft und der mehr "geistige" Bereich des politischen Lebens zugewiesen und als einziges direktes Mittel zur Beeinflussung des letzteren die Presse. Durch die Anordnung der einzelnen Bereiche zueinander wird jedoch deutlich, daß Louise Otto auch eine mehr indirekte Einflußnahme der Frauen auf jenen politischen Bereich erwartete durch Beeinflussung der Familienangehörigen, vor allem der Gatten und Söhne, und durch "soziales Wirken". Denn jeder Dienst im Geiste der "Freiheit und Humanität" diente dem Ziel der "Welterlösung", half das "allgemeine" – öffentliche – Leben prägen und war somit auch ein "politischer" Beitrag der Frauen.

Neben Louise Otto waren nur ganz wenige Frauen befähigt und auch mutig genug, über die Presse eine direkte Beeinflussung des politischen Lebens zu wagen[45]; die Überzahl der freiheitlich gesinnten Frauen wirkte in der Familie und im "sozialen" Raum und betrachtete es als Pflicht, hier in Körnchen mitbeizutragen zu dem großen Werk der Vollendung der Menschheit. – An dieser Stelle wird nun auch Louise Ottos Forderung aus dem Jahre 1843 voll einsichtig:

45) Anm. d. V.: Die "Frauen-Zeitung", 3. Jg., 28.12.1851, S.358 f. – bringt in einem Artikel eine kurze Übersicht. – Neben Louise Ottos "Frauen-Zeitung" wurden herausgegeben der "Freischärler" von Louise Aston, Berlin 1848 – und die "Sociale Reform" von Louise Dittmar, Darmstadt (?) 1849; beide Organe lebten nur einige Monate. – An Schriftstellerinnen werden ferner genannt: Kathinka Zitz, Fanny Lewald, Ida Frick, Ida v. Düringsfeld.
Louise Dittmar hielt außerdem "socialistische Vorträge" in Darmstadt; Minna Zimmermann referierte in Königsberg über die Rechte der Frauen; Claire von Glümer saß als Berichterstatterin der "Magdeburger Zeitung" in der Paulskirche.

"Die Teilnahme der Frauen an den Interessen des Staates ist nicht ein Recht, sondern eine Pflicht"[46].

Charakteristisch ist ferner, daß Louise Otto hinsichtlich der Teilnahme des weiblichen Geschlechts am Staatsleben genau jenen Aktionsraum für die Frauen forderte, den sie in ihrem eigenen Wirken "für das Allgemeine" in Anspruch nahm.

Doch wichtiger als dieses Geschehen selbst wurde für die spätere Entwicklung der in allen Bereichen spürbare "Geist", in dem die Frauen wirkten. Auch hier war es wieder Louise Otto, die ihn allgemein gültig qualifizierte: Das "Ewig-Weibliche" soll zur Geltung gebracht werden gegen den "einseitigen Verstandesdespotismus" der Männer, nämlich: Wärme, Begeisterung, Hingabe und Aufopferung.

"Was dem Weibe von der Gottheit als Erbe übergeben worden, in seiner ganzen Macht und Heiligkeit zur Geltung zu bringen gegen die Übermacht einer entweder kalten oder brutalen Kraft - dies ist das eigentliche erhabene und schöne Ziel, ..."

"Das Weib muß im Allgemeinen und für das Allgemeine ... wirken können wie der Mann".

"Mit dem Herzen habe ich mich hingegeben an das Vaterland, an die Menschheit - und je mehr ich im Allgemeinen lebe und für es, je mehr erkenne ich, daß es gut wäre, wenn in allen Fragen des Tages, in allen Angelegenheiten des Staates oder der Gesellschaft mehr mit dem Herzen abgestimmt würde, als es jetzt geschieht"[47].*

Diese von Louise Otto für alle von der freiheitlichen Bewegung erfaßten Frauen gleich gültig formulierte Hingabebereitschaft war echt und entsprach der Lebens- und Geisteshaltung der Frauen jener Epoche: man erstrebte zwar die volle Entfaltung der Persönlichkeit, verwarf aber eine nur den eigenen Gesetzen, dem eigenen Wollen und Wünschen entspringende, von keinen Pflichten und Bindungen gezügelte Entfaltung des Individuums als "Subjektivität", die dem Geiste der "Humanität" widerstrebe. Wenn man auch Selbständigkeit und Mündigkeit für die Frauen forderte, so stellte man doch gleichzeitig Lebensinhalt und Lebensziel der Frauen unter die Norm der "Hingabe", der "Liebe", der "Aufopferung" - unter jene Norm des "Ewig-Weiblichen" also, das "dem Weibe von der Gottheit als Erbe übergehen ...". Erfüllten die meisten Frauen diese Norm nur instinktiv und deshalb unvollständig, so sollte die mündige, selbständige Frau durch bewußte Entscheidung "freiwillig" jenem "Erbe der Gottheit" dienen. Die Folge war, daß sich die Frau im persönlichen Bereich kaum jemals ein eigenes kraftvolles, autonomes Leben gestalten konnte, sondern durch die Norm der "Hingabe" und "Auf-

---

46) G. Bäumer, Gestalt und Wandel, S. 332.
47) "Frauen-Zeitung", 3. Jg., 23.11.1851, S. 321 ff.
   * Qu. 37 f.

opferung" zu einem Leben "in anderen und durch andere" gezwungen wurde. Diese Norm, die das persönliche Leben der Frau in der Familie prägte, wurde nun auf das Wirken der Frauen "im Allgemeinen" übertragen: auch hier dominierte wieder das "Ewig-Weibliche" - Wärme, Begeisterung, Hingabe, Aufopferung - wieder war es ein Leben in anderen und durch andere. Und ebenso wie man glaubte, daß durch ein solches Leben in der Familie der Frau ihr volles Maß an Glück zuteil werde, erhoffte man nun, daß ihr, vor allem der unverheiratet bleibenden Frau, durch ein hingebungsvolles, opferbereites Wirken im Dienste der Menschheit ein ebensolches Glücksgefühl geschenkt werde, das sogar ausreichen sollte, der unverheirateten Frau jene Lebenserfüllung zu geben, die ihr im Frauenleben versagt blieb; zudem konnten ihr selbstloses Wirken im Dienste der Mitmenschen und erhabener Menschheitsziele ihr auch die Liebe und Achtung der Umwelt sichern.*

Auf diese Weise wurden die Frauen in ihrem persönlichsten Leben mit "dem Allgemeinen" verknüpft, wozu Louise Otto feststellte:

"Eine Individualität, die sich an das Allgemeine dahingibt, opfert jene nicht diesem auf, sondern erweitert sie nur durch dessen Aufnahme"[48].

Wäre diese Möglichkeit jemals in vollem Engagement, mit selbstbewußtem politischen Temperament ganz ausgeschöpft worden, so hätten sich die Frauen mit Sicherheit zu einem bedeutungsvollen Faktor im politischen Leben entwickeln können. Aber Geschichte machte fast in Reinkultur das "Ewig-Weibliche", vor allem bei der großen Mehrheit der bürgerlichen Frauenbewegung, die man im Gegensatz zur Minderheit, den "Radikalen", auch die "Gemäßigten" nannte (1896 ff.). Zwei Entwicklungslinien sind besonders auffällig:

1. Ausgehend von dem Gedanken, daß Mann und Frau zwar gleichwertige, aber nicht gleichartige "Geschöpfe" seien, erhielt sich jene Vorstellung, daß von den Frauen ein ganz "spezifisches" Element "in das Allgemeine" hineingetragen werden müsse; war es bei Louise Otto noch das "Ewig-Weibliche", wo wurde es bei Helene Lange die "Mütterlichkeit", aus ihr sollten jene "seelische Produktivität" und jene "schöpferischen geistigen Kräfte"[49] erwachsen, die geeignet waren, "den Kultureinfluß der Frau zu voller innerer Entfaltung und freier s o z i a l e r Wirksamkeit zu bringen"[50] - so lautete das von ihr (1908/14) proklamierte Ziel der Frauenbewegung, die sie auch als "organisierte Mütterlichkeit" bezeichnete.

48) "Frauen-Zeitung", 3. Jg., 19.10.1851, S.283.
49) H. Lange, Lebenserinnerungen. Berlin 1921, S.158.
50) H. Lange, Die Frauenbewegung in ihren modernen Problemen. Leipzig 1914, S.17.
   * Qu. 62

2. Ungebrochen blieb auch jene Haltung der Hingabe und Opferbereitschaft, der doppelten und dreifachen Pflichterfüllung gegenüber der Allgemeinheit und dem Staat; konsequenterweise wurde bei der Forderung von Frauenrechten kaum jemals die Förderung des Wohles der Allgemeinheit vergessen, oft wurden geforderte Rechte und Reformen nur als ein Mittel zu diesem Zweck ausgewiesen; ferner erwartete man, daß dem erworbenen Frauenrecht strengste, reife Pflichterfüllung folgen müsse – und schließlich machte man jene unermüdlich treue Pflichterfüllung sogar zur Voraussetzung für die Erhebung eines Rechtsanspruches wie im Falle des Frauenwahlrechtes (immer mit dem Blick auf das Wohl der Allgemeinheit!). Übersah Louise Otto weitgehend einen möglichen Konflikt zwischen den Forderungen des "Allgemeinen" an das Individuum und dessen individuellen Rechten und seiner Lebenssphäre (Anforderungen und "Hingabe" scheinen bei Louise Otto direkt proportional einander zu entsprechen und zu wachsen), so stand man später mitten in diesem Konflikt und entschied "verantwortungsvoll" zugunsten des "größeren Ganzen" gegen den "individualistischen Standpunkt", den Louise Otto einst als "Subjektivität" verworfen hatte.

Verwies man in späteren Jahren zur Rechtfertigung dieses Verhaltens gerne auf Louise Otto und deren gesamtes Wirken, so dürfte man mit dieser Überzeugung doch hinter der Louise Otto der 40er Jahre zurückgeblieben sein, deren persönliches Wirken allein schon während jener Epoche für eine Frau nichts weniger als "revolutionär" war und deren Forderungen bzgl. der Mündigkeit und Selbständigkeit der Frauen, gemessen an der historischen Situation, ebenso kühn wie fortschrittlich waren.

Vergleicht man weiterhin die von Louise Otto für die Frauen geforderte Wirkenssphäre im "allgemeinen" – öffentlichen – Leben mit dem politischen Aktionsraum der Männer von 1848, so kann man gewisse Parallelen aufzeigen: auch die Mehrzahl der Männer konnte politische Aktivität nur indirekt, sozusagen im Keller des politischen Gebäudes entfalten – z. B. in Schützen-, Gesangs- und Turnvereinen, in Berufs-, Bildungs- und Unterstützungsvereinen und vor allem in dem gedruckten Wort.

Hieraus ergibt sich deutlich, daß Louise Otto mit ihren später als "maßvoll" bezeichneten Forderungen gar nicht so weit hinter den Männern zurückblieb; allerdings griff sie nicht nach dem Wahlrecht. In diesem Punkt unterschied sie sich von Malvida von Meyenbug* in dem Kreis der Hamburger Frauenhochschule und der dortigen "Freien Gemeinde". In dieser Deutsch-Katholischen Kirchengemeinde waren Frauen und Männer gleichberechtigt in Rechten und Pflichten; die "Freie Gemeinde" selbst forderte die Bürgerrechte der Frauen, die in der Freien und Han-

---

* Qu. 49 ff.

sestadt Hamburg auch das Wahlrecht einschlossen. Daß gerade in Hamburg die Frauen dieses "radikale" Ziel erstrebten, dürfte sich einerseits durch die patrizische soziale Struktur dieses Kreises erklären lassen (vgl. oben), andererseits durch die Tatsache, daß in Hamburg kein Fürst "von Gottes Gnaden" regierte, sondern Bürger Hamburgs die Geschicke ihrer Stadt bestimmten, wenn auch unter einer aristokratischen Verfassung. Angesichts der bereits realisierten und mit Erfolg praktizierten Mitregierung der Frauen in der sorgfältig durchorganisierten großen Kirchengemeinde bedeuteten "Bürgerrechte" nur einen Schritt "hinüber" zur Stadtgemeinde.

Im "Jahre des Völkerfrühlings", 1848, versammelten sich in Seneca Falls (im Staate N.Y., USA) etwa hundert Frauen, um "die gesellschaftliche, rechtliche und kirchliche Stellung der Frau und ihre Rechte"[51]* zu erörtern. Die von diesen Frauen verfaßte "Declaration of Sentiments"[52] zeigt, daß man nicht nur die Lebensituation der Frau in ihrem vollen Umfang und allen inneren Verzweigungen erkannte, sondern auch sofort zur Wurzel ihres Ursprungs vorstieß mit der Feststellung:

"Indem er (der Mann, d.V.) sie des vornehmsten Rechts eines Bürgers, des Wahlrechts, beraubte, und sie so ohne Vertretung in den gesetzgebenden Körperschaften ließ, hat er sie auf allen Seiten unterdrückt".

Und wie in Deutschland während der 48er Jahre die politische Grundhaltung der späteren bürgerlichen Frauenbewegung ihre erste Prägung erfuhr, schmiedete man in Seneca Falls das Kampfprinzip der anglo-amerikanischen Frauenbewegung, dem man ebenfalls jahrzehntelang treu blieb und das auch auf die führende Kampfgruppe der deutschen bürgerlichen Frauenbewegung, die "Radikalen", tief einwirkte; es lautete:

"Wir halten folgende Wahrheiten für keines Beweises bedürftig:

daß alle Männer und Frauen gleich geschaffen sind, daß sie von ihrem Schöpfer mit gewissen unveräußerlichen Rechten begabt sind;

daß zu diesen Leben, Freiheit und Streben nach Glück gehören;

daß zur Sicherung dieser Rechte Regierungen eingesetzt werden, die den Rechtsgrund ihrer Macht aus der Zustimmung der Regierten ableiten.

... angesichts dieser gänzlichen Knechtung der einen Hälfte unseres Volkes, ... bestehen wir darauf,

daß sie sofort zu allen Rechten auf Privilegien zugelassen werden, die ihnen als Bürger der Vereinigten Staaten gehören".

In den USA begannen nun Frauen und Männer den Kampf um die Befreiung der Frauen und der Neger. In Deutschland gingen die Uhren wieder einmal rückwärts; die "Bewegung" der Frauen verschwand oder wur-

---

51) H. Lange, G. Bäumer, Handbuch, I, S. 462.

52) Helene Lange, Die Frauenbewegung in ihren modernen Problemen. 2. Auflage Leipzig 1914, S. 131 ff.

* Qu. 38 ff.

de zerbrochen. Unter dem Druck der Reaktion verloren die Vereine ihre Mitglieder und starben eines natürliches Todes;* andere wurden verboten.** Dasselbe Schicksal erlitten z. B. in Preußen auch die Kindergärten.*** Die Hamburger Frauenhochschule mußte, da der Spendenfluß versiegte, ihre Tätigkeit beenden.**** "Gravirte" Personen weiblichen Geschlechts gewannen eine gewisse Gleichberechtigung mit den Männern vor der Polizei, das "beweisen", so konstatierte Louise Otto, "Haussuchungen, Verhöre, Ausweisungen, Verhaftungen, geheim-polizeiliche Aufsicht"; sogar Geld- oder Gefängnisstrafen wurden verhängt[53].

Zieht man die Bilanz dieser Jahre, so fehlen auf der einen Seite absolut alle konkreten Erfolge; auf der anderen Seite aber stehen die Erkenntnis der unzulänglichen Lage des weiblichen Geschlechts, die Überlegungen und Versuche, Abhilfe zu schaffen, und die Ansätze organisierten Frauenwirkens, dessen "Form zwar zerschlagen wurde, dessen Inhalt und Geist aber weiterlebten" - so könnte man in der Sprache jener Epoche den "Erfolg" umschreiben - und es blieb die aus der Begeisterung und Überzeugungstreue geborene Hoffnung auf die Zukunft.

"Wir müssen uns mit der Zukunft trösten", mahnte Louise Otto, "und müssen indes dafür sorgen, daß allen Frauen klar werde: jenes Standbild (des Frauenrechts, d. V.) bleibt unbeweglich und unbelebt, bis der Hauch der Freiheit über die Lande weht ...

Bis dahin bleibt uns nichts zu tun, als die Bedeutung des 'Standbildes' der Menge zu erklären, vor Entweihung es zu schützen und mit Begeisterung ihm Kränze zu winden zum Zeichen, daß wir nie vergessen werden, ihm zu dienen - bis die Stunde kommt"[54].*****

---

53) 53) "Frauen-Zeitung", 3. Jg., Nr. 45/23, S. 325, 143.
54) "Frauen-Zeitung", 3. Jg., 23.11.1851, S. 325.
* Qu. 71 f. ** Qu. 69 ff. *** Qu. 47 f. **** Qu. 52 f. ***** Qu. 41 f.

II. Wandlungen in den Lebensverhältnissen der Frauen der bürgerlichen Schichten

"Nur in der stillen Umgebung der Häuslichkeit kann die weibliche Seele gedeihen und sich sicher entfalten, und wer ihr Wesen richtig erkennt, der hält sie mit fester Hand zurück an dem stillen Herd, auf welchem die heilige Flamme des Hauses, von dem Bewußtsein der Pflicht entzündet, von der Freude an der Arbeit genährt, emporlodert".

Louise Büchner (1855)[1] *

Diese von Louise Büchner in voller Überzeugung geschriebenen Worte charakterisieren treffend jene Epoche "zwischen den Zeiten" - 1852-1865 - als noch alles im Frauenleben im althergebrachten, wohlgeziemenden Lot zu sein schien und Lebensinhalt und Lebensraum der Frau noch in der Familie und dem Bannkreis der "heiligen Herdflamme" beschlossen waren, während sich unter der Oberfläche bereits entscheidende Wandlungen anbahnten.

Parallel mit der fortschreitenden Industrialisierung und der Ausdehnung des Handels begann jener Prozeß, der allgemein wie folgt beschrieben wird: Die "Maschine", die bereits die proletarische Familie zerstört hatte, griff nun auch in das Leben der sich im gesellschaftlichen Aufbau anschließenden bürgerlichen Schichten ein, denn sie beraubte die Hausfrau der zahlreichen produktiven häuslichen Arbeiten, verwandelte die ehemalige "Produzentin" in eine "Konsumentin" und machte die Töchter im Hause überflüssig. Dem Familienvater, als dem nun alleinigen "Produzenten", fiel es immer schwerer, alle diese Konsumentinnen zu ernähren und Vorsorge zu treffen für ihre materielle Sicherheit nach seinem Tod.

Doch dieser Prozeß stand erst in seinen Anfängen; gleichzeitig wurden in den unteren, aber auch in den vormals als "wohlhabend" charakterisierten bürgerlichen Mittelschichten die Auswirkungen des wirtschaftlichen Wachstumsprozesses fühlbar: Preisanstieg und Geldwertschwund tangierten die Vermögensbasis und beeinträchtigten allgemein das Familieneinkommen; Konkurrenzdruck und -kampf verringerten die Sicherheit der Existenz; die Fortschritte in Handel, Wissenschaft und Technik verlängerten und verteuerten die Ausbildung der Söhne; die sich vollziehenden Wandlungen in der Wirtschafts- und Sozialstruktur erschwerten oft eine Existenzgründung - während gleichzeitig der gesamte Lebensstil anspruchsvoller wurde.

Bei dem damals allgemein üblichen Kinder-"Reichtum" war es den Familienvätern oft nur unter härtesten Entsagungen in der Familie

---

1) Louise Büchner, Die Frau und ihr Beruf. (1. Auflage 1855) 3. Auflage 1860, S. 13.
* Qu. 103

möglich, die Söhne "standesgemäß" für das Leben auszurüsten; wie sollten sie es dann bewerkstelligen, auch noch mehrere Töchter zu ernähren, sie mit der obligaten Aussteuer zu versehen und sie für den Fall der Nichtheirat für ihr ganzes Leben sicherzustellen? Nicht selten wurde das Glück der Töchter bedenkenlos dem Lebensstart der Söhne geopfert, indem man alles verfügbare Geld für die Ausbildung der Söhne hingab, für die Töchter mit ihrer Minimalaussteuer aber auf die "natürlichen Versorger" hoffte, die sie ihrem "natürlichen Beruf" der Gattin und Mutter zuführen sollten. Bitter bemerkte Louise Otto, daß der Sohn in 2-3 Tagen oft mehr für Bier, Zigarren etc. im Wirtshaus ausgeben dürfe, als die Tochter Taschengeld im ganzen Monat habe[2]. - Oft herrschte echte Not in den Familien, der dann in der üblichen Weise durch Sparen und heimlich ausgeführte "standesgemäße" Näh-, Stick-, Häkel- und andere Handarbeiten begegnet werden mußte - heimlich! denn der Schein mußte gewahrt bleiben - es "schickte" sich für bürgerliche Mädchen und Frauen nicht, "für den Erwerb" zu arbeiten! Familienväter fürchteten, den Kredit zu verlieren, falls man von jenen Arbeiten hörte[3]; oft wurden sie auch gar nicht von ihnen in Kenntnis gesetzt, vor allem dann nicht, wenn die Töchter um Geld für eine standesgemäße Garderobe nähten, denn schließlich mußten sie ja doch einen Freier finden!

In dieser Situation wäre eine schnelle Heirat für manche Mädchen eine Wohltat gewesen, doch die Ehechancen wurden fast in demselben Maße zweifelhaft, wie die Eheschließung als Ausweg aus der Not in der Familie an Bedeutung gewann, vor allem in den "höheren" Mittelschichten; denn: die mit so viel Mühe ins Leben gestarteten Söhne verfügten auch nach Abschluß ihrer Ausbildung oft erst nach Jahren über ein Einkommen, um in "standesgemäßer" Sicherheit eine Familie gründen zu können (wenn sie es überhaupt taten oder mit dem Blick auf ihre unversorgten Schwestern tun konnten); doch wenn sie es taten, dann zogen sie meist ein "vermögendes" Mädchen jenen "nicht vermögenden" aus der Gruppe der "Schwestern" vor. - In den unteren Mittelschichten, in denen man auch die Frau noch nach ihrer Arbeitskraft bemaß, waren die Eheschließungen nicht so schwierig.

Die Heiratsstatistik zeigt, daß die Zahl der Eheschließungen auf 1000 Einwohner i. D. zwar schwankte, aber keine Einbrüche aufwies[4]:

1841/50	1851/56	1861/70	1871/80	1881/90	1891/95
8, 1	7, 8	8, 5	8, 6	7, 8	8, 0

Doch warten mußten die Mädchen auf den Freier!

2) Louise Otto-Peters, Das Recht der Frauen auf Erwerb. Hamburg 1866, S. 44.
3) L. Otto-Peters, Recht auf Erwerb, S. 26 f.
4) Robert Wuttke, Die erwerbstätigen Frauen im deutschen Reich. Dresden 1897, S. 41.

1867 waren z. B, in Bremen unter 100 weiblichen Personen verheiratet (Vergleichszahl 1905)[5]:

Alter	1867	1905
unter 25 Jahren	15, 4	(27, 1)
25 - 30 Jahre	44, 4	(64, 5)
30 - 40 Jahre	66, 5	(77, 7)
40 - 50 Jahre	67, 9	(74, 1)
(Insgesamt waren i. D.		
verheiratet:	48, 55	60, 85)

1867 waren somit in Bremen von den Frauen zwischen 16 - 50 Jahren noch nicht einmal die Hälfte verheiratet; selbst im Alter der höchsten Ehequote standen zwei verheiratete Frauen noch immer einer unverheirateten gegenüber; echte Chancen zur Eheschließung zeichneten sich überhaupt erst nach dem 25. Lebensjahr ab.

Ähnlich dürfte es fast überall in Deutschland ausgesehen haben, vor allem in Preußen, wo die amtliche Statistik des Jahres 1863[6] bei einer weiblichen Bevölkerung von 5. 861, 091 im Alter von über 14 Jahren - 2. 918. 763 unverheiratete, verwitwete und geschiedene Frauen aufführt, d. h. rd. 50%; die verheirateten Frauen überwiegen nur mit 23. 565 (bei einer Gesamtzahl von 2. 942. 328)[7].

Die Fehlerquelle 14 Jahre (die Statistik untergliedert nicht in 16- und 20jährige Frauen) läßt sich überbrücken durch die Mitteilung, daß in Preußen 1864 1. 827. 451 unverheiratete Frauen und rd. 700. 000 Witwen lebten, also insgesamt rd. 2. 527. 451 zum größten Teil "unversorgte" Frauen im Alter von über 16 Jahren[8].

Zum gleichen Zeitpunkt waren von 1000 Frauen

in Paris	264 ledig	–	592 verheiratet
in London	303 ledig	–	551 verheiratet
in Berlin	373 ledig	–	503 verheiratet
in Wien	459 ledig	–	408 verheiratet [9]

5) "Hilfe", 18. Jg., 1912, Nr. 43, S. 682.

6) Jahrbuch für die amtliche Statistik des Preußischen Staats. Berlin 1863, S. 82 ff.

7) Anm. d. V.: Die entsprechenden Vergleichszahlen der preußischen Statistik (1863) lauten für die Männer (hier genauer untergliedert):
Bei einer Gesamtbevölkerung
von über 14 J.: 5. 741. 535 - unverheiratet: 2. 820. 141
von über 20 J.: 4. 835. 880 - unverheiratet: 1. 914. 486
(bei einer Gesamtzahl der in der Ehe lebenden Männer von 2. 921. 394).

8) Louise Otto-Peters, Das erste Vierteljahrhundert des Allgemeinen deutschen Frauenvereins. Leipzig 1890, S. 29; "Frauen-Anwalt", 3. Jg., 1872/3, Nr. 6, S. 192.

9) "Neue Bahnen", 4. Jg., Nr. 7, 1869, S. 53.

1867 lebten in Preußen:
Männer und Frauen im

Alter von 20 - 40 Jahren	7.165.000
davon Männer	3.508.500
davon Frauen	3.656.500 (+ 148.000)
Unverheiratete Frauen 20 - 30 Jahren	1.205.220
Unverheiratete Frauen 30 - 40 Jahren	278.274
Unverheiratete Frauen 20 - 40 Jahren	1.483.494
(Verheiratete Frauen 20 - 40 Jahren	2.173.006 [10])

Zum gleichen Zeitpunkt waren in Berlin von 1000 Frauen

530 verheiratet;
322 ledig (davon 90 berufslos);
148 verwitwet (davon 25 berufslos)[11].

Angesichts solcher Heiratsaussichten und der allgemein fühlbaren wirtschaftlichen Situation ist es nur zu verständlich, daß die Eltern ihre Töchter zur Ehe drängten und diese die erste beste Heiratschance ergriffen. Die Ehe sank deshalb nur zu oft auf das Niveau eines bloßen Versorgungsinstituts auf Gegenseitigkeit, das für die Frau nicht selten zu einem Martyrium wurde.

Doch dieses Schicksal war immer noch gnädiger als das der alten Jungfer. Der ärmsten Witwe werde mehr Achtung entgegengebracht als dem "alten Mädchen", berichtet Louise Otto-Peters[12], das verspottet werde, mit einem Makel behaftet sei, oft das Gnadenbrot bei Brüdern oder Verwandten friste, denen es als Dienstmädchen und Krankenpflegerin zu dienen habe, um dann als "altes Eisen" behandelt zu werden[13].

Auffallend ist, daß die beiden Schriften von Bedeutung, die für diesen Zeitraum vorliegen, Fanny Lewalds "Osterbriefe"[14]* und Louise

10) "Frauen-Anwalt", 3. Jg., 1872/73, Nr. 4/5, S. 141.

11) Philip von Nathusius, Zur Frauenfrage, Halle 1871, S. 58.

12) L. Otto-Peters, Recht auf Erwerb, S. 18.

13) Anm. d. V.: Sehr charakteristisch für die allgemeine Mißachtung der unverheirateten Frau (auch in kirchlichen Kreisen!) sind Pastor Fliedners Bemühungen um die Tracht der Diakonissen; vgl. Anna Paulsen, Aufbruch der Frauen, S. 39 f.: "Die Frage der Tracht ist besonders sorgfältig durchdacht worden. Mit der Haube, die zur Kleidung der Ehefrau aus dem Bürgerstand gehört, hat Fliedner der ledigen Frau die Würde der Ehefrau gegeben, ein Zeichen dafür, wie sehr er sie zu ehren versuchte. Überhaupt ist die Kleidung, ... dem Stil und der Qualität ... nach an das angelehnt, was in den rheinischen Städten die Frau aus dem gehobenen Bürgerstand trug. ... Die Diakonisse war durch Haube und Kleid in ihrem Umgang mit dem männlichen Personal und den Kranken und in ihrem ganzen Verkehr nach außen hin gleichsam geschützt. Die Kleidung sicherte ihr Achtung und Vertrauen zugleich".

14) Fanny Lewald, Osterbriefe für die Frauen, Berlin 1863.

* Qu. 119 ff.

Büchners "Die Frau und ihr Beruf", diese Probleme noch nicht in ihrer Tragweite erfassen; bei beiden sind Haus und Familie noch unverrückbar das Lebenszentrum der Frau, wenn auch unter recht verschiedenen Aspekten.

Die ebenso kluge wie nüchterne Fanny Lewald widmete sich der Weiterbildung, der Organisation und der materiellen Sicherung der arbeitenden "Töchter der Armen"; ihre Ausführungen sind im folgenden Kapitel zu erörtern.

In Louise Büchners Schrift * stehen die Mädchen und Frauen der bürgerlichen Stände im Mittelpunkt der Betrachtung. Ihre Ausführungen, die einem moralischen Traktat nicht unähnlich sind, wurzeln fest in der Vorstellungswelt der 40er Jahre; nur in ihren Forderungen zur höheren Mädchenbildung geht sie einen kleinen Schritt "vorwärts": den Mädchen sollte in nicht näher definierten, aber den Gymnasien als "ähnlich" bezeichneten "Lehranstalten" bis zum 18. Lebensjahr eine "geistige Ausbildung aus einem Guß" vermittelt werden; die übrigen Gesichtspunkte sind vertraut: "keine Gelehrsamkeit" - Erziehung für den "engsten häuslichen Kreis" und "eine größere bestimmte Wirksamkeit" - "im Dienste der Menschheit" - der "Waisen" und der "Kinder der Armen" ... Einen Gipfel erreichte sie jedoch in der Feststellung:

"Was dem Manne das Studium der Logik, ersetzt uns Frauen fast ebenso gut die praktische Wissenschaft der edlen Kochkunst ..."[15].**

Dieser Zwiespalt setzt sich in ihrer Stellungnahme zur Berufstätigkeit der Frauen fort: einerseits erkannte sie recht deutlich, daß in manchen Familien Not herrschte, die die Mädchen zum Erwerb zwang; ihre geforderten verbesserten Bildungsmöglichkeiten sollten auch die Fähigkeiten zur Berufsausübung stärken (z. B. zum Lehrerinnen- und Erzieherinnerberuf), aber dennoch wollte sie einer Berufstätigkeit der Mädchen nur in wirklichen Notfällen zustimmen und verlangte im übrigen kategorisch:

"Aber man vergesse darüber niemals, daß die erste und nächste Pflicht des Mädchens der Familie angehört. So lange es dort noch etwas Ernstes zu wirken und zu schaffen gibt, darf das Mädchen nicht darüber hinaussehen, um ins Weite zu streben"[16].***

Jene oben beschriebenen heimlichen Handarbeiten sind für sie ein "Haschen nach Erwerb" - "nichts weniger als poetisch und anmutig"[17] -**** Zeichen der Eitelkeit und der Putzsucht. - Noch härter beurteilt sie jene jungen Mädchen, die als Gouvernanten und Erzieherinnen in das Leben hinausdrängten:

---

15) L. Büchner, S. 30/31.
16) ibid., S. 69.
17) ibid., S. 62.
  * Qu. 101 ff.   ** Qu. 104   *** Qu. 108   **** Qu. 107

"Aber es ist ... der geistige Hochmut, die Ungenügsamkeit, welche so
viele Mädchen ohne Not und vor der Zeit aus ihren einfachen Verhältnissen
hinaustreibt. Sie dünken sich zu gut, ihre häuslichen Pflichten zu erfüllen,
sie wollen ein Anhängsel der vornehmen Welt werden, sich putzen und die
vornehmen Damen spielen"[18].*

Doch gerade diese Heftigkeit der Kritik dürfte ein Beweis dafür
sein, daß neben der materiellen Not ein neues bewegendes Moment in
das Frauenleben eindrang und einen neuen Frauentyp heranreifen ließ.
Wieder einmal waren die "Zeiten laut geworden": es bahnten sich politische Geschehnisse an und es fielen Entscheidungen, die in der Männerwelt nicht nur Anteilnahme erweckten, sondern Leidenschaften von sel-
tenen Ausmaßen entfesselten; gleichzeitig verhieß das immer intensiver
pulsierende wirtschaftliche Leben bei aller Härte auch wieder ungeahn-
te Möglichkeiten - und während die Männer, die Väter, die Brüder sich
in diesen Kampf hineinstürzten, sollten die Mädchen die heilige Herdflamme hüten? Oder sich mit Häkelarbeiten beschäftigen (wie z. B. 1852
ein anglikanischer Kirchenmann Florence Nightingale zu tun riet[19]).
Oder ein kleines Gärtchen oder Blumenflor vor den Fenstern besorgen -
Kanarienvogel, Schoßhund oder Katzen füttern (wie es ein Herr von
Prittwitz empfahl[20])?** - Und dabei hingebungsvoll auf irgendenen Freier
warten, der vielleicht nie kam? Vielleicht sogar noch in ständigem
Kampf mit wirtschaftlicher Not - niedergedrückt von dem Wissen, nur
unnützer Ballast der Familie zu sein, und von dem Gefühl der Öde, der
Leere, der Hoffnungslosigkeit, der eigenen Nichtigkeit ...

Sofern ein Mädchen Verstand, Mut und Temperament hatte, mußte
es revoltieren - und die Besten und Tüchtigsten taten es. Sie entschlossen sich, das zu tun, was die Männer draußen in der Welt taten - nämlich: zu arbeiten. Sicher waren sie weniger poetisch als entschlossen,
und sicher dachten sie auch weniger an das Glück der Menschheit als
an die eigene Menschwerdung[21]. In Scharen drängten die Mädchen der
"höheren Stände" in die Lehrerinnenseminare, die einzigen weiterführenden Bildungsinstitute für Frauen, und in die wenigen Berufe, die ihnen offenstanden: den der Lehrerin und Erzieherin, der "Stütze" und
Gesellschafterin; und selbst oft mit ganz weniger Begabung in die künst-

18) L. Büchner, S. 66.
19) Anna Paulsen, Aufbruch der Frauen. Lahr 1964, S. 37.
20) Moritz von Prittwitz, Frauenwirtschaft. Berlin 1863, S. 257.
21) Anm. d. V.: Gertrud Bäumer stellt hierzu fest:
"Die Frauenbewegung ist ein Aufbruch aus einem irrationalen Müssen in den Frauen selbst,
ein h o r r o r v a c u i , der sie überfiel und auf den Weg nach neuem Leben trieb in einer
Gesellschaft, in der 'die Wüste wächst'".
(Lebensweg durch die Zeitenwende. 5. Auflage Tübingen 1933, S. 223).
    * Qu. 108   ** Qu. 119

lerischen Berufe. Ähnlich war es bei den "unteren Schichten" auf dem
Gebiet der weiblichen Handarbeiten (Weißzeugnäherei, Wäschenäherei,
Stickarbeiten, Schneiderei u. s. w.); ferner versuchten die Mädchen, in
Ladengeschäften unterzukommen und Arbeit in Bureaus, Comptoirs und
Schreibstuben zu finden, nachdem in diesem kaufmännischen Bereich
die weiblichen Familienangehörigen die Brauchbarkeit der Frauen be-
wiesen hatten und die Intensivierung des Geschäftslebens mehr Arbeits-
kräfte notwendig machte, die aber möglichst billig sein sollten.

Auf allen Gebieten herrschte ein Überangebot (so bewarben sich
z. B. um eine freie Lehrerinnenstelle in Berlin in einer Woche allein 114
Frauen[22]; und ebenso allgemein waren die Frauen im Vergleich mit den
Männern mangelhaft vorbereitet für jede berufliche Tätigkeit; ihre Bezahlung war fast ohne Ausnahme miserabel; Vorurteile, Skepsis und
Spott gegenüber den arbeitenden Frauen machten sich überall breit:
Männer und Frauen waren als glühende Vertreter des "natürlichen",
"heiligen" Frauenberufs der Gattin und Mutter schnell bereit, in dem
erwerbstätigen Mädchen eine "verkommene, unsittliche Person" zu wit-
tern - und sich selbstverständlich entsprechend zu verhalten! Auch die
elenden Frauenlöhne (über die noch oft zu sprechen sein wird) fand man
von diesem "hehren" Standpunkt aus in Ordnung: abgesehen von dem
Profit, den man dabei einheimste, hatten ja die Mädchen bescheiden zu
sein, sie hatten Putz und Tand zu verachten, sie hatten brav in ihrer
kleinen Stube zu sitzen und sollten - mochten sie nun auch gezwungen
sein, von ihrer eigenen Hände Arbeit zu leben - nur auf eine Freude,
ein Glück hoffen: nämlich irgendwie, irgendwann durch irgendeinen Mann
die Lebenserfüllung als Gattin und Mutter zu finden - oder auch ganz
zu verzichten. So tröstete z. B. Herr Moritz von Prittwitz 1863 in seiner "Frauenwirtschaft"[*] die schlecht gestellten Lehrerinnen und Erzieherinnen, die nicht talentvollen armen Schauspielerinnen und Sängerin-
nen mit der Hoffnung auf "ein günstiges Eheband", das ihnen "eine gesicherte Lebensexistenz" verschaffen könne, und stellte die Frage:

"Hat das weibliche Geschlecht aber wohl Veranlassung, sich über diese
s c h e i n b a r e Ungunst un Zurücksetzung zu beklagen"?

Seine salomonische Antwort:

"Gewiß nicht, wenn es eingedenk ist, daß es seine Hauptbestimmung
doch n u r in dem Familienleben zu suchen hat"[23].

Noch salomonischer forderte er von den Arbeiterinnen, sogar von
den "hübschen" (!), sich den Lockungen des Putzes und des Lasters zu
widersetzen, ja, er verlangte sogar die "Willensstärke",
"selbst ehrbaren Heiratsanträgen zu widerstehen, aus der Besorgnis, nur ein

22) Jenny Hirsch, Geschichte Lette-Verein, S. 5.
23) Prittwitz, S. 185.
  * Qu. 116 ff.

mühevolles Leben zu führen und Kinder in die Welt zu setzen, denen ein ebensolches Los bevorsteht"[24].

Man sieht: hier ein Vorschlag zur Lösung der sozialen Frage à la Malthus und Ricardo - ganz zu Lasten der Frauen - dort eine Berufung auf die "natürliche" Lebensbestimmung - auch zu Lasten der Frauen.

Aus dieser elenden wirtschaftlichen und sozialen Situation, dieser geistig und menschlich so niedergedrückten und gefesselten Lage der Frauen erwuchs nun die deutsche bürgerliche Frauenbewegung. - Am 24. Februar 1865 hatte sich in Leipzig unter Louise Otto-Peters' Vorsitz ein Frauenbildungsverein konstituiert; Anfang März 1865 formulierte Auguste Schmidt in der ersten öffentlichen Versammlung dieses Vereins das nächstliegende und wohl auch wichtigste Ziel der sich von nun an allmählich entwickelnden deutschen Frauenbewegung:

"Wir verlangen nur, daß die Arena der Arbeit auch für uns und unsere Schwestern geöffnet werde"[25].

---

24) Prittwitz, S. 179 ff.
25) Louise Otto-Peters, Das erste Vierteljahrhundert des Allgemeinen deutschen Frauenvereins. Leipzig 1890, S. 3.

III. Erste organisatorische Schritte

1. 16. - 18. 10. 1865: Gründung des "Allgemeinen deutschen Frauenvereins" (Leipzig)

"Die Frauen sind zu jeder Arbeit berechtigt, zu welcher sie fähig sind".
                                                                Moritz Müller
(auf dem 3. Vereinstag deutscher Arbeitervereine in Stuttgart, 3.-5. 9. 1865)[1]*

Die Gründung des Allgemeinen deutschen Frauenvereins ist in den aus den Kreisen der Frauenbewegung hervorgegangenen (und in dieser Arbeit erfaßten) Darstellungen und Abhandlungen in fast unveränderter Weise tradiert worden; Gertrud Bäumer und Helene Lange lieferten im "Handbuch der Frauenbewegung"[2] hierfür das Modell: "Auf eine äußere Anregung eines Hauptmanns Korn" sei im März 1865 ein Frauenbildungsverein in Leipzig gegründet worden; Louise Otto-Peters habe als Vorsitzende schon in den Satzungen dieses Vereins gegen schwere Bedenken und Widerspruch eine Frauenkonferenz deutscher Frauen verschiedenster Staaten und Stände in Aussicht gestellt, die 1865 während der Tage der Leipziger Völkerschlacht stattfand und deshalb auch in der Presse als "Leipziger Frauenschlacht" bezeichnet worden sei; auf dieser Konferenz habe man den Allgemeinen deutschen Frauenverein gegründet ... Anschließend folgen zumeist Programm, Satzungen und Kommentar[3]. - Es fällt jedoch auf, daß hierbei das recht interessante Beziehungsfeld zwischen dem Leipziger Frauenbildungsverein, dem Allgemeinen deutschen Frauenverein und dem Vereinstag deutscher Arbeitervereine kaum Beachtung findet[4]; ähnlich verhält es sich mit dem weiterwirkenden Einfluß dieser Verbindung auf die junge proletarische Arbeiter- und Arbeiterinnenbewegung in Sachsen 1867 ff.; auch jener Hauptmann a. D. Korn, Herausgeber einer "Allgemeinen Frauenzeitung"[5], wird gern verschwiegen.

1) In: Wener Thönnessen, Die Frauenemanzipation in Politik und Literatur der deutschen Sozialdemokratie (1863-1933). Diss. Gelnhausen 1958, S. 17.

2) H. Lange, G. Bäumer, Handbuch, I. S. 48 ff.

3) Anm. d. V.: Für diesen Vorgang stehen als "gültig" zu bezeichnende Quellen nur zur Verfügung:
Louise Otto-Peters, Das Recht der Frauen auf Erwerb. Hamburg 1866, S. 79 ff.
Louise Otto-Peters, Das erste Vierteljahrhundert des Allgemeinen deutschen Frauenvereins. Leipzig 1890, S. 2 ff.

4) Eine Ausnahme bildet hier: Hilde Lion, Zur Soziologie der Frauenbewegung. Berlin 1926, S. 14 ff.

5) Stuttgart 1864-74.

* Qu. 134

Tatsächlich war auch Korn, der nach Louise Otto-Peters die "Brotfrage in der Frauenreformation"[6] stark in den Vordergrund stellte, für
die weitere Entwicklung der bürgerlichen Frauenbewegung ohne jede
Bedeutung und darf auch in dieser Arbeit übergangen werden. - Daß jedoch Korn durch Vorträge in Leipzig und durch seine "Allgemeine Frauenzeitung" erst den Boden sozusagen "vorpflügen" mußte, ist sympto-
matisch sowohl für die Ängstlichkeit und Schüchternheit der Frauen im
allgemeinen (vgl. hier auch die Bedenken gegen eine Frauenkonferenz)
als auch für den Druck der Reaktion, der die ehedem freiheitlich gesinnten Frauen zur Tatenlosigkeit verdammte und sie hinderte, sich der
wieder erwachenden freiheitlichen Bewegung anzuschließen[7].

Erst als die Vereinsbewegung unter den Arbeitern lebhafter wurde, versuchte 1863 Fanny Lewald in Berlin, in ihren den "Deutschen
Handwerker- und Arbeitervereinen" gewidmeten "Osterbriefen" mit der
neuen Bewegung Schritt zu fassen.* Sie forderte für die arbeitenden
"Töchter der Armen" (z. B. für die Näherinnen, die Arbeiterinnen und
vor allem die Dienstboten[8]:

"Lehre und Fortbildung,

Speisehäuser und Herbergen,

Kranken- und Altersversorgungskassen,

Vereine zur Unterhaltung für die Sonntage, die von gesitteten Personen
geleitet und überwacht werden"[9] **

Den "gebildeten Frauen" wurden hierbei wichtige Aufgaben in den
Familien, in Familienassoziationen und eine leitende Stellung in den
Vereinen zugewiesen.

Bei einem Vergleich der Vorschläge Fanny Lewalds mit den Bestrebungen der gleichzeitigen, nicht von Lassalles Lehren erfaßten Arbeitervereine fallen starke Parallelen auf:

1) in der Organisation: in leitender Stellung wirkten auch bei den
Arbeitern bürgerliche Liberale, die eine Hebung des Arbeiterstandes
vor allem durch "Bildung" zu erreichen suchten, wodurch

2) Belehrung, Fortbildung und belehrende Unterhaltungen auch in
den männlichen Vereinen zentrale Bedeutung besaßen[10]:

---

6) Louise Otto-Peters, das Recht der Frauen auf Erwerb. Hamburg 1866, S. 85.

7) Anm. d. V.: Louise Otto-Peters' Kraft wurde jedoch sicher auch durch die Pflege ihres 1864 verstorbenen Gatten, Dr. August Peters, absorbiert, der als 48er Revolutionär erst nach siebenjähriger Kerkerhaft, in seiner Gesundheit zerrüttet, wieder in Freiheit gesetzt wurde.

8) Anm. d. V.: Lt. Angaben Fanny Lewalds arbeiteten um 1863 in Berlin etwa 10000
Mädchen in Fabriken und etwa 20000 Mädchen als Dienstboten.

9) R. Lewald, Osterbriefe, S. 135 ff.

10) Anm. d. V.: Als Grundsatz galt hier: lehrend lernen wir, verbrüdern wir uns! -
Prof. Ludwig Büchner (Bruder Louise Büchners s. o.), der sich intensiv den Arbeiterver-

* Qu. 119 ff.   ** Qu. 134

3) beschäftigte man sich gleichzeitig intensiv mit genossenschaftlichen Unternehmungen und einer auf dieser Grundlage aufgebauten Kranken- und Altersversicherung; Fanny Lewald dürfte diesen Punkt direkt aus der Diskussion der Männervereine übernommen haben[11];

4) wurzelten Fanny Lewalds Vorschläge und die Grundtendenz jener Arbeitervereine noch immer in den menschheitsbeglückenden Vorstellungen der 40er Jahre: so beschloß man 1863 auf dem 1. Vereinstag deutscher Arbeitervereine in einer Resolution, daß es die erste Pflicht der Arbeitervereine und des gesamten Arbeiterstandes sein solle -

"bei der Verfolgung seines Strebens nach geistiger, politischer, bürgerlicher und wirtschaftlicher Hebung des Arbeiterstandes einig unter sich, einig mit allem nach des deutschen Vaterlandes Freiheit und Größe Strebenden, einig und mithelfend zu sein mit allen, welche an der Veredelung der Menschheit arbeiten"[12].

Fanny Lewald ihrerseits wollte vor allem die zukünftigen Gattinnen der Arbeiter und Handwerker erziehen und fördern, und sie ermahnte diese Männer, ihre Töchter und Bräute zum Anschluß an die "gebildeten Frauen" zu bewegen und ihrerseits zu beraten, was zugunsten der Frauen getan werden könne, wobei sie ihnen das große Endziel vor Augen stellte:

"Helfen Sie sich selber vorwärts, indem Sie sich ihrer Frauen annehmen; und wie für Sie selber dann in Ihren Familien ein neues Leben, eine andere Gesittung beginnen werden, so werden einst auch aus Ihren Familien eine neue Menschheit und eine bessere Zukunft erblühen"[13]*!

Eigene organisatorische Versuche unternahm Fanny Lewald nach den vorliegenden Zeugnissen nicht; doch im April 1871 teilt Fanny Lewald mit, daß die "Osterbriefe" "eine große Wirkung" hatten[14], und Gertrud Bäumer bestätigt, daß Fany Lewald "auf bestimmte Kreise ohne Zweifel einen verhältnismäßig großen Einfluß"[15] ausübte. Ein greifba-

---

einen widmete, gab das Losungswort aus: "Nur Einigkeit macht stark, nur Bildung macht frei" - (vgl. Erich Eyck, Der Vereinstag deutscher Arbeitervereine 1863-68. Diss. Berlin 1904, S.15 ff.). Ferner verhandelte der 1. Vereinstag deutscher Arbeitervereine (7.6. 1863) in Frankfurt/M. ausführlich über eine einheitliche Ausgestaltung der Fortbildungsarbeit in den Arbeitervereinen; als Resultat erhoffte man: bessere Leistungen, eine Besserung der Lage des Arbeiterstandes und eine sittliche Wirkung: kein Wirtshaus! statt dessen Bildung! (vgl. ibid. S.25 ff.).

11) Auf dem 2. Vereinstag deutscher Arbeitervereine (23./24.10. 1864) in Leipzig gehörte die "Altersversicherung" zu den Programmpunkten, eine allgemeine Diskussion war vorausgegangen (vgl. ibid. S.41 ff.).

12) Eyck, Vereinstag, S.26 f.

13) F. Lewald, Osterbriefe, Vorwort.

14) "Frauen-Anwalt". 2. Jg., 1871/72, Nr.1, S.10.

15) H. Lange, G. Bäumer, Handbuch, I, S.42.

* Qu. 120

res Ergebnis auch ihres Einflusses dürfte vor uns stehen in den frauenfreundlichen Beschlüssen des 3. Vereinstages deutscher Arbeitervereine
in Stuttgart (3. - 5. September 1865).

Überblickt man die Vorgänge in Stuttgart im Zusammenhang mit den
Anfängen der bürgerlichen Frauenbewegung in Leipzig, so fallen noch
weitere Tatsachen auf:

1) der vorhergehende Vereinstag deutscher Arbeitervereine fand
1864 in Leipzig statt; führend tätig in dem Vereinsverband sächsischer
Arbeitervereine und seiner genossenschaftlichen Einrichtungen war der
Drechslermeister August Bebel, der auf den vorhergehenden Vereinstagen schon eine einflußreiche, führende Stellung eingenommen hatte und
in Leipzig auch in den "ständigen Ausschuß" (d. h. in den Vorstand) des
Vereinstages gewählt wurde; ganz sicher war es ihm möglich, in dieser
Position die Themenwahl des folgenden Vereinstages zu beeinflussen,
auf dem über die Frauenarbeit verhandelt wurde;

2. nach seinen eigenen Aussagen kam Bebel 1861 in Berührung mit
der Arbeiterbildungsbewegung über die

"' Mitteldeutsche Volkszeitung', auf die ich abonniert war und die der
Achtundvierziger Dr. Peters redigierte, der Ehemann der bekannten verstorbenen Vorkämpferin für die Frauenrechte Louise Otto-Peters" ... [16],
letztere bearbeitete auch das Feuilleton dieser Zeitung;

3. berichtet Bebel, der Vorsitzende des Leipziger Arbeiterbildungsvereins:

"Als dann der Leipziger Frauenbildungsverein, dessen Vorsitzende
Louise Otto-Peters war, sich an den Arbeiterbildungsverein wandte, damit
dieser an Sonntagen sein Vereinslokal zur Errichtung einer Sonntagsschule
für Mädchen hergebe, gaben wir bereitwillig unsere Zustimmung"[17].

Nach Louise Otto-Peters' Darstellung wurde die Sonntagsschule
unmittelbar nach Gründung des Frauenbildungsvereins (im März 1865)
eröffnet, also sicher vor dem 3. Vereinstag deutscher Arbeitervereine; spätestens zu diesem Zeitpunkt dürfte ein engerer Kontakt zwischen
Louise Otto-Peters und Bebel zustande gekommen sein;

4. der Referent über die Frauenfrage in Stuttgart war Moritz Müller; neben Bebel fand die Frauensache dort einen warmen Verfechter
in Prof. Ludwig Eckardt[18], den Louise Otto-Peters selbst als ihren und
ihres Mannes Freund bezeichnet[19];

5. auf der nachfolgenden Frauenkonferenz in Leipzig (16. - 18.10.
1865) findet man unter den Männern wiederum führende Köpfe der Ver-
einstage: Prof. Ludwig Eckhardt (Karlsruhe), Professor Roßmäßler

---

16) August Bebel, Aus meinem Leben. I. Teil. Stgt. 1910. S. 50.
17) Bebel, Aus meinem Leben. I, S. 101.
18) ibid., S. 115.
19) Louise Otto-Peters, Ein Vierteljahrhundert, S. 7.

(Leipzig), Dr. Karl Albrecht (Leipzig); Moritz Müller (Pforzheim), am Kommen verhindert, sandte eine Begrüßungsschrift; August Bebel war nach seinem eigenen Bericht[20] als Gast anwesend (wie auch die Eröffnungsfeier der Frauenkonferenz mit dem Gesang des Leipziger Arbeiterbildungsvereins begann[21]; an männlichen Teilnehmern werden ferner genannt: Dr. Joseph Heinrichts (Lissa), Dr. Rößler-Mühlfeld (Cöthen) und Hauptmann a. D. Korn.

Bei aller gebotenen Vorsicht darf man nach Kenntnisnahme dieser Fakten vermuten, daß eine führende Phalanx auf dem Arbeitertag in Stuttgart a u c h mit Louise Otto-Peters' Anschauungen und Zielen vertraut war, sie bejahte und sie einer allgemeinen Anerkennung und Realisierung zuzuführen suchte*; umgekehrt darf man annehmen, daß Louise Otto-Peters genau über die Vorgänge in der Arbeiterbewegung und ihre Ziele unterrichtet und bereit war, ihnen ihre Unterstützung zu leihen innerhalb der von ihr geleiteten Organisationen. Ferner liegt die Vermutung nahe, daß der Kontakt zwischen Bebel und Louise Otto-Peters enger gewesen sein könnte, als beide später mitzuteilen für angebracht hielten.

Tatsache ist, daß auf dem 3. Vereinstag deutscher Arbeitervereine in Stuttgart (Sept. 1865) nach einem Referat** des Bijouteriefabrikanten Moritz Müller, Pforzheim, die von ihm formulierten Anträge mit großer Mehrheit angenommen wurden:

"1. Der Arbeitertag erklärt: daß er aus nationalökonomischen Rücksichten die hohe Bedeutung der Mobilmachung der weiblichen Arbeitskraft anerkennt (...)

2. Der Arbeitertag erklärt: daß er für das weibliche Geschlecht jene Befreiung für die rechte hält, welche zu Selbständigkeit und zu ernster Pflichterfüllung führt, und damit zu jener Gleichberechtigung und Gleichstellung, welche ernste Arbeit unter ernsten Arbeitern erwerben muß.

3. Der Arbeitertag erklärt: daß es künftig die Aufgabe der Arbeitervereine sein muß, durch Belehrung und durch moralische und materielle Unterstützung die Arbeiterinnen zu veranlassen, im gleichen Sinne, wie die Arbeiter, Arbeiterinnenvereine zu gründen nach den Prinzipien der Selbsthilfe und Assoziation"[22].

Doch auch Gegenstimmen wurden in Stuttgart laut: sie verwiesen auf den durch die weibliche Konkurrenz ausgelösten Lohndruck, die Vernachlässigung der Arbeiterfamilie und die elenden Arbeitsbedingungen für die Frauen; da die Produktivgenossenschaften in Stuttgart auf der Tagesordnung standen, wurde auch das Argument laut, das Problem der

---

20) August Bebel, Aus meinem Leben, I, S. 101.
21) L. Otto-Peters, Recht auf Erwerb, S. 82.
22) Thönnessen, Frauenemanzipation - Sozialdemokratie, S. 17 ff.
 * vgl. Qu. 134   ** Qu. 134

weiblichen Konkurrenz könne nur durch die Produktivgenossenschaft gelöst werden; man betonte die Unreife des weiblichen Geschlechts für die gewerkschaftliche Organisation und trug die These der Lassalleaner vor, daß erst die vollständige Emanzipation der Arbeiter erreicht sein müsse, ehe man die Frauen emanzipieren könne; die konservativ eingestellten Männer meinten, es genüge, wenn der Mann arbeite, der Frau sei nur häusliches Walten angemessen.

Thönnessen findet es erstaunlich, daß trotz der Plausibilität jener Gegenargumente und der noch fehlenden sozialistischen Parteitheorie über die Frauenarbeit Müllers Thesen angenommen wurden, und äußert zur Erklärung:

"So konnte nur eine starke, wenn auch theoretisch unartikulierte Begeisterung für die Frauenemanzipation die Kongreßteilnehmer ihre eigenen materiellen Interessen und Vorurteile vergessen lassen, die sie an die Aufrechterhaltung patriarchalischer Zustände in Arbeit und Familie banden.

Hilde Lion führt zur Erklärung ... die planmäßige Einwirkung einer besonders aufgeklärten Minderheit (gemeint sind wohl in erster Linie Bebel und Liebknecht) an"[23].

Thönnessen zitiert jedoch nicht den zweiten erklärenden Hinweis Lions, in dem sie feststellt:

"daß Außenseiter, geschlechtsbewußte Frauen nämlich, sich ihrer persönlichen (auf gemeinsamem politischen Boden erworbenen) Verbindungen bedienen, um dieser Minderheit dauernd frauenfreundliche Wegweisung zu geben"[24].

Nach den oben berichteten Fakten dürfte es sich bei diesen weiblichen "Außenseitern" vor allem um Louise Otto-Peters und evtl. auch um Fanny Lewald gehandelt haben. - Ferner darf ergänzend festgestellt werden:

1. daß (wie oben bereits dargestellt) jene "aufgeklärte Minderheit" auch eine bürgerliche Führungsgruppe umfaßte (Eckardt, Roßmäßler, etc.);

2. daß auf dem 3. Vereinstag 1865 n o c h das oben skizzierte liberale Gedankengut vorherrschte;

3. daß der Vereinstag 1865 nur einen Bruchteil der bereits Hunderttausende zählenden Arbeiter umfaßte, nämlich: um 23 000 - organisiert in etwa 106 Vereinen; vertreten waren 1865 bei einer Teilnehmerzahl von etwa 1000 Mitgliedern 61 Vereine und Verbände[25]; jene 23 000 gehörten sicherlich zu den strebsamsten und gebildetsten Arbeitern, die wiederum ihre besten Köpfe nach Stuttgart entsandt haben dürften; diese im liberalen Sinne "aufgeklärten" Männer hätten sich - trotz Kenntnis

---

23) Thönnessen, S. 19.
24) Lion, S. 18.
25) vgl. Eyck, Vereinstag, S. 67.

der realen Situation - der frauenfreundlichen Argumentation ihrer Führungskräfte nur unter Verleugnung der eigenen Grundsätze entziehen
können; deshalb dürften auch Erkenntnis, Gerechtigkeitssinn und Treue
zum Prinzip manche zur Annahme der Resolution bewogen haben.

Die wichtigsten Gesichtspunkte dieser Resolution sind mit dem Blick
auf die Frauenbewegung:

1. die Anerkennung der Frauenarbeit als eine wirtschaftliche Notwendigkeit;

2. die Betonung der emanzipierenden Wirkung der Frauenarbeit:
sie führt zur Selbständigkeit der Frau;

3. die starke Akzentuierung des Prinzips der Selbsthilfe und Assoziation; dieses Prinzip dürfte vor anderen Gesichtspunkten auch zu der
Forderung der Gründung eigenständiger Arbeiterinnenvereine geführt
haben: ebenso wie die führenden Männer des Vereinstages die genossenschaftlichen Einrichtungen der Arbeiter von diesen allein verwaltet
sehen wollten - hierin liege ein Keim der Selbstachtung, die zu einer
Hebung des Selbstgefühls führe, das wiederum zu höheren Löhnen ver-
helfen könne[26]- wünschte man wohl auch die Arbeiterin über diese Selbsthilfe in eigenen Vereinen zur Selbstachtung und Selbständigkeit zu führen.

Mit genau diesem Prinzip der Selbsthilfe sah sich einen Monat später Louise Otto-Peters konfrontiert, als sie Professor Eckardt bat, die
Frauenkonferenz zu eröffnen. Er lehnte dies als Inkonsequenz ab:

"Die Frauen müssen ihre Sache selbst führen, sonst ist sie vornherein
verloren"[27]!

Louise Otto-Peters akzeptierte diesen Standpunkt,* der bei den
Satzungsberatungen auch von Dr. Karl Albrecht und Dr. Rößler-Mühlfeld unterstützt wurde und dazu führte, daß, entgegen dem Wunsch anderer Männer und Frauen, in den §§ 2 und 5 der Statuten** Männer nur als
Ehrenmitglieder mit beratender Stimme sowohl im Allgemeinen deutschen Frauenverein als auch in dessen Vorstand zugelassen wurden.

War in Stuttgart die Frauenarbeit als ökonomische Notwendigkeit
bezeichnet worden, so erhob man sie in Leipzig in den Rang eines un-
verzichtbaren Bestandteiles beim Aufbau " der ganzen neuen Gesellschaft"; Professor Eckardt formulierte diesen ersten Programmpunkt,
der lautet:

"§ 1. Die erste deutsche Frauenkonferenz erklärt die Arbeit, welche die
Grundlage der ganzen neuen Gesellschaft sein soll, für eine Pflicht und Ehre
des weiblichen Geschlechts, sie nimmt dagegen das Recht der Arbeit in An-

---

26) Eyck, Vereinstag, S. 38 f.
27) L. Otto-Peters, Ein Vierteljahrhundert, S. 7 ff.
   * Qu. 135   ** Qu. 136 f.

spruch und hält es für notwendig, daß alle der weiblichen Arbeit im Wege stehenden Hindernisse entfernt werden"[28].

Man verhandelte über Industrie-, Handels-, Ökonomie- und Fortbildungsschulen; Professor Eckardt referierte über eine "Frauen-Hochschule", wobei er die philosophischen und medizinischen Wissenschaften als die nächstliegenden zur Ausbildung von Lehrerinnen und Ärztinnen bezeichnete. - Von anderer Seite wurde die Assoziation nach Gewerben und die Gründung von Kreditkassen empfohlen, dies sei ausführbar und wünschenswert und helfe, die Scheu vor dem Einzelheraustreten zu beseitigen; eine Abschaffung der Frauenarbeit wegen Überbürdung des Marktes wurde abgelehnt, aber eine Einigung der Männer und Frauen zwecks Stabilisierung der Löhne empfohlen[29].

Diesem bunten Beratungsprogramm folgte die Formulierung des zweiten Programmpunktes, der lautet:

"§ 2. Wir halten es für ein unabweisbares Bedürfnis, die weibliche Arbeit von den Fesseln des Vorurteils, die sich von den verschiedensten Seiten geltend machen, zu befreien.

Wir halten in dieser Hinsicht neben der Agitation durch Frauenbildungsvereine und die Presse, die Begründung von Produktiv-Assoziationen, welche den Frauen vorzugsweise empfohlen werden, die Errichtung von Industrie-Ausstellungen für weibliche Arbeitserzeugnisse, die Gründung von Industrieschulen für Mädchen, die Errichtung von Mädchenherbergen, endlich aber auch die Pflege höherer wissenschaftlicher Bildung für geeignete Mittel, dem Ziele näherzukommen"[30].

Auffällig an dem hier geschilderten Aktionsprogramm sind seine Enge und seine zugleich unkonzentrierte Buntheit, die den Verdacht nahelegen, daß hier die Männer des Vereinstages im Streben nach einer Arbeitsteilung mit den bürgerlichen Frauen Aufgaben in das Programm hineintrugen (von den Produktiv-Assoziationen bis zu den Mädchenherbergen), die drängend aus der elenden Lage der Industrie- und anderen Handarbeiterinnen erwuchsen, die letztere aber nicht allein lösen konnten und die, hätten die Arbeitervereine, wie in Stuttgart beschlossen, allein ihre Besserung angestrebt, von diesen einen ungeheuren Kraftaufwand gefordert hätten. - Interessant ist nun, daß durch diese Programmpunkte das bereits begonnene Arbeitsprogramm des Leipziger Frauenbildungsvereins ergänzt wurde, der den Arbeiterinnen in Abendunterhaltungen und Sonntagsschulen[31] bis zu einem gewissen Grad jene

28) L. Otto-Peters, Recht - Erwerb, S. 85/6.
29) L. Otto-Peters, Recht - Erwerb, S. 86 f.
30) ibid. S. 86/7.
31) Anm. d. V.: Für die Abendunterhaltungen wurden gegen einen Beitrag Eintrittskarten an die Arbeiterinnen ausgegeben; in diesen Veranstaltungen wurden Unterhaltung und Belehrung verbunden: Vorträge über Literatur, Geschichte und die Natur sollten den weiblichen Gesichtskreis erweitern, Erhebung und Anregung geben für stille Arbeitsstun-

Belehrung und moralische Unterstützung zuteil werden ließ, die auch die Arbeitervereine in Stuttgart beschlossen hatten. - Mit den oben aufgeführten Programmpunkten dürfte versucht worden sein, den bürgerlichen Frauen nun auch noch einen Teil der gleichfalls in Stuttgart beschlossenen materiellen Unterstützung zuzuschieben. - Daß Louise Otto-Peters jene Formulierungen akzeptierte, zeigt ihre Bereitschaft zur Mithilfe; in welcher Form der Allgemeine deutsche Frauenverein und seine Mitgliedsvereine das Arbeiterinnenproblem aufgreifen konnten, ist später zu behandeln.

Es erhebt sich nun die Frage: erschöpften sich in diesem im Programm skizzierten Aufgabenbereich die Ziele des Allgemeinen deutschen Frauenvereins? Die Frage muß entschieden verneint werden. Bereits in ihrem ersten großen Vortrag sprach Auguste Schmidt über die "natürliche Berechtigung der Frauen, sich aus der bisherigen Unterordnung zu der ihnen gebührenden Gleichberechtigung neben dem Manne emporzuheben" - und betonte:

"Bewußtes Handeln, das ist es, was uns vor allem fehlt: über das spezifisch Weibliche wird das Menschliche vergessen.

Einen neuen Lebensodem wird die Wiedergeburt der Frau in die Schöpfung bringen; Menschen werden wollen die Frauen und teilnehmen am Kranz der Arbeit und des Sieges"[32].

Diese Gedanken sind in etwas veränderter Gestalt bereits aus der "Bewegung" der Frauen während der 40er Jahre vertraut; damals bezeichnete Louise Otto die individuelle Bildung als einziges Mittel zur Entwicklung des weiblichen Menschen und zur Gewinnung jener Selbständigkeit, die auch zur Teilnahme an den Interessen des Staates befähige. - 1865 wurde die "Pflege höherer wissenschaftlicher Bildung" vorsichtig als letzter Programmpunkt aufgeführt - in dem lapidaren § 1 der Satzung wurde jedoch die "erhöhte Bildung" entschlossen an die erste Stelle gerückt, man stipulierte:

"Der 'Allgemeine deutsche Frauenverein' hat die Aufgabe, für die erhöhte Bildung des weiblichen Geschlechts und die Befreiung der weiblichen Arbeit von allen ihrer Entfaltung entgegenstehenden Hindernissen mit vereinten Kräften zu wirken"[33].*

---

den und zur Hebung und Stärkung freudiger Berufstätigkeit führen; anerkannte Künstlerinnen und Dilettantinnen deklamierten ferner klassische Gedichte, sangen und spielten Klavier. Die Sonntagsschule für Mädchen sollte die Abendunterhaltungen ergänzen: Damen unterrichteten in weiblichen Arbeiten, Elementarwissen und Französisch. (Vgl. Louise Otto-Peters, Recht - Erwerb, S. 80 f.).

32) L. Otto-Peters, Ein Vierteljahrhundert, S. 8 f.

33) L. Otto-Peters, Recht - Erwerb, S. 87.

* Qu. 136

2. 1865/66: Gründung des Lette-Vereins (Berlin)

"unter dem Protektorat Ihrer Majestät Kaiserin und Königin Friedrich stehend"...

Vergleicht man allein die Gründung des "Allgemeinen deutschen Frauenvereins" in Leipzig mit der des "Vereins zur Förderung der Erwerbsfähigkeit des weiblichen Geschlechts" in Berlin (1869 ff. kurz "Lette-Verein" genannt), so spürte man in Leipzig den Einfluß demokratisch-liberaler Strömungen, eine aus dem freiheitlichen Geist der 40er Jahre erwachsene Tradition und ein Ringen um Form und Inhalt. - In Berlin geschah alles souverän, zielsicher, aber distanziert; man tat etwas für andere, in diesem Fall für die Frauen, die diese Wohltaten hinzunehmen hatten, wie sie kamen; die Männer beschlossen und ordneten an, die Frauen durften mitarbeiten, wenn sie den Maßnahmen der Männer zustimmten und von diesen für tüchtig genug befunden wurden.

Den Anstoß für die Vereinsgründung in Berlin gab der Präsident des "Centralvereins in Preußen für das Wohl der arbeitenden Klassen", Dr. Adolf Lette, mit seiner im Oktober 1865 an den Vorstand des Centralvereins gerichteten
"Denkschrift über die Eröffnung neuer und die Verbesserung der bisherigen Erwerbsquellen für das weibliche Geschlecht".*

Die Denkschrift beschäftigte sich auch mit der preußischen Statistik und stellte fest, daß in Preußen an Mädchen und Frauen beschäftigt waren:

in Unterricht und Erziehung	7.366	
in Gesundheitsdienst und Krankenpflege	16.547	23.913
in Landwirtschaft	565.705	
als weibliche Dienstboten in Gewerben	70.752	
als häusliche Dienstboten auch bei der Landwirtschaft	700.000	
als Handarbeiterinnen	450.086	1.786.543
(Insges. rd.:	1.810.456)	

Wie die Statistik zeigt, standen die 23.913 Frauen, die in den "gehobenen" Berufen "Unterricht" und "Gesundheitsdienst" beschäftigt waren, einer fast 75fachen Anzahl von rd. 1.786.543 Frauen gegenüber, die niedere und zum größten Teil schwere und schwerste Arbeit verrichteten. Angesichts der wirtschaftlichen und sozialen Entwicklung be-

* Qu. 137 f.

stand eine zwingende Notwendigkeit, neue Berufsmöglichkeiten für die Frauen im "bürgerlichen" Raum zu schaffen[34].

Lette faßte deshalb, wie Jenny Hirsch berichtet,

"hauptsächlich 'die unverheirateten Frauenzimmer derjenigen mittleren, wie auch der höheren Klassen' ins Auge, welche sich vermöge ihrer gewerblichen Beschäftigung über den untersten Mittelstand erheben"[35].

Lette blickte auch über die deutschen Grenzen nach den U. S. A., England und Frankreich, wo die Frauen bereits mit Erfolg in vielen (auch akademischen) Berufen tätig waren, und forderte die Zulassung der Frauen

1. auf dem Gebiet der Wissenschaft (als Assistenzärzte bei Frauenkrankheiten und zu wundärztlichen Verrichtungen);

2. auf dem Gebiet der Kunst und vor allem des Kunstgewerbes;

3. auf technischem Gebiet (bei optischen und Laborarbeiten, im Post- und Eisenbahnwesen);

4. auf dem Gebiet des Handels;

5. auf dem Gebiet des Handwerks (z. B. zur Schuhmacherei, Schneiderei, Uhrmacherei, Buchdruck- und Buchbinderei).

Seine Vorschläge gingen aus von der Annahme einer "naturgemäßen Grenze in der Verschiedenheit der Befähigung des männlichen und weiblichen Geschlechts". Die Frau erschien ihm besonders geeignet für Arbeiten, die praktische Fertigkeiten und Geschick, Sorgfalt, Zuverlässigkeit und Kunstsinn erforderten.

Er empfahl die Errichtung von Ausbildungsmusteranstalten und schlug vor, daß ein Frauenverein unter Zuziehung männlicher Ratgeber und Beisitzer Mittel und Wege hierzu finden solle.

Doch Präsident Lette und der Berliner Kreis, der mit ihm ans Werk ging, zog von vornherein dem zu gewinnenden weiblichen Aktionsraum feste Grenzen. Lette befürwortete zwar sein Vorhaben in einer öffentlichen Werbeversammlung (im Dezember 1865) mit den Worten:

"Der Gegenstand empfiehlt sich auf gleiche Weise aus dem Gesichtspunkte der Humanität und Gerechtigkeit, wie aus dem der Volkswirtschaft"[36], aber das Ausmaß der Humanität und Gerechtigkeit war genau bemessen:

"Was wir nicht wollen", erklärte Lette (mit doppelter Unterstreichung des "nicht") "und niemals, auch nicht in noch so fernen Jahrhunderten wün-

---

34) Vgl. ferner die Berufsstatistik von Berlin 1867 - in: "Frauen-Anwalt", 2. Jg., 1871/72, Nr. 1, S. 27 ff.

35) Jenny Hirsch, Geschichte der 25jährigen Wirksamkeit (1866-91) des unter dem Protektorat Ihrer Majestät der Kaiserin und Königin Friedrich stehenden Lette-Vereins zur Förderung höherer Bildung und Erwerbsfähigkeit des weiblichen Geschlechts. Berlin 1891, S. 9 ff.

36) J. Hirsch, Geschichte Lette-Verein, S. 8 f.

schen und bezwecken, ist die politische Emanzipation und Gleichberechtigung der Frauen"[37].*

Auch Lette erkannte, wie seine Worte zeigen, die Bedeutung der Frauenarbeit für die Volkswirtschaft; mit dem Blick auf die Frau sollte sie jedoch nur deren "materielles Wohl" fördern - und der "Erhaltung und Hebung der Sittlichkeit, der Ehre und Würde" des weiblichen Geschlechtes dienen. Man dachte offensichtlich nicht daran, die "Frauen aus der bisherigen Unterordnung zu der ihnen gebührenden Gleichberechtigung neben dem Manne emporzuheben" - über Bildung, Arbeit und bewußtes Handeln - wie es Auguste Schmidt einige Wochen früher in Leipzig gefordert hatte. - Überhaupt erweckt der gesamte Vorgang den Verdacht, daß es weniger um das materielle Wohl der Töchter ging als um eine Verringerung der materiellen Verpflichtungen der Familienväter und der zur Mitsorge verpflichteten Brüder.

Interessant ist ferner, daß die vorbereitende Kommission in ihre Empfehlungen[38]** sofort die Forderung des gleichen Lohnes für gleiche Leistungen aufnahm; offensichtlich wollte man hierdurch von vornherein die unliebsame weibliche Konkurrenz in Grenzen halten, denn die den Frauen gezahlten und im Vergleich mit den Männerlöhnen oft fast um die Hälfte niedrigeren Löhne und Gehälter für gleiche oder gleichwertige Leistungen machten gerade die Frauenarbeit für jeden Unternehmer so attraktiv. - Im übrigen betonte die Kommission im ersten Punkt sofort die Grundanschauung dieses Kreises; nämlich:
daß "das Wirken der Frauen in der Familie die ursprünglichste und wichtigste Aufgabe des weiblichen Berufs ist und bleibt", ...

Am 27. 2. 1866 wurde - zielsicher gesteuert - der "Verein zur Förderung der Erwerbsfähigkeit des weiblichen Geschlechts" gegründet. Die Leitung lag in Händen eines gewählten Ausschusses, der aus seinen Reihen den Vorstand wählte; der Ausschuß bestand aus zwanzig Männern, die "statutenmäßig" befugt waren, Frauen zu kooptieren. Sie kooptierten fünf; eine Frau, Jenny Hirsch, wählte man als 1. Schriftführerin in den Vorstand. Der Vorsitz wurde Präsident Lette übertragen (der ursprünglich männliche Ratgeber und Beisitzer vorgeschlagen hatte!).

Das Statut des Vereins war ebenfalls eindeutig; in § 1 wurde festgestellt:
"Die Vereinswirksamkeit erstreckt sich nicht auf die in Fabriken und beim Landbau beschäftigten Handarbeiterinnen, auf Dienstboten, auf Wäscherinnen und dergleichen"...

37) H. Lange, G. Bäumer, Handbuch, I, S. 46.
38) J. Hirsch, S. 8 f.
  * vgl. Qu. 140   ** Qu. 143

Man konzentrierte sich konsequent auf die Frauen der bürgerlichen Stände, um ihnen die "Freiheit der Arbeit" zu sichern, die die Frauen der unteren Schichten bereits besaßen, und erklärte zum Ziel des Vereins:

1. die Beseitigung der der Erwerbstätigkeit der Frauen entgegenstehenden Vorurteile und Hindernisse;

2. die Förderung von kaufmännischen und gewerblichen Lehranstalten sowie den Nachweis von Lehr- und Arbeitsgelegenheiten;

3. die Gründung von Verkaufs- und Ausstellungslokalen für weibliche Handarbeiten und künstlerische Erzeugnisse;

4. den Schutz selbständiger berufstätiger Frauen "gegen Benachteiligung in sittlicher oder wirtschaftlicher Beziehung".

Kronprinzessin Friedrich übernahm die Protektion des Vereins und übersandte 500 Taler. Doch mehr als das Geld, mit dem man sofort ein Verkaufslokal, den Viktoria-Bazar, und ein Arbeitsnachweisbüro einrichtete[39], dürfte das Eintreten der Kronprinzessin für die Frauenarbeit die weitere Entwicklung dieses Vereins gefördert haben.

Es fällt schwer, den Einfluß abzuschätzen, den die liberale aus England kommende Kronprinzessin (spätere Kaiserin Friedrich) auf die von Berlin ausgehende bürgerliche Frauenbewegung ausübte. Sicher ist, daß alle bedeutenden Frauen der älteren Generation der Berliner Frauenbewegung mit ihr in Berührung kamen.[*] Soweit man den vorliegenden Zeugnissen objektive Tatbestände entnehmen kann, wirkte die Kronprinzessin (und Kaiserin) nie hemmend, sondern immer anregend und fördernd, und dürfte allein schon durch diese Haltung jenen Frauen geholfen haben, eigene Hemmungen zu überwinden und gegen äußere Schwierigkeiten und Vorurteile anzukämpfen. Ob und in welchem Grad ihr Eintreten für die Frauenarbeit z.B. auch den Abbau traditioneller Vorurteile in den breiten bürgerlichen Schichten förderte, kann nach den vorliegenden Zeugnissen nicht festgestellt werden; man darf jedoch vermuten, daß bei der starken Ausrichtung der bürgerlichen Kreise auf "ihr" Herrscherhaus manche Handlung und Äußerung der "hohen Frau" (wie man sie nannte) den Anstoß gab, konventionelle Anschauungen zu überdenken; und sicher mag sich manches Mädchen, das die Not zur außerhäuslichen Arbeit zwang, weniger deplaziert und gesellschaftlich "erniedrigt" gefühlt haben, wenn es las und hörte, daß "Ihre Königliche Hoheit, die Kronprinzessin von Preußen" die Frauenarbeit befürwortete; war dies auch nur ein kleiner Fortschritt, so führte er doch voran auf dem Wege zu jener Selbstachtung und jenem Selbstbewußtsein, denen man in Leipzig bereits Ausdruck zu verleihen suchte:

Die Arbeit ist eine Pflicht und Ehre des weiblichen Geschlechts.

---

39) "Frauen-Anwalt". 1. Jg., 1870/71, Nr.3, S.109/10.

[*] Qu. 286 ff., 369, 373

3. 11. 11. 1866: Gründung des "Vaterländischen Frauenvereins" in Preußen (Berlin)

Für Gott, Kaiser und Vaterland

Während Kronprinzessin Friedrich ihre Protektion dem "Verein zur Förderung der Erwerbsfähigkeit des weiblichen Geschlechts" angedeihen ließ, wandte sich Königin Augusta von Preußen den Notständen im Verwundetenpflegewesen zu, die der Krieg von 1866 nur zu deutlich enthüllt hatte: das Pflegepersonal, meist aus freiwilligen Helferinnen bestehend, hatte sich als ebenso unzulänglich erwiesen wie die Quantität und Qualität des vorhandenen Kriegspflegematerials. - Doch die Königin dürfte nur als Repräsentativfigur fungiert haben, Organisation und Management des Vaterländischen Frauenvereins lagen mit größter Wahrscheinlichkeit fest in den Händen der preußischen Regierungskreise und der Generalität, zumal die ausschließliche Aufgabe des Vereins darin bestand, freiwillige Krankenpflegerinnen für den Kriegsdienst auszubilden und Kriegspflegematerial fertigzustellen[40].

Verwandte Organisationen bestanden bereits seit 1817 in Weimar ("Patriotisches Institut der Frauenvereine") sowie in Württemberg ("Zentralleitung für Wohltätigkeit") und seit 1859 in Baden ("Badischer Frauenverein"). - Nach der Gründung des "Vaterländischen Frauenvereins" in Preußen (1866) folgten 1867: das Großherzogtum Hessen mit dem "Alice-Frauenverein", das Königreich Sachsen mit dem "Albertverein" und 1869 Bayern mit dem "Bayerischen Frauenverein vom Roten Kreuz".

Diese Organisationen bewährten sich 1870/71 und wurden am 12. 8. 1871 zusammengefaßt in dem

"Verband der deutschen vaterländischen Frauenvereine".

Als "gemeinschaftlicher Zweck" dieser Organisation wurde bezeichnet:

"1. in Friedenszeiten innerhalb des Verbandes außerordentliche Notstände zu lindern, sowie für die Förderung und Hebung der Krankenpflege Sorge zu tragen;

2. in Kriegszeiten an der Fürsorge für die im Felde Verwundeten und Kranken teilzunehmen und die hierzu dienenden Einrichtungen zu unterstützen. ...

Der Verband führt als A b z e i c h e n das r o t e K r e u z i m w e i ß e n F e l d e"[41] ...

Von diesem Verband deutscher Vaterländischer Frauenvereine wurde auch die Organisation der "Frauenvereine vom Roten Kreuz" durch-

---

40) Lange-Bäumer, Handbuch, II, S. 22.
41) Lange-Bäumer, Handbuch, II, S. 23.

geführt und geleitet; zu diesem Zweck bildeten die vaterländischen Landesvereine das "Centralkomitee der Vereine vom roten Kreuz"[42].

In den vorliegenden Quellen dieses Zeitabschnittes begegnet man den Vaterländischen Frauenvereinen nur in dem "Frauen-Anwalt", dem Organ des Lette-Vereins. Dreierlei fällt hierbei auf:

1. Die Zusammensetzung des Vorstandes: zur Hälfte wurde er von der Kaiserin ernannt, zur Hälfte gewählt. 1873 z. B. ernannte die Kaiserin wieder Gräfin Charlotte von Itzenplitz zur Vorsitzenden, ferner zwei Frauen zur stellvertretenden Vorsitzenden und Beisitzerin; jedoch je einen Geheimen Regierungsrat zum Schriftführer und Revisor und einen Bankier zum Schatzmeister; gewählt wurden ferner drei Damen und drei Herren[43].

2. Die dominierende Rolle der Männer in den Generalversammlungen: sie organisierten, ordneten an, redeten; nur 1875 wird von redenden Damen berichtet, die sich teils für, teils gegen die von den Herren befürwortete Organisation in Bezirks- und Provinzialvereine aussprachen - die selbstverständlich dann "versuchsweise" beschlossen wurde"[44]. - "Ihre Majestät" sprach zumeist nur "huldvolle" Ermahnungs- und Entlassungsworte.

3. Die Vereins-, Mitglieder- und Kassenzahlen (Einnahmen E., Ausgaben A., Vermögen V.):

	Vereine	Mitglieder	Kasse
1873		32 741	E. 95. 399 T.[45]
			A. 41. 818 T.
			V. 141. 827 T.
1875			E. 37. 507 T.
			A. 28. 130 T.
			V. 78. 075 T.
1878			E. 48. 501 M.
			A. 36. 385 M.
1879			V. 771. 000 M.
1880	493	48 000	V. 786. 000 M.
1881	508	51 359	V. 974. 864 M.
+ rd.	1 000 R. K.	100 000 R. K.	
1881 rd:	1 508	151 359	974. 864 M.
	Vaterländische u. R. K. Vereine	Mitglieder	Vermögen

42) Lange-Bäumer, Handbuch, II, S. 68 f.

43) "Frauen-Anwalt". 4. Jg., Nr. 1, April 1873, S. 39 ff.

44) "Frauen-Anwalt". 6. Jg., Nr. 2, Mai 1875, S. 50 ff.

45) Anm. d. V.: Die Einnahme 1873: 95. 399 Taler umfaßte auch 86. 444 T. Spenden für Ostseeüberschwemmte; nur 20. 100 T. waren ausgezahlt; der Rest von rd. 66. 000 T. dürfte später ausgezahlt worden sein, vgl. Vermögensstand 1873 und 1875.

Der Verband deutscher vaterländischer Frauenvereine (später kurz "Vaterländische Frauenvereine" genannt) arbeitete nie im Sinne der Frauenbewegung für die geistige, wirtschaftliche, rechtliche und politische Befreiung der Frau; er blieb ein wohlvorbereitetes Frauenhilfs- korps für den Fall eines Krieges, erweiterte jedoch während der langen Friedenszeit das Feld seiner gemeinnützigen Tätigkeit. - Wenn die Vaterländischen Frauenvereine deshalb auch eindeutig außerhalb des sich nun allmählich entwickelnden Aktionsraumes der deutschen bürgerlichen Frauenbewegung standen, so konnte es doch nicht ausbleiben, daß diese größte aller "Frauen"-Organisationen, straff organisiert und gehorsam ausgerichtet auf den "Dienst" für bestimmte Ziele, ein starkes, beharrendes Moment in dem sich zaghaft aufbauenden Kraftfeld der Frauenbewegung darstellt.

Wenn Ihre Majestät, die Kaiserin, ermahnte "zu fernerem Verharren in gemeinsamer pflichttreuer Arbeit"[46]... so "verharrte" man gehorsam - im Handeln und im Denken.

---

46) "Frauen-Anwalt", Mai 1881, S. 160.

B. 1866 - 1888/89: ALLMÄHLICHE ENTWICKLUNG

In dem folgenden Abschnitt steht das Wirken des Allgemeinen deutschen Frauenvereins sowie des Lette-Vereins und des ihm angeschlossenen Verbandes deutscher Frauenbildungs- und Erwerbsvereine im
Mittelpunkt der Betrachtung. Die Untergliederung, die in der Anordnung der Kapitel den "Haupt"- und "Nebenarbeitsgebieten" der Frauenbewegung zu folgen sucht, gestaltet sich schwierig durch die noch immer dominierende Bündelung und Verflechtung der Frauenbestrebungen. Eine Darstellung und Deutung der Entwicklungslinien verlangt jedoch eine Bearbeitung nach Sachgebieten und zwingt somit auch zu einer Aufgliederung organisch zusammenhängender Vorgänge.

Die Quellenlage ist ungünstig: von den "Neuen Bahnen", dem Organ
des Allgemeinen deutschen Frauenvereins (hrsg. v. L. Otto-Peters und
Auguste Schmidt) stehen für die hier diskutierte Zeitspanne von rd. 23
Jahren (resp. 23 Jgg.) nur 6 Jahrgänge zur Verfügung[1]; die Lücken kann
man bis zu einem gewissen Grad ausfüllen durch zwei kurze Abhandlungen von Louise Otto-Peters[2] und durch entsprechende Berichte des
"Frauen-Anwalts", des Organs des Lette-Vereins, Berlin. Leider erschien der "Frauen-Anwalt" (hrsg. v. Jenny Hirsch) aber nur in 10
Jahrgängen (1870-75; 1878-81); hilfreich zur Ergänzung des hier fehlenden Materials ist Jenny Hirschs kleine Geschichte über das Wirken
des Lette-Vereins[3].

Obgleich die äußere und innere Entwicklung der oben genannten
Vereine erst am Ende dieses Abschnittes untersucht werden kann, sollten zum besseren Verständnis der folgenden Kapitel einige Vorgänge
kurz skizziert werden.

Der Allgemeine deutsche Frauenverein blieb unverändert unter der
Leitung von Louise Otto-Peters (als 1. Vors.) und Auguste Schmidt (als
2. Vors.); auch das Programm ließ man weiterbestehen, nur die Satzung
mußte 1885 in einigen Punkten geändert werden, da sich der Verein
durch Geldspenden für das Frauenstudium gezwungen sah, das Recht
der juristischen Person zu erwerben. - In der Zeitspanne von 1866-89
wurden 16 Lokalvereine (zumeist Frauenbildungsvereine) gegründet,
9 von diesen nach Generalversammlungen an verschiedenen Orten; rech-
net man auch andere häufig erwähnte Vereine * hinzu, so dürfte der All-

---

1) "Neue Bahnen" Leipzig, 3./4. Jg., 1868/69; 10./11. Jg., 1875/76; 18./19.
Jg., 1883/84.

2) Louise Otto-Peters: Das erste Vierteljahrhundert des Allgemeinen deutschen Frauenvereins. Leipzig 1890; Das Recht der Frauen auf Erwerb. Hamburg 1866.

3) Jenny Hirsch, Geschichte der 25jährigen Wirksamkeit des Lette-Vereins ... Berlin 1891.

* Qu. 149 f.

gemeine deutsche Frauenverein etwa 20 angeschlossene Vereine neben Einzelmitgliedern umfaßt haben. Die Mitgliedszahlen der Lokalvereine werden selten aufgeführt (genannt werden: 40-50, 100, 300 Mitglieder); es ist deshalb etwas erstaunlich, daß Louise Otto-Peters auf der Generalversammlung 1877 die Gesamtzahl der Mitglieder des Allgemeinen deutschen Frauenvereins (inklusiv der Mitglieder der angeschlossenen Vereine)* auf "mindestens 11-12 000 Frauen"[4] beziffert; verglichen mit den relativ niedrigen Mitgliedszahlen der angeschlossenen Vereine müßte der Allgemeine deutsche Frauenverein einige Tausend Einzelmitglieder umfaßt haben.

Der Berliner "Verein zur Förderung der Erwerbsfähigkeit des weiblichen Geschlechts" erfuhr nach dem Tod des Vorsitzenden Dr. A. Lette (im Dezember 1868) unter dem Vorsitz von Professor von Holtzendorff anläßlich einer von ihm angeregten Konferenz deutscher Frauenbildungs- und Erwerbsvereine 1869 in Berlin eine wichtige Änderung in seinen Zielen, die in einer Namensänderung ihren Niederschlag fand; der Verein hieß von nun an:

"Lette-Verein zur Förderung h ö h e r e r F r a u e n b i l d u n g und Erwerbsfähigkeit des weiblichen Geschlechts".**

Gleichzeitig wurde auf dieser Konferenz (1869) ein

"Verband deutscher Frauenbildungs- und Erwerbsvereine"

gegründet, als dessen Vorort Berlin bezeichnet wurde und dessen Leitung in den Händen des (männlichen) Vorstandes des Lette-Vereins lag. 1869 traten 17 Vereine in den Verband ein, 1879 zählte der Verband noch immer 17 Vereine,*** 1880 gab man ihre Zahl ebenfalls mit 17 an. Die Mitgliedszahlen der Vereine lagen höher als im Allgemeinen deutschen Frauenverein; genannt werden: 150; 278; 392; 536; 548; 558; 600; 690 Mitglieder. Diese Zahlen dürften durch die sicher häufig praktizierte Regelung zustande gekommen sein, die die Teilnahme an den gewerblichen oder kaufmännischen Kursen von der Mitgliedschaft im Verein abhängig machte. Insgesamt dürfte der Verband kaum mehr Mitglieder gehabt haben als der Allgemeine deutsche Frauenverein 1877 (vgl. oben); zum Zeitpunkt seiner Gründung (1869) war er jedoch mit 16 Vereinen fraglos stärker als der Allgemeine deutsche Frauenverein, der damals etwa 3 Mitgliedsvereine besaß. - Berlin lud deshalb den Allgemeinen deutschen Frauenverein zur Teilnahme an der Konferenz ein und forderte ihn auf, dem Verband deutscher Frauenbildungs- und Erwerbsvereine beizutreten. Die Leipziger Delegierten, Auguste Schmidt und Henriette Goldschmidt, lehnten den Beitritt ab - wie Gertrud Bäumer meint, aus der "berechtigten Empfindung heraus: ' Ihr habt einen andern Geist als wir'"[5]. Am deutlichsten dürfte letzterer in der männ-

---

4) L. Otto-Peters, Das erste Vierteljahrhundert, S. 44.

5) H. Lange, G. Bäumer, Handbuch, I, S. 59.

* Qu. 149 f.   ** Qu. 151 f.   *** Qu. 150 f.

lichen Leitung zum Ausdruck gekommen sein, die jedoch allmählich gelockert wurde:

1869 erfolgte die erste Statutenänderung im Lette-Verein, die festlegte, daß auch Frauen von der Generalversammlung in den 20köpfigen Ausschuß zu wählen seien;

1871 wurde die Wählbarkeit der weiblichen Ausschußmitglieder zu sämtlichen Vorstandsämtern beschlossen;

1872 wurde Frau Schepeler-Lette (eine Tochter Dr. A. Lettes) zur Vorsitzenden gewählt, da Professor von Holtzendorff einen Ruf nach München angenommen hatte.

Trotzdem der Allgemeine deutsche Frauenverein den Beitritt abgelehnt hatte, kooperierten bei Vereinsgruppen hin und wieder; 1876 ff. kann die Zusammenarbeit direkt als "herzlich" bezeichnet werden; man vereinbarte bei Wahrung der Selbständigkeit beider Vereinsgruppen eine gegenseitige Delegiertenentsendung zu den Generalversammlungen, die 1876/77 ff. jeweils im Abstand von zwei Jahren von dem einen oder anderen Verein abgehalten werden sollten⁶.

---

6) L. Otto-Peters, Ein Vierteljahrhundert, S. 41;
Anm. d. V.: Einige Mitglieder wirkten höchst intensiv in beiden Organisationen, z. B. Lina Morgenstern (Berlin), Henriette Goldschmidt (Leipzig) und Marie Calm (Kassel); letztere war eine ebenso eifrige Mitarbeiterin in den "Neuen Bahnen" wie im "Frauen-Anwalt". Jenny Hirsch, die Herausgeberin des "Frauen-Anwalts", war selbst einst Mitbegründerin des Allgemeinen deutschen Frauenvereins und kurze Zeit auch Mitherausgeberin der "Neuen Bahnen" gewesen (ihr folgte dort Auguste Schmidt), bevor sie sich der Berliner Vereinsgründung zuwandte.

I. Frauenbildung - Frauenarbeit

1. Prinzipienfragen zum "Beruf" der Frau

"... die wahre Bestimmung der Frau ... ist die Ehe und ihre Heimat das Haus, mit allem, was das Leben desselben erfüllt".

Lorenz von Stein (1875)[1]*

Die Diskussion über den "Beruf" der Frau - den "natürlichen", "heiligen", "echten" und "wahren" als Gattin und Mutter und den Erwerbsberuf als unabhängige, selbständige Persönlichkeit - trat zu Beginn der 70er Jahre in Deutschland in ein recht lebhaftes Stadium. Die Agitation der zwar noch sehr schwachen organisierten Frauenbewegung und die radikalen Forderungen John Stuart Mills (in: "On the Subjection of Women", 1869, übersetzt von Jenny Hirsch) hatten offensichtlich die theoretische Erörterung dieses Problems angeregt, das jedoch eine sehr konkrete Grundlage in der ständig wachsenden Zahl der in Erwerbsberufe drängenden Mädchen und Frauen hatte. - Obgleich die Stellungnahme der in der bürgerlichen Frauenbewegung organisierten Frauen zu diesen Prinzipienfragen nie radikale Umformungen erfuhr, läßt sich eine gewisse Akzentverschiebung erkennen zwischen der Anfangsperiode von 1866 bis etwa 1876 und einem längeren Zeitabschnitt beginnend mit den auslaufenden 70er Jahren.

Für den Kreis des Allgemeinen deutschen Frauenvereins formulierte 1866 Louise Otto-Peters die prinzipielle Stellungnahme zu diesen Fragen. - Ehe und Mutterschaft, so stellte sie fest, seien nicht der einzige, von der Natur den Frauen vorgezeichnete Beruf, denn was von der Zufälligkeit des Geschicks abhänge, könne nicht Beruf und Bestimmung des Menschen sein[2]. Die Ehe als Institution aber galt ihr als heilig und unantastbar:

"auch wir" so betonte sie mit Nachdruck, "halten die Ehe, d.h. nur eine rechte, zu wahrhaft gegenseitiger Ergänzung geschlossene, für das höchste Gut des Lebens und für denjenigen Zustand, in dem alle schönsten Anlagen des Gemütes sich am segensreichsten entwickeln lassen; aber wir finden eben darum in der Ehe eine für beide Teile ganz gleiche menschliche, keineswegs nur eine spezifisch weibliche Bestimmung"[3].

Ebensowenig wie man den unverheiratet bleibenden Mann bezichtige, seine Lebensaufgabe verfehlt zu haben, dürfe man der unverheira-

---

1) Lorenz von Stein, Die Frau auf dem Gebiete der Nationalökonomie. (1. Auflage 1875) 6. Auflage Stuttgart (1886).

2) L. Otto-Peters, Recht - Erwerb, S.3.

3) L. Otto-Peters, Recht - Erwerb, S.4.

* Qu. 207

tet bleibenden Frau gegenüber diesen Vorwurf erheben; und wie man dem Mann eine größere, weitere Lebensbestimmung als die Ehe zubillige, müsse man auch für die Frau die Anschauungen dahingehend ändern:

"daß die allgemein menschliche Bestimmung:

Gutes zu tun,

sich selbst zu vervollkommnen

und ein nützliches Glied im großen Menschheitsverbande zu werden,

über die spezifisch weibliche geht:

n u r Gattin und Mutter zu werden um jeden Preis"[4]- .

Durch diese weite Abgrenzung der weiblichen Lebensbestimmung erfuhr auch der Erwerbsberuf der Frau seine sichere Rechtfertigung: er war ethisch und materiell ein unverzichtbares Mittel zur Entfaltung der selbständigen, im Menschheitsverbande "nützlichen" Frau.

Im Bereich des Lette-Vereins, der in seinen Anfängen das Wirken der Frauen in der Familie als ursprünglichste und wichtigste Aufgabe des weiblichen Berufes bezeichnet hatte,* teilten mit Sicherheit einige führende Köpfe Louise Otto-Peters' Anschauungen. So hatte sich z. B. Louise Büchner (nun führend tätig im Alice-Verein, Darmstadt) weit von ihren früheren Vorstellungen (vgl. Kap. A. II.**) entfernt und gab dem "Frauen-Anwalt" im Leitartikel der ersten Nummer des 1. Jahrganges (1870/71) folgenden Leitgedanken mit auf den Weg:

"Die Befähigung zur Arbeit,

die Möglichkeit zur Arbeit und

das Recht, die Arbeit zu wählen, ...

das ist die allein dauernde Morgengabe, welche der Geist des Jahrhunderts dem weiblichen Geschlecht in die Wiege zu legen sucht.

Die Frau soll hinfort von keiner Art der Arbeit, sei sie mechanischer oder geistiger Natur, mehr ausgeschlossen sein, für welche sie ihre Befähigung tatsächlich bewiesen hat"[5].

Die Ausführungen Professor von Holtzendorffs, des zeitweiligen Vorsitzenden des Lette-Vereins, stimmen in geradezu überraschender Weise mit Louise Otto-Peters' Anschauungen überein. In einem Vortrag*** in Berlin im Dezember 1867 ("zum Besten der Lehrinstitute des Vereins zur Förderung der Erwerbsfähigkeit des weiblichen Geschlechts") überging Holtzendorff alle Bedenken dieses Vereins gegenüber der "Emanzipation" der Frau, erörterte und bejahte alle Frauenforderungen bis hin zum Frauenstimmrecht und erklärte:

"Alles, was wir für die Frauen fordern, ist: Freiheit und Gerechtigkeit"[6], ...****

---

4) L. Otto-Peters, Recht-Erwerb, S. 34.
5) "Frauen-Anwalt", 1. Jg., 1870/71, Nr. 1, S. 1 f.
6) "Neue Bahnen", 3. Jg., 1868, Nr. 4, S. 31.
* Qu. 137 ff.   ** Qu. 101 ff.   *** Qu. 155 ff.   **** Qu. 157.

Er teilte sogar Louise Otto-Peters' 1866 geäußerte Anschauung[7], daß auch verheiratete Frauen der bürgerlichen Schichten erwerbstätig sein könnten und sollten; beider Ziel war:

a)   die Eheschließungen zu erleichtern (zwei Hände könnten oft eine Familie nicht mehr ernähren, die Ehefrau müsse auch eine "Gehilfin im Erwerb" werden);[*]

b)   die Ehe als Versorgungsinstitut abzuschaffen und Liebesheiraten zu ermöglichen.

Holtzendorff übersah jedoch die sich aus der Vereinigung von Ehe, Mutterschaft und Berufstätigkeit ergebenden Schwierigkeiten; Louise Otto-Peters hingegen dürfte sich ihrer bewußt gewesen sein, denn sie verwies vor allem auf eine beruflich qualifizierte Tätigkeit der Ehefrauen im Rahmen des Hauses: z. B. im Geschäft des Ehemannes, durch Stundengeben oder durch Aufnahme von Pensionären.

Im Kreise des "Frauen-Anwalts" und in Berlin dürften diese Gedankengänge hier und da Anklang gefunden haben[8]. – Insgesamt war jedoch eine spürbare Scheu vorhanden gegenüber einer Berufstätigkeit der Ehefrauen[9]. Dagegen bejahte man in den verschiedenen Stellungnahmen beider Organisationen ohne jeden Vorbehalt die Erwerbstätigkeit unverheirateter und auch verwitweter Frauen; zur Begründung verwies man auf die bestehenden Notstände und das Urrecht des Menschen auf Existenz; am häufigsten zitierte man die positiven Rückwirkungen auf die Ehe:

a)   die erzieherischen: das Mädchen werde zur Einsicht und Umsicht geführt; Arbeit erziehe sie zur Pflichttreue, Ordnung und Pünktlichkeit, wecke ihre Arbeitslust, wende ihren Sinn ab von Vergnügungen, Putz und Tand; seltener erwähnte man ihre aus der Kenntnis des Lebens ge-

---

7) L. Otto-Peters, Recht - Erwerb, S. 35; 14 ff.;
"Neue Bahnen", 3. Jg., 1868, Nr. 4, S. 31.

8) 1870 stellte eine Marie Buchholz nachdrücklich fest, daß vor allem eine Frau mit heranwachsenden Kindern arbeiten könne; im Konfliktfall müsse sie jedoch den Beruf aufgeben, "um nur dem Hause zu leben". (In: "Frauen-Anwalt", 1. Jg., 1870/71, Nr. 4, S. 129 ff.);
1871 meldete der "Frauen-Anwalt" mit Genugtuung die Heirat einer englischen Ärztin und Vorkämpferin für das Medizinstudium der Frauen - "weil es noch immer so viele gibt, die als Hauptargument gegen die Frauentätigkeit anführen, daß sie mit der Ehe unvereinbar sei". (2. Jg., 1871/72, Nr. 1, S. 46); vgl. ferner die Schriften Hedwig Dohms (Berlin) 1873 ff.[**]

9) 1870 sprach sich eine Lehrerin im "Frauen-Anwalt" ganz entschieden gegen die Aufhebung des Lehrerinnen-Zölibates aus (1. Jg., 1870/71, Nr. 4, S. 150);
1875 äußerte Auguste Schmidt - Leipzig (Lehrerin und 2. Vors. des Allgemeinen deutschen Frauenvereins) Bedenken gegenüber verheirateten Ärztinnen, während Henriette Goldschmidt - Leipzig (Vorstandsmitglied desselben Vereins) den entgegengesetzten Standpunkt vertrat. (In: "Neue Bahnen", 10. Jg., 1875, Nr. 23, S. 180).

[*] Qu. 158   [**] Qu. 220 ff., 395 ff.

steigerten Fähigkeiten als Erzieherin ihrer Kinder und die ebenfalls hieraus erwachsende größere Sicherheit bei der Wahl des Gatten; b) die praktischen: die früher berufstätige Frau könne eine bessere Wirtschafterin sein und sei im Notfall in der Lage, hinzuzuerwerben oder nach dem Tod des Mannes die Familie allein zu ernähren[10].

Als zu Beginn der 70er Jahre die Diskussion über den "Beruf" der Frau diesen Stand erreicht hatte, erschien 1871 John Stuart Mills "On the Subjection of Women" in Deutschland in zweiter Auflage; in den gebildeten Kreisen verbreitete sich die Kenntnis seiner massiven Ehekritik und seiner radikalen Forderungen zur Gleichberechtigung beider Geschlechter. So stellte John Stuart Mill u. a. fest:

"The law of servitude in m a r r i a g e is a monstrous contradiction to all the principles of the modern world. ... There remain no legal slaves, except the mistress of every house"[11]. "... the principle which regulates the existing s o c i a l r e l a t i o n s between the two sexes – the legal subordination of one sex to the other – is wrong in itself, and now one of the chief hindrances to human improvement; and ought to be replaced by a p r i n c i p l e o f p e r f e c t e q u a l i t y, admitting no power or privilege on one side, nor disability on the other"[12].

Offensichtlich erschreckt ob all dieser Vorgänge griffen die deutschen Männer zu Feder. Überblickt man die verschiedenen Äußerungen, so kann man staunend feststellen, daß es offensichtlich eine Frage gab, zu der die deutsche Männerwelt von den Christlich-Konservativen bis zu den Liberalen, von den Schwarzen bis zur Mehrheit der Roten eine einhellige Antwort fand.

1870 eröffnete der nationalliberale Professor der Geschichte Heinrich von Sybel den Reigen;* er stützte sich auf seine Kenntnis der "Natur" und meinte:

"So hat es die Natur gewollt, und so wird es im wesentlichen bleiben,... Das Gebiet der Frau ist das scheinbar Enge und Einförmige des inneren häuslichen Lebens; die Domäne des Mannes ist die weite Welt da draußen, die

---

10) Anm. d. V.: Der Gesichtspunkt, daß sich die Ehefrau durch Erwerbsarbeit auch eine unabhängige, würdigere Stellung in der Ehe schaffen könne, wurde vermutlich aus folgenden Gründen in den Stellungnahmen nicht berührt:

1) wäre dieses Ziel durch die bestehende Rechtslage illusorisch gemacht worden, denn was eine Ehefrau durch Arbeit erwarb, gehörte dem Ehemann;

2) (vgl. oben die Scheu vor einer Erwerbstätigkeit der Ehefrau) war auch die Gefühlslage der Frauen noch ganz von der Vorstellung des heiligen, unlösbaren "Ehebundes" geprägt und ihr Lebensinhalt so fest unter die Norm der Liebe, der Hingabe und Opferbereitschaft gestellt, daß für einen "ketzerischen" Gedanken der oben aufgeführten Art hier einfach kein Raum war.

11) John Stuart Mill, On the Subjection of Women. London 1869, S. 147.

12) ibid., S. 1.

* Qu. 197 ff.

Wissenschaft, die Rechtsordnung, der Staat"[13].* Auf dem Mann liege der Kampf des äußeren Lebens für sich und die Seinen, Aufgabe der Frau sei "die innere Beseelung des Hauses".

Konnte man sich unter "Beseelung des Hauses" noch nichts Genaues vorstellen, im folgenden Jahr (1871) wurde der "Beruf" der Frau von zwei deutschen Männern der Kirche erläutert. Zunächst tat dies Herr Philipp von Nathusius, christlich-konservativer Professor der Theologie; er hielt sich vor allem an die Bibel und stellte fest:

"Die wichtigste aller Frauenarbeiten, auch volkswirtschaftlich, ist, der großen Gesellschaft täglich einen an Leib und Seele erquickten Mann zu schenken und ihr mit jeder Generation wohlgediehene und wohlerzogene Kinder zu schenken"[14]; ... .**

Mit einem Seitenblick auf Rosseau meinte er: "Übrigens ist es mit dem Rousseau'schen Satze so schlimm nicht ... Er lautet vollständig: die Bestimmung des Weibes sei, 'dem Manne zu gefallen u n d s e i n J o c h z u e r t r a g e n ' "[15]; ...***

Hermann Jacobi, Herrn von Nathusius' theologischer Kollege in Königsberg, gelangte prinzipiell zu gleichen Einsicht, doch er war etwas galanter und dachte sogar an Aphrodite:

die L i e b e spiele die Hauptrolle im Leben des Weibes - "Sie ist es, die die Mehrzahl der Frauen antreibt, sich freiwillig in das vermeintlich so schwere J o c h zu fügen, das die Ehe ihnen auferlegt und gerne darin zu bleiben, denn selbst da, wo die weltbezwingende Göttin ursprünglich nicht den Bund geweiht hat, pflegt sie doch als gute Hausfreundin ihre bleibende Stätte aufzuschlagen"[16], ... Daraus ergab sich für ihn als "Beruf" der Frau: "Mögen die Frauen den Männern den Kampf und die Arbeit lassen, das ist ihre Freude, das ist ihr Beruf. Mögen die Frauen in der Pflege reiner, warmer und inniger Gefühle, in der Bewachung der Güter, die der Mann erzeugt, in der Ordnung, Leitung und dem Schmuck des Hauses die von Gott ihnen anvertraute Aufgabe suchen! Dem Manne gebührt der Kampf und die Arbeit, aber das Weib wischt den Schweiß von seiner Stirn und stärkt seine Kraft, indem sie durch Sinn und Walten das Haus zu einer Stätte des Friedens, zu einer idealen Welt bildet"[17].

Nur in Nuancen wich der freisinnige Professor der Nationalökonomie Lorenz von Stein**** von der Meinung seines theologischen Kollegen ab; in Dialogform erklärte er 1875 dem weiblichen Geschlecht:

13) Heinrich von Sybel, Uber die Emanzipation der Frau. Bonn 1870, S. 12 ff.

14) Ph. v. Nathusius, Zur Frauenfrage, Halle 1871, S. 56 f.

15) ibid. S. 104 f.

16) Hermann Jacobi, Die Grenzen der weiblichen Bildung. Gütersloh 1871. Zit. nach: "Frauen-Anwalt", 2. Jg., 1871/72, Nr. 9/10, S. 385.

17) Hermann Jacobi, Die Grenzen der weiblichen Bildung. Gütersloh 1871. Zit. nach: "Frauen-Anwalt", 2. Jg., 1871/72, Nr. 9/10, S. 385.

* Qu. 199   ** Qu. 171   *** Qu. 175   **** Qu. 204 ff.

"Vergiß es nie, der Mann will in der Braut die Braut, aber in der Frau will er die Frau. Er will ein Wesen, das ihn nicht bloß liebt, sondern dessen Hand ihm auch die Stirn glättet, das in seiner Erscheinung den Frieden, die Ruhe, die Ordnung, die Herrschaft über sich und die tausend Dinge ausstrahlt, zu denen er täglich zurückkehrt; er will jemanden, der um alle diese Dinge den unaussprechlichen Duft verbreitet, der die belebende Wärme für das Leben des Hauses ist"[18].

Nicht ganz so "poetisch" verstand sich der nationalliberale, dann freikonservative Professor der Geschichte Heinrich von Treitschke* vor seinen Studenten auszudrücken, er formulierte:

"Der eigentliche Beruf des Weibes wird zu allen Zeiten das Haus und die Ehe sein. Sie soll Kinder gebären und erziehen. Ihrer Familie soll sie den lauteren Quell ihrer fühlenden, liebevollen Seele spenden. Zucht und Sitte, Gottesfurcht und heitere Lebensfreude nähren und pflegen"[19].**

Und seine Meinung über John Stuart Mill:

"Er hatte einen entsetzlichen Blaustrumpf zur Frau, mit der i c h nicht acht Tage hätte zusammen leben können. Das imponierte aber dem gutmütigen Mann, und er kam zu der verflixten Idee, daß die Frau gleichberechtigt sei dem Manne"[20].***

Auch zahlreiche deutsche sozialistisch orientierte Köpfe dürften dieser einhelligen Meinung der Geistesheroen der deutschen Nation noch recht nahe gestanden haben. So stellte z. B. die deutsche Abteilung der Internationalen Arbeiterassoziation 1866 in der Denkschrift fest:

"Den Frauen und Müttern gehören die Haus- und Familienarbeiten, die Pflege, Überwachung und erste Erziehung der Kinder, ... Die Frau und Mutter soll neben der ernsten öffentlichen und Familienpflicht des Mannes und Vaters die Gemütlichkeit und Poesie des häuslichen Lebens vertreten, Anmut und Schönheit in die gesellschaftlichen Umgangsformen bringen und den Lebensgenuß der Menschheit erhöhen"[21].

Stellt man nun die Frage: woraus erwuchsen der Frau die Kräfte und Fähigkeiten, Frieden, Ruhe, unaussprechlichen Duft, belebende Wärme, Anmut, Poesie und dergleichen mehr auszustrahlen? - so findet man die einhellige Antwort: dies liege in der Natur der Frau; oder auch: Gott, der die Frau erschaffen, habe ihr diese Aufgabe gesetzt und die entsprechenden Gaben verliehen ...

Der hochberühmte freisinnige Professor der Medizin Rudolf von Virchow unterzog sich der Aufgabe, diese Anschauung naturwissenschaftlich zu untermauern, und führte aus:

18) "Frauen-Anwalt", 6. Jg., 1875/76, Nr. 6, S. 150.

19) Politik, Vorlesungen gehalten an der Universität zu Berlin von Heinrich von Treitschke. Hrsg. v. Max Cornicelius. 1. Bd. Leipzig 1897, S. 236 ff.

20) Politik, Vorlesungen gehalten an der Universität zu Berlin von Heinrich von Treitschke. Hrsg. v. Max Cornicelius. 1. Bd. Leipzig 1897, S. 236 ff.

21) Thönnessen, S. 19.

* Qu. 190 ff.   ** Qu. 196 f.   *** Qu. 195

"Das Weib ist eben nur Weib durch seine Generationsdrüse; alle Eigentümlichkeiten seines Körpers und Geistes oder seiner Ernährung und Nerventätigkeit: die süße Zartheit und Rundung der Glieder bei der eigentümlichen Ausbildung des Beckens, die Entwicklung der Brüste bei dem Stehenbleiben der Stimmorgane, jener schöne Schmuck der Kopfhaare bei dem kaum merklichen weichen Flaum der übrigen Haut, und dann wiederum diese Tiefe des Gefühls, diese Wahrheit der unmittelbaren Anschauung, diese Sanftmut, Hingebung, Treue – kurz alles, was wir an dem wahren Weibe Weibliches bewundern und verehren, ist nur eine Dependenz des Eierstockes"[22].

Aus diesem physiologischen Faktum zog man nun den "logischen" Schluß: die Frau gehört ins Haus!

Die Reihe derartiger Stellungnahmen ließe sich sicher um jede gewünschte Anzahl vermehren. –

Bei dem hohen Eheideal der organisierten Frauen und dem Stand der Diskussion über die außerhäusliche Erwerbstätigkeit der Ehefrau (vgl. oben), ferner der sicher winzigen Zahl der in den bürgerlichen mittleren und höheren Schichten arbeitenden Ehefrauen (die arbeitenden Frauen und Mütter der unteren Schichten zog man kaum in Betracht) konnten die Männer mit diesen Argumenten nur offene Türen einrennen. Wogegen sich der Sturm der Männer jedoch richtete, läßt sich deutlich an dem ablesen, was man von den Frauen erwartete – nur zu deutlich tragen jene Äußerungen die Merkmale der subjektiven leiblichen und "seelischen" Bedürfnisse des jeweiligen Verfassers; von geistigen Ansprüchen darf wohl kaum die Rede sein. Jener Sturm richtete sich somit eindeutig gegen das von der Frauenbewegung zum Panier erhobene Leitbild der "neuen" Frau: gegen die geistig selbständige, sich ihrer Würde bewußte, im großen Leben leistungsfähige und starke Frau, die dem Mann in der Ehe wie auf allen Gebieten des Lebens eine gleichbefähigte, aber auch gleichberechtigte Gefährtin sein sollte; die ihre häusliche Arbeit als Pflicht erkannte und bewußt erfüllte, jedoch himmelweit entfernt war von jener "Magdseligkeit", wie Hedwig Dohm * es nannte, die der Eitelkeit, der Herrschsucht und Bequemlichkeit der Männer so sehr entgegenkam und zugleich die häufig zitierte "züchtig waltende" "gute deutsche Hausfrau" zur ersten Magd ihres Hauses erniedrigte. Eben so weit entfernt war diese "neue" Frau auch von jenem poetischen Frauenideal – voller Anmut, Duft, blumenhaftem Liebreiz, pflanzenhafter Innerlichkeit und dgl. Attribute mehr – das die Herzen der Männer erwärmte und ihre Sinne entzückte – und dem man mit dem Vers zu huldigen pflegte:

---

22) Rudolf Virchow, Das Weib und die Zelle. Zit. nach: Rosa Mayreder, Zur Kritik der Weiblichkeit. 2. Auflage Jena/Leipzig 1907, S. 17.
    * Qu. 424

"Ehret die Frauen, sie flechten und weben
Himmlische Rosen ins irdische Leben"[23].

Man hätte diese männlichen Selbstzeugnisse in den Bereich der unlösbaren Geschmacksfragen verweisen können, wären sie nicht so gefährlich für die Frauenbestrebungen gewesen durch die Schlüsse, die
die Männerwelt aus diesen Wunschbildern ableitete hinsichtlich der Erziehung, der beruflichen Ausbildung und der Berufstätigkeit der Mädchen und unverheirateten Frauen und der rechtlichen Stellung des weiblichen Geschlechts. (Diese Probleme sind in den folgenden Kapiteln zu
erörtern).

Die Wirkung dieser und ähnlicher Schriften auf die Frauenbewegung
läßt sich nur schwer abwägen. - Von den "Neuen Bahnen" stehen nur die
Jahrgänge 1875/76 zur Verfügung; in letzterem findet man einen recht
aggressiven Beitrag einer im Allgemeinen deutschen Frauenverein führend tätigen Frau; Stil und Inhalt verraten die Auseinandersetzung mit
diesen männlichen Stellungnahmen; sie fordert:

"Macht das Weib stark und geachtet durch Kenntnisse und Bildungswert,
durch einen gründlich erlernten Beruf, der ihr Unabhängigkeit sichert auch
ohne einen Ernährer, ohne die Tugend-Leibwache, d. h. den Ehemann, Vater, Bruder etc. hinter sich zu haben. ... Bildet es fürs Leben, für die
Welt, ... Eine Furcht ist die, daß sich die Frauen, wenn ihnen erst vollständige Gelegenheit geboten sein wird, gleiche Ziele mit dem Mann zu erstreben, nicht mehr zu jener F r a u e n d i e n s t b a r k e i t und U n t e r w ü r -
f i g k e i t werden herabdrücken lassen, die man bisher so liebenswürdig,
weil so bequem fand. Aber die wahrhaft gebildete, die geistig überlegene
Frau tut das, was sie als notwendig, als ihre Pflicht erkennt, wenn auch
durchaus nicht mit Demut und Unterwürfigkeit, so doch ganz ebenso bereitwillig ... weil klar von ihrem Geiste steht, was getan werden muß, ... Eine
gescheite, kluge Frau braucht eben nicht beherrscht zu werden, sie beherrscht sich einfach selbst. ... Sie braucht nicht zu gefallen, sie kann stolz
und unabhängig durchs Leben gehen, denn sie leistet das Ihrige in der
Welt"[24].

Dieser kämpferische Beitrag wurde 1876 in den "Neuen Bahnen"
von einigen anderen begleitet; trotzdem darf aus anderen Zeugnissen
geschlossen werden, daß der Allgemeine deutsche Frauenverein eine
offene, direkte Auseinandersetzung vermied.

Noch vorsichtiger und verhaltener scheint der Lette-Verein rea-
giert zu haben - nicht ohne Grund. Durch das von ihm geförderte und
auch gestützte Viktoria-Lyceum stand er in enger Verbindung mit diesen Professoren und war auf deren Wohlgeneigtheit angewiesen (so er-

---

23) "Neue Bahnen", 10. Jg., 1875, Nr. 9, S. 65.
24) Anna Löhn-Siegel, in: "Neue Bahnen", 11. Jg., 1876, Nr. 5/6, S. 33 ff., 41 ff.;
vgl. ferner: Nr. 3/4, S. 22 ff., 29 ff.; Nr. 8, S. 65 ff.

öffneten z. B. die Professoren v. Virchow[25]* und von Sybel[26] 1876 resp. 1880 durch Festansprachen die neuen Kurse des Viktoria-Lyceums).

Zum anderen hatte in Berlin auch H e d w i g   D o h m in brillanten Kampfschriften direkt die oben erwähnten männlichen Stellungnahmen angegriffen und großes Aufsehen erregt. Ebenso geistreich wie temperamentvoll führte sie in diesen das Ideal der "guten deutschen Hausfrau" und die philiströsen Argumente der Männer ad absurdum. In rascher Abfolge erschienen in dem hier behandelten Zeitabschnitt folgende Schriften:

1872 "Was die Pastoren von den Frauen denken";**
1873 "Der Jesuitismus im Hausstande";***
1874 "Die wissenschaftliche Emanzipation der Frau";****
1876 "Der Frauen Natur und Recht".*****

Wohl informiert über die anglo-amerikanische Frauenbewegung und mutig genug, auch Hohn und Spott zu begegnen, forderte sie: gleiche Ausbildung für beide Geschlechter von der Elementarschule bis zur Universität, gleichen Zugang beider Geschlechter zu allen Berufen (wobei sie auch vor einer Berufstätigkeit der Ehefrau nicht zurückschreckte), absolute Gleichstellung der Männer und Frauen im privaten und öffentlichen Recht, und sie erklärte das F r a u e n s t i m m r e c h t zur unabdingbaren Notwendigkeit, um die oben aufgeführten Ziele zu erreichen.

Hohn und Spott begegnete Hedwig Dohm im reichsten Maße. Jenny Hirsch berichtet, daß ihre Arbeiten viel Anlaß zu unliebsamen Erörterungen gaben[27]: wenn Hedwig Dohm all dem entgegentreten wolle, was wohlfeil gewitzelt worden sei, müsse sie viele Bände schreiben[28]. - Die Haltung der dem Lette-Verein nahestehenden Frauenorganisationen gegenüber Hedwig Dohm läßt sich deutlich an Jenny Hirschs Rezensionen****** ablesen: 1876 betrachtete man endlich ihre Schriften als ein nicht "zu unterschätzendes Ferment", vorher hatte man ihren Nutzen infrage gestellt. Man pflichtete ihr zwar in einigen Punkten bei, aber wichtiger als das "Was" erschien diesem Kreis offenbar immer das "Wie"; man bescheinigte Hedwig Dohm frischen, kühnen Mut, Überzeugungstreue, Geschicklichkeit, Wahrheitsliebe, Geist und Witz - aber auch Schärfe und rücksichtslose Entschiedenheit, und gerade daran nahmen diese Damane Anstoß; "mancherlei", bemerkte Jenny Hirsch, "hätte vielleicht in einer milderen und weniger verletzenden Form vorgebracht werden können"[29], ... und: sollten irgendwann einmal einige von Hedwig Dohms Forderungen realisiert werden,

25) "Frauen-Anwalt", 6. Jg., 1875/76, Nr. 10, S. 227 ff.
26) "Frauen-Anwalt", 1880, Nr. 10/12, S. 325, 377.
27) "Frauen-Anwalt", 6. Jg., 1875/76, Nr. 12, S. 288.
28) "Frauen-Anwalt", 5. Jg., 1874/75, Nr. 9, S. 217.
29) "Frauen-Anwalt", 6. Jg., 1875/76, Nr. 12, S. 289.
* Qu. 247   ** Qu. 177 ff.   *** Qu. 208 ff.   **** Qu. 395 ff.
***** Qu. 535 ff.   ****** Qu. 183; 239 ff., 424 f.

"so sind es doch die guten, bescheidenen deutschen Frauen, die durch ihre Arbeit und ihre Geduld dieses Ziel erreicht haben"[30].

Für den Kreis des Allgemeinen deutschen Frauenvereins ist wegen der fehlenden Jahrgänge nur 1876 eine absolut bejahende Stellungnahme nachweisbar[31], allerdings nicht aus der Feder eines Vorstandsmitgliedes. Einige andere Beiträge desselben Jahrganges zeigen jedoch eine deutliche Anlehnung an Hedwig Dohms Argumentation und Ansätze einer gewissen "rücksichtslosen Entschiedenheit" (vgl. oben).

Insgesamt darf man jedoch mit gutem Grund behaupten, daß die deutsche Frauenbewegung zu diesem Zeitpunkt offene, heftige Auseinandersetzungen vermied - Kampf lag ihr nicht; der Mentalität dieser Frauen entsprach es weit mehr, durch Arbeit und mit Geduld für ein Ziel zu wirken.

Gegen Ende der 70er Jahre, etwa 1878 ff., kann man feststellen, daß der sogenannte "natürliche Beruf" der Frau in der Familie auch in der Diskussion der Frauenbewegung wieder stärker hervortrat, wobei seine Bedeutung als "kulturhistorischer Beruf" in den Vordergrund gestellt wurde. Hinter dieser neu anmutenden Akzentuierung verbirgt sich keine neue Konzeption des "natürlichen Berufes"; die Komponenten des "kulturhistorischen Berufes" der Frau waren seit Bestehen der bürgerlichen Frauenbewegung (in Ansätzen schon während der 40er Jahre) in den Rahmen der Frauenbestrebungen eingebettet.

Zum Ausgangspunkt und zentralen Leitgedanken wurde hier die Überzeugung, daß auch die Frau an der Kulturarbeit des Volkes teilnehmen müsse. Gemessen an der historischen Situation war dies eine anspruchsvolle Forderung, in den Bereich des Möglichen wurde sie gerückt

1. durch die Vorstellung, daß der Begriff Kultur die Gesamtheit aller Lebensäußerungen eines Volkes umschließe: seine höchsten geistigen, künstlerischen und wissenschaftlich-technischen Leistungen wie auch seine Art zu leben, zu denken, zu fühlen und zu handeln;

2. durch die Überzeugung, daß Mann und Frau zwar körperlich und deshalb auch seelisch verschieden, aber dennoch ebenbürtige Geschöpfe seien; der Ausgleich dieser Verschiedenheit vollziehe sich durch die Vereinigung beider zu einem Ganzen[32].* Dachte man naheliegend hierbei zunächst an die Ehe, so übertrug man diesen Gedanken auch auf die Kulturarbeit; und vollzog man in der Ehe eine Teilung der Arbeitsbereiche, so glaubte man, dasselbe auch in der Kulturarbeit tun zu können.

30) "Frauen-Anwalt", 4. Jg., 1873/74, Nr. 8/9, S. 266.
31) "Neue Bahnen", 11. Jg., 1876, Nr. 8, S. 65 ff.
32) L. Otto-Peters, Recht-Erwerb, S. 62.
 * vgl. Qu. 36 ff.

Aus diesen Vorstellungen folgerte man nun, daß, wo immer auch die Frauen wirken mochten, ihre Tätigkeit Kulturarbeit sei, und zwar eine notwendige und deshalb auch wertvolle, da die Harmonie der menschlichen Kultur und allen Lebens nur erwachsen könne aus dem "Ausgleich" der verschiedenen "Naturen" der Frau und des Mannes; mit dem Blick auf die Kulturarbeit bedeutete dies: gemeinsame Kulturarbeit für ein gemeinsames Ziel unter Anpassung ihres Inhalts und ihrer Methoden an die "spezifisch" weibliche und männliche Individualität.

Diese Gedanken bildeten z. B. auch den Hintergrund eines Referates von Auguste Schmidt auf der Generalversammlung des Allgemeinen deutschen Frauenvereins 1871; sie betonte:

"Allein die Gleichheit (zwischen Mann und Frau, d. V.) sei zu allen Zeiten gegründet gewesen auf die Verschiedenheit der Naturen. Nur wo die Kultur mit der Natur übereinstimme habe sie Bestand. Aber die Arbeit an der Kultur sei eine für Mann und Frau gemeinsame; sie streben beide nach denselben Zielen, aber wenden zu deren Erreichung verschiedene, ihrer Individualität gemäße Mittel an"[33].

Die Äußerungen des Lette-Vereins stimmen ganz mit diesem Zitat überein.

Da den Frauen die Teilnahme an den höchsten Kulturbereichen durch eine mangelhafte Schulbildung, durch den Ausschluß von Universitäten und höheren Berufen unmöglich gemacht wurde, konzentrierten sie sich in ihrer Kulturarbeit auf den Raum, der ihnen offenstand:

a)   auf die Familie, die nach einhelliger Meinung eine Pflegestätte des Idealen und Schönen und der Ort der Harmonie und höchsten edlen Strebens sein sollte;

b)   auf weitverzweigte Bildungsbestrebungen, die, wenn teilweise auch schwächer entwickelt, von der Bildung der Handarbeiterinnen bis zur Frauenbildung an Universitäten reichten;

c)   auf eine "gemeinnützige" Tätigkeit.

Naturgemäß standen die Bildungsbestrebungen (b) bei der Frauenbewegung an erster Stelle, denn ohne adäquate Frauenbildung war jede Art der Kulturarbeit unmöglich, auch im Kreis der Familie; dieser Gesichtspunkt war deshalb gleichzeitig ein Hauptargument für eine bessere Erziehung und Ausbildung der Mädchen. Unerschütterlich aber war man von der Kulturmission der Familie (a) überzeugt; man betrachtete sie als kleinste soziale Einheit, die im Embryonalzustand all das in sich trage, was sich in der Gesamtheit der Familien, dem Staat (ja sogar der ganzen Menschheit) positiv oder negativ auswirke[34]; so betonte

---

33) "Frauen-Anwalt", 2. Jg., Nr. 8, Nov. 1871, S. 297.

34) Vgl. H. v. Treitschke - in: Reden von Heinrich von Treitschke im Deutschen Reichstag 1871-1884. Hrsg. v. Otto Mittelstädt. Leipzig 1896, S. 776 f.

Louise Otto-Peters (und sie äußerte hier eine weit über die Kreise der Frauenbewegung hinaus verbreitete Anschauung):

"nur durch die edlere Gestaltung des Familienlebens, welche die Grundlage des Staatslebens ist, kann dieses selbst sich in würdiger Weise entfalten"[135].

Und:

"... die Familie sei da um der Menschheit willen, die sich aus ihr nicht nur ergänzen, sondern zu höherer Blüte und Vollendung entwickeln solle"[136].

Abgesehen von der Fröbelbewegung, die direkt für eine "Veredelung" des Familienlebens wirkte durch eine Vorbereitung der Mädchen auf ihren mütterlichen und hausfraulichen Beruf (und die durch einige in beiden Bewegungen führende Frauen auch in die Frauenbewegung hineingetragen wurde)[37], wirkte man in der Frauenbewegung nach den vorliegenden Quellen bis um 1876 vor allem für eine Hebung des Bildungsniveaus und der beruflichen Fähigkeiten sowie der rechtlichen und allgemein menschlichen Stellung der Frau; und man war überzeugt, daß sich als eine natürliche Folge dieser Arbeit auch die Innenkultur der Familie "veredeln" und ihr kultivierender Einfluß auf das Volksleben intensivieren werde.

Gegen Ende der 70er Jahre und folgend wandte man sich deutlicher der Ehefrau und Mutter und der Bedeutung ihres Wirkens zu; und gerade hier findet man einen neuen Akzent - einen fast "politischen", für den Marie Calm[38] den Begriff des "kulturhistorischen Berufes" der Frau[39] prägte. Die Ursache liegt auf der Hand: wieder einmal waren die Zeiten gewaltsam laut geworden - Kaiserattentate, Sozialistengesetz, soziale und politische Spannungen, Zarenattentate - Nihilismus, Materialismus, Sittenlosigkeit! Die Frauen erkannten ihre Aufgabe:

Die Familie sei der erste dauernde menschliche Verein, "der im Keime alle später gesonderten Genossenschaften enthält".

"Zweitens ist das Familienleben eine Grundlage für die gesamte Gesittung des Volkes. Es ist anerkannt, daß alle tiefgreifenden politischen Gebrechen sich in den Geschlechtsverhältnissen widerspiegeln".

35) L. Otto-Peters, Recht-Erwerb, S. 61.

36) "Neue Bahnen", 4. Jg., 1869, Nr. 17, S. 141.

37) Z. B. durch Henriette Goldschmidt, Vorstandsmitglied des Allgemeinen deutschen Frauenvereins, und Henriette Schrader-Breymann, Bertha Meyer im Kreis des Lette-Vereins.

38) Anm. d. V.: Marie Calm prägte diesen Begriff und war seine eifrige und wohl auch kompetente "Theoretikerin", denn sie war ein Vorstandsmitglied des Allgemeinen deutschen Frauenvereins, wirkte auch im Rahmen des Lette-Vereins und war eifrige Mitarbeiterin der "Neuen Bahnen" und des "Frauen-Anwalts". - Die mangelhafte Quellenlage zwingt dazu, ihre Äußerungen v. a. als "repräsentativ" anzusehen, was jedoch aus der Kenntnis der Gesamtentwicklung als erlaubt gelten darf.

39) "Frauen-Anwalt". 1879, Nr. 1, 2, S. 10 ff., 44 ff.

die Familie mußte diesem Geschehen gegenüber einen "sittlichen Damm" bilden[40].

Und da man noch immer fest in dem Glauben wurzelte, die größten Menschheitsprobleme vor allem durch Erziehung und "Bildung" lösen zu können, erwuchs daraus den Frauen die "kulturhistorische" Aufgabe zu erziehen, und zwar da, wo man Einfluß besaß: in der Familie und in den Frauenkreisen, mit denen man in Berührung kommen konnte. Obgleich diese neue Aufgabenstellung andeutet, daß man die Einflußlosigkeit der Frauen im großen politischen und kulturellen Leben erkannt hatte, nahm man den "kulturhistorischen Beruf" der Frau wichtig und maß ihm große Bedeutung bei. Als zentrale Erziehungsziele dürften gegolten haben: Sittlichkeit und Vaterlandsliebe.

In den unteren Ständen wollte man "gute, brave Mütter" und "brave, tüchtige" Gattinnen[41] sehen; man wünschte ihre Erziehung zu "Ordnung und Reinlichkeit, Zucht und Sitte", um sie zu befähigen,

a) die Töchter im gleichen Sinne zu erziehen und sie fernzuhalten von Putz, Tand und Vergnügungssucht,

b) "den wilden Sinn der Söhne durch Sanftmut und Frömmigkeit (zu, d. V.) bezähmen",

c) "der Roheit des Mannes das Gegengewicht" zu halten; sie "soll ihr Heim zu einem behaglichen machen, damit der Mann sich darin wohler fühle als im Verkehr mit seinen wüsten Genossen"[42].

Die Mädchen und Frauen der "besseren Stände" sollten erzogen werden zur Wahrheitsliebe, Solidität und Treue, zu häuslichem Sinn, Sanftmut, Sittsamkeit und echt weiblichen Tugenden - und zur Liebe zum Vaterland,

a) um ihren Kindern (und Dienstboten) eine rechte Erzieherin werden zu können; hierbei sollte "die erste Forderung, die sie an ihre Kinder zu stellen hat, die eines unbedingten Gehorsams" sein, "eines Gehorsams gegen die Gesetze und Leiter der Familie, auf welchem der Gehorsam gegen die Gesetze und Leiter des Staates basiert"; -

b) um den Gatten eine dem Luxus und Vergnügungskult abholende, sparsame Wirtschafterin, aber zugleich verständnisvolle Gefährtin sein zu können, die in ihrer Eigenschaft als "Vertreterin des Idealismus" den Ehemann "zu ideellen Anschauungen und Bestrebungen" zurückführen konnte, falls ihn die Flut des Materialismus fortreißen sollte, und die "durch ihn" ihren Einfluß geltend machte "für Frieden, für Recht und Ordnung";

c) um in dem von ihr geleiteten Haus "die Liebe zu dem gemeinsamen Vaterlande" pflegen zu können, denn:

40) "Frauen-Anwalt", Mai 1879, Nr. 5, S. 145 ff.
41) "Neue Bahnen", 18. Jg., 1883, Nr. 22, S. 170 f.
42) Marie Calm, in: "Frauen-Anwalt", Jan. 1879, Nr. 1, S. 12.

"die Dienstboten eines solchen Hauses werden bessere Untertanen werden, der Sohn, der am Knie der Mutter schon beten gelernt hat für seinen lieben, guten Kaiser, wird als Mann diesem Kaiser treuer dienen"[43]!

Andererseits wurde aber dieser "kulturhistorische Beruf" nicht auf Mütter und Gattinnen beschränkt; alle Frauen und ganz besonders die Lehrerinnen und Erzieherinnen waren angesprochen, in diesem Sinne zu wirken, denn die Grenzen dieser Mission wurden weit gezogen und umschlossen den

"Beruf als Priesterin des Hauses,

als Erzieherin der Jugend,

als Vertreterin der Sitte,

als Hüterin der höchsten Güter der Menschheit: des ideellen und religiösen Elementes"[44].

Auch die Mittel ihrer Einflußnahme wurden dargelegt; die Frau sollte wirken

"mit den sanften Waffen, die ihr verliehen,

dem mahnenden Worte,

der Macht des Beispiels,

der Würde und Anmut ihres Wesens"[44], ...

So konservativ einerseits dieser Vorgang anmutet, der wie kaum ein anderer die geistige Bindung der organisierten Frauen an die Vorstellungswelt der 40er Jahre verrät, so bedeutsam wurde er für gleichzeitige oder nachfolgende Entwicklungen, die an anderer Stelle zu erörtern sind.

2. Entwicklungen in den höheren Bildungs- und Arbeitsbereichen

Ich fordere: "Völlige Gleichberechtigung der Geschlechter auf dem Gebiete der Wissenschaft, in bezug auf die Bildungsmittel und die Verwertung der erworbenen Kenntnisse".

Hedwig Dohm (1874)[45]*

a) Mächte der Umwelt

Die Mauern, aufgetürmt aus Egoismus und Vorurteil, waren auf kaum einem Gebiet so anachronistisch und deshalb so hemmend und erdrückend wie auf dem hier zu behandelnden. Parteien in diesem Geschehen waren die Männer und Frauen der gehobenen und höheren bür-

43) Marie Calm, in: "Frauen-Anwalt", Febr. 1879, Nr. 2, S. 47 ff.

44) 44) Marie Calm, in: "Frauen-Anwalt", Febr. 1879, S. 47 ff.

45) Hedwig Dohm, Die wissenschaftliche Emanzipation der Frau. Berlin 1874, S. 154 ff.

* Qu. 425

gerlichen Schichten, in denen man die Männer als "Herren" und die
Frauen als "Damen" zu bezeichnen pflegte.

Vergleicht man die Entwicklung in Deutschland während dieser
Zeitspanne mit den Vorgängen in England, Frankreich, der Schweiz und
Nordeuropa, ja sogar in Rußland, wo die höhere Mädchenbildung mehr
und mehr auf das Niveau der Knabenbildung angehoben wurde und wo
man die Frauen, wenn auch teilweise nach heftigen Kämpfen, zum Universitätsstudium zuließ (nur Rußland ging in letzterem Sonderwege)[46], -
zieht man ferner die U.S.A. ins Blickfeld, wo sich zusätzlich auch das
Prinzip der Koedukation an Schulen weitgehend durchgesetzt hatte, so
können die Parallelentwicklungen in Deutschland nur als erfolglos,
schleppend und tastend, ja fast sogar als ängstlich und rückständig bezeichnet werden.

Wo sind die Usachen für diese Entwicklungen zu suchen? Erstens
in dem Komplex der Egoismen der Männer, den man in zwei Hauptbe-
standteile zerlegen kann:

a) in jenes Wunschkonglomerat, das sich auf "echt weibliche" Gattinnen richtete, deren Idealtypus oben bereits geschildert wurde (B. I. 1);

b) in ein Gemisch aus Konkurrenzneid und Konkurrenzfurcht gegenüber der Frau als Konkurrentin auf lukrativen Arbeitsgebieten.

"Ich glaube, beweisen zu können", so stellte Hedwig Dohm 1874 fest, "daß
der maßgebende Gesichtspunkt für die Teilung der Arbeit nicht das Recht der
Frau, sondern der Vorteil der Männer ist, und daß der Kampf gegen die Berufsarbeit der Frau erst beginnt, wo ihr Tagelohn aufhört nach Groschen zu
zählen"[47].*

Einheitlich war deshalb das Bemühen der Herren, die Frauen ihrer eigenen Klasse in niedere Berufe zu drängen, in denen sie nur als
(schlecht bezahlte) "Gehilfin des Mannes" fungieren konnten, und ganz
besonders dasjenige Berufsgebiet zu negieren, auf dem der jeweilige
Sprecher selbst tätig war.

Heinrich von Sybel (nationalliberaler Professor der Geschichte,
1870) pries ihre Überlegenheit auf dem Gebiet des Detailverkaufs, der
Gärtnerei und der Krankenpflege; meinte auch weibliche Begabungen
entdecken zu können auf dem Gebiet der Medizin, der Diplomatie und
der priesterlichen Seelsorge; negierte aber dieselben auf dem Gebiet
der Geschichte, der Philosophie und der Jurisprudenz; und er "schüttelt
sich" vor einem weiblichen Advokaten, Literaten oder Zeitungsschrei-
ber.

---

46) So errichtete z.B. die russische Regierung 1872 für das Medizinstudium der Frau-
en Kurse für "Gelehrte Hebammen" im Anschluß an die Medizinisch-Chirurgische Akademie in Petersburg; 1881 wurden sie verboten und endeten 1886. - 1897 wurde wieder
ein selbständiges Medizinisches Institut für Frauen in Petersburg errichtet.

47) H. Dohm, Wissenschaftliche Emanzipation, S. 11 f.

* Qu. 396

Grund? "Wir sehen den charakteristischen Reiz der Weiblichkeit zugrunde gehen"[48].*

Lorenz von Stein (freisinniger Professor der Nationalökonomie, 1875) war hingegen entzückt von weiblichen Literaten - und Künstlerinnen, "die uns so oft die schweren Stunden versüßen und das Herz erwärmen ..." - Am Pult, am Richtertisch und auf der Tribüne jedoch hörte für ihn die Frau auf, Frau zu sein;

Grund? Sie kann hierbei nicht Gattin und Mutter sein[49].**

Theodor L. W. von Bischoff (Professor der Anatomie, 1872) kämpfte gegen weibliche Ärzte:

"Die Überladung des ärztlichen Standes mit unfähigen halbgebildeten weiblichen Handwerkern, wie sei allein von dem weiblichen Geschlechte zu erzielen sind, hemmt und stört die Fortbildung der ärztlichen Wissenschaft und Kunst auf das schädlichste".

Gefährdet "unter gleichzeitiger unausbleiblicher Verdrängung männlicher Ärzte ... das sanitätliche Wohl des Staates" ...

Er empfahl "das Gebiet der Krankenpflege, in welchem die Frauen jedenfalls vor den Männern sich auszeichnen können"[50], ...***

Philipp von Nathusius (christlich-konservativer Professor der Theologie, 1871) gestattete die Berufe der Diakonissin, der Hebamme, der "Heilfrau" (einer halbwegs zur Ärztin graduierten Schwester) und der Elementarlehrerin und alle weiblichen Handarbeitsberufe und -arbeiten.

Prinzipiell aber meinte er:

"jedes Preisgeben an die größere Öffentlichkeit (ist) ein für allemal wider die Bestimmung des Weibes"[51], ...****

Insgesamt war jener Komplex der Egoismen nur ein hervorragender Nährboden für den zweiten ungeheuer hemmenden Komplex der Vorurteile; auch an diesem fällt sogleich die bereits bekannte Auffächerung auf:

a) Mit dem Blick auf jene "echt weiblichen" Gattinnen glaubte man, wie Holtzendorff feststellte,

"daß ein bestimmtes, wahres, genau festgestelltes Maß von Unwissenheit bei Frauen die Garantie häuslicher Tugenden sei, oder daß nur die in höhe-

48) H. v. Sybel, Emanzipation der Frau, S. 12 ff.

49) L. v. Stein, Frau - Nationalökonomie, S. 92 ff.

50) T. L. W. v. Bischoff, Das Studium und die Ausübung der Medizin durch Frauen. München 1872, S. 46 f.

51) Nathusius, Frauenfrage, S. 65 ff., 75 ff., 85;

Anm. d. V.: Fällt hierbei u. a. auch die geringe Anzahl der Berufe auf, die man den Damen gerade noch gestattete, so sei zum Vergleich das Buch von A. Daul erwähnt, "Die Beschäftigung des weiblichen Geschlechts in der Handarbeit" (Altona 1867), das auf 951 Seiten numeriert 524 Beschäftigungsarten für "handarbeitende" Frauen aufführte!

* Qu. 201   ** Qu. 205   *** Qu. 394, vgl. Qu. 401 ff.   **** Qu. 171 ff.

rem Maße der Verstandesbildung ermangelnden Töchter würdig sind, von den Lyrikern besungen zu werden"[52].

b) Behauptete man gegenüber der Hausfrau, Gattin und Mutter die Notwendigkeit einer gewissen Unwissenheit, so sprach man den weiterstrebenden Frauen gleichzeitig die Fähigkeit zu jeder höheren geistigen Bildung und Arbeit ab - geistig wie auch körperlich.

Im "geistigen" Bereich, so glaubte man einhellig, verkörpere die Frau das Gefühl, sie sei ganz Herz, der Mann hingegen den Verstand; sie sei passiv und rezeptiv, er aktiv und produktiv. Herr von Nathusius meinte hierzu:

"Logisches Denken, Abstraktion, System ... ist ein für allemal nicht Sache und Stärke der Frauen; und dies ist nicht Ergebnis ihrer Bildung, sondern tiefste Organisation ihrer Anlage. Es ist lauter Güte Gottes"[53].*

Und Herr von Sybel ergänzte:

"So hat die Natur das geistige Interesse der Frau nach einer anderen Seite gewandt, und ihr die methodische Durchbildung des Verstandes durch eine angeborene Feinheit und Schnelligkeit des Gesamtempfindens ersetzt, ...

Der Mann gelangt zu einem festen Urteil über eine Erscheinung erst nach der Diskussion ihres Zusammenhanges mit allen anderen Dingen: die Frau ergreift oder lehnt sie ab nach dem unmittelbaren Eindruck auf ihr eigenes Wesen. ... Es ist die Gabe unvermittelter oder doch unbewußt vermittelnder Anschauung"[54], ...**

Der Anatom von Bischoff unterstrich die körperliche Unfähigkeit der Frauen:

1. sei das Gehirn der Frau anders gebildet als das des Mannes und sei auf der Waage gewogen leichter als das seinige; wozu jedoch andere Naturwissenschaftler bemerkten, daß bei dem Vergleich des Gehirngewichtes zum Körpergewicht nach Geschlechtern, die Frauen besser abschnitten als die Männer;

2. sei der Frau durch Menstruation, Schwangerschaften und Klimakterium der Weg zu jeder höheren geistigen Bildung und Arbeit versperrt.***

Zu diesen Argumenten gesellte sich ferner die allgemein verbreitete Überzeugung, daß die Gesundheit der Mädchen untergraben werde, wenn man sie in den Entwicklungsjahren mit geistiger Arbeit "überbürde".

Das Maß an "Bildung", das man den Frauen zubilligte, dürfte genau dem entsprochen haben, was man an den Frauen des eigenen Lebenskreises schätzte. Herr von Sybel stellte die höchsten Ansprüche

---

52) "Frauen-Anwalt", 1878, Nr. 7, S. 197.
53) Nathusius, Frauenfrage, S. 75 ff.
54) Sybel, Emanzipation der Frauen, S. 12 ff.
  * Qu. 173   ** Qu. 199 f.   *** Qu. 389 f., 393 f.

und wünschte auch die Ausbildung der Mädchen in klassischen Sprachen, aber:

"Das Mädchen-Gymnasium soll die Vorbildung zur Hausfrau liefern", ... und nur bis zum 15.-16. Lebensjahre dauern; dann "gibt es für das jetzt zur Jungfrau entwickelte Mädchen naturgemäß nur eine Hochschule und nur einen Professor ... das Elternhaus und die Mutter"[55].*

Herr von Nathusius meinte:

"Das glückliche Vorrecht, in dem sich das Mädchen durch Gottes Gnade befindet, zunächst zu keinem besonderen Berufe gebildet zu werden, sondern ihn aus Gottes Hand zu empfangen, soll man ihnen nicht verkümmern, es soll die Grundlage weiblicher Erziehung bleiben".

Nämlich: "Lieben lernen,

   sich anschließen,

   sich unterwerfen und dienen lernen

(all das, wodurch sie eben zu Herrinnen des Hauses, zu 'Frauen', denn das heißt 'Herrinnen', werden) - ..."

"Ihnen gelehrte Bildung zu geben, ist, meiner Auffassung nach, eine Erniedrigung der Frauen, aus einer viel edleren Sphäre heraus, und neben der Verschraubung der Frauen zugleich eine Beraubung der Männer, die in ihrer eigenen Wissens-Plackerei darauf angewiesen sind, eine Erquickung an der ungelehrten und eben deshalb oft klügeren oder weiseren Frau zu haben".

"Ohne Rousseau zu kennen, habe ich an einem anderen Orte ausgesprochen, wie viel tägliches Vergnügen man dem Manne raube, wenn man Mädchen zu gelehrt macht"[56].**

Daß derartige Anschauungen durchaus zu den allgemein anerkannten kulturellen Glaubenssätzen gehörten, beweisen die Thesen der 1872 zum ersten Male stattfindenden Versammlung von Dirigenten und Lehrenden deutscher höherer Töchterschulen[57] in Weimar; in These II stipulierte man:

"Es gilt, dem Weibe eine der Geistesbildung des Mannes in der Allgemeinheit der Art und der Interessen ebenbürtige Bildung zu ermöglichen, damit der deutsche Mann nicht durch die geistige Kurzsichtigkeit und Engherzigkeit an dem häuslichen Herd gelangweilt und in seiner Hingabe an höhere Interessen gelähmt werde, daß ihm vielmehr das Weib mit Verständnis dieser Interessen und der Wärme des Gefühles für dieselben zur Seite stehe"[58].***

55) Sybel, Emanzipation der Frauen, S. 17 ff.

56) Nathusius, Frauenfrage, S. 104 ff., 75 ff.

57) 1873 konstituierte sich die Versammlung zum "Hauptverein von Dirigenten und Lehrenden höherer und mittlerer Mädchenschulen"; später unbenannt in: "Verein für das höhere Mädchenschulwesen".

58) Zit. nach: Helene Lange, Die höhere Mädchenschule und ihre Bestimmung. Berlin 1888, S. 6/7.

   * Qu. 202 f.   ** Qu. 172 ff.   *** Qu. 297

War hierdurch in Umrissen der Inhalt der Mädchenbildung festgelegt – sie war so zu gestalten, daß sie dem Manne gefiel – so gefiel den Männern keinesfalls das Studium der Frau. Es gab sicher nur eine verschwindend winzige Anzahl unter den deutschen Professoren, die dem Frauenstudium an den bestehenden Universitäten zustimmten; zu ihnen zählten u. a. die Professoren von Holtzendorff (der zeitweilige Vorsitzende des Lette-Vereins) und Julius Pierstorff[59]; zu den Gegnern des Frauenstudiums an den bestehenden Universitäten gehörten auch alle in diesen Kapiteln bereits zitierten Professoren.

Die wichtigsten Gegenargumente der Männer wurden oben bereits zum größten Teil geschildert; sie erfuhren hinsichtlich eines gemeinsamen Studiums aber noch eine gewisse Bereicherung:

1. trat die Sorge um das Niveau der wissenschaftlichen Leistungen der Universitäten hinzu; man war sicher, daß es durch die Gegenwart der Damen sinken werde, deren minderen geistigen Fähigkeiten sich die Lehrenden anpassen könnten;

2. wirkte aber fast noch gravierender die Angst um die Sittlichkeit, weil "jedes Pêle-mêle mit dem anderen Geschlechte von unausbleiblichem Übel" sei, wie es Herr von Nathusius zu formulieren beliebte. Herr von Treitschke rief in Berlin seinen Studenten zu:

"Soll man nun zwei Klassen Studenten haben, eine mit und die andere ohne akademische Freiheit? Soll wegen einer Zeitungsphrase (d. i. das Frauenstudium, d. V.) die herrliche Institution unserer Universitäten korrumpiert werden"[60]?

Die Mediziner vor allem ächzten unter der Last der Vorstellung, weibliche Studenten mit männlichen unterrichten zu müssen – z. B. über Dinge aus dem Bereich der Sexualsphäre! Herr von Bischoff beteuerte,

dies sei ein grober Verstoß "gegen Anstand und gute Sitte", "eine schamlose Preisgebung alles weiblichen Zartgefühls". "Ich für meine Person bin aus diesem Grunde vorzüglich fest entschlossen, weiblichen Zuhörerinnen zu meinen Vorlesungen niemals den Zutritt zu gestatten"[61].

Während die Männer in dieser Weise ihre Abwehrfronten formierten, fanden sie ihren stärksten Bundesgenossen in jener von Konventionen eingeengten, gefesselten Masse der Frauen, von der Nietzsche sagte:

"Der Mann macht sich das Bild des Weibes, und das Weib bildet sich nach diesem Bilde"[62].

---

59) Julius Pierstorff: Frauenbewegung und Frauenfrage. Göttingen 1879.
60) Treitschke, Politik, S. 248 ff.
61) Bischoff, Studium – Ausübung der Medizin durch Frauen, S. 35, 39 ff.
62) Zit. nach: Hedwig Dohm, Die Antifeministen, Berlin 1902, S. 27.

Diese Frauen fühlten, dachten und handelten, wie "man" es von ihnen erwartete, das war weiblich, "sittlich", erregte Wohlgefallen - und gab ihnen die größte Chance, den Vorsorger zu finden; also wurden auch die Töchter wieder in diesem Sinne erzogen. 1867 richtete sich Holtzendorffs Kritik sofort gegen diesen Mißstand, als er feststellte:

"Es gibt noch überwiegend viel Eltern, denen es allein richtig erscheint, ihre Töchter so recht weiblich fügsam zu erziehen - Geist und Gemüt so weich wie Wachs, damit ihr dereinstiger Gatte sich beides zurechtformen könne, ganz nach Wunsch und Belieben. So allein scheint es vielen in Ordnung, ja man schaudert vor anderen Zuständen zurück und meint: was soll das für Ehen geben"[63]!*

Die Kritik der führenden Frauen des Allgemeinen deutschen Frauenvereins stimmte mit der Holtzendorffs überein; beide Organisationen wirkten in demselben aufklärenden Sinne, aber nie verstummte vor allem Auguste Schmidts Klage über die Gleichgültigkeit der Frauen; richtiger wäre sicher die Klage darüber gewesen, daß Deutschlands Frauen sich blind der Allmacht der Sitte beugten und die Wünsche der Männer zu den ihrigen machten.

Will man überhaupt zu einer gerechten Würdigung der Vorgänge innerhalb der deutschen Frauenbewegung auf den verschiedensten Gebieten gelangen, und zwar für die gesamte in dieser Arbeit behandelte Epoche, dann muß man immer diese ungeheuren Mauern im Gedächtnis haben; abgebaut wurden sie im Grunde nie, nur der Text der aufgemalten Kampfparolen änderte sich; die Mauern selbst ruhten auf dem sicheren Fundament der Überzeugung, daß die Frau "dienen" müsse - dem Mann, seinen privaten und öffentlichen Interessen - und daß der Mann das Recht habe, die Frau zu zwingen, ihm in diesem Sinne dienstbar, nutzbar zu sein.

b) Höhere Mädchenbildung

Wendet man sich nun dem Geschehen um die höhere Mädchenbildung zu, so erhebt sich zuerst die Frage, warfen diese ungeheuren Mauern einen Schatten auf die Entwicklung der prinzipiellen Anschauungen der organisierten Frauenbewegung? Für die überwältigende Mehrheit der organisierten Frauen muß die Frage bejaht werden, denn diese von "Weiblichkeits"-Postulaten und "Weiblichkeits"-Kult widerhallende Umwelt machte es der Masse der organisierten Frauen schier unmöglich, ihre eigenen Anschauungen über das Wesen der Weiblichkeit einer nüchternen Kritik zu unterziehen: Im Elternhaus und in der Schule erzogen

---

63) "Neue Bahnen", 3. Jg., 1868, Nr. 4, S. 30.
* Qu. 156

und gebildet im Sinne konventioneller Weiblichkeit, den Normen eines
konventionell weiblichen Lebens auch als Erwachsene noch unterworfen inmitten der oben beschriebenen Umwelt (die Zugehörigkeit zu einem Verein der Frauenbewegung konnte faktisch daran nichts ändern),
versuchte man nun, jene konventionellen Anschauungen über Wesen und
Inhalt der Weiblichkeit mit den Zielen der Frauenbewegung in Einklang
zu bringen. So verfestigte sich die Theorie von der physischen und der
daraus resultierenden psychischen Verschiedenheit der Geschlechter,
die aber gleichwertig seien und somit auch eine gleichwertige, jedoch
der jeweiligen "Individualität" angepaßte Kulturarbeit zu leisten hätten (vgl. oben B. I. 1). In einem derartigen Gedankengebäude konnte sich
hinsichtlich der Mädchen- und Frauenbildung bei der Masse der Frauen,
auch derjenigen der Frauenbewegung, zunächst nur die Forderung einer
der spezifischen Eigenart des weiblichen Geschlechts angepaßten verbesserten Erziehung und Bildung durchsetzen, durch welche die echte,
wahre Weiblichkeit wie auch die Fähigkeiten der Frau zu voller Entfaltung und Wirksamkeit geführt werden sollten.

Genährt und gefestigt wurden gleichzeitig jene Vorstellungen über
die "Weiblichkeit" und die spezifisch "weibliche" Erziehung und Bildung
durch den Einfluß der Fröbelbewegung, die von einigen in beiden Organisationen führend tätigen Frauen in die Frauenbewegung hineingetragen wurde. Sicher war es verdienstvoll und notwendig, eine Reform der
Kindererziehung in der Familie herbeiführen zu wollen und auf eine höhere Gestaltung des Familienlebens hinzuarbeiten. - Doch nach den vorliegenden Zeugnissen zeigte diese Bewegung einen Hang zum Kleinen bei
gleichzeitiger Überbewertung der durch die eigene Arbeit erzielten oder
auch nur erstrebten Erfolge. So galt den Fröbelenthusiasten als höchstes
Bildungsziel die "Ausbildung des mütterlichen Elementes in den Frau-
en"[64]* - zunächst durch eine Ausbildung in der Fröbelschen Erziehungslehre und Kindergartenarbeit, ferner durch eine gründliche hauswirtschaftliche Vorbereitung (u. a. in Kochen, Haushaltsführung, Gesundheitspflege, Gärtnerei etc.). Für die breite Masse der Frauen dürfte
eine auf diese Weise entfaltete "natürliche Mütterlichkeit" als höchstes
Erziehungsziel gegolten haben; von diesen Frauen erwartete man die
Erneuerung des Familienlebens und daraus resultierend auch eine Reform des verrohten, in Egoismus und einseitigem Intellektualismus ver-
sunkenen öffentlichen Lebens. Zudem sollte sich über die "natürliche
Mütterlichkeit" und ihr zur Seite die "geistige Mütterlichkeit" entfalten, die Henriette Schrader-Breymann (Nichte Friedrich Pröbels,
Freundin Helene Langes in Berlin) wie folgt skizzierte:

64) Mary J. Lyschinska. Henriette Schrader-Breymann. 2 Bde., 1922; II, S. 447.
* Qu. 267 ff. ; vgl. Qu. 256 ff. ; Qu. 273; Qu. 274 ff.

"Wenn die Frau die geistige Mütterlichkeit sich errungen, dann ist sie frei; d. h. sie erfaßt das Leben groß, sie sieht die Gegenwart und die Zukunft im Zusammenhange, und wenn sie nicht in der Ehe steht, wenn sie keine leiblichen Kinder geboren hat, so ist sie doch nicht als ' ausgelöstes Glied der Kette der Menschheit' zu betrachten. Wir Frauen bleiben eben Frauen, wenn wir persönlich Liebe geben, Liebe wecken; aber damit wir bei aller Persönlichkeit frei werden, brauchen wir die Wissenschaft, die Kunst, nicht um ihrer selbst willen, sondern um sie wieder persönlich zu verwenden. Wir müssen uns alle fühlen als Mütter der Menschheit, als Teil des weiblichen Prinzips, das dem männlichen Wirken für das Ganze seine Ergänzung gibt"[65].*

Der Weg auch zu diesem Ziel führte über die oben beschriebene Fröbelsche "Grundausbildung" und erforderte im weiteren weiblichen Bildungsgang "die Pflege dessen im Weibe, was gerade das Andere ist im Vergleich mit dem Manne, n i c h t durch immer größeres Aufheben dieses Anderen und durch Beförderung einer Gleichheit des Wesens der Geschlechter"[66].**

Die Quellenlage für diesen Zeitabschnitt macht es schwierig, den Einfluß der Fröbelbewegung exakt abzuschätzen; er dürfte jedoch zeitweise beträchtlich gewesen sein *** vor allem auf dem Sektor der Prinzipienfragen über das Wesen der "Weiblichkeit" und den "Beruf" der Frau und hiermit verbunden auf dem Gebiet der Bildungsfragen. Kritische Stellungnahmen zu den Prinzipien der Fröbelbewegung sind aus den Kreisen der organisierten Frauenbewegung nicht nachweisbar[67]; diese

---

65) Lyschinska, I, S. 466 f.
66) ibid. II, S. 446.
67) Anm. d. V.: Nur Hedwig Dohm war skeptisch.
1876 stellte sie fest in "Jesuitismus im Hausstand" (S. 40 ff.):****
"Ich teile übrigens nicht im entferntesten die Meinung derjenigen, die von den Müttern der Zukunft ein gründliches Studium der Pädagogik fordern. Meiner Meinung nach wird der Pädagoge wie der Künstler geboren, ... Vorzugsweise intelligente Frauen möchten allerdings dem Mangel ursprünglicher Begabung durch andauerndes Studium und Denken (bis zu einem gewissen Grade wenigstens) abzuhelfen imstande sein. Wollten aber alle Frauen, ... sich in das Studium der Pädagogik stürzen, so würden wahrscheinlich wahre Mißgeburten von Erziehungsplänen das Licht erblicken, und die armen Kleinen würden in ihren Kinderstuben wie in den Betten des Prokrustes ruhen, um sich nach pädagogischen Regeln kürzen oder in die Länge ziehen zu lassen.
Wer keinen Beruf für Pädagogik fühlt, der bleibe den Theorien fern. Es gibt etwas anderes, das den feinsten Erwägungen, den tiefsten psychologischen Beobachtungen fast die Waage hält.
Das Beispiel!
Jede Frau arbeite nach Kräften an ihrer eigenen Veredelung. Mit Recht sagt man: Kinder sind wie Affen. Ihr Nachahmungstrieb verleugnet sich keinen Augenblick. Sie ahmen nicht bloß das äußere Wesen, sie ahmen auch die Gesinnung nach".
Und 1876 in "Der Frauen Natur und Recht" (S. 107 ff.):*****
"Je harmonischer eine Fraue ihre Kräfte entwickelt, je mehr sie die Veredelung ihrer Ge-

* Qu. 268   ** Qu. 268/69   *** vgl. Qu. 45 f.   **** Qu. 213 f.   *****Qu. 545

Prinzipien wurden akzeptiert, da sie der Gefühlslage und der Geisteshaltung der Frauen entsprachen, und sie fanden ihren Niederschlag in
dem von beiden Frauenorganisationen für die Mädchenbildung anerkannten doppelten Erziehungsziel:

Bildung für den Beruf der Hausfrau, Gattin und Mutter - und für
einen Erwerb.

Der Inhalt dieser beiden Bildungsziele ergab vereint die spezifisch
"weibliche" Bildung, die man in Berlin definierte als

allgemeine Menschenbildung unter Pflege der eigenartigen Frauenbild-
dung[68].

In der Kritik der bestehenden höheren Mädchenbildung stimmten der
Allgemeine deutsche Frauenverein und der Lette-Verein völlig überein:
sie sei nur eine Scheinbildung, zu oberflächlich, zu ästhetisch, von zu
kurzer Dauer; ihr Inhalt werde bestimmt von dem Ziel, daß das Erlern-
te "Schmuck für den Salon" sein solle; sie bilde weder den Charakter,
noch das Gemüt, schule nicht den Verstand und sei vollkommen wert-
los für den Kampf des Lebens.

Es fällt jedoch auf, daß während der Anfangsperiode von beiden
Frauenorganisationen keine umfassenden Reformpläne unterbreitet wurden; man mühte sich um die Klärung prinzipieller Bildungsfragen auf
verschiedenen Ebenen:

a) Auf einer unteren Ebene arbeiteten überall die Fröbelanhänger; sie
bereiteten auf den Beruf der Mutter, Hausfrau und Gattin vor; Bildungsziele, Lehrgegenstände und Methoden waren hier schon ausgereift, er-
probt und unbestritten; die größten praktischen Erfolge (in Gestalt von
Kindergärten, Seminaren, Kochschulen und anderen Anstalten) wurden
deshalb auch der Fröbelbewegung zuteil. Der vordringlichste theoretische Beitrag der Fröbelanhänger zur höheren Mädchenbildung bestand
in der Forderung, daß alle Mädchen in einem Lehrgang in die Fröbelsche Erziehungslehre und Kindergartenarbeit u. a. m. eingeführt werden
sollten. Neben der Vorbereitung für die eigene hausmütterliche Tätigkeit erhoffte man als weitere erzieherische Wirkung, daß das "schnurr-
bärtige Ideal"[69] aus den Gedanken und Phantasien der Mädchen verschwinden werde; so meinte Henriette Goldschmidt[70] (Vorstandsmitglied
des Allgemeinen deutschen Frauenvereins):

sinnung, ihres Gesamtwesens anstrebt, je besser wird sie auch ihre Mutterpflichten erfüllen. Was im allgemeinen wirkt, wirkt auch im besonderen. Je höher sie als Mensch steht,
je höher steht sie als Mutter".

68) "Frauen-Anwalt", 4. Jg., 1873/74, Nr. 1, S. 40.

69) "Frauen-Anwalt", 5. Jg., 1874/75, Nr. 8, S. 190 ff.

70) "Frauen-Anwalt", 5. Jg., 1874/75, Nr. 8, S. 191.

Anm. d. V.: Gegen die Forderung eines für alle Mädchen im Anschluß an die Schulaus-
bildung durchzuführenden Fröbelkursus (die Fröbelenthusiasten forderten ihn auch für die
Schülerinnen der Elementarschulen) erhob Louise Otto-Peters nachweisbar nur zu Beginn

"Die Phantasie der Jungfrau bleibt im Umgange mit der harmlosen Kinderwelt rein und keusch, und der Unterricht der damit im Zusammenhang sich befindet, flößt der Jungfrau Achtung und eine Art heiliger Scheu in Rücksicht auf ihre erziehliche Aufgabe ein und bewahrt sie vor einer leichtsinnigen frivolen Auffassung der Ehe".*

b) Auf der weitaus wichtigeren Ebene der schulischen höheren Mädchenbildung erreichte man in der Theorie zu Beginn nur ein Stadium sehr allgemeiner "Grundsatzerklärungen".

Im Kreis des Allgemeinen deutschen Frauenvereins war zu diesem Zeitpunkt die beste Pädagogin ohne Zweifel Auguste Schmidt, die 2. Vorsitzende, selbst Leiterin eines Mädcheninstitutes und eines Lehrerinnenseminars in Leipzig (in letzterem war Klara Zetkin bis 1878[71] ihre Schülerin). Auguste Schmidt legte den Finger sicher auf die rechte Stelle, als sie eine erhöhte Verstandesbildung und wissenschaftlichen Unterricht forderte, nur ein solcher könne zu wahrhaft "ästhetischer, intellektueller, sittlicher Bildung" führen[72]. Sie wünschte insgesamt eine harmonische Entfaltung aller im Mädchen ruhenden Anlagen und Fähigkeiten und ihre Entwicklung zu "wahrer Weiblichkeit", welche bestehe

"in Aufopferungsfähigkeit und Hingebung,
in ernster Arbeit und höchstem Streben,
in Wahrheit und Treue"[73].

Sie war überzeugt, daß durch eine solche umfassende Verstandes- und Charakterbildung das Mädchen für jeden Beruf – den "natürlichen" und den Erwerbsberuf – am besten vorbereitet werde. – Auguste Schmidts Ziele waren "ideal" genug formuliert, um im Allgemeinen deutschen Frauenverein (ebenso im Lette-Verein) auch von ganz vorsichtigen Mitgliedern vertreten werden zu können.

Im Bereich des Lette-Vereins wirkte Professor von Holtzendorff im gleichen Sinne; zur Vorbereitung für jeden Frauenberuf sei es Aufgabe der Erziehung,

(1866) Bedenken: er solle nur dann absolviert werden, wenn er einer anderen Ausbildung nicht im Wege stehe. (In: Recht-Erwerb, S. 72). 1867 wurde jedoch die Fröbelanhängerin Henriette Goldschmidt (Leipzig) in den Vorstand des Allgemeinen deutschen Frauenvereins gewählt; diese sonst sehr fortschrittlich gesinnte Frau wirkte rastlos für die Fröbelschen Ideen: auf den vierzehn Generalversammlungen des Allgemeinen deutschen Frauenvereins in der Zeitspanne von 1868-89 sprach sie zwölfmal als eine der Hauptreferentinnen, wirkte auch als häufige Delegierte des Allgemeinen deutschen Frauenvereins im Lette-Verein im gleichen Sinne, wo allerdings schon die Fröbelschen Ideen eine feste Heimstatt gefunden hatten (u. a. durch den Einfluß Henriette Schrader-Breymanns und der mit ihr in freundschaftlicher Verbindung stehenden Kronprinzessin und Kaiserin Friedrich).**

71) Clara Zetkin, Leben und Lehren einer Revolutionärin, Berlin 1949, S. 6.
72) "Neue Bahnen", 4. Jg., 1869, Nr. 1, S. 3 ff.
73) "Neue Bahnen", 10. Jg., 1875, Nr. 22, S. 170.
* Qu. 256   ** vgl. Qu. 286

"daß sich die geistige und sittlich freie Persönlichkeit bis zu denjenigen Grenzen ungehindert entfalten könne, die sie zu erreichen befähigt und geneigt ist"[74].

Mit einem Seitenblick auf die erfolgreich durchgeführte Koedukation in den U. S. A. zweifelte er, ob die geistige Anlage der Frau von der des Mannes so verschieden sei - "Wieder eilt uns da Amerika vor"[75]... * lautete sein sehr fortschrittliches Urteil 1867.

Im Hinblick auf die praktischen Schritte zur Realisierung einer reformierten höheren Mädchenbildung vertrat Holtzendorff die Auffassung daß dies Aufgabe des Staates sei; der Allgemeine deutsche Frauenverein dürfte zu Beginn seine Anschauung geteilt haben. - Hierbei ist jedoch zu bedenken, daß den deutschen Bundesstaaten zu diesem Zeitpunkt die höhere Mädchenbildung völlig gleichgültig war, in Preußen z. B. existierten noch nicht einmal Bildungspläne[76]. Die höhere Mädchenbildung wurde zudem fast ganz den Privatschulen überlassen; so wurden von 1800 - 1870 im Deutschen Reich nur 115 öffentliche Mädchenschulen gegründet (davon 80 in Preußen[77], 15 in Norddeutschland, 20 in Süddeutschland[78] **; zum Vergleich sei Berlin genannt, das 1878 47 höhere Töchterschulen besaß, nur eine derselben war staatlich, die Anzahl der kommunalen wird nicht genannt).

Es ist nun höchst interessant festzustellen, wie die fortschrittlichen Kräfte des Allgemeinen deutschen Frauenvereins im ersten frischen An-

---

74) F. v. Holtzendorff, Die Verbesserungen in der gesellschaftlichen und wirtschaftlichen Stellung der Frauen. In: Sammlung gemeinverständlicher wissenschaftlicher Vorträge, II. Serie, H. 40, Berlin 1867, S. 630.

75) "Neue Bahnen", 3. Jg., 1868, Nr. 4, S. 30.

76) In: Joseph Wychgram, Handbuch des höheren Mädchenschulwesens, Leipzig 1897, S. 49 - wird hierzu berichtet:
"Noch im Jahre 1874 sagt Dr. Henschke am Schluß seiner vergleichenden Zusammenstellung einer größeren Zahl höherer Mädchenschulen der Provinz Preußen:
'Vorläufig ist die höhere Mädchenschule ein Ding, unter dem der Pillauer und Wehlauer etwas ganz anderes versteht als Elbing, Thorn und Tilsit. Neunklassige und dreiklassige Schulen, Schulen mit einem Lehrerkolleg von 13 und einem solchen von 4 Personen, gehobene Volksschule und in jeder Beziehung höhere Lehranstalten, das wird alles in einen Topf geworfen'".

77) "Frauen-Anwalt", 1878, Nr. 6, S. 177.
Anm. d. V.: Lt. "Mußhack'schem Schulkalender" - (zit. nach: "Frauen-Anwalt", 5. Jg., 1874/75, Nr. 11/12, S. 249 f.) - soll Preußen 1872 485 höhere Knabenschulen besessen haben (12 davon Privatschulen) - und 260 höhere Töchterschulen (davon 128 Privatschulen).
Nach dieser Berechnung hätte Preußen 1872 132 öffentliche höhere Töchterschulen besessen; lt. Wychgram wurden jedoch bis 1875 insgesamt nur 98 öffentliche Töchterschulen gegründet. Die Diskrepanz von 40 Schulen dürfte sich dadurch erklären lassen, daß der Schulkalender die von den Kommunen unterstützten Privatschulen hinzuzählte.

78) J. Wychgram, Handbuch des höheren Mädchenschulwesens, 1897, S. 55 ff.
* Qu. 156   ** Qu. 295

lauf 1867 diese Hindernisse in fast "revolutionärer" Weise zu nehmen gedachten - "revolutionär" jedoch nur im Hinblick auf die oben geschilderten Vorstellungen über das Wesen und die spezifische Bildung der "weiblichen Individualität". So nahm man auf der Generalversammlung 1867 e i n s t i m m i g den folgenden Antrag Henriette Goldschmidts an:

"Der Verein wolle sich auf dem Wege der Petition an Regierungen und Kommunalbehörden dahin verwenden, daß die bestehenden Unterrichtsanstalten auch dem weiblichen Geschlecht zugänglich, auch solche für das weibliche Geschlecht besonders gegründet würden, um dasselbe höherer Bildung teilhaftig und besser erwerbsfähig zu machen"[79].

Mit dem Blick auf die höhere Mädchenbildung konnte das nur bedeuten: a) Zulassung der Mädchen zu den bestehenden höheren Bildungsanstalten der Knaben und b) Neugründung solcher Anstalten für Mädchen; ferner verbarg sich in a) zugleich das Prinzip: gleiche Schulbildung für Mädchen und Knaben. - Es fehlt jeder Hinweis auf irgendwelche Petitionen in dieser Richtung; man darf sicher sein, daß auch nicht petitioniert wurde. Die Gründe hierfür lassen sich vermuten: teilweise dürften die Delegierten zuerst nicht die volle Tragweite ihres Beschlusses erkannt haben und drängten nach gewonnener Einsicht den Vorstand zu "reiflicher Erwägung", eine Haltung, die sich nachträglich auch im Vorstand angesichts der Aussichtslosigkeit dieser Forderungen und der zu erwartenden Anfeindungen und Kämpfe durchgesetzt haben dürfte.

Auf der Generalversammlung 1868 wiederholte Henriette Goldschmidt ihren Antrag, aber sie mußte ihn nun schon modifizieren unter Rückgriff auf das Vereinsprogramm und die Statuten und entsprechend den oben angedeuteten Bedenken:

Man solle überall auf dem Wege der Petitionen an Behörden, Institute und gemeinnützige Vereine Vorschläge unterbreiten, "deren Realisierung geeignet ist, die der weiblichen Arbeitskraft im Wege stehenden Hindernisse zu beseitigen". Zu fordern sei:

1. die Verbesserung des weiblichen Unterrichts,
2. die Umwandlung von Mädchenschulen in Berufsschulen,
3. die Zulassung der Frauen zum Medizinstudium[80].

In den Beschlüssen war man diesmal sehr vorsichtig, man spürt deutlich den Einfluß der zögernden, konventionellen Kräfte:

1. erteilte man dem Vorstand die Vollmacht, an den Norddeutschen Reichstag eine Petition zu richten, daß er bei Beratung der Unterrichtsverhältnisse auch den Mädchenunterricht berücksichtige und anordne,

79) L. Otto-Peters, Erste Vierteljahrhundert, S. 15.
80) "Neue Bahnen", 3. Jg., 1868, Nr. 22, S. 174 ff.

daß das Schulamt in ausgedehnterer Weise den Frauen zu übertragen sei unter besonderer Berücksichtigung des Land- und Volksschulwesens und des Handarbeitsunterrichts[81];

2. beauftragte man den Vorstand mit der Ausarbeitung einer Vorlage für die Allgemeine deutsche Lehrerversammlung in Berlin (Pfingsten 1869), daß man bei den Verhandlungen auch die Mädchenschulen und Lehrerinnen berücksichtigen möge; Auguste Schmidt und Marie Calm wurden beauftragt, als Delegierte den Lehrertag zu besuchen, die Vorlage zu unterstützen und als Vertreterinnen des Allgemeinen deutschen Frauenvereins unter den Lehrerinnen zu wirken;

3. beschloß man, diese Beschlüsse den Lokalvereinen mitzuteilen und es ihnen zu überlassen, bei ihren Lokalbehörden den Mädchenunterricht so viel wie möglich zu vertreten;

4. diskutierte man das Medizinstudium; notwendig sei es, doch wo solle man petitionieren? Da die Situation im Norddeutschen Bund noch nicht als günstig "dafür" empfunden wurde, übertrug man die Angelegenheit dem Vorstand zur Überprüfung, er solle die notwendigen Schritte unternehmen[82].

Der Wechsel von der Aktionsebene des Jahres 1867 zu der des Jahres 1868 – oder genauer: der Zusammenbruch der gezielten, vorwärtsdrängenden Aktivität ist charakteristisch für das Wirken des Allgemeinen deutschen Frauenvereins während der ersten Jahrzehnte (die Gründe für diese Vorgänge sind an anderer Stelle zu untersuchen). – Wichtig jedoch ist, daß, soweit das Quellenmaterial Auskunft gibt, mit Beschluß 3 das Ende der direkten gezielten Unternehmungen in Sachen höherer Mädchenbildung bis Ende der 80er Jahre erreicht war. Der Allgemeine deutsche Frauenverein wandte sich nun der Schritt-für-Schritt-Methode zu, nämlich der unermüdlichen Klärung dieser Probleme in den eigenen Reihen und der Propagierung seiner Ideen und Ziele nach außen.

Zum gleichen Zeitpunkt dürften auch die fast ausschließlich männlichen Führungskräfte des Lette-Vereins in Sachen höherer Mädchenbildung die Ebene der Diskussion kaum verlassen haben[83] in Kenntnis

---

81) Anm. d. V.: Sicher erkannte man später, daß der Norddeutsche Reichstag für Schulfragen nicht zuständig war, und petitionierte 1869/70 nur bei der Sächsischen Ständeversammlung um Errichtung eines Volksschullehrerinnenseminars und Anstellung von Lehrerinnen an Volksschulen. (L. Otto-Peters, Recht-Erwerb, S.19)

82) "Neue Bahnen", 3. Jg., 1868, Nr.22, S.175.

83) Anm. d. V.: Das 1868 von Miss Archer in Berlin gegründete "Viktoria-Lyceum",* das ebenfalls unter der Protektion der Kronprinzessin und Kaiserin Friedrich stand, war keine Gründung des Lette-Vereins, wenn auch enge "persönliche Bindungen" existierten; so war z.B. Miss Archer Mitglied des leitenden Ausschusses des Lette-Vereins. – Im Viktoria-Lyceum wurden nach den vorliegenden Quellen jeweils von Oktober bis April von

* Qu. 245 ff.

der Aussichtslosigkeit direkter Verstöße gegenüber den öffentlichen Gewalten (teilweise vielleicht auch aus eigener Skepsis und Abneigung). - Jenny Hirsch berichtet (leider ohne genaue Zeitangabe), daß später unter dem Vorsitz von Frau Schepeler-Lette (1872 ff.) vor allem auf ihren Wunsch hin der Plan einer Schule entworfen worden sei, die planmäßig auf das Abitur und ein Universitätsstudium vorbereiten und zugleich als Muster für andere Orte dienen sollte. Nach lebhaften Debatten im Ausschuß sei der Plan aufgegeben worden, nicht bloß wegen finanzieller Schwierigkeiten, sondern weil die gesetzlichen Hindernisse, mit denen man zu rechnen hatte, unübersteigbar gewesen seien. Trotzdem habe man e i n Gesuch an Kultusminister Falk und e i n e s an die städtischen Behörden gerichtet und Staat und Stadtgemeinde ersucht, Lehranstalten für das weibliche Geschlecht zu errichten, die auf ein Examen vorbereiteten, das zur Zulassung an Universitäten berechtige. Beide Gesuche seien abschlägig beschieden worden und auch "spätere Schritte" ohne Erfolg geblieben[84]... was der Lette-Verein, so darf man hinzufügen, als Träger verschiedener Berufsschulen in Berlin und im Besitz profunder "Regierungserfahrungen" auch mit Sicherheit hatte voraussehen können. Die Gesuche dürften nur als Beruhigungspflaster gegenüber dem kampflosen Verzicht auf eigene Schulpläne betrachtet worden sein, für die nur im privaten Rahmen ein Quentchen Hoffnung auf Erfolg bestanden hätte, denn Deutschlands Regierungen, allen voran die preußische, waren in Sachen höherer Mädchenbildung, wenn sie sich überhaupt darum kümmerten, Horte reaktionärster Anschauungen.

Einen winzigen Schritt vorwärts bedeutete die Konferenz,* die im August 1873 von Kultusminister Falk zur Beratung über das mittlere und höhere Mädchenschulwesen in Berlin veranstaltet wurde, an der

Professoren und Dozenten Vorlesungen gehalten mit dem Ziel, auf verschiedenen Gebieten des geistigen Lebens eine "Einführung in wissenschaftliche Ideenkreise zu versuchen" (H. Lange, G. Bäumer, Handbuch, I, S. 66).
Nicht uninteressant ist es zu beobachten, daß sich das Viktoria-Lyceum - ursprünglich mit sehr wohlwollender Duldung der Regierungskreise gegründet, um einem lebhaften Bildungsbedürfnis in führenden Berliner Gesellschaftskreisen entgegenzukommen - zu einem praktikablen Instrument des preußischen Kultusministeriums entwickelte: wurde der Druck der Forderungen nach einer verbesserten Mädchen- oder Lehrerinnenbildung zu stark, so zog der Kultusminister ein Notventil und erlaubte dem Viktoria-Lyceum irgendeinen neuen Lehrgang - anstelle der Durchführung drängender gründlicher Reformen! So geschehen:
1875: Ausbau der Nachmittagsvorlesungen, Einführung lateinischen Unterrichts;
Ende der 70er Jahre: Ausbau der Unterrichtsstunden: Latein, Griechisch, engl./franz. Sprache und Literatur, Geometrie, Algebra; Aufnahme- und Abschlußprüfungen (ohne Berechtigungen!);
1888: Errichtung der "Lehrerinnenfortbildungskurse";
1892: offizielle Anerkennung der Kurse und weiterer Ausbau ders. etc.

84) Jenny Hirsch, Geschichte des Lette-Vereins, S. 59.
* Qu. 303

auch 5 Lehrerinnen neben 15 Männern teilnahmen. Die Lehrerinnen dürften mit Sicherheit dem Kreis des "Berliner Vereins für höhere Töchterschulen" (z. T. gleichzeitig dem "Verein deutscher Lehrerinnen und Erzieherinnen") angehört haben, da eine Delegation der erstgenannten Organisation bereits zu Beginn des Jahres 1873 Kultusminister Falk eine Denkschrift (die sog. "Berliner Denkschrift")*überreicht hatte. Die hierin dargelegten besonderen Wünsche der Lehrerinnen hinsichtlich ihrer Ausbildung und Verwendung sind im folgenden Kapitel zu behandeln; interessant ist es aber festzustellen, wie stark von diesen Lehrerinnen der Mutterberuf als d i e Kulturaufgabe der Frau in den Vordergrund gestellt wurde; so betonte eine diesen Kreisen angehörende, sehr rührige Berliner Lehrerin (auf der 19. Allgemeinen deutschen Lehrerversammlung 1870 in Wien):

"Die Frau hat gleich dem Manne eine Kulturaufgabe zu vollziehen, die sich an das Menschheitsganze wendet und die zuvörderst in der erziehlichen Tätigkeit der Frau ihre Lösung findet. ... Die Erziehung des kommenden Geschlechts ist die eigenweibliche Mission der Frau, ... In dieser Aufgabe des weiblichen Geschlechts müssen wir den Schwerpunkt suchen, wenn wir die Ziele der Erziehung für die männliche und weibliche Jugend voneinander unterscheiden wollen"[85].

Und obgleich sie eingestehen mußte, daß der "natürliche Beruf des Weibes" nicht Lebensaufgabe aller Frauen werden könne und daß die Frau wie der Mann auch ihre Arbeitskraft beruflich betätigen müsse, stipulierte sie als Bildungsziel:

"1. Das weibliche Geschlecht muß durch die Erziehung und den Unterricht bereits auf seine speziell e r z i e h l i c h e A u f g a b e nach allen Seiten hin sowohl praktisch wie theoretisch vorbereitet werden.

2. Die Erziehung und der Unterricht des weiblichen Geschlechts müssen derart gestaltet sein, daß das Mädchen nach vollendeter Schule ausgestattet ist mit solidem Wissen und Können, daß sie geschult ist in klarem Denken und sittlichem Wollen"[85].

Mochte nun faktisch ein gewaltiger Unterschied bestehen zwischen dem männlichen Mädchenbildungsziel einer "angenehmen" Gattin und dem weiblichen einer wahrhaft gebildeten und befähigten Mutter, so war die weibliche Konzeption, da man sich auf eine "spezifisch weibliche" und nicht eine "höchste menschliche" Bildung konzentrierte, nicht geeignet, den männlichen Vorstellungen auf der Berliner Augustkonferenz (1873) einen wirksamen Damm entgegenzusetzen; denn so lange man speziell das Weib als Mutter bilden wollte, konnten die Männer behaupten, auch ihr Erziehungsziel bedenke die Mutter, da in der damaligen

85) Frl. Weyrowitz, in: "Frauen-Anwalt", 1. Jg., 1870/71, Nr. 4, S. 149 f.
* Qu. 302

Vorstellungswelt der Komplex Gattin - Mutter - Hausfrau ein absolut unzertrennlicher war.

Von größter Bedeutung war jedoch, daß sich unter den 15 Herren auch solche befanden, die 1872 die berühmt-berüchtigte "Weimarer Denkschrift"* unterzeichnet hatten (Mädchenbildung - damit der deutsche Mann am häuslichen Herd nicht gelangweilt werde!). Diesen Männern gelang es, auch in Berlin zu dominieren; die Beschlüsse der Konferenz** fielen in ihrem Sinne aus. Wichtig und ein Fortschritt waren jedoch die Bestimmung der Schuldauer (10 Jahre, Schulalter 6 - 16 Jahre) und die Festlegung auf zwei neuere Fremdsprachen. - Eines offiziellen Erlasses hierüber wurde aber die höhere Mädchenschule nicht für wert befunden; offiziell hieß es, man müsse noch Erfahrungen sammeln.

Die Mädchenschulpädagogen hatten somit freie Hand; und der 1873 gegründete "Verein von Dirigenten und Lehrenden höherer und mittlerer Mädchenschulen", dessen Mitglieder sich aus allen Teilen Deutschlands rekrutierten, konnte sich nun an die Arbeit begeben, um durch Beschlüsse in seinen Versammlungen, durch Zeitschriften und andere Publikationen im ganzen deutschen Reich eine Überarbeitung, Straffung und Vereinheitlichung des Lehrstoffes und des inneren Schulaufbaues anzuregen - und auch durchzuführen, ganz im Sinne konventioneller Frauenbildung und entsprechend dem 1872 in Weimar (neben der Nicht-Langeweile des Ehemannes) definierten Bildungsziel:

"Die höhere Mädchenschule hat eine harmonische Ausbildung der Intellektualität, des Gemütes und des Willens in religiös-nationalem Sinne auf realistisch-ästhetischer Grundlage anzustreben".***

Überblickt man die Entwicklung der höheren Mädchenschule von diesem Zeitpunkt an, so gewinnt man den Eindruck, daß dieser Verein mitsamt der Mädchenschulreform wie ein behäbiges Schiff in vertrauten Gewässern alte Bahnen segelte, im Beiboot die um ihre Interessen kämpfenden Lehrerinnen, von den Regierungen beileibe nicht gestört[86]

86) Auf der Versammlung des "Vereins für das höhere Mädchenschulwesen" (vormals: "Verein der Dirigenten und Lehrenden höherer und mittlerer Mädchenschulen") 1880 in Braunschweig****· erklärte der Vertreter des preußischen Kultusministers, daß eine gesetzliche Regelung des Mädchenschulwesens in nächster Zeit nicht zu erwarten sei, da ein Gegenstand nicht aus der Unterrichtsgesetzgebung herausgehoben und für sich geordnet werden dürfe; für eine umfassende Unterrichtsgesetzgebung sei die Zeit noch nicht reif. (In: "Frauen-Anwalt", 1880, Nr. 12, S. 379).

In Preußen, das in allem dem Reich "voran" war, wucherten zudem mit der wiedererstarkenden konervativen Partei wahrhaft archaische Ideen über die Mädchenbildung. Im "Programm für die konservative Partei Preußens", entworfen von Paul de Lagarde, Göttingen 1885, S. 25 - findet man folgende Stellungnahme*****(zit. nach: H. Lange, G. Bäumer, Handbuch, I, S. 71):

"Das Mädchen auch der höheren Stände lerne, was jeder Mensch heute wissen muß, lesen, schreiben, rechnen und etwas Heimatkunde.

* Qu. 297   ** Qu. 303, vgl. Qu. 308   *** Qu. 298   **** Qu. 313 f.
***** Qu. 312 f.

und auch von der Frauenbewegung und den Lehrerinnen nie ernsthaft
attackiert - bis zum Jahre 1887/88.*

Innerhalb der organisierten Frauenbewegung empfing die Diskussion über die höhere Mädchenbildung während der 70er Jahre neue Anregungen aus der lebhaften Erörterung des Medizinstudiums der Frauen; hierbei konzentrierte man sich auf die Zulassung der Frauen zu den bestehenden Universitäten. - Es waren Männer, die nun auf die Notwendigkeit einer entsprechenden Vorbildung hinwiesen mit dem Fingerzeig, daß ohne eine solche eine "Öffnung der Universitäten" nicht zu erwarten sei.

1878 untersuchte Professor Gneist das System der Koedukation in den U.S.A., lobte es und schlug vor, daß in kleineren Städten die Mädchen in Gymnasien und Realschulen aufgenommen werden sollten, in größeren Städten allerdings verbiete sich dies zumeist durch eine Überfüllung. - Gegenwärtig aber seien Gymnasialkurse mit Abiturientenexamen die Voraussetzung für eine Zulassung der Frauen als Gasthörer (!) an den Universitäten[87].**

1879 blickte Professor Leyden ebenfalls recht wohlgefällig auf die U.S.A. und lobte zusätzlich das Prinzip der gleichen Bildung für Knaben und Mädchen in Rußland (allerdings in getrennten Gymnasien). - Für Deutschland betonte er die Notwendigkeit eines "Frauen-Lyceums", dessen Unterricht dem der Gymnasien und Realschulen angepaßt sei[88].***

In beiden Vorschlägen wurde offensichtlich eine gymnasiale Ausbildung nach abgeschlossener höherer Töchterschule als der nächstgangbare Weg in Deutschland ins Auge gefaßt. - Das Viktoria-Lyceum in Berlin, das ebenfalls nach abgeschlossener höherer Töchterschulbildung Weiterbildungsmöglichkeiten bot (1875 ff. sogar in klassischen Sprachen), dürfte hierbei als Modell nicht ohne Einfluß gewesen sein.****

Die Diskussion dieses Problems in den Frauenorganisationen zeigt die Merkmale eines doppelten Ringens:

einerseits war man auf der Suche nach einer adäquaten Vorbereitung zur Universität auf privatem Wege, die Hoffnung auf eine Hilfe der Regierungen hatte man vorläufig aufgegeben; andererseits trug man schwer an der Last der inzwischen immer höher aufgetürmten konven-

---

Was es außer dem von der Mutter gezeigten Stricken, Nähen und Kochen darüber hinaus lernen wird, entscheidet allein sein von Gott ihm gewiesenes Leben.
Jedes Weib lernt wirklich nur von dem Manne, den es liebt, und es lernt dasjenige, was und soviel wie der geliebte Mann durch seine Liebe als ihn erfreuend haben will. Das Regelrechte ist, daß Mädchen heiraten und ihre Bildung in der Ehe gewinnen: doch auch Schwestern, Töchter, Pflegerinnen werden durch Brüder, Väter, Kranke und Greise zu etwas gemacht werden, wenn sie diese Männer mit warmen Herzen bedienen". (Und nicht langweilen! d. V.).

87) "Frauen-Anwalt". 1878, Nr. 1-3, S. 2 ff.; 43 ff.; 65 ff.
88) "Frauen-Anwalt". 1879, Nr. 4, S. 110 ff.

* vgl. Qu. 329 ff.   ** Qu. 321   *** Qu. 326   **** Qu. 250 f.

tionellen Vorurteile in den eigenen Reihen (denn je zahlreicher, breiter die Bewegung wurde, umso vielköpfiger wurde auch die Masse der rückständigen Mitglieder!), und zudem suchte man entsprechend den Zeichen der Zeit, dem "kulturhistorischen Beruf" der Mutter und Gattin gerecht zu werden (vgl. oben B. I. 1).

Das Ringen mit dem letzteren war eindeutig das schwerere. Die Fröbelanhänger forderten wieder laut die Teilnahme aller Mädchen an einem Fröbelkurs als ideale Vorbereitung für den Beruf der Mutter und Gattin. In Berlin schuf Henriette Schrader-Breymann Ende der 70er Jahre eine Fröbelsche Ausbildungsstätte (die sich später zum Pestalozzi-Fröbelhaus entwickelte) * ; in Leipzig erweiterte 1879 der von Henriette Goldschmidt geleitete "Verein für Familien- und Volkserziehung" seine 1872 gegründete "Schule für Theorie und Praxis des Kindergartens" zu einem "Lyceum für Damen".**-

Marie Calm (Vorstandsmitglied im Allgemeinen deutschen Frauenverein und eifrige Mitarbeiterin im Lette-Verein) forderte mit dem Blick auf den "kulturhistorischen Beruf" der Frau, daß bei der Mädchenbildung die "Charakter- und Herzensbildung" im Vordergrund stehen müsse, und sie attackierte die männlichen Mädchenschulpädagogen, weil sie der Wissensbildung der Mädchen so großen Wert beilegten[89]. - Gleich zweimal duldete der Vorstand des Allgemeinen deutschen Frauenvereins auf den Generalversammlungen 1875 und 1879 Hauptreferate (verschiedener Referentinnen), die die "Vorteile und Gefahren" resp. die "Notwendigkeit und Gefahren weiblicher Bildung" behandelten.

Ein Bericht liegt nur für 1875 vor; doch hier rechnete man zu den Gefahren:

"Hochmut und Halbheit,

Verlust des Familiensinnes und Geringschätzung des Standes,

... eine Selbständigkeit auf Kosten der Weiblichkeit" und die Trennung der "Frau von ihrem eigentlichen Wirkungskreis".

89) "Frauen-Anwalt", 1879, Nr. 1/2, S. 10 ff., 44 ff.;
Marie Calm wörtlich (ibid. S. 44):
"Der Mann, welcher die öffentliche Mädchenschule organisiert, stellt männliche Lehrkräfte ein, damit die Schülerin recht viel lerne; dennoch ist er im allgemeinen gar kein Bewunderer der sogenannten gelehrten Frau, und bei der Wahl einer Gattin glaube ich kaum, daß er fragt, wie es mit ihrem historischen und geographischen Wissen bestellt ist, ... sondern die Hauptsache wird ihm sein, daß sie einen häuslichen Sinn, Sanftmut, Sittsamkeit, kurz die echt weiblichen Tugenden besitze".
Gleichzeitig forderte sie, daß das junge Mädchen im Anschluß an die höhere Mädchenschule vom 16.-18. Lebensjahr eine Fortbildungsschule besuchen solle, aber nur während eines Teiles des Tages, da der andere von dem "Haus" in Anspruch genommen werde. Eine gründliche Bildung sei das beste Mittel gegen den Toiletten- und Vergnügungskult, wenn eine Frau Verständnis für ernstere Schriften habe, dann werde nicht mehr das Modejournal ihre liebste Lektüre, der Ball das wichtigste Ereignis sein.
* Qu. 272   ** Qu. 254 ff.

Und die Vorteile?

"Die Fortbildung gibt Demut und Ganzheit, Vollkommenheit; weckt den Familiensinn und stärkt das Gefühl der Zusammengehörigkeit, macht tuchtig, pflichttreu, wahrhaft weiblich und gibt dem Frauengemüt die edelste Auffassung seiner Aufgabe"[90].

Es fällt auf, daß man noch immer zuerst die Frage stellte: Wie ist eine Frau? Welche Wirkung hat eine bestimmte Ausbildung auf ihren Charakter, ihr Gemüt, ihre Moral? Dann, wenn überhaupt, fragte man erst nach der positiven Leistung. - Wichtig ist, daß durch diese bei der Masse der Frauen dominierenden Gefühls- und Denkschemata auch ihre Sympathie für die bestehende neun- oder zehnklassige höhere Töchterschule unerschüttert erhalten blieb; nach Meinung dieser Frauen sollten die Mädchen zunächst eine Ausbildung empfangen, die sich auch an ihnen, den Müttern, bewährt hatte, dann könne man sehen, ob sie heirateten oder ob sie sich auf einen akademischen Beruf vorbereiten wollten und ob sie dazu befähigt seien; jene Vorbereitung auf ein Studium konnte sich dann nur zu einem späteren Zeitpunkt auf einem "Sonderweg" vollziehen.

Die in Berlin gegebenen Anregungen der Professoren in Richtung "Gymnasialkurse" und "Frauen-Lyceum" dürften deshalb in weiten Kreisen, nicht nur in Berlin[91] und im Bereich des Lette-Vereins, auf sehr fruchtbaren Boden gefallen sein, denn sie kamen den Wünschen all dieser Frauen weit entgegen: sie tangierten einerseits nicht den "bewährten" Erziehungs- und Bildungsgang und boten andererseits die Möglichkeit, den Beginn einer gymnasialen Vorbereitung ganz den individuellen Lebensverhältnissen anzupassen. Eine sehr rege Mitarbeiterin des Lette-Vereins und "Frauen-Anwalts" meinte sogar 1878, daß ein Mädchen vor dem 25. Lebensjahr kein wissenschaftliches Studium beginnen solle, denn:

"Nicht eher erreicht sie die volle physische und geistige Reife, deren sie bedarf, um eine so ernste und anstrengende Arbeit durchzuführen"[92].

Eine etwas sonderbare Ansicht, die aber in Berlin Schule machen sollte.

Der Gang der Diskussion läßt sich nun andeutungsweise verfolgen. Als man in Berlin und im Bereich des Lette-Vereins die Weichen auf "Sonderausbildung" stellte, dürften im Allgemeinen deutschen Frauenverein Auguste Schmidt und Louise Otto-Peters sofort die Gefahren derselben erkannt haben: einerseits würde der gymnasiale Aufbau nach Abschluß der höheren Töchterschule das Ausbildungsalter der Mädchen

90) "Neue Bahnen", 10. Jg., 1875, Nr. 22, S. 174.

91) Es liegt sogar die Vermutung nahe, daß auch durch die lebhafte Diskussion dieser Vorschläge in führenden Berliner Gesellschaftskreisen die Unterrichtskurse im Viktoria-Lyceum Ende der 70er Jahre "pseudo-gymnasial" ausgestaltet werden durften.*

* vgl. Qu. 250 ff.

überaus erschwerend erhöhen und der höheren Mädchen- und Frauenbildung zudem ständig den Stempel eines Ausnahmezustandes aufdrük-
ken – und andererseits könnten aus letzterem Regierungen, Universitäten und Behörden die "Legitimation" ableiten, auf den höheren Bil-
dungs- und Arbeitsbereichen der Frauen auch weiterhin ein hemmendes
Netz spitzfindiger Sonderregelungen zu spinnen, um die Gleichberechtigung des weiblichen Geschlechts zu verhindern. – Tatsächlich lag aber
auch ein besserer und wirklich problemgerechter Plan schon in ihren
Vereinsakten: 1872 hatte auf der Generalversammlung des Allgemeinen
deutschen Frauenvereins ein Schul- und Lehrerinnenseminarleiter Dr.
Wendt über ein

"Parthenagogium Realgymnasium für Mädchen"[93]

referiert, eine Anstalt, die Schülerinnen im Alter von 12 – 18 Jahren
zum Abitur führen sollte[94] (die höhere Töchterschule hätten diese Mädchen dann nur im Alter von 6 (7) bis 12 Jahren besucht). 1872 war auch
der Antrag gestellt worden, "um die Errichtung solcher Anstalten zu
petitionieren"; hierzu berichtet Louise Otto-Peters:

"Der Antrag ward zahlreich unterstützt, nur konnte man noch nicht
schlüssig werden, ob man zuerst oder zuletzt an den Reichstag sich wenden
wolle und nicht die ersten Versuche bei den Einzelregierungen und Landta-
gen machen wolle. So blieb die Frage noch eine offene, die erst in gründliche Erwägung zu ziehen"[95].*

Auf diesen Plan griff man in Leipzig zurück, als im Oktober 1880
Auguste Schmidt als Delegierte des Allgemeinen deutschen Frauenvereins am Verbandstag des Lette-Vereins und der ihm angeschlossenen
Frauenbildungs- und Erwerbsvereine teilnahm. Sie unterbreitete dieser
Versammlung den etwas modifizierten, aber immer noch problemgerechten und fortschrittlichen Vorschlag, an der höheren Töchterschule
im 13./14. Lebensjahr eine Gabelung vorzunehmen und diesen gymnasialen Zweig bis zum (vollendeten) 18. Lebensjahr zum Abitur zu führen und zwar müsse von der Privatschule aus "der Versuch einer Vorbildung für die Universität durch Klassenunterricht geschehen"[96].** Man
darf annehmen, daß Auguste Schmidt diesen Ausweg zugleich als Bahn-

---

92) Mathilde Lammers – in: "Frauen-Anwalt", 1878, Nr. 5, S. 150 ff.
Dieselbe Autorin rät ferner, daß nach Abschluß der Schule (im 16./17. Lebensjahr) sich
das Mädchen 3 Jahre der Erlernung des Haushalts widmen solle, weitere 3 Jahre solle sie
sich z. B. im Falle des Medizinstudiums mit der Krankenpflege beschäftigen und sich anschließend 3 Jahre in einer "wissenschaftlichen Anstalt" auf das Fachstudium vorbereiten.

93) L. Otto-Peters, Das erste Vierteljahrhundert, S. 25 ff.
94) "Frauen-Anwalt", 3. Jg., 1872/73, Nr. 8/9, S. 272.
95) L. Otto-Peters, Das erste Vierteljahrhundert, S. 26 f.
96) "Frauen-Anwalt", 1881, Nr. 1/2, S. 11 f., 42.
 * Qu. 315 ff.   ** Qu. 327

brecher und Wegbereiter für eine allgemeine Reform der höheren Mädchenschule im schulischen Leben wirken lassen wollte.

Aber Auguste Schmidts Vorschlag dürfte bei den oben geschilderten Frauenkreisen wenig Sympathie gefunden haben; als sie auf der Generalversammlung des Allgemeinen deutschen Frauenvereins 1885 nochmals ausführlicher auf das Thema einging[97],* verschob sie den Ausbildungsbeginn nun auf das 15. Lebensjahr und sprach jetzt auch von einem "Gymnasialkurs", der auf privatem Wege einzurichten sei, dann müsse man eine Regierung finden, die das Maturitätsexamen abnehme und dem Frauenstudium zustimme. Aber es erfolgten keine konkreten Maßnahmen, wozu besonders bemerkenswert ist, daß dem Allgemeinen deutschen Frauenverein von einem Ehepaar Ferdinand und Louise Lenz von 1885-88 insgesamt 130.000 Mark[98] für das Frauenstudium und die Errichtung eines Mädchengymnasiums gestiftet wurden; der Verein war hierdurch in der Lage, deutsche Studentinnen an Schweizer Universitäten zu unterstützen (ebenso Mädchen, die sich auf die Schweizer Maturität vorbereiteten), zugleich aber hatte er auch für das Experiment Gymnasialkurse eine solide finanzielle Basis gewonnen. Doch als die letzte Schenkung von 80.000 Mark speziell für die Errichtung eines Mädchengymnasiums übergeben wurde, schrieb man das Jahr 1888, in dem die entscheidenden ersten Kontakte zwischen den Führungskräften des Allgemeinen deutschen Frauenvereins und Helene Lange - Berlin zustande kamen; die sich hieraus ergebenden Verbindungen und Entwicklungen waren ebenso bedeutungsvoll für die erste und nun älteste der bürgerlichen Frauenorganisationen wie für die deutsche bürgerliche Frauenbewegung in ihrer Gesamtheit.

Helene Lange (1848 - 1930), Oberlehrerin an einer privaten höheren Töchterschule in Berlin und Leiterin der dort eingerichteten Lehrerinnenseminarklasse, hatte im Oktober 1887 zusammen mit fünf anderen Frauen[99] eine Petition ** an den preußischen Unterrichtsminister und das

97) L. Otto-Peters, Das erste Vierteljahrhundert, S. 70 f.

98) "Neue Bahnen", 38. Jg., 1903, Nr. 21, S. 255 ff.
Dieses Ehepaar Lenz hatte 1884 der Universität Heidelberg eine Stiftung von 100.000 Mark angeboten (als unbekannte Spender, vgl. "Neue Bahnen", 19. Jg., 1884, Nr. 21, S. 165). Die Zinsen sollten als Stipendium an Studentinnen der Medizin, Chemie und Pharmazie vergeben werden, die ein Gymnasium absolviert oder eine entsprechende Prüfung abgelegt hatten. Die Universität Heidelberg lehnte die Stiftung ab.

99) Frau Minna Cauer, Berlin (früher Lehrerin; Vors. des 1888 gegr. "Vereins Frauenwohl", Frauengruppe der Akademischen Vereinigung, Berlin);
Frau Jessen, Berlin;
Frau Eberty, Berlin (beide führend tätig im Lette-Verein, Berlin);
Frau Henriette Schrader-Breymann, Berlin (Nichte Friedrich Fröbels, führend in der Fröbelbewegung, v. a. in Berlin; Leiterin und Lehrerin in dem von ihr gegründeten Kinder-
* Qu. 328   ** Qu. 329

preußische Abgeordnetenhaus gerichtet bezüglich der wissenschaftlichen Ausbildung der Lehrerinnen an höheren Mädchenschulen und ihrer Beteiligung am Unterricht. Die Petition (die im folgenden Kapitel zu besprechen ist) hätte selbst kaum Aufsehen erregt, wäre sie nicht durch die von Helene Lange verfaßte Begleitschrift

"Die höhere Mädchenschule und ihre Bestimmung"[100]*

zu einer Bombe verschärft worden. Als Sprengstoff wirkte weniger der Inhalt ihrer Forderungen - er war, wie gleich zu zeigen ist, keineswegs neu und überaus konventionell - wie Dynamit wirkte aber die Form, die neue Form der Kritik. Schonungslos, teilweise mit beißender Ironie prangerte Helene Lange das von den männlichen Pädagogen verfochtene "Bildungsziel" an: das Mädchen sei zu bilden um des Mannes willen, auf daß sich der deutsche Mann am häuslichen Herd nicht langweile. Die Begleitschaft machte Furore** ; aus den vorliegenden Quellen gewinnt man den Eindruck, daß ein Ruck, ein Empörungsschrei durch die Reihen der männlichen Pädagogen ging, denn man spürte sofort den neuen gefährlichen Geist der plötzlich auftauchenden "Widersacherin". Außer Hedwig Dohm hatte noch keine Frau die brutalen männlichen Egoismen hüllenloser dargestellt; doch wo Hedwig Dohm mit funkelndem Witz und Geist die Herren ad absurdum führte, erteilte hier eine Lehrerin mit kaltem Sachverstand und nüchternen Erfahrungen den männlichen Pädagogen ihre Zensuren "mangelhaft" und "ungenügend". Die bestehenden höheren Mädchenschulen unterwarf Helene Lange einer scharfen Kritik und stellte fest:

"Unsere Schulen bilden nicht, sie erziehen nicht maßvolle Frauen von edler Sitte, sie lehren nur. Wir können ... unser Auge nicht davor verschließen, daß auch dieses Lehren vielfach in einer unpädagogischen Überbürdung mit positivem Stoff und einem falschen Systematisieren besteht, und daß das Wissen unserer jungen Mädchen infolgedessen vielfach zerfahren, äußerlich und ungründlich ist. Von allem, was die Männer gründlich lernen, ... erfahren unsere Mädchen ein klein wenig; das Wenige aber selten so, daß das Interesse für spätere Vertiefung rege gemacht oder das Selbstdenken ernsthaft in Anspruch genommen würde, sondern als positive Tatsachen oder fer-

gärtnerinnenseminar mit Kindergarten u. a. Einrichtungen; mittätig in anderen dem Verband des Lette-Vereins angehörigen Vereinen);
Frau Loeper-Housselle, Süddeutschland (früher Lehrerin, 1884 ff. Hrsg. der Zeitschrift "Die Lehrerin in Schule und Haus"; lebhaft tätig in der Lehrerinnenbewegung).
Helene Lange und Henriette Schrader-Breymann waren eng befreundet*** und zählten beide wie auch die Damen Cauer und Jessen zum "Vertrautenkreis" der Kronprinzessin und Kaiserin Friedrich.****

100) Helene Lange. Die höhere Mädchenschule und ihre Bestimmung. Begleitschrift zu einer Petition an das preußische Unterrichtsministerium und das preußische Abgeordnetenhaus. Berlin 1888.
* Qu. 329 ff.   ** Qu. 343 ff.   *** vgl. Qu. 258 ff.   **** 286 ff., 369

tige Urteile, die ohne Beziehung zum inneren Leben, dem Gedächtnis bald wieder entschwinden und nur das dünkelhafte Gefühl des 'Gehabthabens' und der Kritikfähigkeit zurücklassen'"⁰'.

Ihre Forderungen:

1. An die Stelle dieses Prinzips "hat das Prinzip der Kraftbildung zu treten. ... soll die Schule die großen menschlichen Anlagen und Kräfte entwickeln, die Kraft des Glaubens und der Menschenliebe ebensowohl wie die intellektuellen Fähigkeiten"; ...

Begründung: In der Hand der Frau liegt vorzugsweise "die Erziehung der werdenden Menschheit, die Pflege der edlen Eigenschaften, die den Menschen zum Menschen machen: S i t t l i c h k e i t , L i e b e , G o t t e s f u r c h t. Wir wollen im Kinde die Welt des Gemütes anbauen, sollen es lehren, die Dinge in ihrem rechten Wert zu erkennen, das Göttliche höher zu achten als das Zeitliche, das Sittliche höher als das Sinnliche; wir wollen es aber auch denken und handeln lehren".

2. Der Unterricht in den "ethischen Fächern" Religion, Deutsch und Geschichte muß in allen Klassen von Lehrerinnen erteilt werden; denn es sind Fächer,

"in denen erzogen, und zwar nicht nur im Weibe der Mensch, sondern a u c h d a s W e i b l i c h e e r z o g e n w e r d e n s o l l", ...

3. Den Mädchen muß nach Abschluß der höheren Töchterschule "Gelegenheit zu einer weitergehenden Ausbildung gegeben werden ... und zwar, ... in richtigen, an die Schule anschließenden Klassen mit beschränkter Stundenzahl", ...

Im Vordergrund des Unterrichts sollen stehen:

"Literatur und Geschichte,

P ä d a g o g i k und Naturwissenschaften;

an die sich ferner notwendig ein K i n d e r g a r t e n anschließen müßte, um den jungen Mädchen Gelegenheit zu erster Bekanntschaft mit ihrem späteren eigentlichen Beruf zu verschaffen".

Bis zu einem gewissen Grad ist es überraschend, welch konventionelle Anschauungen sich hinter der fast als "revolutionär" zu bezeichnenden Form der Begleitschrift verbargen. Ganz eindeutig stand die Erziehung und Bildung der zukünftigen Mutter im Vordergrund der Ziele Helene Langes, wobei sie (vgl. oben) jedoch nur die Tradition des Berliner Lehrerinnenkreises fortsetzte[102]; manchmal gewinnt man so-

---

101) H. Lange, Höhere Mädchenschule, S. 14 ff.

102) Anm. d. V.: Auch ihre Forderung der Fortsetzung gewisser Unterrichtsstunden ist keinesfalls neu, sie wurde z. B. von Marie Calm eifrig verfochten (vgl. oben), ebenso von den Fröbelanhängern, wie ja auch z. T. Fröbelsche Forderungen von H. Lange aufgegriffen wurden (Pädagogik, Kindergarten). Und die Forderung, daß Mädchen vor allem durch Frauen zu erziehen seien, ist sogar so alt wie die Frauenbewegung selbst (vgl. L. Otto-Peters 1847* und folg. Kap.).

* Qu. 12

gar den Eindruck, als ob die rd. 40 Prozent der unverheiratet bleibenden Frauen vergessen worden seien; die zehnjährige höhere Töchterschule an sich wurde von Helene Lange nicht angetastet, denn die Reformvorschläge erstrebten keine Neuorganisation mit der Möglichkeit
der Vorbereitung auf eine Maturitätsprüfung und ein Universitätsstudium; beides wurde offensichtlich als "Ausnahme" betrachtet und blieb
einem Sonderweg überlassen, den Ende der 70er Jahre schon einige
Professoren durch Hinweise auf "Gymnasial-Kurse" und ein "Frauen-
lyceum" (vgl. oben) angedeutet hatten.

Helene Lange handelte entsprechend. Zusammen mit Minna Cauer
(der Vors. des Vereins "Frauenwohl", Berlin, mit der sie zu diesem
Zeitpunkt noch harmonisch kooperierte) und Fräulein Dr. med. Franziska Tiburtius[103] ersuchte sie am 20.12.1888 den "Wissenschaftlichen
Zentralverein" in Berlin[104], die Einrichtung von

"Realkursen für Frauen"*
zu übernehmen; ihr Zweck sollte sein:

1. "Vertiefung bzw. Ergänzung der allgemeinen Bildung",
2. "Vorbildung für eine etwaige höhere gewerbliche oder wissenschaftliche Tätigkeit"[105].**

Die Forderung 2. wurde vor allem von Dr. Tiburtius unterstützt,
die wünschte, daß die Realkurse deutsche Mädchen auf die Schweizer
Maturitätsprüfung vorbereiten sollten, die für Ausländerinnen in der
Schweiz obligatorisch war, wenn nicht anderweitige Qualifikationen
nachgewiesen wurden (z.B. höheres Lehrerinnenexamen)[106]. - Die Realkurse kamen zustande, denn einflußreiche Berliner Gesellschaftskrei-
se, auch die Kaiserin-Witwe Friedrich, waren daran interessiert; sie
wurden am 10. Okt. 1889 in ihrer Gegenwart eröffnet. Helene Langes
Eröffnungssprache*** konzentrierte sich auf Punkt 1. der oben aufgeführten Forderungen und entsprach gedanklich ganz dem Inhalt ihrer Begleitschrift[107].

Doch zum gleichen Zeitpunkt, als Helene Lange in Berlin im konventionellen Sinne ihre Arbeit begann, hatte endlich auch die von Hedwig Dohm zu Beginn der 70er Jahre erhobene Forderung der gleichen

---

103) Dr. med. Franziska Tiburtius, Berlin, zählte zu den ersten deutschen Ärztinnen, die in der Schweiz (Zürich) studiert und promoviert hatten (1876).
104) Geleitet wurde der "Wissenschaftliche Zentralverein" von M.d.R. Rickert, Lib.
Vereinigung (Sezession); führend darin tätig war ferner: M.d.R. Karl Schrader, ders. lib.
Parteigruppe angehörend und Gatte von Henriette Schrader-Breymann.
105) H. Lange, Lebenserinnerungen. Berlin 1921, S.175 ff.
106) H. Lange, Lebenserinnerungen, S.175 ff.
107) Lt. Helene Langes Mitteilung - in: "Frauenwohl", 1. Jg., Nr.3, 1.6.1893,
S. 17 ff. - traten nur zwei Schülerinnen "mit der ausgesprochenen Absicht zu studieren
in dieselben ein".****

* Qu. 372 ff.   ** Qu. 372   ***Qu. 373   ****Qu. 376

Bildung für beide Geschlechter im deutsch-österreichischen Raum Widerhall gefunden. Im Februar 1888 konstituierte sich ein provisorisches Komitee* unter dem Vorsitz von Frau J. (d. i. Hedwig) Kettler, Weimar, dem neben Hedwig Dohm, Berlin, noch sieben weitere Frauen[108] angehörten; am 30. 3. 1888 wurde anschließend in Weimar der "D e u t s c h e F r a u e n v e r e i n   R e f o r m " gegründet.** Seinen Zweck beschränkte dieser Verein mit Nachdruck auf die Erschließung der auf wissenschaftlichen Studien beruhenden Berufe für das weibliche Geschlecht und forderte auf dem Gebiet der höheren Mädchenbildung die

"Errichtung von Mädchengymnasien mit dem gleichen Lehrplan, wie ihn die auf die Universität vorbereitenden Knabenschulen haben"[109]; . . . .***

In Berlin war man diesen Vorgängen gegenüber zumindest skeptisch, noch nach mehr als einem Jahrzehnt stellten Gertrud Bäumer und Helene Lange recht distanziert fest:

"Der Ausgangspunkt für seine Forderungen ist die durchaus nüchterne Auffassung der Frauenfrage als einer Brotfrage"[110].

Diese Beurteilung dürfte jedoch nur zu einem Teil zutreffen. Es ist richtig, daß sich der Frauenverein Reform in der Begründung seiner Forderungen ausschließlich auf den ungemein hohen Prozentsatz unverheiratet bleibender Frauen in den höheren Gesellschaftskreisen stützte und für die Töchter dieser Familien den Zutritt zu denjenigen Berufen forderte, die für die Söhne als selbstverständliche und einzig adäquate ins Auge gefaßt wurden.**** Man hielt sich nicht auf mit jener Erziehung des spezifisch "Weiblichen", die Helene Lange gleichzeitig forderte, und hemmte sich auch nicht selbst durch Erörterungen über einen daraus resultierenden "spezifischen" Kulturbeitrag der Frau. Und doch darf man unter Heranziehung und Würdigung der Schriften dieser Frauen feststellen, daß sie keinesfalls die Frau dem Manne "gleichmachen" wollten, sondern von der Überzeugung durchdrungen waren, daß die Frau als Frau in demselben Grade an Vollkommenheit gewinne, in dem sie als Mensch gebildet werde.

"Je höher sie als Mensch steht", so hatte Hedwig Dohm einst der Fröbelbewegung entgegengehalten, "je höher steht sie als Mutter"[111].*****

108) Zu den bedeutendsten Mitgliedern zählten:
Gertrud Gräfin Bülow von Dennewitz, Dresden, und Frau I. von Troll-Borostyáni, Salzburg; beide wurden bekannt durch Arbeiten auf dem Gebiet sexual-ethischer Probleme. Gräfin Bülow v. Dennewitz wirkte unter dem Pseudonym "Gisela von Streitberg" nach 1900 als eine der ersten Frauen für die Aufhebung des § 218 StGB.

109) Satzungen des Frauenvereins Reform. In: Bibliothek der Frauenfrage. Hrsg. v. J. Kettler. Nr. 1, Weimar, um 1890, 3. Auflage.

110) H. Lange, G. Bäumer, Handbuch, I, S. 89.

111) H. Dohm, Der Frauen Natur und Recht. Berlin 1876, S. 107 ff.

  * Qu. 352 ff.   ** Qu. 356 f.   *** Qu. 356   **** Qu. 358 ff.
 ***** Qu. 545

Da die höchsten menschlichen Bildungsgüter und -stätten aber dem männlichen Geschlecht vorbehalten waren, forderte der Frauenverein Reform folgerichtig, daß ebendiese als "männlich" bezeichneten Bildungsgüter in vollstem Umfange auch dem weiblichen Geschlecht zugänglich zu machen seien, um der Frau die höchste "menschliche" Bildung zuteil werden zu lassen.

Der Frauenverein Reform wurde 1888 ff. zum Schrittmacher in Sachen höherer Mädchen- und Frauenbildung. Kaum gegründet, petitionierte er 1888 und 1889 bei den Kultusministerien aller deutschen Bundesstaaten um Zulassung des weiblichen Geschlechts zu Maturitätsprüfungen an Gymnasien und Realgymnasien sowie um Zulassung zum Studium an Universitäten;* die Gründung der Mädchengymnasien hoffte der Verein zunächst durch Ansammlung eines Spendenfonds fördern zu können. Die Petitionen zeigten nicht den geringsten Erfolg. Doch während sich Helene Lange "maßvoll" beschied und 1889 Realkurse einrichtete, die höchstens auf die Schweizer Maturitätsprüfung vorbereiten sollten, intensivierte der Frauenverein Reform seine Aktivität gegenüber den öffentlichen Gewalten.

Stellt man nun die Frage nach den Fortschritten im Raum der höheren Mädchenbildung während der hier behandelten Zeitspanne (bis 1889), so muß man zwischen den Fortschritten im konkreten und theoretischen Bereich unterscheiden. - Im konkreten schulischen Raum arbeiteten die männlichen Pädagogen an der "Reform" der höheren Töchterschule; in führender Position wirkte der "Verein der Dirigenten und Lehrenden höherer und mittlerer Mädchenschulen" (später unbenannt in "Verein für das höhere Mädchenschulwesen"). Unter der Leitung männlicher Pädagogen setzte sich allmählich eine gewisse Einheitlichkeit in der inneren Organisation der höheren Mädchenschule durch hinsichtlich der Schuldauer, der Klassenfolge und des Lehrkörpers; man erreichte mehr oder minder auch eine Straffung des Lehrstoffes und eine Verbesserung der Methoden; doch die Reform blieb durch die konventionellen Bildungsziele weit hinter den Forderungen der Zeit zurück: man vermittelte dem Mädchen jene "Bildung", die später der "gebildete" Gatte erwarten mochte, man "bildete" das Mädchen nicht für den Lebenskampf und schon gar nicht für eine höhere Weiterbildung oder Erwerbstätigkeit.

Der Einfluß der Frauenbewegung auf diese Vorgänge darf nach den vorliegenden Quellenaussagen als äußerst gering bezeichnet werden: man erreichte keine Kooperation und man führte keine Kämpfe, die beide Seiten gezwungen hätten, theoretisch klare Konzeptionen zu erarbeiten. Die Gründe hierfür sind vor allem in jenen allmächtigen, hemmenden Einflüssen der Umwelt zu suchen, die jeden fortschrittlichen

---

* Qu. 367

Ansatz allein schon durch ihre massive Allgegenwart im Keim erstick-
ten und die es der Frauenbewegung fast unmöglich machten, in der
Theorie ein einheitliches, zielstrebiges Bildungsprogramm zu entwik-
keln; fast möchte man sagen, sie war gefangen in einem Netz geknüpft
aus den Vorstellungen über das Wesen der Weiblichkeit, die weibliche
Mission und die spezifisch weibliche Bildung für den Beruf der Gattin,
Mutter und Hausfrau und für den Erwerb. Fruchtbare Impulse (wie z. B.
der des Parthenagogiums* 1872 im Allgemeinen deutschen Frauenverein s.o.) reiften langsam, sehr langsam, und nur unter der zwingen-
den Notwendigkeit, eine adäquate Vorbildung für die Zulassung an Universitäten zu erreichen.

Ende der 80er Jahre waren endlich festere theoretische Konzeptionen entwickelt worden – leider sogleich drei, die aber den inneren
Entwicklungsstand der Frauenbewegung treu widerspiegelten:

Das fortschrittlichste und in die Zukunft weisende Programm entwickelte der junge Frauenverein Reform (gegr. 1888); seine Forderung: gleiche gymnasiale oder realgymnasiale Bildung für Mädchen und Knaben.

Eine ebenfalls fortschrittliche, aber den bestehenden Verhältnissen am meisten Rechnung tragende Konzeption erarbeitete die
Führungsspitze des Allgemeinen deutschen Frauenvereins; ihr Vorschlag: Gabelung der höheren Töchterschule und Einrichtung eines
gymnasialen Zweiges im 13./14. oder 15. Lebensjahr.

Zurück blieben demgegenüber die in Berlin von Helene Lange
erhobenen Forderungen, die sich ausschließlich auf die allerdings
sehr notwendige Reform der zehnklassigen höheren Mädchenschulen
konzentrierten; der von ihr als "Sonderweg" zur Universität ins
Auge gefaßte und in den 1889 eröffneten "Realkursen" z.T. realisierte "gymnasiale Aufbau" nach abgeschlossener Ausbildung an
einer höheren Mädchenschule entsprach nicht den Notwendigkeiten
der realen Situation; dieser Sonderweg hätte nur als zusätzliche
provisorische Abhilfemaßnahme für bereits erwachsene junge Frau-
en, die sich zum Studium entschlossen, projektiert werden dürfen;
folgt man aber den zeitgenössischen Quellenaussagen[112], so dürfte

---

112) Anm. d. V.: Den zeitgenössischen Quellen ist gegenüber später entstandenen
Darstellungen und Memoirenwerken die größere Glaubwürdigkeit zuzubilligen; Helene
Lange selbst mußte einen langen Entwicklungsweg zurücklegen, der in allen späteren Darstellungen nicht deutlich zum Ausdruck kommt. Zum Vergleich sei hier auf ihre sehr konservativen Vorstellungen über die Ausbildung der Lehrerinnen für das höhere Lehramt im
folgenden Kapitel verwiesen.**
  * Qu. 315 ff.   ** Qu. 337 ff.

zu diesem Zeitpunkt der Sonderweg des gymnasialen Aufbaus von Helene Lange als der einzig richtige Weg zur Universität betrachtet worden sein.

Die Weichen für die zukünftigen Entwicklungen waren somit innerhalb der Frauenbewegung Ende der 80er Jahre gestellt. Als Erfolg dieser nun festeren Konzeptionen darf z. T. auch die Reaktion der Öffentlichkeit gebucht werden: die höhere Mädchenschule und ihre Reform wurden zum Gegenstand der Diskussion in der Presse, in den Parlamenten, in der Öffentlichkeit; man sah nun die wachsende Anzahl der unverheiratet bleibenden Töchter - vor allem in den höheren Ständen - und spürte meist in den eigenen Familien die Notwendigkeit, ihnen eine adäquate Erwerbsmöglichkeit zu sichern; die Forderungen der Frauenbewegung lieferten deshalb die willkommenen Anhaltspunkte für die Diskussion.

Welche Konzeption würde sich durchsetzen?

Fast als Omen darf man die Reaktion von Theodor Barths "Nation" betrachten; diese in Deutschland führende liberale Zeitschrift engagierte sich 1887 ff. für - Helene Lange[113]!*

c) Weibliche Lehrtätigkeit

Die Berufsgruppe der Lehrerinnen war für die Frauenbewegung vor allem in ihrem Frühstadium von größter Bedeutung; sie stellte die einzige große und annähernd homogen gebildete Frauenschicht, die bis zu einem gewissen Grade gelernt hatte, sich in der Öffentlichkeit zu

---

113) Theodor Barth, Eine Denkschrift über die Erziehung des weiblichen Geschlechts.
In: "Die Nation". 5. Jg., Nr. 8, 19.11.1887, S. 102 f. ;
Theodor Barth, Frauenbildung;
Karl Schrader, Weibliche Erziehung.
In: "Die Nation". 6. Jg., Nr. 17, 42/43; 26.1.1889, 20./27.7.1889; S. 248 f. , 628 ff. /
643 ff.
Anm. d. V.: Das Engagement der "Nation" für Helene Lange ist an sich nicht überraschend. Theodor Barth und Karl Schrader waren persönlich befreundet, beide Angehörige derselben Parteigruppierung (Sezession/Lib. Vereinigung) und M. d. R. - Helene Lange war wiederum mit der Gattin Schraders, Henriette Schrader-Breymann, eng befreundet,** sie hatte 1887 auch die Petition an den preußischen Kultusminister und das preußische Abgeordnetenhaus mitunterzeichnet. Ferner verkehrten Helene Lange und Theodor Barth im Schraderschen Haus und waren, das darf mit Sicherheit vermutet werden, ebenfalls näher miteinander bekannt.***

    * Qu. 350 ff.   ** Qu. 258 ff.   *** Qu. 261

bewegen, zu reden und zu organisieren; trotz schlechter Bezahlung waren diese Frauen in finanzieller Hinsicht selbständig und besaßen, selbst wenn man alle beamtenrechtlichen Kautelen berücksichtigt, ein weit größeres Maß an persönlicher Freiheit als z. B. die Ehefrauen. - Während es die Freiheit der Berufswahl den Männern ermöglichte, u. a. "auch" den Lehrberuf zu wählen, wurde der Lehrberuf für die Frauen der höheren und gebildeten Schichten als der einzig standesgemäße betrachtet; der hieraus erwachsende Nachteil eines Zustromes pädagogisch völlig unbegabter Frauen wurde auf der anderen Seite ausgeglichen durch den Gewinn von Kräften, die sich ebensosehr auszeichneten durch eine seltene Begabung wie durch selbständiges Denken, Mut und Tatkraft. Einige der bedeutendsten Führerinnen der deutschen Frauenbewegung waren Lehrerinnen oder hatten ein Lehrerinnenseminar absolviert, so z. B.

Auguste Schmidt, 1833-1902 (2. Vorsitzende, nach Louise Otto-Peters' Tod 1. Vorsitzende des "Allgemeinen deutschen Frauenvereins"; 1894-1899/1900 1. Vors. des "Bundes deutscher Frauenvereine") und ihre sicher hervorragendste Schülerin,

Clara Zetkin, 1857-1933, die Sozialistin;

Helene Lange, 1848-1930, die unbestrittene Führerin der "Gemäßigten" (1. Vors. des "Allgemeinen deutschen Lehrerinnenvereins", später auch 1. Vors. des "Allgemeinen deutschen Frauenvereins"), und ihre junge Mitarbeiterin und Freundin

Dr. phil. Gertrud Bäumer, 1873-1954 (1910-1919. Vors. des "Bundes deutscher Frauenvereine");

Hedwig Dohm, 1833-1919, die "Nestorin" der "Radikalen", und Minna Cauer, 1841-1925, ihr Sammelpunkt (1. Vors. des "Vereins Frauenwohl", Berlin; 1. Vors. des "Verbandes fortschrittlicher Frauenvereine"; 2. Vors. des "Deutschen Verbandes für Frauenstimmrecht"), ebenso ihre jüngere Mitarbeiterin, die für die deutsche Frauenbewegung sehr bedeutungsvolle

Dr. jur. Anita Augspurg, 1857-1943 (2. Vors. des "Verbandes fortschrittlicher Frauenvereine"; 1. Vors. des "Deutschen Verbandes für Frauenstimmrecht"; Vizepräsidentin des "Weltbundes für Frauenstimmrecht"; später eine der Führerinnen des "Deutschen Frauenstimmrechtsbundes" und des "Deutschen Frauenausschusses für dauernden Frieden").

Die Liste ließe sich noch beliebig fortsetzen; und wären die Lebensläufe der zahlreichen lokalen Führerinnen bekannt, so wäre sie sicher sehr umfangreich[114], denn das Lehrerinnenseminar war bis 1889 die einzige Anstalt, in der Deutschlands Töchter nach Abschluß der höheren

---

114) Anm. d. V.: Man würde vermutlich nicht zu hoch greifen, wenn man schätzungsweise den Anteil der Lehrerinnen o. Absolventinnen eines Lehrerinnenseminars unter den Führungskräften der deutschen Frauenbewegung bei etwa 30 % ansetzte.

Mädchenschule eine mehr oder minder befriedigende Weiterbildung finden konnten.

Sehr häufig war die Ausbildung in den Seminaren – für Volksschullehrerinnen wie für die Lehrerinnen an höheren Mädchenschulen – mangelhaft. Die Anzahl der staatlichen Lehrerinnenseminare* war für die Kulturnation Deutschland ein Hohn:

1876 besaß Preußen z. B. 5 staatliche Lehrerinnenseminare[115] (1877/78 kamen 2 weitere hinzu)[116], ferner hatten 10 höhere Töchterschulen die Erlaubnis, im Anschluß an die reguläre Schulzeit in Seminarklassen Lehrerinnen auszubilden; gleichzeitig besaß Preußen 101 staatliche Lehrerseminare[117] und die Universitäten für die Ausbildung der Lehrer für das höhere Lehramt.

Die Lehrkräfte an den Lehrerinnenseminaren waren zumeist zweitrangig, was sich z. B. auch am Gehalt der Direktoren zeigte:

der Direktor eines Lehrerseminars verdiente i. D. 1000-1200 Taler im Jahr, der eines Lehrerinnenseminars 600-700 Taler[118].

Quantitativ und qualitativ standen die Lehrerinnenseminare eindeutig hinter den entsprechenden Anstalten des männlichen Geschlechts zurück. In Preußen wurde sogar erst im Jahre 1874 eine umfassendere Prüfungsordnung für Lehrerinnen erlassen (Mindestalter für die Zulassung: 18 Jahre!).**

Verwendet wurden die Lehrerinnen in Volksschulen und den verschiedenen Mädchenschulen mit Vorliebe in der Unterstufe; in der Mittelstufe der mittleren und höheren Mädchenschule konnten und durften sie gerade noch in einzelnen Fächern unterrichten; von der Oberstufe waren sie – vor allem an den öffentlichen Schulen – so gut wie ausgeschlossen. – Die Übernahme ins Beamtenverhältnis erfolgte an den öffentlichen Schulen oft erst nach langen Wartezeiten, während denen die junge Lehrkraft ihr Dasein als "Vertreterin" von einer winzigen Vergütung fristen mußte und zumeist nur durch Privatstunden überlebte. – Doch auch die Gehälter der Beamtin waren äußerst niedrig bemessen; durch Alterszuschläge erhöhten sie sich zwar mit der Zeit, aber sie erreichten doch nur etwa die Hälfte der Gehälter der Lehrer (genaue Zahlen fehlen für die hier behandelte Zeitspanne).

Schlechter ausgebildet und schlechter bezahlt als die Lehrer, wurde die Lehrerin auch schlecht behandelt: die Leitung der öffentlichen Schulen lag immer (die der privaten Schulen zumeist) in den Händen eines Direktors, das Kollegium war überwiegend männlich, und die Lehrerin mußte wie die Gattin oder Tochter zu Hause gehorchen, denn man be-

---

115) "Frauen-Anwalt", 1878, Nr. 6, S. 177.
116) "Frauen-Anwalt", 1878, Nr. 2, S. 61.
117) "Frauen-Anwalt", 1879, Nr. 1, S. 44.
118) "Frauen-Anwalt", 5. Jg., 1874/75, Nr. 11/12, S. 253.
 * vgl. Qu. 306 f.   ** vgl. Qu. 304 ff.

trachtete die Schule als eine Fortsetzung des Elternhauses, wenn man sich nicht wie der preußische Herr Geheime Regierungsrat Schneider an das Bibelwort hielt:

"Es ist nicht gut, daß der Mann allein sei, ich will ihm eine Gefährtin geben, die um ihn sei"[119],* -

wobei er aber in der "Gefährtin" ganz wie Herr von Nathusius die untergeordnete, dienende Gehilfin sah. - Innerhalb des schulischen Lebens dürfte hierbei auch die bekannte psychologische "nach-unten-treten-Reaktion" zur Geltung gekommen sein: wurde man als männliche Lehrkraft an Mädchenschulen von denjenigen an Knabenschulen als "2. Garnitur" betrachtet (und zumeist war man es auch!), dann genoß man das Gefühl, auf eine noch minderwertigere Gruppe hinabzublicken und sie entsprechend behandeln zu können - die Lehrerinnen. Und diese wiederum duckten sich zumeist ohne Widerrede vor den "Schulmonarchen",** ganz wie sie es im Elternhaus getan hatten. - Zusätzlich wurde äußerst rigoros ein christlicher, sittenstrenger Lebenswandel von den Lehrerinnen gefordert; heirateten sie aber, so mußten sie aus dem öffentlichen Schuldienst ausscheiden, während andere europäische Staaten auch verheirateten Lehrerinnen die Berufsausübung erlaubten. Soweit die Quellen berichten, lehnten sich Deutschlands Lehrerinnen zu diesem Zeitpunkt aber mit keinem Wort gegen das Lehrerinnenzölibat auf[120].

Ferner war die Verwendung der Lehrerinnen an öffentlichen Schulen beschränkt, ein größerer Prozentsatz war in Privatschulen tätig. Hier waren die Gehälter oft noch niedriger, da man Gewinne durch möglichst billige Lehrkräfte zu erzielen suchte; der Arbeitsplatz war ebenfalls kündbar und es bestanden keine Versorgungsverpflichtungen im Falle der Invalidität oder des Alters. - Denselben und noch größeren Risiken waren die Gouvernanten ausgesetzt, die nur wenige Jahre in einer Familie wirken konnten; je älter sie waren, desto schwerer wurde es für sie, Stellen zu finden; man zog jüngere Erzieherinnen den älteren vor, da sie sich besser einfügten, leichter gehorchten und angenehmere Gesellschafterinnen waren.

Die Frauenbewegung sah sich hier einem großen, kaum bestellten Feld gegenüber, das zu kultivieren war; sie wandte sich dieser Arbeit auch von Anbeginn mit großer Energie zu, denn

119) H. Lange, Lebenserinnerungen, S. 152 ff.

120) Anm. d. V.: In Privatschulen konnte eine verheiratete Lehrerin, wenn es der Besitzer und Schulleiter und die Eltern duldeten, weiterhin tätig bleiben. - Mit dem Blick auf die spätere Entwicklung muß jedoch darauf hingewiesen werden, daß die unverheirateten Lehrerinnen selbst offensichtlich die verheiratete Kollegin ablehnten. Als Frau Santini auf der 19. Allgemeinen deutschen Lehrerversammlung in Wien (1870) die Abschaffung des Lehrerinnenzölibates forderte, erklärte die Berichterstatterin "M." im "Frauen-Anwalt" (1. Jg., 1870/71, Nr. 4, S. 150 f.):

* Qu. 346   ** vgl. Qu. 298 ff., 309 ff.

1. galt es, eine akute Notlage abzustellen, und
2. nahmen die Lehrerinnen in den Bestrebungen der Frauenbewegung eine Schlüsselstellung ein: Wollte man "neue" Frauen erziehen, so mußte man die Mädchen anders erziehen - und hierzu brauchte man Lehrerinnen, die besser für ihre berufliche Tätigkeit ausgerüstet und sich dieser besonderen Aufgabe auch voll bewußt waren.

Nach den vorliegenden Quellen fällt hierbei auf, daß der Allgemeine deutsche Frauenverein und fast ebenso ausgeprägt der Lette-Verein ihr Wirken nicht so sehr auf materielle Verbesserungen richteten - z.B. auf eine Erhöhung der Gehälter oder eine Alters- und Invaliditätsversicherung - als auf

eine Verbesserung und Erweiterung der weiblichen Lehrtätigkeit und die Bildung eines neuen Bewußtseins der Lehrerinnen selbst.

Bis zu einem gewissen Grad mag diese Haltung auf der Erkenntnis der eigenen Machtlosigkeit beruht haben; zum größeren Teil entsprang sie der festen liberalen Überzeugung, daß es wichtiger sei, den Menschen zu heben und zu vervollkommnen, der dann kraft seiner gesteigerten Kräfte und Fähigkeiten auch seine materielle Lage verbessern könne. Zudem nahmen sich auch die hier und da entstehenden Lehrerinnenvereine der materiellen Notlage an (sie schufen z. B. Darlehenskassen und Stellenvermittlungen, gründeten auch mit Hilfe von Stiftungen Feierabendhäuser für Lehrerinnen). Die Frage der "Lebensabendsicherung" der Lehrerinnen beschäftigte nicht nur den Verein der Dirigenten und Lehrenden höherer und mittlerer Mädchenschulen, son-

---

"Gern hätten wir die Worte: 'Weg mit dem Cölibat aus der Schule'! schon an geeigneter Stelle widerlegt, indes machte der Schluß der Debatte dies unmöglich. So konnte dies nur nachträglich in einer kleinen Versammlung geschehen, hier sei nun die Entgegnung für weitere Kreise wiederholt. ...

Wir können es immer nur als eine Ausnahme denken, daß die Frau Tag für Tag ihre Häuslichkeit, ihre der Pflege bedürftigen Kinder verläßt, um außer dem Hause einem Beruf nachzugehen, und dürfen dies am allerwenigsten als absolute Regel hinstellen.

Kann, fragen wir, die verheiratete Lehrerin wohl mit ganzem Herzen in der Schule stehen, wenn sie ein hilfsbedürftiges, vielleicht ein krankes Kind zu Hause hat?

Der unverheirateten Lehrerin dagegen, die nicht durch engste Familienbeziehungen gebunden, wird die Schule die eigentliche Heimat, ihre Zöglinge werden ihr Ersatz für das Glück, welches das Schicksal ihr nicht bestimmt hat, und im Umgange mit der frischen, aufblühenden Jugend wird ihr selbst die Frische bleiben, welche sie vor Verbitterung und Verknöcherung schützen wird, wenn die Zahl der Jahre auch schon eine höhere ist".

Diese konservativen Anschauungen wurden aber auch von Auguste Schmidt geteilt, die sogar gegen verheiratete Ärztinnen Bedenken erhob (in: "Neue Bahnen", 10. Jg., 1875, Nr. 23, S.180), und sie wurden von der Majorität der Lehrerinnen unter Führung von Helene Lange treu weiterverfochten, bis vor und während des 1. Weltkrieges "bevölkerungspolitische Erwägungen" zu einer hilflosen, wenig überzeugenden Modifikation dieser Haltung führten.

dern auch weite Kreise der Öffentlichkeit und das Kaiserhaus. Im Juni 1875 wurde (im Kommissionssaal des preußischen Abgeordnetenhauses!) ein Kuratorium für eine "Allgemeine deutsche Pensionsanstalt für Lehrerinnen und Erzieherinnen" gewählt[121], Kronprinzessin Friedrich übernahm das Protektorat; bereits im Oktober 1875 wurde das Statut mit landesherrlicher Zustimmung verabschiedet[122]; im ganzen deutschen Reich wurde zu Spenden aufgerufen[122] - mit Erfolg:

1878 betrug das Vermögen 341.446 M[123],
1879 615.562 M[124].

Es ist bis zu einem gewissen Grade überraschend, wie intensiv sich die beiden Organisationen der bürgerlichen Frauenbewegung zu Beginn ihrer Tätigkeit den Volksschullehrerinnen zuwandten, wobei stets der Landschulunterricht sowie die Fächer Handarbeit und Haushaltskunde besonders betont wurden[125]. Die Ziele und Anschauungen, die hierbei die Frauenorganisationen leiteten, liegen deutlich zutage. Eindeutig wünschte man, hier ein großes Berufsgebiet für die Frauen der mittleren und höheren Schichten zu erschließen. Doch dieses Ziel sollte nicht nur zugunsten der Lehrerinnen erreicht werden, man war zutiefst überzeugt, daß die gebildete Frau in der Volksschule eine große erzieherische, "versittlichende" Mission unter den Töchtern und Frauen der unteren Klassen zu erfüllen habe; Marie Calm sprach ganz sicher die Überzeugung aller aus, als sie feststellte:

"Nur ein Wesen unseres eigenen Geschlechts kann uns Vorbild sein, nur der weibliche Geist kann den weiblichen Geist nach seiner sittlichen Seite hin erziehen"[126].

Da im Bereich der Elementarschule Knaben und Mädchen den gleichen Unterricht genossen, konnte sich die Frauenbewegung ganz auf ihre spezifisch weiblichen Bildungsziele konzentrieren: auf die Erziehung zur Sittlichkeit (noch immer ein Lebensnerv der Frauenbestrebungen!), auf die Erziehung zu guten, braven Mütter und Hausfrauen und auf die Vorbereitung für eine Erwerbsarbeit.

Man spürt ferner den Einfluß der Fröbelbewegung und die Ausstrahlung sozialpolitischer Spannungen in den Forderungen, den Mädchen in der Volksschule (oder während eines Unterrichtsjahres nach Abschluß

121) "Frauen-Anwalt". 6. Jg.. 1875/76. Nr. 4, S. 100.

122) ibid. S. 222 f., 289 f.

123) "Frauen-Anwalt". 1878, Nr. 8, S. 248.

124) "Frauen-Anwalt". 1880, Nr. 12, S. 384.

125) Die ersten Petitionen des Allgemeinen deutschen Frauenvereins in Sachen Lehrerinnen richteten sich 1869/70 und 1872 an die sächsische Ständeversammlung; man bat um die Errichtung eines Seminars (dann eines 2. Seminars) für Volksschullehrerinnen, um die Anstellung von Lehrerinnen in den Volksschulen in der Stadt und auf dem Land und ersuchte um besondere Regelungen des Handarbeitsunterrichtes - mit Erfolg!

126) "Frauen-Anwalt". 3. Jg.. 1872/73, Nr. 8/9, S. 248.

derselben) Unterricht in Haushaltskunde, Kochen und Gesundheitslehre zu erteilen, ja sie sogar in die Kindergartenarbeit und Kinderpflege einzuführen. Hierdurch sollten die Mädchen gleichzeitig auf ihre eigene hausmütterliche Tätigkeit wie auch auf eine "dienende" Erwerbsarbeit in einer Familie vorbereitet werden.

Am leidenschaftlichsten wurde jedoch allgemein die Forderung des obligatorischen Handarbeitsunterrichts in der Volksschule erhoben; auch hier wieder mit dem doppelten Ziel der Vorbereitung der Mutter und Gattin und der Befähigung für eine handarbeitende-industrielle Erwerbstätigkeit[127].

Die tragende Kraft all dieser Bestrebungen sollte die Lehrerin sein; sie sollte die Mädchen in diesem Sinne erziehen durch ihren Unterricht und ihr Beispiel; sie sollte Beraterin der Mädchen auch nach Abschluß der Schule bleiben, sie warnen vor den Gefahren des Lebens und sie ermahnen zu einem sittlichen, fleißigen, gottesfürchtigen Lebenswandel, denn die meisten Mütter, davon war man überzeugt, seien entweder unfähig oder wegen Überarbeitung oder durch beides zugleich nicht in der Lage, die Tochter in diesem Sinne zu erziehen und dem heranreifenden jungen Weib Halt und Stütze zu sein. Auf dem Land sollten die Lehrerin und ihr Heim direkt wie ein kleines Kulturzentrum wirken; mit Begeisterung zitierte man häufig Louise Büchners rosa-roten Bericht über die (einst von der französischen Regierung eingestellten)

127) Anm. d. V.: In der Propagierung des Handarbeitsunterrichtes kamen ganz unmögliche Übertreibungen zustande. Offensichtlich unwidersprochen konnte hier die schon häufig zitierte Marie Calm sogleich zweimal folgendes behaupten (in: "Frauen-Anwalt", 5. Jg., 1874/75, Nr. 11/12, S. 252 f.; 1879, Nr. 1, S. 13):
1875/79: Man schätze den Bildungsgrad und Kulturstand eines Volkes an dem Umfang seines Alphabetentums; für die weibliche Bevölkerung "aber würde es einen richtigeren Maßstab abgeben zu untersuchen, wie viele von ihnen sich ihre Kleidungsstücke selbst verfertigen können". - In England und Frankreich könnten nur 1/4 der Frauen lesen und schreiben, aber sie könnten nähen und sich kleiden. (!)
1875: Der Deutsche sei nicht praktisch genug einzusehen, "daß eine Bäuerin weit eher durch die Welt kommt und ihren Platz ausfüllt, ohne lesen und schreiben als ohne nähen zu können".
1879: Die Kenntnis der "Führung der Nadel" - "ist ihr für ihren Beruf im Leben, ob sie nun einen eigenen Hausstand finde oder bei Fremden eine dienende Stellung einnehme, entschieden von höherem Wert, als etwas Lesen und Schreiben zu verstehen. Ich will wahrlich diese Kenntnisse nicht herabsetzen, nur für die Mädchen Handarbeitsunterricht ihnen an die Seite stellen".
Trotz des letzten einschränkenden Satzes, mußten sich für eine Führerin der deutschen bürgerlichen Frauenbewegung Vergleiche wie Analphabetentum - Nähkenntnisse - Kulturstand der weiblichen Bevölkerung eo ipso verbieten; wie glaubwürdig konnte die Frauenbewegung dann noch erscheinen, wenn sie behauptete, den Kulturstand eines Volkes könne man daran erkennen, ob weibliche Ärzte für die weibliche Bevölkerung vorhanden seien, und mit demselben Atemzug die Zulassung der Frauen zum Studium der Medizin forderte?

Land- und Volksschullehrerinnen im Elsaß; mit Entzücken stellte dort Louise Büchner folgendes fest:

"Wie sieht es denn aber in der H ä u s l i c h k e i t einer solchen Volksschullehrerin aus? Nun, g a n z a l l e r l i e b s t, wie wir uns mit eigenen Augen überzeugten. In Wohnzimmer, Schlafzimmer und Küche, die sie selbst versorgt, kein Stäubchen, kein Flecken und alles mit jenem Geschmack angeordnet, welchen ein gewisser Grad von Bildung jederzeit verleiht. Nun will es uns doch dünken, als ob ein solches Beispiel von Sauberkeit, Nettigkeit und weiblichem Sinn für das Schöne als eines der wichtigsten Erziehungsmittel bei den Mädchen aus dem Volke mitwirken müsse, dem in einem kleinen, abgelegenen Dorfe vielleicht nie ein anderes Bild einer netten Häuslichkeit vorgeführt wird. So hat die weibliche Jugend, namentlich auf dem Lande, in der Häuslichkeit der Lehrerin täglich und stündlich ein weibliches Vorbild vor Augen, das höher steht als ihre übrige Umgebung". Auch in ihrer eigenen Person gibt die Lehrerin ein "Vorbild der Sauberkeit und Ordnung. Von wie unberechenbarem Werte ist das allein"[128]!

Wenn die Frauenbewegung auch rastlos für ihre Bestrebungen agitieren und auf eine Erhöhung der Zahl der Elementarlehrerinnen drängen mußte (1878 wirkten in Preußen nur 1. 500 geprüfte Elementarlehrerinnen[130], neben etwa 48. 704 seminaristisch gebildeten Lehrern[129] so waren die Regierungen doch prinzipiell "geneigt"; die sächsische Ständeversammlung z. B. förderte zu Beginn der 70er Jahre die Gründung zweier Seminare für Volksschullehrerinnen; Preußen gründete 1877 /78 zwei Seminare, andere Bundesstaaten folgten; das Großherzogtum Hessen führte obligatorischen Handarbeitsunterricht ein, und mit höchster behördlicher Billigung durfte der Lette-Verein in seiner Gewerbeschule 1874 ff. Handarbeits- und Zeichenlehrerinnen ausbilden; einige Kommunen förderten sogar hauswirtschaftlichen Unterricht an Mädchenelementarschulen. Die Gründe für ein solches Verhalten sind nicht schwer zu erraten:

1. Herrschte in dem sehr schlecht bezahlten Beruf des Volksschullehrers Nachwuchsmangel (in Preußen waren 1877 z. B. 4581 Stellen nicht vorschriftsmäßig besetzt[131]); Volksschullehrerinnen waren ein recht "billiger" Ausweg, sie kosteten noch weniger als die Lehrer, vollbrachten aber zumeist gleiche, oft vortreffliche Leistungen.

2. Klang das Hauptziel der Frauenbewegung – Erziehung zu sittsamen, tüchtigen Frauen und Müttern – in behördlichen Ohren "genehm", und nicht nur in diesen; ganz allgemein hoffte man in bürgerlichen Kreisen, einen Teil der sozialen Frage durch eine Erziehung der Mädchen

128) "Frauen-Anwalt". 3. Jg., 1872/73, Nr. 8/9, S. 249.
129) "Frauen-Anwalt". Jg. 1878, Nr. 6, S. 177.
130) "Frauen-Anwalt". 1879, Nr. 1, S. 44.
131) "Frauen-Anwalt". 1879, Nr. 1, S. 15.

zu tüchtigen Hausfrauen lösen zu können: ihre Sparsamkeit, ihr "sittlicher" Einfluß auf den Gatten und das Familienleben sollten das Arbeiterelend und die gefährlichen sozialen Spannungen mildern. 3. Fehlten auf dem Gebiet der Volksschule die Auseinandersetzungen über Bildungsziele, Auswahl der Lehrgegenstände, Organisation und Leitung der Schule. Knaben und Mädchen erhielten den gleichen Unterricht, und die Frauenbewegung stimmte hier dem Prinzip der Gleichheit der Bildung voll zu, da beide Geschlechter in gleicher Weise für den Lebenskampf auszurüsten seien. Weder Männer noch Frauen stellten bei diesen Schichten die Notwendigkeit der Erwerbsarbeit der Mädchen und Frauen infrage; für diffizile Prinzipienfragen über den "Beruf" der Frau ließ die materielle Not keinen Raum. - Ferner überließen die Frauen die Organisation und Leitung der Elementarschulen auch gerne den Männern; Helene Lange stellte hierzu in ihrer "Gelben Broschüre" (1887/88) fest:

"Es wird richtig sein, daß in Deutschland weder alle Elementarlehrer noch die breiten Schichten des Volkes auf der Höhe stehen, daß sie die Leitung der Frau respektieren würden, und so möchte es noch lange seine Bedenken haben, in den Volksschulen eine Änderung zu wagen; es ist hier aber auch, wenn wir nach Berliner Verhältnissen urteilen dürfen, nicht so durchaus notwendig, weil die Rektoren der Gemeindeschulen i. g. die Lehrerinnen hochhalten und, ... an den Mädchenschulen ihnen das Ordinariat ... häufig hinauf bis zur zweiten (Klasse, d. V.) anvertrauen, weil sie den weiblichen Einfluß auf die Mädchen nicht entbehren wollen"[132].*

Auffallend ist ferner, daß während der hier behandelten Zeitspanne bis 1888/89 die Quellen noch keine heftigen "Abwehr"-Kämpfe der Elementarlehrer gegen die Lehrerinnen registrieren; die oben angeführten Gründe mögen auch hier bestimmend gewirkt haben: noch waren die Lehrerinnen und die Frauenbewegung zahlenmäßig gering und ungefährlich in ihren Bestrebungen.

Ganz anders sah es aus in dem Bereich der höheren Mädchenschule; wie oben (B. I. 2b) bereits dargestellt, wichen die Bildungsbestrebungen der Frauenbewegung sehr weit ab von denen der männlichen Pädagogen, der Regierungskreise, der Männerwelt dieser Schichten überhaupt; diese Gegensätze wurden noch vertieft durch das Moment des Konkurrenzkampfes. Verglichen mit den armselig dotierten Lehrerstellen irgendwo auf dem Land wurden die Lehrer an höheren Töchterschulen, auch den privaten, wesentlich besser bezahlt; und mancher Lehrer, dessen Fähigkeiten für eine höhere Knabenschule nicht ausreichten, flüchtete sich an eine höhere Töchterschule, dort reichten sie allemal; auch für den strebsamen seminaristisch vorgebildeten Lehrer

132) "Frauen-Anwalt", 1878, Nr. 6, S. 177.
* Qu. 335 f.

war die höhere Töchterschule ein begehrtes Ziel, hier konnte er in "höhere" Schulbereiche vorstoßen, da es erlaubt war, auch mit nur seminaristischer Vorbildung an höheren Töchterschulen zu unterrichten.

Während 1878 in Preußen nur 1500 Elementarlehrerinnen bedienstet waren, arbeiteten an öffentlichen und privaten mittleren und höheren Töchterschulen 6000 Lehrerinnen[132]. Diese vierfach hohe Zahl an den weit wenigeren Schulen läßt sich einerseits durch die Tatsache erklären, daß Lehrerinnen billiger waren, andererseits durch die in bürgerlichen Schichten weit verbreitete Überzeugung, daß es sich "zieme", Mädchen vor allem durch Lehrerinnen erziehen und unterrichten zu lassen, wie ja auch im Elternhaus die Erziehung der Mädchen vor allem der Mutter zufalle.

Und gerade in dieser Überzeugung wurzelten von Anbeginn die Hauptargumente der Frauenbewegung und der Lehrerinnen. Der Tenor dieser Argumente änderte sich nie, und man darf deshalb auch an dieser Stelle die jüngere Helene Lange zitieren, die sie mit aller Schärfe präzisierte und mit Leidenschaft gegenüber den Männern verfocht. – Urgrund jener Überzeugung war noch immer die Vorstellung, daß die Frau die Bannerträgerin "edler Sitte" sei. Noch immer dominierte die Frage, "wie ist eine Frau? wie ist es um ihre Moral und Sittlichkeit bestellt"? über die Frage: "Was kann eine Frau Positives leisten"? Was oben (A. I. 3) als "moralischer Lebensnerv" der Frauenbewegung geschildert wurde, war noch ungebrochen in seiner Wirksamkeit. – Entsprechend lautete auch Helene Langes erster Anklagepunkt:

"Unsere Schulen bilden nicht, sie erziehen nicht F r a u e n   v o n   e d l e r   S i t t e, sie lehren nur"[133].* "Die Mütter klagen, daß die Schule aus ihren Töchtern nicht m a ß v o l l e   F r a u e n   v o n   e d l e r   S i t t e heranziehe, daß die Schulbildung sie der Erfüllung ihrer h ä u s l i c h e n   P f l i c h t e n eher ab- als zuwende" ...:**

Nach Helene Langes, der Lehrerinnen und der Frauenbewegung einhelliger Ansicht war dies eine Folge der "Ausschließung der Frau von der Bildung der heranwachsenden Mädchen". Man war überzeugt, daß nur die Lehrerin das Mädchen an feinere Sitte gewöhnen und ihm Vorbild und Beraterin sein könne; da die Lehrerin auch mit ganz anderem Eifer, mit "heiliger Liebe" und innigem weiblichen Verständnis an die Erziehung ihres eigenen Geschlechtes herantrete, könne auch nur sie die rechten Erziehungsmittel wählen und in der Erarbeitung des Stoffes die wünschenswerten Gedankenkreise erschließen. Deshalb gebühre ihr der Unterricht in den Fächern, in denen "nicht nur im Weibe der Mensch, sondern auch das Weibliche erzogen werden soll", nämlich

---

133) H. Lange. Die höhere Mädchenschule und ihre Bestimmung. S. 14 ff.
    * Qu. 330   ** Qu. 333

in den ethischen Fächern: Religion, Deutsch und Geschichte,* denn, so stellte Helene Lange fest:

"Es ist weibliche Eigenart, die Wissenschaft weniger als Selbstzweck, wie als Mittel zu ethischer Wirkung zu betrachten. ... während dem Mann gerade die heutige, durch Examina und Berechtigungen stark beeinflußte Art des Studiums das wissenschaftliche Detail so nahe rückt, daß er es, fast ohne es zu wollen, auch der Schülerin in zu reichem Maße vorführt und so die sittliche Wirkung hemmt"; ...**

Andererseits wollte selbst Helene Lange nicht auf den männlichen Lehrer verzichten, nur sollte er auf dem Gebiet der "Verstandeskultur" unterrichten: in Grammatik, Rechnen, Naturwissenschaften, Geographie. Aber:

"Überall, wo spezifisch Weibliches entstehen soll, gebührt dem Weibe die erste Stelle, das ist göttliche Ordnung! ... So der Mutter in der Erziehung der Mädchen, der Frau in der Gestaltung der Häuslichkeit, ... und so gebührt auch der Lehrerin die erste Stelle bei der Ausbildung des Mädchens, das zur Frau – so gut wie dem Lehrer bei der Ausbildung der Knaben, der zum Mann werden soll".***

Die Frauenbewegung konnte diesen ausgesprochen "häuslichen" Bildungszielen zustimmen, weil sie zweigleisig fuhr:

Erziehung für den häuslichen Beruf und für den Erwerb.

Da aber gerade die männliche Lehrerschaft dem Gedanken der Ertüchtigung zukünftiger weiblicher Konkurrentinnen entgegenwirkte, mußte der Frauenbewegung an Lehrerinnen gelegen sein, die im Sinne ihrer Ziele arbeiteten; denn so lange die Männer im konventionellen Sinn die höheren Töchter modellierten, wurden die Bestrebungen der Frauenbewegung für das heranwachsende Frauengeschlecht zunächst einmal paralysiert.

Wendet man sich nun dem Geschehensablauf zu, so kann man feststellen, daß die Frauenbewegung, vor allem der Allgemeine deutsche Frauenverein, ganz logisch nach dieser Erkenntnis vorging. Petitionierte man bei den Volksschullehrerinnen sogleich um Seminare, um sie überhaupt erst "existent" zu machen, so waren die höheren Töchterschullehrerinnen schon da; erste Aufgabe war nun, ihr Bewußtsein zu reformieren und sie zu ertüchtigen. An erster Stelle stand das Bewußtsein, denn durch neu gesteckte Ziele, neue Aufgaben, neuen Enthusiasmus hoffte man, zugleich jene Kräfte entwickeln zu können, die zu einer strebsamen, harten Arbeit an der eigenen Person und hierdurch auch zur beruflichen Ertüchtigung führen sollten.

Ein neues Bewußtsein – allein schon ein bißchen Selbstvertrauen, Selbstachtung und Selbstbewußtsein – waren bitter nötig.**** Die Situation der Lehrerinnen, die sich Auguste Schmidt und Marie Calm als Dele-

---

* Qu. 335   ** Qu. 334   *** Qu. 335   **** vgl. Qu. 298 ff., 309 f.

gierten des Allgemeinen deutschen Frauenvereins 1869 auf der Allgemeinen deutschen Lehrerversammlung in Berlin offenbarte, dürfte sie sofort zu jenem Aufruf "An die deutschen Lehrerinnen" (gez.: "Der Vorstand des Allgemeinen deutschen Frauenvereins") veranlaßt haben. Neben den Klagepunkten des Ausschlusses der Frau vom Volksschulunterricht, der Gründung so weniger staatlicher Lehrerinnenseminare und der um die Hälfte niedrigeren Besoldung der Lehrerinnen wurde ganz besonders betont, daß die Lehrerin auf den Lehrerversammlungen nicht "als Mitarbeiterin, als Kollegin" gewertet werde, sondern als "müßige Zuhörerin"; die Hauptursachen hierfür seien in ihrer geringen Anzahl und dem passiven Verhalten der Lehrerinnen zu suchen. Vorgeschlagen wurde eine Vereinsgründung, die es den Lehrerinnen ermöglichen sollte, in besonderen Versammlungen ihre pädagogischen Ideen und Erfahrungen auszutauschen[134]. Auf diese Anregung hin wurde in Berlin der

"Verein deutscher Lehrerinnen und Erzieherinnen"

gegründet; in den Vorstand wurden Berliner Lehrerinnen gewählt (nicht Auguste Schmidt), Vereinsort wurde Berlin (nicht Leipzig), und 1869 trat der Verein dem vom Lette-Verein, Berlin, geführten Verband deutscher Frauenbildungs- und Erwerbsvereine bei. - Die Quellenlage ist zu mangelhaft, um feststellen zu können, ob diese "Trennung" vom Allgemeinen deutschen Frauenverein dem jungen Verein zum Nachteil gereichte oder ob der Einfluß der sehr konventionellen Lehrerinnenkreise Berlins jede innere und äußere Dynamik hemmte. Vermutlich war dieser Verein auch nicht groß und dürfte zudem auch durch die Rückständigkeit der Lehrerinnen und die mühsame Kleinarbeit an materiellen Abhilfen behindert worden sein, eine durchdringende Stoßkraft in irgendeiner Richtung zu entfalten. Sicher ist, daß er nicht im entferntesten jene sammelnde, organisatorische Kraft besaß, die dem (1890 gegr. und von Helene Lange geführten) Allgemeinen deutschen Lehrerinnenverein zu eigen war. Ins Auge fallende Erfolge waren dem "Verein deutscher Lehrerinnen und Erzieherinnen" nachweisbar nicht beschieden. Über sein Ende schweigen die Quellen, evtl. ist er 1890 im Allgemeinen deutschen Lehrerinnenverein aufgegangen.

Neben den oben erwähnten materiellen Hilfsarbeiten regte der Verein weiterhin lokale Vereinsgründungen an (ihre Anzahl ist nicht bekannt, sie dürfte auch gering gewesen sein); wesentlicher und wichtiger war die nun regelmäßige Entsendung von Delegierten zu den Lehrerversammlungen. Hierzu hatte man allen Grund, denn in den Kreisen der männlichen "Dirigenten und Lehrenden" entwickelten sich für die Lehrerinnen gefährliche Anschauungen und Ziele. Als diese Pädagogen zum erstenmal in Weimar tagten, stipulierten sie u. a. folgende Thesen:

134) "Neue Bahnen", 4. Jg., 1869, Nr. 9, S. 72.

"VI. Das Lehrerkollegium besteht aus einem wissenschaftlichen Direktor, wissenschaftlich gebildeten Lehrern, aus erprobten Elementarlehrern und geprüften Lehrerinnen'"[135].

IX. Alle höheren Mädchenschulen, die die oben aufgeführten Forderungen nicht erfüllen, verlieren die ihnen von der Regierung verliehene Berechtigung, "höhere Schulen zu heißen", und werden zu Mittelschulen degradiert[136].*

Welche Gefahren verbargen sich nun in diesen Thesen?

1. Wären alle privaten höheren Mädchenschulen degradiert worden, die von Lehrerinnen geleitet wurden[137];

2. wäre die finanzielle Basis sehr vieler Privatschulen ruiniert worden: nur die wenigsten konnten sich als private Unternehmungen einen männlichen Direktor und mehrere wissenschaftlich oder seminaristisch vorgebildete Lehrer leisten; in ihrer schwankenden Finanzkraft waren sie vor allem auf billige Lehrerinnen angewiesen;

3. wäre die Lehrerin noch stärker zurückgedrängt worden: die besser qualifizierten männlichen Lehrer hätten noch fester die Ober- und Mittelstufe auch an den Privatschulen okkupiert und die Lehrerinnen nur in der Unterstufe geduldet.

Einige anwesende Berliner Lehrerinnen widersetzten sich sofort und forderten ferner für die Lehrerinnen:

die Errichtung höherer, wissenschaftlicher Fortbildungsschulen für erwachsene Mädchen und für die dort ausgebildeten Lehrerinnen die Berechtigung, "bis in die obersten Klassen der Mädchenschule neben den Lehrern" unterrichten zu können[138].**

---

135) H. Lange, höhere Mädchenschule - Bestimmung, S. 35.

136) "Frauen-Anwalt", 3. Jg., 1872/73, Nr. 8/9, S. 266.

137) Anm. d. V.: Vor allem die weibliche Direktorin war bei den männlichen Pädagogen ein Stein des Anstoßes, aber die Abwehrkämpfe waren noch nicht so scharf und gezielt wie in den nachfolgenden Jahrzehnten, wenn sie auch angesichts des amtlich erzwungenen Zölibats bereits ebenso unlogisch wie lächerlich waren.

Auf dem Internationalen Erziehungskongreß in Brüssel 1880 wurde auch das Mädchenschulwesen in fortschrittlicher Weise diskutiert. Als die Leitung der Mädchenschule zur Debatte stand, die man einhellig in Frauenhände gelegt sehen wollte, meldete sich ein "einziger Opponent", ein deutscher Erzieher! Sein Argument gegen die weibliche Leitung?

"da die meisten Lehrerinnen unverheiratet wären, so könnten sie nicht mit den Kindern sympathisieren ...".

Ein Geflüster ging anschließend in Brüssel durch die Reihen:

"Die Schulvorsteherin soll keine unverheiratete Frau und keine verheiratete Frau sein - die Schulvorsteherin der Zukunft ist also die Witwe"!

("Frauen-Anwalt", 1880, Nr. 10, S. 353).

138) "Frauen-Anwalt", 3. Jg., 1872/73, Nr. 8/9, S. 262 ff.

* Qu. 298   ** Qu. 300

Die entsprechenden Anträge fanden kein Gehör[139]. Doch die nun gefährdeten Lehrerinnen blieben fest in diesen Forderungen. Der "Berliner Verein für höhere Töchterschulen" überreichte am 13.2.1873 dem preußischen Kultusminister Falk die sog. "Berliner Denkschrift", in der

1. um eine wissenschaftliche Ausbildung der Lehrerinnen mit abschließender Oberlehrerinnenprüfung und

2. um die Beteiligung der Lehrerinnen am Mittel- und Oberstufenunterricht der höheren Mädchenschulen* ersucht wurde. Der Forderung 1 kam die preußische Regierung ein Stückchen entgegen durch Erlaß einer Prüfungsordnung für Lehrerinnen 1874;** mehr geschah nicht.

Die Agitation der Frauenbewegung und der Lehrerinnen richtete sich nun auf die Gründung jener "wissenschaftlichen" Seminare; soweit die Quellen berichten, forderte man (abgesehen von Hedwig Dohm)*** während der 70er Jahre nicht die Zulassung zu den Universitäten. Da aber alle Bemühungen ins Leere stießen, versuchten die vor die Öffentlichkeit tretenden Lehrerinnen und die Frauenbewegung, die Lehrerinnen zur Fortbildung durch eigene Arbeit anzuspornen und z.B. durch wissenschaftliche Vorträge in Versammlungen die notwendigen Anregungen zu geben. Von den Lehrern war hierbei kaum eine breite Unterstützung zu erwarten.

Folgerichtig konzentrierten sich die Lehrerinnen auf den Lehrerversammlungen auch vor allem auf die Forderung 2: Beteiligung am Mittel- und Oberstufenunterricht. 1875 und 1876 wurde auf den Versammlungen der Dirigenten und Lehrenden höherer Mädchenschulen leidenschaftlich über die Frage diskutiert, ob die Beteiligung der Lehrerinnen am Oberstufenunterricht "zulässig", "unentbehrlich" oder "wünschenswert" sei; man entschied sich für das letztere[141];**** der Beschluß blieb jedoch nur papierenes Dokument; nichts geschah, wenn man absieht von der fast turnusmäßigen Wiederholung der Forderungen von seiten der Lehrerinnen und der Frauenbewegung vor den tauben Ohren der männlichen Pädagogen und der Behörden.

Während der 80er Jahre spürt man jedoch eine neue Aktivität. Auf der Generalversammlung des Allgemeinen deutschen Frauenvereins 1881 referierte offensichtlich eine jüngere Lehrkraft über die wissenschaftliche Bildung der Lehrerinnen[142]. Der "Frauen-Anwalt" berichtete zwar nicht den Inhalt, bemerkte aber:

139) "Während der Verlesung wurden sie durch die Rufe unterbrochen: "Wir wollen uns hier nicht mit der Frauenfrage beschäftigen und noch viel weniger die Frauenemanzipation befördern"! (In: "Frauen-Anwalt" s.u. 140).*****
140) "Frauen-Anwalt", 3. Jg., 1872/73, Nr.8/9, S.262 ff.
141) H. Lange, Lebenserinnerungen, S.128.
142) L. Otto-Peters, Das erste Vierteljahrhundert, S.53.

* Qu. 302   ** Qu. 304 ff.   *** Qu. 395 ff.   **** Qu. 311
***** Qu. 300

"Fräulein Willborns Vortrag gestaltete sich an manchen Stellen zu bitteren und nicht immer gerechten Anklagen, wodurch leider auch das Gute und Richtige, was sie vorbrachte, beeinträchtigt und abgeschwächt ward. Frl. Auguste Schmidt, Frl. Calm und andere traten den Ausführungen der Rednerin mit Sachkenntnis, Entschiedenheit und in liebenswürdiger, ausgleichender Weise entgegen, so daß der kalte Strom, der sich über die Versammlung ergossen, bald wieder einer wohltuenden Wärme wich"[143].

Man darf sicher sein, daß hier einige Wahrheiten ungeschminkt dargestellt wurden; solch harte Worte vertrugen die Damen nicht gut. Doch Auguste Schmidt hatte zu Beginn der 80er Jahre schon Schritt gefaßt; wie oben (B. I 2b) dargestellt, wirkte sie nun für eine Gabelung der höheren Mädchenschule mit abschließender Maturitätsprüfung als Vorbereitung für die Universität; da sie hier auf dem richtigen Weg voranschritt, war zu erwarten, daß sie auch hinsichtlich der höheren Lehrerinnenbildung den besten Ansatzpunkt finden würde.

Die Aktivität der Lehrerinnen selbst wurde ungemein angeregt durch die 1884 ff. erscheinende Zeitschrift

"Die Lehrerin in Schule und Haus".

Herausgegeben wurde sie von der ehemaligen Lehrerin Marie Loeper-Housselle, die mit Helene Lange - Berlin befreundet war; letztere hatte ebenfalls ihre Mitwirkung zugesagt. - Gleichzeitig dürften auch Lehrerinnenkreise versucht haben, die Verbindung zu den Organisationen der Frauenbewegung zu intensivieren. 1884/85 referierte die Lehrerin Bertha von der Lage auf den Generalversammlungen des Lette-Vereins und Allgemeinen deutschen Frauenvereins über die Lehrerinnen betreffende Fragen. Ausführliche Berichte, die den Stand der Diskussion beleuchten könnten, fehlen leider. Doch die Entwicklung der Dinge enthüllte sich in den Jahren 1887/88.

Auffällig an diesem Geschehen ist die Parallelität zu den Vorgängen in Sachen höherer Mädchenbildung. Sah man sich während dieser Jahre hinsichtlich letzterer sogleich drei Konzeptionen gegenüber, so eröffneten sich in Sachen höherer Lehrerinnenbildung nur zwei Programme, und gemessen an der Fortschrittlichkeit ihrer Ziele ergibt sich auch wiederum dieselbe Reihenfolge:

1 a) Der junge Frauenverein Reform (gegr. 1888) forderte in seinen Satzungen:

"Zulassung des weiblichen Geschlechts zum Studium auf Universitäten und anderen wissenschaftlichen Hochschulen"[144];*1888/89 richtete er entsprechende Petitionen an die Kultusministerien aller Bundesstaaten.** Während sich der Frauenverein Reform einer Einengung dieser

---

143) "Frauen-Anwalt", 1881, Nr. 11, S. 335.
* Qu. 356   ** Qu. 367, 446

Forderung durch eine Beschränkung auf das höhere Lehrfach (und das Medizinstudium) widersetzte, richtete

1 b) der Allgemeine deutsche Frauenverein 1888 Petitionen an alle Kultusministerien, in denen um Zulassung der Frauen zum Studium der Medizin gebeten wurde; und ferner:

"daß auch diejenigen Studien und Prüfungen, durch welche Männer die Befähigung zum wissenschaftlichen Lehramt erlangen, den Frauen freigegeben werden"[145].

"Für die Lehrerinnen, welche erste Stellen an höheren öffentlichen Mädchenschulen bekleiden sollen, erscheint allerdings das Universitätsstudium nicht obligatorisch, aber da es bis jetzt keine höheren Lehranstalten für Frauen gibt, so hegt der Verein den dringenden Wunsch, daß den sich dem Lehrberuf widmenden Frauen Gelegenheit gegeben würde, sich als ordentliche Hörerinnen an Universitäten das für die Stellung einer Lehrerin der Oberklassen an höheren Mädchenschulen notwedige Wissen zu erwerben"[146].*

Man kann feststellen, daß der Allgemeine deutsche Frauenverein in Sachen höherer Lehrerinnenbildung hiermit prinzipiell, wenn auch äußerst vorsichtig, den richtigen Ansatzpunkt gefunden hatte. Die einschränkende Begründung: "da es bis jetzt keine höheren Lehranstalten für Frauen gibt", sollte sich jedoch als sehr gefährlich erweisen, denn es war

2) Helene Lange, die mit ihrer Furore-machenden "Gelben Broschüre" (1887/88) genau in diese Lücke hineingestoßen war. So leidenschaftlich sie eine Verbesserung der Lehrerinnenbildung forderte, ebenso vehement lehnte sie eine Ausbildung an Universitäten ab:

"Wir beabsichtigen durchaus nicht, unseren Lehrerinnen das Studium der Philologie zuzumuten, dem die Frauen in Deutschland augenblicklich nicht gewachsen wären; aber nicht deswegen, sondern weil wir durchaus nicht glauben, daß dieses Studium, wie es augenblicklich mit der größten Spitzfindigkeit im Detail betrieben wird, gute Lehrerinnen bildet; - bildet es doch an und für sich auch nicht gute Lehrer, sondern nur Gelehrte. Man wird für unsere Lehrerinnen sehr ernsthaft, auch streng wissenschaftliche Anforderungen in Aussicht nehmen und sich doch ohne Schaden für unsere Mädchen sehr weit vom philologischen Examen entfernen dürfen"[147].**

Helene Lange forderte konsequent die Errichtung besonderer Hochschulen für die Vorbildung von Lehrerinnen,*** die von Frauen zu leiten

144) Bibliothek der Frauenfrage. Nr. 1, Weimar (3. Auflage) um 1890; I. Kettler, "Was wird aus unseren Töchtern"?

145) L. Otto-Peters, Das erste Vierteljahrhundert, S. 79 ff.

146) L. Otto-Peters, Das erste Vierteljahrhundert, S. 82.

147) H. Lange, Die höhere Mädchenschule und ihre Bestimmung. Berlin 1887/88.
    * Qu. 445 f.   ** Qu. 338   *** Qu. 340 ff.

seien; (Dauer des Studienkurses drei Jahre; strenge Aufnahme- und Abschlußprüfungen; Mindestalter zur Aufnahme 20 Jahre; obligatorische
Fächer: Pädagogik und Deutsch, die auch nur von Frauen gelehrt werden
sollten).

Wie reagierten nun die Kultusministerien auf diese Petitionen? Um
es kurz zu sagen, die Petitionen des Frauenvereins Reform und des Allgemeinen deutschen Frauenvereins in Sachen höherer Lehrerinnenbildung landeten im Papierkorb. Vor allem im preußischen Kultusministe-
rium dürfte man über die Maßlosigkeit dieser Forderungen konsterniert
gewesen sein, zumal sich Preußens männliche Pädagogen ob ihrer von
Helene Lange ausgesprochenen Disqualifizierung bereits in heller Empörung befanden. Und dennoch - maß man die verschiedenen Petitionen
an der Elle der geringsten Fortschrittlichkeit, so verdiente in ministe-
rieller Sicht nur die "maßvolle", konventionelle Helene Lange Beachtung. Und sie fand sie auch, als sich der Preußische Kultusminister
nach einem möglichst kleinen Abhilfeausweg via Selbsthilfe umsah und
dabei auf das bereits "bewährte" Viktoria-Lyceum* zurückgriff. Er
schlug "Fortbildungskurse für geprüfte Lehrerinnen" vor - selbstverständlich ohne sich daraus ergebende Berechtigungen - und zog auf
Wunsch der Kronprinzessin Friedrich auch Helene Lange hinzu.** - Preußen zögerte nie, winzig kleine, in der Wirksamkeit äußerst begrenzte
Notventile zu ziehen, wenn es darum ging, gründliche, brennend not-
wenige Reformen zu umgehen; so wurden die "Fortbildungskurse" auch
mit einem für Preußen geradezu verblüffendem Tempo bereits am 23.5.
1888 eröffnet. Ihre Dauer (3 Jahre) und die Auswahl der Fächer (Deutsch
und Geschichte)*** zeigen deutlich die Einwirkungen Helene Langes.

Ergänzt man dieses Geschehen noch durch den Hinweis, daß 1888
die Verbindung zwischen Helene Lange und dem Allgemeinen deutschen
Frauenverein, vor allem Auguste Schmidt, zustande kam (vgl. oben
B. I. 2a), so darf man feststellen, daß am Ende des hier behandelten
Zeitabschnittes, 1888/89, für die höhere Lehrerinnenbildung nach hoff-
mungsvollen Ansätzen die akute Gefahr bestand, auch in Kreisen der
Frauenbewegung auf konventionelle Geleise geschoben zu werden.

d)   Berufe für "gebildete" Frauenkreise

Sucht man nach einem Bereich, in dem die Vorstellungen über die
aus der "spezifisch weiblichen Individualität" resultierende berufliche
Arbeitsteilung zwischen den Geschlechtern in ihrer vollen Ausprägung
faßbar werden, so findet man ihn auf dem Sektor der wissenschaftlich-
akademischen Frauenberufe. - Die deutsche Frauenbewegung engagierte

* Qu. 252 f.   ** Qu. 346 f.   *** Qu. 347   _____

sich von Anbeginn mit Leidenschaft für die Berufe der Lehrerin und der Ärztin, die Apothekerin (oder Apothekergehilfin) lief in der Agitation mehr oder minder "nebenher". - Obwohl man auch für die gebildeten Frauen das Recht in Anspruch nahm, daß sie zu jeder Arbeit berechtigt seien, zu der sie befähigt seien, kämpfte man bis 1888 nur für die Öffnung der oben genannten Berufe: denn einerseits war man fest überzeugt, daß die Lehrerinnen und Ärztinnen für die weibliche Bevölkerung und für das Wohl einer Nation absolut notwendig seien, andererseits glaubte man, daß die Berufe des Erziehens, Helfens, Heilens und Pflegens der "spezifischen weiblichen Individualität" und der ihr eingeborenen Liebesfähigkeit, Hingabe- und Opferbereitschaft am innigsten entsprächen. Auch die taktische Erwägung, daß die gebildete Männerwelt, die diese "ewig-weiblichen" Eigenschaften anbetete, gegen ihre Transformation auf Berufsebene keine gravierenden Einwände erheben könne, dürfte nicht ohne Einfluß gewesen sein.

Diese Vermutung findet man bestätigt, wenn man das Schicksal der 1867 von Professor von Holtzendorff erhobenen Forderung der Zulassung der Frauen zum Studium der Jurisprudenz und zur Ausübung der Advokatur verfolgt; Holtzendorff meinte:

"In diesem Bereiche ist viel Ungerechtigkeit gegen die Frauen wieder gut zu machen. ... Auf diesem Gebiete zeigt sich wohl der ärgste Zopf"[148].[*]

Doch auf diesem Feld stieß keine der beiden Frauenorganisationen nach; neben der schwierigen Rechtslage im Deutschen Reich, die eine Zulassung zum Studium[149], zu den Staatsprüfungen und zur juristischen Tätigkeit verbot, wurde der Zugriff auch sicher gehemmt durch eine "echt weibliche" Scheu vor diesem "unweiblichen" Beruf, die angesichts des vehementen männlichen Anspruches auf Alleinbesitz durch jene verstimmende Geschlechtsbescheidenheit der Frauen[150] vertieft wurde, die 1875 deutlich bei Marie Calm zum Ausdruck kam, als sie das Ergebnis eines amerikanischen Berufszensus zu Beginn der 70er Jahre[151] mitteilte, der

148) "Neue Bahnen", 3. Jg., 1869, Nr. 4, S. 30.

149) Anm. d. V.: Die erste Frau, die in Deutschland an der Universität in Leipzig am 21.2.1873 zum Dr. jur. promovierte, war die Russin Johanna von Evreinov; sie war als "Gasthörerin" in Leipzig zugelassen worden. (In: "Frauen-Anwalt", 4. Jg., 1873/74, Nr. 1).

150) Anm. d. V.: Noch im Jahre 1912 stellte Theodor Heuß zur Frauenbewegung fest:
"Aber das, was das Wachstum und die innere Wucht der Frauenbewegung hemmen könnte, ist ja nicht so sehr die Mißgunst der Männer als das mangelnde Selbstvertrauen, die oft verstimmende Geschlechtsbescheidenheit der Frauen selbst". (In: "Die Hilfe", 18. Jg., 1912, Nr. 11, S. 170 f.).

151) Nach dem Zensus von 1875 hatten sich diese Zahlen in den U.S.A. kaum verändert, doch man nannte die Zahl der Lehrerinnen: 89 700! (In: "Frauen-Anwalt", 6. Jg., 1875/76, Nr. 10, S. 248).

* Qu. 157

500 weibliche Ärzte und Chirurgen,
  5 weibliche Advokaten,
  5 weibliche Notare,
 67 weibliche Pfarrer,
ca 400 weibliche Postmeister
nachwies, und feststellte:

"Gewiß, die deutschen Frauen streben weder nach der Soutane, noch nach der Robe, da lassen sie gern das alte ' mulier taceat in ecclesia' gelten; aber was dem ärztlichen Beruf und der Anstellung der Frauen bei den öffentlichen Verkehrsanstalten entgegensteht, sind in der Tat nur Vorurteile"[152].

In der Agitation der Frauenbewegung für "weibliche Ärzte" trat der Wunsch, auf medizinischem Gebiet dem weiblichen Geschlecht einen neuen Beruf zu erschließen, weit zurück hinter der "sanitären und ethischen Notwendigkeit"[*] der Ärztin für Kinder- und vor allem für Frauenkrankheiten. Man empfand es als Grausamkeit, als schlimmsten Verstoß gegen das weibliche Zartgefühl und die weibliche Schamhaftigkeit, daß die Frauen gezwungen waren, sich mit delikatesten Problemen und Krankheiten an männliche Ärzte zu wenden; oftmals litten die Frauen jahrelang, um dann an einer verschleppten Krankheit, die man in ihren Anfängen hätte heilen können, zu sterben. - Die Quellen vermitteln den Eindruck, daß Frauenleiden damals sehr häufig auftraten, was bei den unmäßig hohen Zahlen von Geburten und Aborten auch keineswegs überraschend ist.

Schwierig in den Bemühungen um weibliche Ärzte war die Frage: Wie bekommt man sie? Der Stein des ("sittlichen") Anstoßes war das gemeinsame Studium beider Geschlechter; die Männer waren in dieser Frage in ihrer überwältigenden Mehrheit wesentlich "heikler" als die Führerinnen der Frauenbewegung. Bei der Gründung des Allgemeinen deutschen Frauenvereins (1865) verwies der Referent Professor Eckardt denn auch sofort auf eine Frauenhochschule[153] (vgl. oben A. III. 1). Dies war ein Weg, den man zu einem Teil in den U.S.A. und England beschritt, wo man u. a. besondere medical colleges und women' s hospitals für weibliche Studierende schuf; Rußland griff 1872 ff. zu einer ähnlichen Lösung.

---

152) "Frauen-Anwalt", 5. Jg., 1874/75, Nr.11/12, S.258;
Anm. d. V.: Ebenso bedenklich war Mathilde Webers Argument auf der Generalversammlung des Allg. deutschen Frauenvereins 1883: alle Fächer des Brotstudiums seien so von Männern überfüllt, daß die Frauen keine Chance hätten ... Worauf die Vorsitzende Louise Otto-Peters ihrem Vorstandsmitglied kühl erklärte, dies sei kein Grund, den Frauen das Studium zu verweigern. (In: "Neue Bahnen", 18. Jg., 1883, Nr.21, S.164).
153) L. Otto-Peters, Recht-Erwerb, S.86.
  * Qu. 441 ff.

Doch Louise Otto-Peters wünschte schon 1866 recht deutlich in irgendeiner Form ein Studium an den bestehenden Universitäten, denn es sei ja auch ohne Schwierigkeiten möglich, ungebildete Frauen als Hebammen an Kliniken auszubilden, warum solle das nicht ebenso bei weiblichen Studierenden der Medizin möglich sein[154]?* In dieser Überzeugung konnte Louise Otto-Peters auch nur bestärkt werden durch die Entwicklungen in der Schweiz:**

1864 wurden "einige Damen" aus Petersburg auf ihr Ersuchen hin zum Studium der Medizin an der Universität Zürich zugelassen. Am 14.12.1867 promovierte die erste Frau in Zürich zum Dr. med. (die Russin Nadeschda Suslowa), im März 1870 die zweite (die Engländerin Elizabeth Morgan).

Das sich positiv vollziehende gemeinsame Studium in Zürich brachte auch den Lette-Verein auf den rechten Weg, nachdem noch 1869 auf einer Konferenz in Berlin[155] von dem Referenten Professor Emminghaus die Gründung einer besonderen Frauenhochschule vorgeschlagen worden war. - Mehrere Artikel der in der Schweiz beteiligten Professoren im "Frauen-Anwalt"*** gaben in der ersten Hälfte der 70er Jahre Antwort auf die drängendsten Fragen:

1) Sind die Frauen fähig, Medizin zu studieren?

Man stellte fest, daß sie nicht nur befähigt seien, sich diesem Fach zu widmen und den männlichen völlig ebenbürtige Leistungen zu erreichen, man erwartete auch, daß sie sich dem Studium der Theologie, der Jurisprudenz, der Geschichte und der Naturwissenschaften mit dem gleichen Erfolg zuwenden würden; ferner: daß sie sogar "ausgedehnten kommerziellen und industriellen Geschäften vorstehen und h ö h e r e p o l i t i s c h e Ä m t e r bekleiden könnten, denn

wir in Zürich "sehen nicht ein, warum nicht auch Frauen umfassende Kenntnisse in Volkswirtschaft und Statistik, in Finanzwissenschaften und Verwaltungswesen sich erwerben und in ö f f e n t l i c h e n S t e l l u n g e n verwerten sollen"[156].****

In Bern wurde in einer Rektoratsrede als Konsequenz der Zulassung der Frauen zum Studium gefordert:

"Erstens: die Zulassung der studierten Frauen zu den Prüfungen; und falls sie dieselben bestehen, ... zweitens auch zu den Anstellungen, Ämtern und Berufsarten, auf welche jene das Recht geben; und drittens: E r t e i l u n g des politischen Stimmrechts und des a k t i v e n u n d p a s s i v e n

---

154) L. Otto-Peters, Recht-Erwerb, S. 96 ff.

155) "Frauen-Anwalt", 1. Jg., 1870/71, Nr. 1, S. 19;

Anm. d. V.: Vermutlich handelte es sich um jene Ende 1869 stattfindende Konferenz der Frauenbildungs- und Erwerbsvereine, auf der der "Verband deutscher Frauenbildungs- und Erwerbsvereine" gegründet wurde (vgl. oben B.).

156) Prof. Viktor Böhmert (Zürich) - in: "Frauen-Anwalt", 1. Jg., 1870/71, Nr. 1, S. 20.

  * Qu. 381   ** Qu. 382 ff.   *** vgl. Qu. 382 ff., 386 ff., 427 ff.

  **** Qu. 483

W a h l r e c h t s nicht nur den studierten Frauen, sondern allen, welche eine gleiche geistige Bildung und einen gleichen Arbeitskreis mit den Männern haben"[157].*

Ebenso befriedigend fiel die Antwort aus auf Frage:

2) Wird durch die mangelhafte Vorbildung der Frauen der Unterricht gestört?

Die Frage wurde verneint, da entweder die Frauen ihre Lücken füllten oder vom Studium zurückträten. Die Professoren drängten jedoch auf eine gleiche gymnasiale oder realgymnasiale Vorbildung beider Geschlechter; da aber entsprechende Vorbildungsanstalten fehlten, herrschte die Meinung vor, daß die Universitäten den Frauen ihre Pforten öffnen müßten, sobald sie die nötige Vorbildung in anderer Weise erlangt hätten[158]. Was in der Schweiz auch geschah.

Frage 3) - Welche Erfahrungen ergeben sich aus dem gemeinsamen Studium der Geschlechter

a) hinsichtlich der Unterrichtsgestaltung und des Unterrichtsverlaufes?

b) hinsichtlich der Sittlichkeit? -

stand bei deutschen Männern und Frauen ganz besonders im Blickpunkt des Interesses.

Zu a) bestätigten einhellig die Professoren, daß sie alle Vorlesungen und medizinischen Demonstrationen vor dem gemischten Auditorium so durchführten, wie sie es vorher vor Männern allein zu tun pflegten; "Unzuträglichkeiten" seien während des Unterrichts nicht vorgefallen[159].**

Die Ängste um den persönlichen "sittlichen" Lebenswandel der Studentinnen wurden durch einen Ukas der russischen Regierung*** (im Sommer 1873) bedauerlicherweise in den Vordergrund gedrängt: wegen angeblich "unsittlichen Lebenswandels" befahl die russische Regierung

---

157) Prof. von Scheel (Bern) - in: "Frauen-Anwalt", 4. Jg., 1873/74, Nr. 11, S. 330 ff.

158) 1873 ff. forderte die Universität Zürich den Nachweis des vollendeten 18. Lebensjahres und ausreichender Vorkenntnisse zum Besuch der Universität durch Zeugnisse in- oder ausländischer Bildungsanstalten oder durch eine Prüfung. (In: "Frauen-Anwalt", 4. Jg., 1873/74, Nr. 1, S. 45).
Die übrigen Schweizer Universitäten stipulierten ähnliche Aufnahmebedingungen.

159) Anm. d. V.: Dies bekräftigte 1870 der Senat der Universität Zürich ausdrücklich gegenüber der medizinischen Fakultät der Universität Würzburg, die Ende 1869 oder Anfang 1870 folgende überaus charakteristische Anfrage an den Senat der Universität Zürich gerichtet hatte:
"... ob und welche Anstände sich bei dieser Zulassung von Personen weiblichen Geschlechts und so namentlich aus der Gemeinschaft mit männlichen Studierenden bei gewissen für das weibliche Zartgefühl empfindlichen Vorlesungen und Demonstrationen ergeben haben".

* Qu. 388   ** Qu. 427 ff., 382 f.   *** Qu. 384 f.

den ca. 100 russischen Studentinnen, die Universität Zürich zu verlassen; wer noch nach Neujahr 1874 in Zürich studiere, werde in Rußland von allen Staatsprüfungen ausgeschlossen. Tatsächlich wurde der Ukas erlassen wegen der von der russischen Regierung beargwöhnten "anarchistischen und nihilistischen Umtriebe" in Zürich. In der Schweiz durchschaute man das üble Spiel, und die Universität Bern war bereit, die russischen Studentinnen aufzunehmen[160], aber in Deutschland stärkte der Ukas die an sich dominierenden gegnerischen Kräfte, deren prominenter Sprecher, der Professor der Anatomie v. Bischoff, den Frauen 1872 bereits alle geistigen und körperlichen Fähigkeiten für ein Medizinstudium abgesprochen und die sittlichen Kalamitäten vorausgesehen hatte.*

Bedauerlich, wenn auch verständlich, war jedoch die nervöse Reaktion der organisierten Frauenbewegung: Hatte man bis zu diesem Zeitpunkt recht frisch die Zulassung zum Studium der Medizin gefordert, so dürfte es von nun an kaum eine Erörterung dieser Frage gegeben haben ohne die peinlich genaue Beachtung des Punktes "Sittlichkeit"** und die Beteuerungen, daß durch ein Studium die "Weiblichkeit" der Studentinnen nicht zerstört werde; wobei man sich in der Sorge um die "Weiblichkeit" nicht nur auf eine strenge sexualmoralische Sittlichkeit und die oben geschilderten "ewig-weiblichen" Tugenden konzentrierte, son-

160) Anm. d. V.: Zwanzig Russinnen gingen nach Bern; einige baten um Aufnahme an anderen europäischen Universitäten (auch deutschen, wo sie verweigert wurde); ein Teil kehrte nach Rußland zurück, wo 1872 in Petersburg an der Medizinisch-Chirurgischen Akademie Kurse für "Gelehrte Hebammen" eröffnet worden waren; nur 12 blieben in Zürich. Im Sommersemester 1874 gehörten in Zürich von insgesamt 29 Frauen: 16 der medizinischen, 13 der philosophischen Fakultät an.

12 Studentinnen kamen aus Rußland,	1 aus den USA.,
5 aus Österreich-Ungarn	1 aus England,
4 aus Serbien,	1 aus Frankreich und
4 aus Deutschland,	1 aus der Schweiz.

Trotz aller Großzügigkeit scheinen die Professoren in Zürich aufgeatmet zu haben, als so viele Russinnen abzogen und das Frauenstudium wieder "in den früheren normalen Bahnen l a n g s a m vorwärts" schritt; die Zahl der Russinnen war für damalige Verhältnisse tatsächlich überwältigend angestiegen; es studierten in Zürich:

SS. 1871	13 Russinnen,	
WS. 1871/72	21 Russinnen,	
SS. 1872	54 Russinnen,	(unter insgesamt 63 Studentinnen)
WS. 1872/73	96 Russinnen,	
SS. 1873	100 Russinnen,	(unter insg. 114 Studentinnen; von denen 80 der med. Fak. angehörten, darunter 77 Russinnen)
WS. 1873/74	12 Russinnen,	(unter insgesamt 29 Studentinnen).

(In: "Frauen-Anwalt", 5. Jg., 1874/75, Nr. 9, S. 219);*** 1879, Nr. 4, S. 110 ff.).

* Qu. 389 ff.   ** Qu. 426 ff.   *** Qu. 384 f.

dern auch die Kleidung, die ganze äußere Erscheinung und das Benehmen der Studentinnen miteinbezog. Noch immer ging das Schreckgespenst der "Emanzipierten" in deutschen Köpfen um, und man neigte zu der Vorstellung, daß die mit Männern zusammen studierende Frau auch Männerkleidung trage, mit Männern zeche, ganz und gar "unweiblich" (i. e. "unsittlich") lebe u. a. m.

Es ist bis zu einem gewissen Grad überraschend, daß trotz der lebhaften Diskussion und Agitation in Sachen Medizinstudium bis 1888 keine direkten Vorstöße durch entsprechende Petitionen erfolgten[161]. Die Gründe für dieses Verhalten sind zum größten Teil in der hemmenden, direkt feindlichen Haltung der Umwelt zu suchen, wobei die Problematik des gemeinsamen Studiums und dessen, was man in Deutschland für "Sittlichkeit" hielt, ganz besonders lähmend auf die Aktivität der Frauenbewegung gewirkt haben dürfte. Mit Sicherheit darf man deshalb auch vermuten, daß durch Petitionen keine Fortschritte erzielt worden wären, wie ja auch die entsprechenden Vorstöße auf dem Gebiet des keineswegs "heiklen" Pharmaziesstudiums von seiten des Lette-Vereins (zusammen mit dem von ihm geführten Verband deutscher Frauenbildungs- und Erwerbsvereine beim Bundesrat Ende 1872 oder Anfang 1873[162] und des Allgemeinen deutschen Frauenvereins (1876, genauere Hinweise fehlen)[163] ohne Erfolg geblieben sind.

Ein weiterer Grund für die Zurückhaltung der organisierten Frauenbewegung mag in der vorsichtigen Zulassung von Gasthörerinnen an den Universitäten Leipzig und Prag zu Beginn der 70er Jahre zu suchen sein[164]; diese vorsichtigen Anfänge wollte man sicher nicht gefährden

---

161) Anm. d. V.: Auf der Generalversammlung des Allgemeinen deutschen Frauenvereins 1868 (vgl. oben B. I. 2 b) wurde eine Petition erwogen; da man aber nicht wußte, wo man petitionieren sollte, wurde dem Vorstand die Angelegenheit zur Überprüfung und zur Einleitung der notwendigen Schritte übertragen. (In: "Neue Bahnen", 3. Jg., 1868, Nr. 22, S. 174 f.).
Nach Erlaß der Reichsgewerbeordnung 1869, die auch das Medizinalwesen regelte, hätten derartige Petitionen an den Bundesrat und Reichstag gerichtet werden müssen.
162) "Frauen-Anwalt", 3. Jg., 1872/73, Nr. 11/12, S. 380.
163) "Neue Bahnen", 11. Jg., 1876, Nr. 24, S. 187.
164) Anm. d. V.: Ausführlichere Hinweise hinsichtlich der Zulassung der Frauen fehlen; es liegen nur folgende Mitteilungen vor:
a) "Frauen-Anwalt", 4. Jg., 1873/74, Nr. 1, S. 41:
Am 21. 2. 1873 promovierte die Russin Johanna von Evreinov an der Universität Leipzig zum Dr. jur. mit einer Diss. über die "Pflichten der Neutralen gegenüber den Kriegsparteien".
b) L. Otto-Peters, Das erste Vierteljahrhundert, S. 30: Auf der Generalversammlung des Allgemeinen deutschen Frauenvereins 1873 dankt eine Referentin den Universitäten Leipzig und Prag für die Zulassung der Frauen als Gasthörerinnen.
c) "Neue Bahnen", 10. Jg., 1875, Nr. 1, S. 7:
Bericht in einem "Brief aus Leipzig":

durch ein Drängen auf generelle Zulassung der Frauen, das zudem der Mentalität der Führerinnen der Frauenbewegung auch gar nicht entsprochen hätte. Vorsichtiges Erproben, Reifenlassen, langsames organisches Wachstum, eine Rechtfertigung der Forderungen durch den Beweis bereits erreichter Frauenleistungen "in Selbsthilfe" - dies allein schien der rechte Weg zu sein. Jene Bewährung "in Selbsthilfe" wurde möglich durch die Rückkehr einiger deutscher im Ausland approbierter Ärztinnen: Dres. med. Franziska Tiburtius und Lehmus (1876) in Berlin, approbiert in der Schweiz (Zürich); Dr. Dahms (1877) in Hamburg, Studium in Edinburgh und Paris[165]. Nach den Bestimmungen der Reichsgewerbeordnung waren die nicht in Deutschland approbierten Ärztinnen den Kurpfuschern gleichgestellt und unterlagen entsprechenden Beschränkungen. Dr. Anna Dahms, preußische Staatsbürgerin, richtete ein Gesuch an die Universität Berlin mit der Bitte, in Berlin das medizinische Staatsexamen ablegen zu dürfen; es wurde abschlägig beschieden, und Kultusminister Falk eröffnete ihr in einer Audienz (im März 1879),

"daß nicht die mindeste Aussicht dazu vorhanden sei, daß Frauen zum Staatsexamen zugelassen würden"[166].

1879 folgte Dr. Dahms deshalb einem Ruf nach Schottland, da ihr in Hamburg von Behörden und Ärzten durch eine feindselige, die Gewerbeordnung radikal ausnützende Haltung die Ausübung ihres Berufes unmöglich gemacht wurde:

ich fand weder "einen gefälligen Arzt", so stellte sie fest, "der für mich Toten- und Geburtsscheine ausstellte, noch eine Polizeibehörde, nachsichtig genug, um mir die Eröffnung einer Poliklinik zu gestatten"[167], ...*

In Frauenkreisen jedoch hatte sie sich "die Anerkennung vieler in hohem Maße erworben", ein Faktum, das den Widerstand der Ärzte gestärkt haben dürfte.

1874 studierten in Leipzig 3000 Studenten, unter ihnen 3 Russinnen an der medizinischen und 1 Deutsche an der Philosophischen Fakultät; 1 Russin und 1 Serbin widmeten sich der Nationalökonomie.

Eingeleitet wurde der Bericht mit dem für deutsche Verhältnisse überaus typischen folgenden Wunsch:

Da den Studentinnen "hier seitens der Professoren durchaus kein Hindernis in den Weg gelegt wird, wäre es besonders um ihrer selbst willen wünschenswert, wenn sich ihre Zahl noch vermehrte, da sie sich dann m i n d e r   u n g e m ü t l i c h   f ü h l e n   würden, als wenn eine einzelne Dame sich unter einigen Hundert jungen Männern im Colleg allein befindet".

165) Anm. d. V.: Die erste deutsche Zahnärztin Dr. Henriette Tiburtius geb. Hirschfeld, Berlin, hatte in den U.S.A. studiert; andere deutsche Zahnärztinnen folgten diesem Beispiel.

166) "Frauen-Anwalt", 1879, Nr. 11, S. 346/47.

167) "Frauen-Anwalt", 1879, Nr. 11, S. 346/47.

* Qu. 434 f.

In Berlin war man wie immer hart im Prinzip, aber tolerant in winzigen Zugeständnissen: Dres. Tiburtius und Lehmus durften eine Poliklinik für unbemittelte Frauen (und Kinder) einrichten;* ferner melden während der hier behandelten Zeitspanne die Quellen auch noch keine anderen amtlichen oder kollegialen Schikanen[168].

Während der 80er Jahre, als sich die Haltung der Universitäten wieder verhärtet hatte und man Frauen auch nicht mehr als Gasthörerinnen zuließ, reifte jedoch die Situation, aus der direkte Aktionen erwachsen konnten:

1. entwickelte man in den Kreisen der organisierten Frauenbewegung konkretere Vorstellungen über eine Vorbildung für die Universität (vgl. B. I. 2b);

2. hatten sich die wenigen in Deutschland praktizierenden, aber im Ausland approbierten Ärztinnen bestens bewährt[169];

3. war durch die unermüdliche Agitation der Frauenbewegung und durch das Bedürfnis sowohl nach Ärztinnen wie auch nach höheren Frauenberufen das Frauenstudium zum Gegenstand der öffentlichen Diskussion geworden.

Die Situation war nach nunmehr 20 Jahren organisierter Frauenbewegung "reif", als sich 1888 der Allgemeine deutsche Frauenverein (zudem wohlversehen mit Stiftungen für das Frauenstudium) an die Kultusministerien der Bundesstaaten wandte mit der Bitte um Zulassung der Frauen zum Medizinstudium (und zur Vorbereitung auf das höhere Lehramt) an den bestehenden Universitäten.**

Schärfer kämpfend trat ihm sofort der 1888 gegründete Deutsche Frauenverein Reform zur Seite; er forderte 1888/89 in Petitionen an die Kultusministerien der deutschen Bundesstaaten:
die "Zulassung des weiblichen Geschlechts zum Studium an Universitäten und Hochschulen".***

Schon in seinen Satzungen vertrat dieser Verein mit Nachdruck die Ansicht,
"daß die Frau gleich dem Manne zum Studium aller Wissenschaften Zutritt haben soll, nicht aber auf vereinzelte derselben (wie z. B. die Medizin oder Lehrfach) beschränkt werden darf".****

168) Anm. d. V.: Bei amtlichen Dokumenten dürfte in Berlin vor allem der Bruder v. Dr. med. Franziska Tiburtius, auch ein Arzt und Gatte der ersten deutschen Zahnärztin, helfend eingesprungen sein.

169) Anm. d. V.: Die mangelhafte Quellenlage macht es unmöglich, die Zahl der in Deutschland arbeitenden Ärztinnen und Zahnärztinnen genau anzugeben, ihre Zahl dürfte Ende der 80er Jahre auf etwa 10-12 geschätzt werden; zu diesem Zeitpunkt gab es ihrer in den U. S. A. und Rußland schon einige Hundert, in England stieg ihre Zahl ebenfalls sehr rasch an.

* Qu. 433   ** Qu. 444 ff.   *** 446   **** Qu. 356 f.

Hinsichtlich der praktischen Anwendung erhob jedoch der Frauen-verein Reform eine etwas modifizierte Forderung; sie lautete:

"Erlangung der staatlichen Erlaubnis für Frauen, diejenigen auf wissen-schaftlichen Studien beruhenden Berufe, deren Ausübung einer behördlichen Genehmigung bedarf, auch wirklich ausüben zu dürfen, soweit das p r a k-t i s c h   d u r c h f ü h r b a r ist und sobald die betreffenden Examensnachweise geliefert sind"[170].

Für "praktisch durchführbar" erachtete der Verein alle Berufe, die "bereits tatsächlich in anderen Kulturländern durchgeführt worden sind", (z. B. die Berufe der Ärztin, Zahnärztin, Apothekerin, Chemikerin, Journalistin, Hochschullehrerin, Oberlehrerin und Rechtsanwältin); vor-erst ausgeklammert wurde das Prediger- und Richteramt und die Lauf-bahn des Verwaltungsbeamten[171].*

Mochte der eine Verein der deutschen Frauenbewegung nun auch weniger fordern als der andere (der Lette-Verein schwieg ganz!), kei-ne der Petitionen erzielte einen Erfolg; einige Antworten der Kultus-ministerien enthielten 1889 nur den Hinweis, daß für Medizinalangele-genheiten das Reich zuständig sei. - Und doch darf man in Kenntnis der 1890 ff. sich vollziehenden Vorgänge feststellen, daß die deutsche bür-gerliche Frauenbewegung mit diesen Petitionen in Sachen höherer Frauenbildung und Frauenarbeit endlich in Bewegung gekommen war.

Neben dem Beruf der Ärztin wurde von beiden Organisationen der Frauenbewegung auch von Anbeginn die Krankenpflege in der Ausge-staltung eines freien Erwerbsberufes ins Auge gefaßt. Es ist jedoch charakteristisch, daß man erst zu Beginn der 80er Jahre die Ausbildung solcher Schwestern mit bleibendem Erfolg durchführen konnte. Bis zu diesem Zeitpunkt lag die Krankenpflege ausschließlich in Händen geist-licher oder halb weltlicher, halb geistlicher Organisationen[172], in de-nen sich das ganze Leben der Schwestern zu vollziehen hatte, die ih-rerseits aber auch für den gesamten Lebensunterhalt und für die Ver-sorgung der Schwestern im Falle der Krankheit, der Invalidität und des Alters Sorge trugen. Erhielten diese Schwestern überhaupt eine winzige Entlohnung, so dann zumeist nur in Form eines Taschengeldes von ih-

---

170) "Bibliothek der Frauenfrage", Nr. 1, S. 36 ff.
171) "Bibliothek der Frauenfrage", Nr. 1, S. 48.
172) Anm. d. V.: Nach der Berufsstatistik des Deutschen Reiches 1882 arbeiteten auf dem Gebiet der Gesundheitspflege als Krankenwärterinnen, Diakonissen und Hebam-men 46 177 Frauen. (Im Kirchendienst als Nonnen und Laienschwestern wirkten 9 806 Frauen).
Robert Wuttke, Die erwerbstätigen Frauen im deutschen Reich. In: Jb. der Gehe-Stif-tung. Bd. II., Dresden, 1897, S. 23).
* Qu. 357 f.

rem Orden[173]. Diese Berufsverhältnisse wirkten keinesfalls anziehend auf die in Erwerbsberufe drängenden Frauen der höheren Schichten, da hierbei keineswegs von einer freien Berufstätigkeit einer selbstverantwortlichen Persönlichkeit die Rede sein konnte. Die Öffentlichkeit schätzte jedoch die nur Gott und dem Kranken dienende Schwester und glaubte sich von ihr besser betreut als von einer "bezahlten Wärterin", gegen die man allgemein eine Abneigung hegte.

So konnte es geschehen, daß auf der Generalversammlung der Vaterländischen Frauenvereine (1875) anläßlich einer Diskussion über die "freiwillige Krankenpflege" in Kriegszeiten durch angelernte Helferinnen

Ihre Majestät die Kaiserin es "lebhaft befürwortete", die freiwillige Krankenpflege "fort und fort anzuregen, da bezahlte Wärterinnen nie das leisten werden, was freiwillige Krankenpflege Gutes zu tun und zu üben imstande ist. In demselben Sinne sprach sich über die freiwillige Krankenpflege, die nicht hoch genug anzuschlagen sei, Ihre Königliche Hoheit die Frau Großherzogin von Baden aus"[174].

Trotz der lebhaften Unterstützung der ganz anders gesinnten Kronprinzessin Friedrich scheiterte der erste Versuch des Lette-Vereins zu Beginn der 70er Jahre[175]. - 1882 wurde von dem "Verein für häusliche Gesundheitspflege" in Berlin der zweite Versuch unternommen. Dieser Verein gehörte zum Verband des Lette-Vereins, und Minna Cauer* berichtet, daß die entsprechende Anregung direkt von der Kronprinzessin ausgegangen sei. - Zunächst nur als privates Vereinsunternehmen zur Ausbildung von "Viktoriaschwestern" ausgestaltet, gelang es nun, in Verbindung mit Krankenhäusern eine geordnete praktische und theoretische Ausbildung zu erreichen. Obgleich die Bewegungsfreiheit der Schwestern im Verband der Viktoriaschwestern wesentlich größer war, blieb doch auch hier noch immer der "Verband"; eine wirklich freiberufliche Schwesternschaft mußte sich erst aus diesen Anfängen entwickeln. Es muß jedoch auch betont werden, daß bei dem damaligen Stand der sozialpolitischen Gesetzgebung die jeweilige Organisation, der die Schwester angehörte, ihr den Schutz und die Hilfe gewährte, die ihr heute die Gesellschaft angedeihen läßt.

173) vgl. H. Lange, G. Bäumer, Handbuch, II, S. 51 ff.
174) "Frauen-Anwalt", 6. Jg., 1875/76, Nr. 2, S. 51.
175) Vgl. Jenny Hirsch, Geschichte der 25jährigen Wirksamkeit des Lette-Vereins, S. 36;
Unter dem Eindruck der Kriegsereignisse waren 1870/71 an der Charité insgesamt 7 unter der Protektion des Lette-Vereins stehende Krankenschwestern ausgebildet worden. Weitere Ausbildungskurse dürften vermutlich abgelehnt worden sein, denn der Lette-Verein richtete - ebenfalls erfolglos - ein Gesuch an den Berliner Magistrat, an dem neuerbauten Krankenhaus am Friedrichshain eine entsprechende Ausbildungsstätte zu schaffen.
* Qu. 289

Für die Öffnung der Berufe der Post-, Telegraphie- und Bahnbeamtin setzten sich beide Frauenorganisationen sofort mit großer Entschiedenheit ein. Baden, Württemberg und Sachsen hatten bereits zu Beginn der 60er Jahre (nach französischem, englischem und amerikanischem Vorbild) Frauen in geringer Zahl in die Verkehrsbetriebe eingestellt. - Im Herbst 1867 richtete deshalb der Allgemeine deutsche Frauenverein sofort eine Petition an den Norddeutschen Reichstag mit dem Ersuchen, die den Frauen Sachsens bereits gewährte "Befugnis zum Post- und Telegraphendienst ... für Frauen innerhalb der zum norddeutschen Bund gehörenden Länder auszudehnen"[176]. Die Petition wurde vom Norddeutschen Reichstag dem Bundeskanzler "zur Erwägung und eventuellen Berücksichtigung" überwiesen, von letzterem dem Bundesrat vorgelegt, der dem Allgemeinen deutschen Frauenverein (am 6. 10. 1867) antwortete:

"Bei Anstellung in Bundespost- und Telegraphendienste ist von dem Grundsatze, daß vorzugsweise Männer (Militäranwärter, d. V.) zu berücksichtigen sind, nicht abzugehen. Dadurch soll jedoch die Anstellung von Frauen in einzelnen geeignet scheinenden Fällen nicht ausgeschlossen werden"[177].

1869 petitionierte der Lette-Verein um Zulassung zum Bahn-, Post- und Telegraphendienst; die Petition kam wegen Schluß des Reichstags nicht zur Verhandlung. 1872 wiederholte der Lette-Verein und der ihm angeschlossene Verband deutscher Frauenbildungs- und Erwerbsvereine seine Petition. Am 13. 5. 1872 kam es im Reichstag zu einer längeren Debatte. Die Hauptbedenken der Regierungsvretreter lauteten:

1. die Frauen ermangeln der notwendigen physischen Kraft;

2. die Frauen besitzen nicht die notwendige Autorität gegenüber den meist gedienten Unterbeamten und dem gemischten Publikum;

3. aus der nicht durchführbaren Trennung von Männern und Frauen während des Dienstes werden sich "Unzuträglichkeiten" ergeben;

4. es sind Störungen im Dienstablauf zu befürchten, da einige Frauen heiraten werden.

Trotz dieser abwehrenden Argumente und des "wohlmeinenden" Rates des Herrn Generalpostmeisters Stephan * - die beste Versorgung der Frauen bei der Post sei die Heirat mit einem Beamten - beschloß der Reichstag, die Petition

"dem Herrn Reichskanzler zur Berücksichtigung bei Besetzung von Stellen innerhalb der Verkehrsanstalten des Reiches, welche für weibliche Personen geeignet sind, zu überweisen"[178].

---

176) L. Otto-Peters, Das erste Vierteljahrhundert, S. 15.

177) "Neue Bahnen", 3. Jg., 1868, Nr. 4, S. 32.

178) "Frauen-Anwalt", 3. Jg., 1872/73, Nr. 6, S. 188.

Anm. d. V.: Bei dieser Abstimmung hatten die liberalen Fraktionen des Reichstages, trotz
  * Qu. 451 ff.

Es ist fraglich, ob die kleinen Fortschritte des Jahres 1873 von der Reichstagsresolution angeregt wurden oder ob den Verkehrsbetrieben männliche Kräfte fehlten, und man ganz billige in den Frauen zu gewinnen hoffte. Eventuell dürften auch Anregungen von allerhöchster Stelle (ausgehend von der Kronprinzessin Friedrich) die Einstellung der Frauen gefördert haben.

Im Januar 1873 erließ der preußische Handelsminister Richtlinien für die Zulassung der Frauen zum Staatseisenbahndienst[179]. 1873 erlaubte die Kaiserliche Post- und Telegraphendirektion dem (unter Protektion der Kronprinzessin Friedrich stehenden) Lette-Verein, Frauen in Telegraphie auszubilden; einige Frauen wurden auch im Bürodienst der Post verwendet[180].

Doch die Frauen wurden nur diätarisch angestellt bei schlechter Bezahlung:

10 - 15 Taler im **Eisenbahndienst,**
25   Taler im Telegraphendienst.

Die etatmäßige Einstellung (als Beamtin) wurde aufgeschoben, sie sollte nur erfolgen, wenn keine Militäranwärter vorhanden waren; und in diesem Falle sollte das Gehalt der Beamtin ansteigen bis zum Minimalbetrage des Gehaltes der Beamtenstellen gleicher Kategorie[181]. Gegen unzureichende Leistungen, Krankheit etc. hatten sich die Verkehrsanstalten gegenüber dem "zarten Geschlecht" rigoros gesichert: für diätarische Beamtinnen bestand eine vierwöchige Kündigungsfrist; fristlos konnten sie nach zweiwöchiger Erkrankung entlassen werden; im

des warmen Eintretens Dr. Löwes für die Anstellung der Frauen, nicht geschlossen für den Antrag gestimmt; zur Annahme verhalfen ihm hocharistokratische Stimmen der Rechten.

179) "Frauen-Anwalt", 3. Jg., 1872/73, Nr. 11/12, S. 380;
Die weiblichen Arbeitskräfte sollten beschäftigt werden in der Bahntelegraphie, im Fahrkartenverkauf und im Gepäckexpeditionsdienst. - Es werden Einstellungen von 4 und von 84 Frauen gemeldet. (In: "Frauen-Anwalt", 3. Jg., 1872/73, Nr. 11/12, S. 381; 5. Jg., 1874/75, Nr. 2, S. 52).
Nach der Berufsstatistik des Deutschen Reiches arbeiteten (1895) 2 400 Frauen im Bahndienst, im Dienst der Post und Telegraphie (1882) 1 012, (1895) 2 791 Frauen.'
(Wuttke, Erwerbstätige Frauen, S. 34 ff.).

180) "Frauen-Anwalt", 4. Jg., 1873/74, Nr. 1 / S. 74; Nr. 3 / S. 140.

181) Anm. d. V.: Diese Bestimmung bedeutete, daß das niedriger bemessene Grundgehalt der Beamtin plus Alterszuschlägen als Höchst- und Endsumme jenen Betrag erreichen sollte, der den männlichen Beamten als Minimalgehalt zu Beginn ihrer Laufbahn nach Übernahme ins Beamtenverhältnis gezahlt wurde.

Krankheitsfalle wurde ferner kein Gehalt gezahlt, aber sofort ein ärztliches Attest gefordert[182].

Diese Regelungen erweckten den Unwillen der Frauenbewegung; doch nachweisbar wurden keine direkten Vorstöße zur Besserung dieser Situation unternommen. Man beschränkte sich auf ihre Feststellung - vermutlich in der Hoffnung, daß gute Leistungen auch eine Besserung dieser Verhältnisse herbeiführen würden. Arbeit und Geduld waren nach Meinung der organisierten Frauen ja die besten Waffen in diesen "Kämpfen". -

Bemerkenswert ist ferner, daß in keiner der vorliegenden Quellen während dieses Zeitabschnittes gegen die Übernahme des Beamtinnenzölibates Protest erhoben wurde, das man von den öffentlich bediensteten Lehrerinnen nun ohne Zögern auf die öffentlich bediensteten Verkehrsbeamtinnen übertrug.

Zur Vorbereitung auf den weiten Bereich einer gehobenen kaufmännischen Tätigkeit entstanden überall private Handelsinstitute. Als weit bekannte Musterschule galt die Handelsschule des Lette-Vereins, die 1870 eröffnet wurde.* - Die Absolventinnen der einjährigen Lehrgänge gehörten den höheren Mittelschichten an; es waren Töchter von Offizieren, Beamten, Gutsbesitzern, Lehrern und Predigern. Nur einmal, 1871, meldete der "Frauen-Anwalt", daß es trotz hervorragender Kenntnisse schwierig sei, die ehemaligen Schülerinnen in entsprechende Stellungen zu vermitteln[183]; 1872 findet man den Hinweis, daß die Schülerinnen in Stellen mit einem Gehalt von 200-500 Talern (im Jahr) vermittelt worden seien[184], woraus man schließen darf, daß die Frauen nun ihren Weg "machten" dank ihrer Billigkeit bei gleichzeitigen guten Leistungen. Die Vorgänge in Berlin waren mit Sicherheit charakteristisch für die Entwicklungen, die sich überall im Deutschen Reich vollzogen[185].

Hinsichtlich künstlerischer und kunstgewerblicher Frauenarbeit lagen die größeren Schwierigkeiten auf dem Gebiete der Kunst. Abgesehen von der Zulassung beider Geschlechter zum gemeinsamen Studium an Konservatorien, waren die Frauen von den Kunstakademien ausgeschlossen. Eine Ausbildung auf dem Gebiet der bildenden Künste war nur in dem Atelier eines "Meisters" möglich und zumeist sehr kostspielig. Die Folge war, daß der weibliche Dilettantismus überall vor-

---

182) vgl. L. Otto-Peters in: "Neue Bahnen". 11. Jg., 1876, Nr. 7, S. 49.

183) "Frauen-Anwalt", 2. Jg., 1871/72, Nr. 4/5, S. 161 f.

184) "Frauen-Anwalt", 3. Jg., 1872/73, Nr. 2, S. 91.

185) Nach der Berufsstatistik des Deutschen Reiches 1882 arbeiteten als wissenschaftlich, technisch oder kaufmännisch gebildetes Verwaltungspersonal in Bergbau und Industrie (2 269) und in Handel und Gewerbe (3 161) insgesamt 5 430 Frauen. (In: Wuttke, Erwerbstätige Frauen, S. 16 ff.).

* Qu. 453 f.

herrschte, zumal auch wegen der nur wenigen offenstehenden Berufs-
zweige kaum talentierte Frauen in diese Berufe drängten[186]. Die Männerwelt ihrerseits registrierte, wenn die Frauenbewegung die Zulassung zu höheren Studienzweigen forderte, sehr gerne die keineswegs
überragenden künstlerischen Leistungen der Frauen mit dem Fingerzeig, daß es sich auf wissenschaftlichem Gebiete nicht anders verhalten werde. Andererseits erwartete aber das gehobene Publikum auch
keine hervorragenden, überwältigenden künstlerischen Frauenleistungen, wenn man von Opernsängerinnen und tragischen Schauspielerinnen absieht. Die Quellen vermitteln den Eindruck, daß das Publikum
an die künstlerische Frauenleistung mit der Erwartung herantrat, sich
während der Beschäftigung mit ihr behaglich zu fühlen, entzückt zu werden. Ganz in diesem Sinne fragte Lorenz von Stein 1875:

"... ist sie nicht frei in Kunst, Literatur und Wissenschaft? Gibt es da
noch etwas, was zu emanzipieren wäre bei all den Künstlerinnen und Schriftstellerinnen, die uns so oft die schweren Stunden versüßen und das Herz erwärmen"[187]?*

Eine Untersuchung über weibliche Arbeiten und Leistungen auf dem
Gebiet der Literatur und der bildenden Künste liegt außerhalb des Rah-
mens dieser Untersuchung; es muß jedoch darauf verwiesen werden,
daß auch diese Frauen in ihrem künstlerischen Schaffen den Normen und
Klischees jener "Weiblichkeits"-Vorstellungen unterworfen waren und
daß auch sie aus jenen Mauern ausbrechen und sich in ihrem Schaffen
befreien mußten.

Auf dem Gebiet des Kunstgewerbes bot sich ein fast unübersehbares
Feld von Arbeitsmöglichkeiten; es werden z. B. oft genannt: Photogra-
phieren, Holz- und Porzellanmalerei, Blumenmalerei aller Art, ge-
werbliches Musterzeichnen, Holzschneidekunst, Goldschmiedearbei-
ten, Kunststickerei und andere künstlerische Handarbeiten, selbst die
Damenschneiderei auf "wissenschaftlicher und künstlerischer Grundlage" wurde "wohlerzogenen Mädchen" als Beruf empfohlen[188].

Ausbildungsmöglichkeiten für diese Berufe wurden teilweise von
den Frauenorganisationen (vor allem dem Lette-Verein)** geschaffen,
teilweise wurden die Frauen in Werkstätten ausgebildet, hier und da
auch zu den entsprechenden Ausbildungsanstalten für Männer zugelas-

---

186) Nach der Berufsstatistik des Deutschen Reiches 1882 arbeiteten 6 081 Frauen auf
musikalischem Gebiet und am Theater. Unter den 14 449 der in freien (nicht genauer
spezifizierten) Berufen tätigen Frauen dürften u. a. die Schriftstellerinnen und Künstlerinnen
aller Art zu suchen sein.
(In: Wuttke, Erwerbstätige Frauen, S. 23).

187) L. v. Stein, op. cit., S. 92 ff.

188) Generalversammlung des Allgemeinen deutschen Frauenvereins 1877; in: L.
Otto-Peters, Das erste Vierteljahrhundert, S. 45.

* Qu. 205   ** Qu. 451 f.

sen. Man gewinnt den Eindruck, daß die Frauen in diese Berufe ohne Kämpfe "einsickerten", da sich in ihnen relativ leicht eine Arbeitsteilung vollziehen ließ und sich Frauen für manche Arbeiten besonders gut eigneten.

Die Frauenbewegung griff nach all diesen Berufen für die "gebildete" Frau, da sie gezwungen war, für nicht qualifiziert vorgebildete Frauen und Mädchen Arbeitsmöglichkeiten zu finden, die der "natürlichen" weiblichen Begabung - hier der manuellen Geschicklichkeit, dem Farb- und Formensinn und nicht zuletzt dem Fleiß und der Geduld der Frauen - entgegenkamen. Mit dem sicher ehrenwerten Wort:

"Jede Arbeit adelt",

suchte man die von Armut und Not gezwungenen, oft aber "standesbewußten" Frauen zum Zugriff zu ermuntern. - Ein Sorgenpunkt war nur, daß Betriebe und Werkstätten den Frauen die Möglichkeit bieten sollten, in eigenen, von den Männern getrennten Räumen zu arbeiten, um "Unzuträglichkeiten" aller Art zu vermeiden.

Ein tieferes Problem derartiger Berufsarbeit von seiten der "gebildeten" Frauen verbirgt sich in Louise Otto-Peters' folgender Stellungnahme (1866):

"Wie sich aber der meisten Handwerke die Fabrikindustrie bemächtigt hat, so dürfen auch die Frauen, auch die gebildeteren nichts Anstößiges mehr darin erblicken, für Fabriken nicht nur zu Hause, sondern ... auch in den Fabriken ... eine bestimmte Zahl Tagesstunden zu arbeiten. Nicht nur im industriellen Amerika tun dies die Frauen - Fabrikarbeiterinnen, die man 'ladies' nennt - die meist zu Wagen in die entfernte Fabrik geholt werden, wo man ihnen mit ... Achtung begegnet, ... sondern auch in der benachbarten deutschen Schweiz verbindet man mit dem Begriffe 'Fabrikarbeiterin' nicht den einer armen und unwissenden Proletarierin, sondern man ehrt in ihnen selbständige Jungfrauen, die Töchter guter Familien, die es für ehrenvoller halten, durch passende Arbeit sich ihre Existenz selbst zu sichern, als durch Nichtstun ihren Angehörigen zur Last zu fallen. Und in der Schweiz hat bekanntlich trotz alledem das Familienleben nichts von seiner patriarchalischen Einfachheit und schönen Sitte eingebüßt"[189]- ... .

Diese Stellungnahme Louise Otto-Peters' zeigt neben der Verkennung der deutschen industriellen Verhältnisse auch die Fehleinschätzung der Wirkung derartiger Frauenarbeit auf die unteren Schichten des Volkes. Man darf mit Sicherheit behaupten, daß Louise Otto-Peters die auf Arbeit angewiesenen Frauen der unteren Schichten keinesfalls schädigen wollte; wertet man aber im gesamten Arbeitsprozeß jene Erwerbsarbeit der Frauen "höherer Stände" in "niederen Berufen", so dürften doch eindeutig ein Konkurrenz- und Lohndruck zu Lasten der unteren Volksschichten erzeugt sowie die beruflichen Aufstiegschancen der Ar-

189) L. Otto-Peters, Recht-Erwerb, S.102.

beiterinnen verkürzt worden sein. Das Problem der "Schmutzkonkur-renz" der heimlich für ein Taschengeld nähenden Frauen und Töchter der mittleren und höheren Stände, die die Löhne der Näherinnen unter-boten und dadurch oft unter das Existenzminimum herabdrückten, wurde von allen Organisationen der Frauenbewegung erkannt und bis zu einem gewissen Grade auch bekämpft (vgl. Kap. B. II. 3); aber die ökono-mischen und sozialen Folgen der auf untere und mittlere Berufe fast ausschließlich konzentrierten weiblichen Berufstätigkeit wurden nach den vorliegenden Quellen erst von dem Deutschen Frauenverein Reform kritisch hervorgehoben in seiner Agitation "für die Erschließung der auf wissenschaftlichen Studien beruhenden Berufe für das weibliche Ge-schlecht". Andererseits deutet jedoch das Drängen auf eine Reform der Mädchenbildung darauf hin, daß sich eine neue "Bewegung" anbahnte, die energischer den Eintritt der Frauen in höhere Berufe fordern wür-de, als es bis 1888/89 geschehen war.

Neben diesen Bemühungen um eine Erschließung neuer Berufs- und Erwerbsmöglichkeiten versuchten die führenden Frauenorganisationen auch unermüdlich, die zur "Erwerbstätigkeit" drängenden Frauen zur rechten Arbeithaltung zu erziehen, eine Aufgabe, die sich erübrigte bei Frauen, die einen "Beruf" ergriffen - z.B. bei Lehrerinnen und Ärztin-nen. Unter jener bewußten "Arbeitshaltung" verstand man einen energi-schen Arbeitswillen, Selbstdisziplin, Ernst, Sicherheit, Sachlichkeit und Distanz.

Die Schwierigkeiten begannen schon bei der Berufswahl und der ent-sprechenden Vorbereitung. Viele junge Damen - in der Schule und im Elternhaus zum "Haustöchterchen" und zu einer später "echt weiblichen" Gattin gebildet und erzogen - wünschten Berufe, die schnell und mühe-los zu erlernen waren und in denen man ebenso mühelos und bequem genügend Geld verdienen konnte. Während der Berufsvorbereitung ver-suchte man deshalb, ihnen einen Begriff zu geben von dem "Ernst der Arbeit" und der Notwendigkeit einer straffen Arbeitsdisziplin.

Die Komplikationen setzten sich fort am Arbeitsplatz. - Bezüglich der zu bewältigenden Arbeit mußten sich die Frauen einerseits in die "Materie" hineinfinden, andererseits an den stundenlangen Arbeits-prozeß gewöhnen. Soweit die Quellen berichten, gelang dies in den mei-sten Fällen zur Zufriedenheit der Vorgesetzten. - Das Problem des richtigen Verhaltens gegenüber den (zumeist männlichen) Kollegen und dem Publikum dürfte das schwierigere gewesen sein. Hier mußten die schüchternen, nur für Familie und Haus erzogenen, in der Öffentlichkeit stets begleiteten und behüteten Mädchen Sicherheit, Selbstvertrauen und Gewandtheit gewinnen. Gleichzeitig liefen die nicht Schüchternen Ge-fahr, ihre "Weiblichkeit" auch im Beruf noch allzusehr zu betonen, um die Aufmerksamkeit der Männer zu erregen[190]; diesen Frauen gegenüber mußten der Ernst der Arbeit sowie Sachlichkeit und Distanz verdeutlicht werden. Schon 1866 kritisierte Louise Otto-Peters die beiden Extreme: die kleinliche, übertriebene Schüchternheit und Prüderie auf der einen Seite und das Aufmerksamkeit heischende, entgegenkommende Benehmen auf der anderen; beides werde die Zudringlichkeiten der Männer provozieren,

"indes diese (die Männer, d. V.) ein zugleich sittsames, aber unbefangenes Betragen, das die Frucht eines edlen Selbstgefühles ist, ganz von selbst im Zaume hält"[191].

Eine andere Gruppe der bereits selbständig und selbstbewußt im Leben stehenden arbeitenden Frauen, die sich ihres Wertes und ihrer Würde bewußt waren, litten offensichtlich, wenn sie älter wurden, unter der Anrede "Fräulein". Hinter dieser Tatsache verbarg sich die noch immer so spürbare Verachtung gegenüber der älter werdenden unverheirateten Frau, der "alten Jungfer", der es nicht gelungen war, vor den Augen eines Mannes "Gnade zu finden" und von ihm geheiratet zu werden, um durch diesen Akt zu einer höheren Spezies des weiblichen Geschlechts, zur "Frau", befördert zu werden. An diesem allgemein akzeptierten und geübten Usus wird offenbar, daß man die Frau nicht als Menschen, nach ihren menschlichen Qualitäten wertete und schätzte, sondern als Geschlechtswesen, dem man nur in der Ausübung seiner "natürlichen Funktionen", die allerdings nicht ohne den Mann zu erfüllen waren, eine größere "Achtung" entgegenzubringen bereit war. In einem solchen Wertsystem war die "alte Jungfer" etwas Unvollständiges, Halbes und dadurch Minderwertiges, was ihr von der Männerwelt und den "vollwertigen" verheirateten Frauen auch verdeutlicht wurde. - Es ist interessant, daß sich nach den zugänglichen Quellen nur der "Frauen-Anwalt" 1871[192] und 1879[193] gegen diesen Zustand wandte und auch für die unverheiratete, selbständig im Leben stehende Frau die Anrede "Frau" forderte, denn man rede ja den unverheiratet bleibenden Mann auch nicht mit "Herrlein" an, sondern mit "Herr". -

Deshalb, so stellte die Schreiberin 1871 fest,

190) Anm. d. V.: Typisch dürfte ein Vorfall im Berliner Telegraphenamt sein, das die Kronprinzessin 1874 besuchte; sie äußerte sich befriedigt über die beruflichen Leistungen, befremdet jedoch über die extravaganten Toiletten. Worauf vom Telegraphendirektionsrat ein Reskript an die Damen erging,

"durch welches auf die Unzulässigkeit exzentrischer Toiletten hingewiesen und speziell den Damen verboten wird, sich zu schminken und ihr - eigenes oder falsches - Haar aufgelöst über den Rücken wallen zu lassen".

(In: "Frauen-Anwalt". 5. Jg., 1874/75, Nr. 9, S. 222).

191) L. Otto-Peters, Recht-Erwerb, S. 59/60.

192) Franziska Essenter, in: "Frauen-Anwalt", 2. Jg., 1871/72, Nr. 6, S. 193 ff.

193) Jenny Hirsch, in: "Frauen-Anwalt", 1879, Nr. 7, S. 199 ff.

"darf das Weib, welches sich ohne männliche Beihilfe, ... aus eigener Kraft eine selbständige Stellung errang, prätendieren, auch den würdevollen Namen 'Frau' beigelegt zu erhalten. Es ist überhaupt eine ernste Forderung des Zeitgeistes, daß das Weib eine selbständige, rein menschliche, vom Verhältnis zum männlichen Geschlechte unabhängige Geltung erstrebe und daß es demnach nicht mehr für die Gesellschaft als vermählt oder unvermählt von vornherein rangiert und klassifiziert werde.

Für das Weib soll in Zukunft Liebe und Ehe lediglich eine heilige, unantastbare Herzens- und Privatangelegenheit sein, keine gesellschaftliche Lebensfrage, und Frauen, d. h. vollbürtige Gesellschaftsglieder, denen man in Form und Wesen gleicherweise Achtung und Berücksichtigung zollt, das sollen alle sein, auch die Unverheirateten. Das 'Fräulein' bleibe als gefällige und entsprechende Bezeichnung den jungen Mädchen ... aber nur ihnen"[194].

Auffällig ist, daß keiner der beiden Aufsätze im "Frauen-Anwalt" ein Echo fand, denn die gesellschaftliche Sitte war noch zu allmächtig und zwang die engagierten Frauenrechtlerinnen zur Rücksichtnahme auf Brauch und "Schicklichkeit"; vielen dürfte auch der Mut gefehlt haben, solch "heikle" Forderungen zu vertreten. - Die hier berührten Probleme blieben - ungelöst - ein kritischer Punkt auf der Tagesordnung der Frauenbewegung.

3. Maßnahmen zur Förderung der Erwerbsfähigkeit der Frauen der "unteren Stände"

"Man darf nie und nirgends am Siege der Humanität und des Fortschritts verzweifeln. Am wenigsten darf man an sich selbst verzweifeln, an der eigenen Kraft."

Louise Otto-Peters (1868)[195]*

Waren die Hindernisse auf dem Gebiet der höheren Bildungs- und Arbeitsbereiche geeignet, die Frauenbewegung an dem Siege der Humanität und des Fortschritts zweifeln zu lassen und alle Maßnahmen zur Selbsthilfe schon im Ansatz zu drosseln, so begegneten die Bemühungen um eine Erwerbsertüchtigung der Mädchen und Frauen der "unteren Stände" keinen unüberwindlichen Schwierigkeiten; sie fanden sogar in den meisten Fällen ein freundliches Entgegenkommen von seiten der Kommunen. Die Frauenorganisationen konnten hier also zur "Selbsthilfe" schreiten.

194) Franziska Essenter, in: "Frauen-Anwalt", 2. Jg., 1871/72, Nr. 6, S. 194.
195) Generalversammlung des Leipziger Frauenbildungsvereins 1868; in: "Neue Bahnen", 3. Jg., 1868, Nr. 12, S. 94.
    * Qu. 471

Überblickt man die verschiedenen Quellenhinweise, so kann man feststellen, daß sich das Wirken der Frauenbewegung hier auf zwei Hauptgebiete konzentrierte:

a) auf einen gewerblichen Bereich, den man als "Domäne der Nähnadelarbeit" charakterisieren könnte, und

b) auf einen kaufmännischen, der sich von einer Tätigkeit in Ladengeschäften bis zu qualifizierteren kommerziellen Arbeiten erstreckte.

Diese beiden konkreten Arbeitsgebiete der Erwerbsertüchtigung waren ferner gleichermaßen durchdrungen von einem ausgesprochenen Erziehungsziel: der Förderung der geistigen und sittlichen Tüchtigkeit der Frauen.

Die Mädchen und Frauen, denen diese Förderungsmaßnahmen zugute kamen, gehörten zum größten Teil den kleinbürgerlichen Schichten an: Es waren Töchter von kleinen Kaufleuten, Angestellten und Beamten, von Handwerkern, aber auch von Arbeitern. Eine berufliche Ertüchtigung gereichte in jedem Fall den Familien dieser Kreise zum Vorteil: entweder konnten die Mädchen durch außerhäusliche Erwerbsarbeit zum kargen Familienbudget beitragen oder sie wurden qualifizierte Arbeitskräfte im väterlichen Betrieb oder dem des Ehemannes. Und für den Fall, daß die Mädchen nicht heirateten, wünschte man ebenfalls, daß sie sich selbst ernähren könnten. Hier überwogen die Vorteile eindeutig das so strapazierte Ideal, daß die Frau ins Haus gehöre; und selbst denjenigen, die fest von seiner Gültigkeit überzeugt waren, wurde, wie Bebel es formulierte, "durch die harten Tatsachen Logik und Einsicht eingepaukt"[196].

Die Männer der gesellschaftlich führenden Kreise in den Kommunalverwaltungen hatten an diesen Bestrebungen der Frauenbewegung ebenfalls nichts auszusetzen, denn hier galt es ja nicht, den "blumenhaften Liebreiz" und die "pflanzenhafte Innerlichkeit" der Frauen der eigenen Klasse zu verteidigen, die voller Anmut, Duft und Poesie "himmlische Rosen ins irdische Leben flechten" sollten. Diese Mädchen und Frauen hatten schon immer gearbeitet im elterlichen oder fremden Hauswirtschaftsbetrieb, mochten sie nun unter den veränderten wirtschaftlichen Verhältnissen etwas lernen, um entweder dem geplagten Vater oder Ehemann besser als "Gehilfin" zur Hand gehen zu können oder um draußen zu verdienen, um die Not zu lindern. Besser außerhäusliche Arbeit der Frauen als Not und neue Lasten für die Armenkassen und soziale Spannungen! - Neben echter fortschrittlicher Gesinnung mögen es vor allem diese Gesichtspunkte gewesen sein, die die Kommunalverwaltungen so "geneigt" machten: teilweise zahlten diese Zuschüsse zur Unterhaltung der betreffenden Einrichtungen oder

---

196) August Bebel, Die Frau und der Sozialismus. Berlin 1946, S. 37.

stellten ihnen kostenlos Lokale zur Verfügung. Daß hier die Frauenorganisationen durch ihre Selbsthilfemaßnahmen eigentlich drängende kommunale Aufgaben übernahmen, zeigt sich neben jener Hilfsbereitschaft auch daran, daß die Kommunen nach einigen Jahren hier und da ähnliche Anstalten schufen oder die Einrichtungen der Frauenorganisationen als kommunale übernahmen.

Die Einrichtungen, die von den Frauenorganisationen zur Förderung der Erwerbsfähigkeit errichtet wurden, kann man unter zwei Typen zusammenfassen:

a) unter dem Typ der "reinen" Handels- und Gewerbeschule und
b) unter einem "Mischtyp", der hier (in Anlehnung an die häufigste Bezeichnung) "Fortbildungsschule" genannt werden soll.

Als Muster des "reinen" Schultyps kann man die Ausbildungsstätten des Berliner Lette-Vereins aufführen, die 1866 ff. gegründet wurden. 1879 umfaßten sie eine Handels-, Gewerbe-, Kunstarbeits-, Zeichen-, Modellier- und Setzerinnenschule sowie eine Ausbildungs-Wasch- und Plättanstalt, in denen rd. 1400 Schülerinnen unterrichtet wurden[197].* Angeschlossen waren ferner ein Arbeitsnachweisbüro, ein Internat (Viktoriastift), ein Damenrestaurant und der Viktoriabazar (eine Ausstellungs- und Verkaufsstelle für weibliche und künstlerische Erzeugnisse).

Die vorliegenden Nachrichten vermitteln den Eindruck, daß im Vergleich zu anderen Einrichtungen die Unterrichtsanstalten des Lette-Vereins vorzüglich ausgebaut waren; hierbei dürften dem Verein die zu Beginn fast ausschließlich männliche Leitung und die Protektion der Kronprinzessin zustatten gekommen sein: die ersteren stellten dem Verein Erfahrungen und organisatorische Fähigkeiten zur Verfügung, und die Kronprinzessin half durch ihr Eintreten jederzeit, wenn es galt, Geldmittel für neue Unternehmungen zu gewinnen. - Die Berliner Einrichtungen dienten deshalb auch den meisten Vereinen als Vorbild. - Nach den vorliegenden Quellen existierten ähnlich "reine" Schultypen in Kassel,** Darmstadt und Frankfurt.

Der "Mischtyp" der "Fortbildungsschule" setzte sich zumeist zusammen aus:

einem Näh- oder Handarbeitskurs,
einem kaufmännisch-fortbildenden Zweig
(Fächer u. a.: Deutsch, Schönschreiben, Rechnen, Buchführung,
Englisch, Französisch, Geographie, Zeichnen)
und Unterhaltungsabenden (mit Vorträgen, Musik, Gesang und Deklamation).

---

197) "Frauen-Anwalt", 1880, Nr. 4, S. 121 ff.
1872 besuchten 464 Schülerinnen die Anstalten des Lette-Vereins,
1873 schon 603 (vgl. "Frauen-Anwalt". 4. Jg., 1873/74, Nr. 10, S. 296);
1878 1043 (vgl. "Frauen-Anwalt", 1879, Nr. 11, S. 343).
* Qu. 453 ff.   ** Qu. 459

Während die "reinen" Schultypen ihren Unterricht morgens begannen, wurden die Veranstaltungen der "Fortbildungsschulen" meist als "Abendkurse" und "Sonntagsschulen" durchgeführt. - Derartige Einrichtungen sind häufiger im Einflußbereich des Allgemeinen deutschen Frauenvereins nachweisbar als im Bereich des Lette-Vereins, da im Vorort des Allgemeinen deutschen Frauenvereins, in Leipzig, Louise Otto-Peters und Auguste Schmidt im Rahmen des von ihnen geleiteten Frauenbildungsvereins * diese Einrichtungen entwickelten - aus eigener Kraft, ohne größere finanzielle Mittel. 1866 erfolgte die Gründung einer Sonntagsschule (wie sie auch in den Arbeiterbildungsvereinen üblich war), in der "Unterricht in Elementarwissen, Französisch und weiblichen Arbeiten von Damen - meist unentgeltlich - erteilt" wurde[198]; zu diesem Zweck stellte der Leipziger Arbeiterbildungsverein, wie dessen Vorsitzender August Bebel mitteilt, auf Ersuchen des Frauenbildungsvereins sein Lokal zur Verfügung[199]. 1867/68 wurde die Sonntagsschule zu Abendkursen erweitert (mit Unterricht in Deutsch, Französisch, Englisch, Geographie, Rechnen, Handelskunde, Zeichnen, Singen, Handarbeiten; 36-40 Schülerinnen)[200]. Später erfolgte ihr Ausbau zur "Fortbildungsschule" mit 18 Wochenstunden[201]. 1884 wird jedoch erwähnt, daß diese und die Speiseanstalt für Frauen "je nach den Zeitbedürfnissen gepflegt und aufgegeben wurden, um wieder dringenderen zu genügen, so jetzt der Einführung von Sonntagsunterhaltungen konfirmierter armer Mädchen (Schutzbefohlene) unter weiblicher Leitung"[202].

Geblieben waren aber unter starker Beteiligung die Abendunterhaltungen. Bei diesen "Fortbildungsschulen" stößt man deutlicher auf das erzieherische Moment der Förderung der geistigen und sittlichen Tüchtigkeit des weiblichen Geschlechts, als deren Konsequenz man wiederum eine Hebung seiner Erwerbsfähigkeit erwartete (die innige Verbindung mit dem liberalen Gedankengut der 40er Jahre, vgl. A. I. 3) und 2), fällt hierbei ganz besonders auf). Man war zwar fest davon überzeugt, daß dieses erzieherische Moment auch in den Unterrichtsstunden voll wirksam werde durch die neue Umgebung, die Berührung mit gebildeten Frauen, die exakte, fleißige Arbeit am Lernstoff; doch bei der dominierenden Bedeutung, die man der sittlichen und geistigen Tüchtigkeit im Lebenskampf beimaß, glaubte man, diese durch Belehrung verbunden mit Freude und Erhebung noch besonders fördern zu müssen; und dies sollte durch die Abend- und Sonntagsunterhaltungen geschehen mit ih-

198) L. Otto-Peters, Recht-Erwerb, S. 81.

199) August Bebel, Aus meinem Leben, I, S. 101.

200) "Neue Bahnen", 3. Jg., 1868, Nr. 12, S. 96.

201) "Neue Bahnen", 10. Jg., 1875, Nr. 10, S. 84.

202) Generalversammlung des Leipziger Frauenbildungsvereins 1884; in: "Neue Bahnen", 19. Jg., 1884, Nr. 10, S. 84.

    * Qu. 455 ff.

ren Referaten über literarische, biographische, historische und natur-
wissenschaftliche Themen und über allgemein als wichtig empfundene
Lebensfragen[203]. Im Leipziger Frauenbildungsverein referierten, spielten, sangen und deklamierten nur die Frauen, in anderen Vereinen hol-
te man sich auch männliche Referenten. Louise Otto-Peters und ihr
Leipziger Frauenbildungsverein, der neben Vereinsmitgliedern und
Schülerinnen auch "Arbeiterinnen" und "andere Frauen und Mädchen
einlud, die nichts für ein edles Vergnügen erübrigen können"[204], verfolgten hierbei folgende Ziele (1866):

"Erweiterung des weiblichen Gesichtskreises, Erhebung und Anregung
für stille Arbeitsstunden, Erweckung und Stärkung zu freudiger Berufstätigkeit"[205]... .

Der Frauenbildungsverein Breslau* erklärte (1875):

Zweck der Referate sei nicht, zusammenhängende Kenntnisse zu bieten, sondern zur Weiterbildung anzuregen; der musikalische Teil solle der
ästhetischen Fortbildung dienen, wie auch die "Versammlungen das Vorbild
einer schönen Geselligkeit darzubieten haben"[206].

Grundsätzlich dürften an jenen Unterhaltungsabenden neben den
Vereinsmitgliedern immer die Schülerinnen und andere eingeladene Personen zugegen gewesen sein, daß ausdrücklich Arbeiterinnen eingeladen wurden, war nach den Quellen nur bei dem Leipziger Frauenbildungsverein der Fall; dieser Gesichtspunkt ist im folgenden Kapitel
genauer zu untersuchen.

Beachtenswert ist ferner, daß sich jene "Fortbildungsunternehmen"
durchaus nicht nur als Ausbildungs- und Erziehungsstätten für das weibliche Geschlecht empfanden, sondern daß sie in dem Bewußtsein wirkten, über die Erziehung der Frauen auch die Gestaltung des familiären
Lebens der unteren Volkskreise positiv beeinflussen zu können, um eine

203) Anm. d. V.: Im Vereinsjahr 1867/68 veranstaltete der Leipziger Frauenbildungs-
verein 25 Abendunterhaltungen; es referierten:
Auguste Schmidt über: Nibelungenlied; Gudrun; Verhältnis der praktischen und idealen
Pflichten der Frauen; Herders Cid; Pariser Ausstellung; Otto I.; Geschichte der deutschen
Tonkunst bis zu Weber; Egmont und der Abfall der Niederlande; das Riesengebirge; An-
dreas Hofer; Wielands Oberon.
Henriette Goldschmidt dreimal über: Die Stellung der Frauen in verschiedenen Völkern.
Louise Otto-Peters über: Das Streben nach Schönheit; der Genius des Hauses; Idealismus
und Realismus.
Frl. Hilscher über: Goethes Mutter, Charlotte von Schiller, Tell.
Thekla Spann über: Maria Stuart; Walter von der Vogelweide.
Andere über: Freiheit, die ich meine; die Bedeutung des Johannisfestes; Marie Antoinette.
(In: "Neue Bahnen", 3. Jg., 1868, Nr. 12, S. 95).
        204) L. Otto-Peters, Recht-Erwerb, S. 80.
        205) L. Otto-Peters, Recht-Erwerb, S. 80.
        206) "Neue Bahnen", 10. Jg., 1875, Nr. 6, S. 46.
        * Qu. 460 f.

bessere Entwicklung der allgemeinen sozialen Verhältnisse herbeizuführen. Ganz deutlich tritt dieses Ziel in der Entwicklung des Lette-Vereins (Berlin) zutage,* der sich von Abendunterhaltungen völlig freigehalten und zudem durch § 1 der Vereinsstatuten Arbeiterinnen, Dienstboten, Wäscherinnen und dgl. von der Vereinswirksamkeit ausgeschlossen hatte; er hob 1877 diesen Paragraphen auf, als "eine tiefe Gärung sich der sogenannten arbeitenden Klassen bemächtigt" hatte, denn er erkannte die darin liegenden Gefahren und fühlte sich verpflichtet,

"den Frauen und Töchtern des arbeitenden Volkes die helfende Hand zu reichen, ihnen Lehre, Förderung und Unterstützung auf jede mögliche in seinem Bereiche liegende Weise angedeihen zu lassen"[207].

Da man von der Berührung mit den wohlgegliederten und bewährten Arbeitsstätten des Lette-Vereins einen anregenden, günstigen Einfluß auf die Töchter des Volkes erwartete, schuf man in rascher Folge:

einen Arbeitsnachweis für Dienstmädchen, Feinwäscherinnen und Plätterinnen (1877),

eine Ausbildungs-Wasch- und Plättanstalt (1878),

eine "Fortbildungsschule für die Töchter des arbeitenden Volkes" (1878)[208]; erteilt wurden Unterrichtstunden in Elementarwissen, dem kaufmännischen Fach und Handarbeiten - plus Abendunterhaltungen, Ausflügen, Weihnachtsbescherung (1882 wurde diese Schule in städtische Regie übernommen);

eine Kochschule (um 1877)

und eine Haushaltungsschule (1886), in der auch Dienstmädchen ausgebildet wurden.

Hinsichtlich der Ertüchtigung der häuslichen Dienstboten geschah im Vergleich zu den anderen Ausbildungseinrichtungen recht wenig. Obwohl auf den Generalversammlungen des Allgemeinen deutschen Frauenvereins von süddeutschen und Berliner Delegierten[209] Anregungen zur Gründung solcher Anstalten gegeben wurden, konzentrierten sich die

207) Jenny Hirsch, Geschichte des Lette-Vereins, S. 69 ff.

208) Anm. d. V.: Bei der Einrichtung der Fortbildungsschule stand dem Lette-Verein der "Berliner Schulverein" helfend zur Seite, der 1876/77 bereits 2 Fortbildungsschulen gegründet hatte** die an 3 Wochenabenden und am Sonntagmorgen Unterricht erteilten; zusätzlich fanden regelmäßige Abendunterhaltungen an Sonntagen statt,

"um in den Schülerinnen Freude an anständiger, geselliger Unterhaltung und auch Sinn für das Schöne und Gute zu wecken und sie so von sittlich verführerischen Vergnügungen, namentlich von dem Besuch öffentlicher Lokale und den Tanzbelustigungen als solchen abzuziehen, ...".
(In: "Frauen-Anwalt", 1880, Nr. 2, S. 61 f.)

209) Anm. d. V.: Es handelte sich hierbei vor allem um Lina Morgenstern, Vorsitzende des Berliner Hausfrauenvereins, und Mathilde Weber, Tübingen.

* Qu. 462 ff.

"Neuen Bahnen" weitaus stärker auf die menschliche Seite der Dienst-
botenfrage und mahnten: man solle den Menschen in den Dienstboten anerkennen und sie als selbstbestimmende Menschen behandeln, ihr Ehr-
gefühl achten, ihnen Verantwortung übertragen, ihre Selbständigkeit
stärken und ihnen Bewegungsfreiheit zubilligen; mit Güte und Verständnis solle man die Mädchen im Haushalt heranbilden und erziehen. - Auch
hier verfolgte man nicht nur das Ziel, fleißige, ehrliche, treue Dienstboten für den eigenen Haushalt zu gewinnen, man leistete, wie Mathilde Weber es 1875 formulierte, einen "Anteil am Kulturkampf": denn in
den Dienstboten forme man "Kulturträgerinnen", die den Geist des herr-
schaftlichen Hauses in dem eigenen Hausstand in den unteren Schichten
weiterhin pflegen und verbreiten sollten.

"So vermag jede Frau", schloß Mathilde Weber ihre Ausführungen, "auch
im kleinsten Hause ein Sandkorn beizutragen zu dem Damm gegen die wilde
gespensterhafte Flut der Commune, die wir stets vor der Pforte unserer nächsten Zukunft branden und brausen hören"[210].

In Berlin und im weiteren Kreise des "Frauen-Anwalts" gerieten
die "herrschaftliche" und die "humane" Seite stärker in Konflikt: neben
verständnisvollen Ausführungen stehen Äußerungen krassesten herr-
schaftlichen Bewußtseins;* der in Berlin führende Hausfrauenverein be-
lohnte einerseits treue Dienstboten und gründete 1876 eine spezielle
Fortbildungsschule[211],** verlangte aber andererseits wahrheitsgetreueste
Eintragungen in die Gesindebücher und ein konsequentes Verhalten gegenüber schlechten Dienstboten; er petitionierte 1874 sogar bei dem
Berliner Polizeipräsidenten[212] und dem preußischen Abgeordnetenhaus[213]
um eine Änderung der 1810 erlassenen preußischen Gesindeordnung -
sicher nicht, um sie humaner zu gestalten. Der Inhalt der Petitionen
wird nicht wiedergegeben, doch man erwartete von dem Polizeipräsidenten,
daß "er auch uns die Hand böte, der Renitenz der Dienstboten durch eine
neue Gesindeordnung für Berlin zu begegnen. Ist die Polizei auf der Seite
der Hausfrauen, ich meine damit überhaupt auf seiten der gerechten Sache,
dann wäre uns der Rücken gedeckt und das Ausmerzen der schlechten Dienstboten aus Berlin leicht in die Wege zu bringen"[214].

210) "Neue Bahnen", 10. Jg., 1875, Nr. 13, S. 107.
211) "Frauen-Anwalt", 6. Jg., 1875/76, Nr. 12, S. 291 f.
212) "Frauen-Anwalt", 4. Jg., 1873/74, Nr. 12, S. 351.
213) "Frauen-Anwalt", 5. Jg., 1874/75, Nr. 3.
214) "Frauen-Anwalt", 4. Jg., 1873/74, Nr. 12, S. 351. -
Anläßlich der Petition an das Abgeordnetenhaus meinte der "Frauen-Anwalt" (5. Jg.,
1874/75, Nr. 3):
Die mehr als 60jährige preußische Gesindeordnung "läßt sich den Schutz der Hausfrauen
in einer so umfassenden Weise angelegen sein, daß eine Verschärfung wohl kaum noch
herbeigeführt werden kann".
* vgl. Qu. 465 f.   ** Qu. 464

Die Petitionen waren erfolglos. Ebenso blieben die problemgerechten Vorschläge einer Fortbildungsschule im Anschluß an die Gemeindeschule (zum Zweck der hauswirtschaftlichen Ausbildung)[215] oder eines Lehrjahres für häusliche Dienstboten[216] in den weiteren Kreisen der Frauenbewegung noch Gegenstand der Diskussion; nur der Berliner Hausfrauenverein (1876) und der Lette-Verein (1886) versuchten, durch Eröffnung von "Musterschulen" neue Wege zu erproben und andere Vereine zur Nachahmung anzuregen.

Es erhebt sich nun die Frage:

Welche Bedeutung hatten diese von den Frauenorganisationen errichteten Ausbildungsstätten für die Förderung der Erwerbsfähigkeit der Frauen der "unteren Stände"?

Fragt man hierbei zunächst nach der Qualität des Unterrichts, so darf man vermuten, daß sie recht unterschiedlich war; ferner haben Umfang und Tiefe des übermittelten Wissens und Könnens wohl kaum dem der länger, gründlicher und systematischer ausgebildeten Männer entsprochen. Die vorliegenden Nachrichten vermitteln den Eindruck, daß man versuchte, den Frauen für den Erwerbskampf ein "erstes Rüstzeug" mitzugeben - ein improvisiertes zwar, aber doch ein möglichst solides, dessen Mängel im Erwerbsleben ausgeglichen werden konnten durch Verstand und Willen, durch Fleiß und Geschicklichkeit.

Bei der Frage nach der Quantität der von diesen Einrichtungen erfaßten und ausgebildeten Frauen stößt man auf Schwierigkeiten, da sich hinsichtlich der Anzahl der Ausbildungsstätten und der in ihnen ausgebildeten Frauen keine genauen Angaben ermitteln lassen. Selbst wenn man den günstigsten Fall annähme, daß die ca. 40 dem Allgemeinen deutschen Frauenverein* und dem Verband deutscher Frauenbildungs- und Erwerbsvereine** angeschlossenen Organisationen alle Ausbildungsstätten der oben dargestellten Art besessen hätten, so erlauben die äußerst spärlich überlieferten Schülerzahlen[217], gerade wegen ihrer ge-

---

Anm. d. V.: Die preußische Gesindeordnung erlaubte sogar die körperliche Züchtigung, die jedoch in keiner der vorliegenden Quellen irgendwie erwähnt wurde.

215) Lina Morgenstern auf der Generalversammlung des Allg. dtsch. Frauenvereins 1875. In: "Neue Bahnen", 10. Jg., 1875, Nr. 22, S. 174.

216) Ulrike Henschke in: "Frauen-Anwalt", 5. Jg., 1874/75, Nr. 5, S. 113 f.

217) Zahlen bis 1870: Leipzig (1868) 36-40; Bremen (1868) 65; Breslau (1868) 113; 1871-1880: Dresden (1870/71) 95, (1871/72) 120, (1872/73) 170; Breslau (1873) 116, (1874) 133; Kassel (1874/75) 358; Berlin (1872) 464, (1873) 603, (1878) 1043; 1881 ff: Berlin (1880) rd. 1700 (mit Fortbildungsschule); Frankfurt/M. (1881/82) 775, (1882/83) 910.
In der Fortbildungsschule in Breslau*** wurden z. B. von 1866-1900 insgesamt 12 680 Mädchen und Frauen im Alter von 11-50 Jahren ausgebildet. (Vgl. "Neue Bahnen", 36. Jg., 1901, Nr. 1, S. 12).

* Qu. 149 f.   ** Qu. 150 f.   *** Qu. 460 f.

ringen Anzahl, keine allgemeinen Schlüsse; ferner wäre jede Schätzung auf dem Sektor der Nähnadelarbeit auch deshalb unmöglich, da viele Haustöchter jene Kurse für eigene familiäre Verwendungszwecke besuchten. - Man darf jedoch mit Sicherheit vermuten, daß diese Ausbildungseinrichtungen nur einen Bruchteil der in jene Erwerbsberufe drängenden Mädchen und Frauen erfaßten; ein Blick auf die Berufsstatistik des Deutschen Reiches 1882 möge dies verdeutlichen.

Handel und Gewerbe (1882)		Höheres	Niederes
Insges.	Selbständige	Hilfspersonal	Hilfspersonal
Frauen: 298.110	150.572	3.161	144.377
(Männer:) 1.272.208)	(550.936)	(138.387)	(583.885)

Bergbau und Industrie (1882)		Höheres	Niederes
Insges.	Selbständige	Hilfspersonal	Hilfspersonal
Frauen: 1.126.976	415.274	2.269	545.229
(Männer:)(5.269.489)	(1.446.228)	(96.807)	(3.551.014

(Hierzu zählten auch selbständige Schneiderinnen, Näherinnen etc. und die 157.002 in Heimarbeit arbeitenden Frauen).

Häusliche Dienste (einschl. persönlicher Bedienung)

Frauen: 183.836
(Männer:)   (213.746)

Wenn angesichts dieser hohen und stets wachsenden Zahlen die Bemühungen der Frauenorganisationen wie ein Tropfen auf einen heißen Stein erscheinen, so ist ihre Bedeutung dennoch unbestreitbar. Neben der Erwerbsertüchtigung, die einer großen Anzahl von Frauen zuteil wurde und sicher manche Notlage linderte, darf mit dem Blick auf die Frauenarbeit der erzieherische Einfluß auf weite Volkskreise nicht unterschätzt werden: man demonstrierte hier unter dem ständigen Beweis konkreter Vorteile die Notwendigkeit einer Vorbildung der zur Erwerbstätigkeit drängenden Frauen, während man gleichzeitig durch eine unermüdliche Propaganda bemüht war, den Eltern die Verpflichtung zu verdeutlichen, nicht nur ihren Söhnen, sondern auch ihren Töchtern eine berufliche Ausbildung zuteil werden zu lassen. Sehr fest wurzelte noch überall die Überzeugung, daß die Arbeit ja doch nur "vorübergehend" bis zur Heirat ausgeübt werde, es erübrige sich deshalb, Zeit und Geld zu investieren. Auch die Vorstellung, daß sich das Mädchen schon in eine Erwerbsarbeit "hineinfinden" werde, wie es sich ja auch in seinen Hausfrauen- und Mutterberuf hineinfinden müsse, hemmte in weiten Kreisen eine berufliche Vorbereitung, wobei es denselben Personen nicht im Traum eingefallen wäre, von dem Sohn zu erwarten, daß er sich z. B. in den Beruf eines Handwerkermeisters "hineinfinde". - Und schließlich bewies man den staatlichen und kommunalen Gewalten durch die Tat die Notwendigkeit solcher Einrichtungen für das weibliche Geschlecht und erprobte die Wege, die ein wirksamer Unterricht zu beschreiten hatte.

Zugleich darf auch die Wirkung dieser Tätigkeit auf die Frauenbewegung nicht übersehen werden: einerseits vermittelten diese Anstalten durch die vollbrachte Leistung ein Stückchen gesunden Selbstvertrauens und das Bewußtsein, im gesellschaftlichen und kulturellen Leben an einer Stelle wenigstens gestaltend mitwirken zu können; andererseits bargen jene Arbeiten die Gefahr, die Frauenbewegung durch zermürbende Kleinarbeit von größeren, wichtigeren Zielen abzulenken, und nicht selten mag man mit dem Blick auf die Wohlgeneigtheit und den Geldbeutel der Behörden auf die Propagierung von Forderungen verzichtet haben, die jene Wohlgeneigtheit hätten erschüttern können. Trotzdem hatten die Frauenorganisationen dank solcher "allgemeinen Zwecken" dienenden Einrichtungen ein ganz anderes Gewicht in der Öffentlichkeit und gegenüber den weltlichen Instanzen; man mußte ihnen einen gewissen Respekt zollen und sich mit maliziösen Bezeichnungen wie "erweitertes Kaffeekränzchen" und ähnlichem zurückhalten. - Mit dem Blick auf die stürmischer verlaufenden folgenden beiden Jahrzehnte darf man weiterhin feststellen, daß gerade durch diese praktische Kleinarbeit bis gegen Ende der 80er Jahre eine Grundlage geschaffen worden war, von der aus man weiterreichende Forderungen noch allen Richtungen mit dem Ausweis der Berechtigung erheben konnte - nachdem man erst einmal in Bewegung gebracht worden war.

II. Bürgerliche Frauen und Arbeiterinnen

"Wir appellieren nicht an die Hilfe anderer mit der feigen Erklärung, daß
wir ja nicht versuchen wollten, uns selbst zu helfen - und das ist vielen Leuten nicht recht, ebenso ist es ihnen nicht recht, daß wir unseren armen
Schwestern nicht durch Almosen wohl tun wollen, sondern daß wir sie als
unseresgleichen betrachten und ihren Geist nähren, ihre Fähigkeiten zu erhöhen suchen, damit sie ihre eigene Kraft kennen und sie brauchen lernen"[1].

Louise Otto-Peters (1868)*

1. Allgemeine Charakteristika

Bei einem Überblick über das Gesamtgeschehen fällt auf, daß die
Bemühungen um die Arbeiterinnen fast ausschließlich von Frauen (und
Vereinen) ausgingen, die dem Kreis des Allgemeinen deutschen Frauenvereins angehörten oder ihm nahestanden, und das sowohl in Leipzig
wie auch in Berlin und an anderen Orten.

Bemerkenswert ist ferner, daß man in diesem Wirken die Arbeiterinnen in zwei Gruppen untergliederte, die man in Anlehnung an den
häufigsten Sprachgebrauch

a) als Gruppe der "Handarbeiterinnen" und
b) als Gruppe der "Fabrikarbeiterinnen"

bezeichnen könnte.

Bei den "Handarbeiterinnen" handelte es sich um jene Frauen, die
in dem allerdings sehr weit gefaßten Bereich der "weiblichen Handarbeiten", vor allem dem der Nähnadelarbeit, tätig waren, wobei es keine Rolle spielte, ob sie z. B. als Mantel- oder Handschuhnäherinnen
oder Blumenmacherinnen in einer Fabrik, einer Werkstätte (oder einem Etablissement) oder in Heimarbeit arbeiteten. - Unter dem Begriff "Fabrikarbeiterinnen" faßte man jene Arbeiterinnen zusammen,
die Arbeiten ausführten, die außerhalb jenes Handarbeitsbereiches lagen und die nur in dem Industriebetrieb selbst geleistet werden konnten; hierzu zählten z. B. die Frauen, die an Spinn- und Webmaschinen
standen, in Konserven- oder Papierfabriken arbeiteten. - In den Quellen folgt man leider nicht immer dieser Unterscheidung, die Bezeichnungen "Hand-", "Lohn-", "Fabrikarbeiterinnen" oder auch nur "Arbeiterinnen" können in bunter Folge einander abwechseln; in den nachfolgenden Ausführungen wird jedoch die oben bezeichnete Sprachregelung übernommen[2].

---

1) "Neue Bahnen", 3. Jg., 1868, Nr. 12, S. 94 f.

2) Nach der Berufsstatistik des deutschen Reiches 1882 arbeiteten in Industrie und
Bergbau

als niederes Hilfspersonal   545. 229 Frauen

* Qu. 471

Charakteristisch an den hier zu behandelnden Vorgängen ist ferner, daß sich die Bemühungen der bürgerlichen Frauen fast ausschließlich auf die Handarbeiterinnen konzentrierten; nur Louise Otto-Peters äußerte sich (soweit die vorliegenden Quellen berichten) gegen Ende der 60er Jahre in sehr problemgerechter Weise zur Lage der Fabrikarbeiterinnen; neben ihr ist Gertrud Guillaume-Schack zu erwähnen, deren Tätigkeit in Berlin (1885/86 "Verein zur Wahrung der Interessen der Arbeiterinnen") sich jedoch ebenfalls vorwiegend auf die Handarbeiterinnen konzentriert haben dürfte[3].*

Die Gründe für dieses Geschehen sind einsichtig. Sie sind einerseits in dem Entwicklungsstand der Industrie zu suchen, die "Handarbeiterinnen" in größerer Anzahl beschäftigte als "Fabrikarbeiterinnen", und andererseits in den Frauen selbst. Die allermeisten der organisierten bürgerlichen Frauen besaßen weder das notwendige Wissen, um die Probleme der Fabrikarbeiterin überhaupt klar erkennen zu können, noch jenes lebendige soziale Verantwortungsbewußtsein, das nötig gewesen wäre, um den oft in primitivster Lebensweise vegetierenden Frauen über alle gesellschaftlichen Schranken hinweg ohne Vorurteile zu begegnen. Ebensosehr mangelte es an finanziellen Mitteln und organisatorischen Fähigkeiten, die bei Selbsthilfemaßnahmen für Fabrikarbeiterinnen unerläßlich waren - zögerten doch selbst Berliner Lehrerinnen 1869, ihre eigene Vereinskasse ohne männlichen Beistand zu verwalten[4], um wie vieles weniger konnte man von den üblichen Vereinsdamen erwarten, daß sie Vereine gründen und leiten konnten, die schlagkräftig genug waren, um z.B. auch Lohnkämpfe durchzustehen. Die einzige Form, in der bürgerliche Frauen diesen besonders elenden Arbeiterkreisen begegnen konnten, war die der Wohltätigkeit.

Gegenüber den Handarbeiterinnen war die Situation leichter. Sie arbeiteten zumeist in größeren oder kleineren Werkstätten oder in Heimarbeit, seltener in Fabriken, die in der Vorstellungswelt der bürgerlichen Frauen nur zu oft als "Abgrund aller Sittlichkeit"[5] betrachtet wurden. Die Quellen vermitteln zudem den Eindruck, daß die Handarbeiterinnen sehr bewußt nach einem kleinbürgerlichen respektablen Leben strebten.** Da ihre Arbeit ferner ein gewisses Können in "Handarbeiten" verlangte, bildeten sie sozusagen eine gehobene Schicht unter den Arbeiterinnen, mit denen die bürgerlichen Frauen umgehen konnten, zumal auch in den meisten Fällen die "Gemeinsamkeit der Handarbeit" -

---

in Heimarbeit   157.002 Frauen.
(Wuttke, op.cit., S.16 ff.).

3) vgl. Hilde Lion, op.cit., S.19 ff.
4) "Neue Bahnen", 4. Jg., 1869, Nr.21, S.163.
5) "Neue Bahnen", 10. Jg., 1875, Nr.22, S.174.
* Qu. 500   ** vgl. Qu. 484 f.

hier im Dienst der Familie, dort im Dienste des Erwerbs - als einigendes Bild wirkte.

2. Louise Otto-Peters' Äußerungen zur Frauenfabrikarbeit und die proletarische Arbeiterinnenbewegung in Sachsen

Louise Otto-Peters' Ausführungen zur Frauenfabrikarbeit verdienen ganz besondere Beachtung, da sie harmonisch jene Vorgänge ergänzen, die Clara Zetkin als "Anfänge der proletarischen Frauenbewegung"[6] und Hilde Lion als "sächsische Arbeiterinnenbewegung"[7] bezeichnen. Zetkin beurteilt jene Entwicklung unter dem Gesichtswinkel der internationalen sozialistischen Bewegung; Lion hingegen ist bestrebt, die Bemühungen der bürgerlichen Frauenbewegung um die Arbeiterinnen kritisch zu analysieren. Offensichtlich überging Lion bei ihrer Quellenarbeit die damals sicher noch zahlreicher zur Verfügung stehenden Jahrgänge der "Neuen Bahnen", so daß ihr die Parallelität zwischen den Äußerungen Louise Otto-Peters' und den Vorgängen in Sachsen nicht auffallen konnte.

Louise Otto-Peters' Stellungnahmen liegen zeitlich vor jener sächsischen Arbeiterbewegung, die 1869-73/74 auch die Fabrikarbeiterinnen einzugliedern suchte, und wurden offensichtlich veranlaßt durch die frauenfeindliche Haltung der Lassalleaner.

Verschiedene Äußerungen deuten darauf hin, daß die Lassalleaner nicht nur die Fabrikarbeit der Frauen verbieten wollten, sondern auch diejenige in "geschlossenen Etablissements"[8], in größeren oder kleineren Werkstätten also, die, häufig der Textilbranche zugehörig, die Frauen keineswegs aus der weiblichen Domäne der Nähnadelarbeit hinausführten. - Der Kampf gegen die Frauenfabrikarbeit wurde vor allem diktiert von der Furcht des Konkurrenzkampfes, der Arbeitslosigkeit der Männer und des Lohndruckes. Als Kampfmaßnahme wurden 1866 Abwehrstreiks der Männer zur Ausschaltung der Frauenfabrikarbeit vorgeschlagen, deren positive Folgen sein sollten: eine erhöhte Beschäftigung der Männer und eine Steigerung der Männerlöhne[9], da man annahm, daß sowohl die Arbeit wie auch der Lohnanteil der Frauen dann

6) Clara Zetkin. Zu den Anfängen der proletarischen Frauenbewegung in Deutschland. Berlin 1956;
ebenso in: "Gleichheit", 16. Jg., 1906, Nr. 21-24, S. 146 f., 154 f., 161 f., 170 f.; vgl. Thönnessen, op. cit., S. 27 f.
7) Hilde Lion, op. cit., S. 28 f.
8) "Neue Bahnen", 4. Jg., 1869, Nr. 21, S. 161.
9) Hilde Lion, op. cit., S. 26.

den Männern zufallen würden. Doch gleichzeitig galt als sicherste Abhilfe, wie von Schweitzer 1868 ausdrücklich feststellte,

"die Beseitigung der Kapitalherrschaft, indem durch positiv organisierte Einrichtungen das Lohnverhältnis aufgehoben und jedem Arbeiter der volle Ertrag seiner Arbeit gewährt wird"[10].

Denn, so wurde die Argumentation in den Denkkategorien der Lassalleaner fortgesetzt,

"dem Manne den vollen Ertrag seiner Arbeit gewährstellen, heißt für uns auch die Lage der Frau verbessern"[11].

In dieser Äußerung wird zugleich die ausgeprägte antifeministische Tendenz sichtbar, die gegen jede "Vergrößerung des Marktes für die Frauenarbeit"[12] polemisierte; wenn schon Erwerbsarbeit sein mußte, dann sollte sie in Heimarbeit ausgeübt werden[13], aber im Haus hatte die Frau zu bleiben, abhängig, untertan dem Vater oder Ehemann. Es fehlte weder an den Hinweisen auf die "idealen Güter" des Familienlebens noch an den üblichen Klischeevorstellungen,

daß die Natur mit Klarheit lehre, daß die Frau dazu gemacht sei, beschützt zu werden, um als Mädchen bei der Mutter, als Gattin unter der Wahrung und dem Ansehen des Mannes zu leben ... "Wenn aber die Frau in die Fabrik geht", so meinte man 1866 in Berlin, "... wird sie ihres Mittelpunktes beraubt; ihre Schamhaftigkeit wird beunruhigt ... Was die Lage der in Gemeinsamkeit in einer Werkstatt arbeitenden Frauen kennzeichnet, ist, daß sie durch ihre Tugenden leiden". Und: "Wenn der Familienvater am Abend am Herd bei seiner Frau sich niederläßt mit den Kindern, ihm am Halse hängend, so ist seine Arbeit gesegnet"[14].

Gegen diese Tendenzen trat Louise Otto-Peters unverzüglich zum Kampf an. Es ist sehr interessant, hierbei zu beobachten, daß sie von einer reinen Abwehrhaltung sehr schnell zu konstruktiven Vorschlägen zur Lösung der Probleme der Frauenfabrikarbeit überging.

1866 stellte sie den Grundsatz der Lassalleaner -

"die Lage der Frau kann nur verbessert werden durch die Lage des Mannes" -

als "aller Gesittung und Humanität Hohn" sprechend an den Pranger und erklärte:

"Gerade die Partei, die von 'Staatshilfe' sich so viel verspricht, die das allgemeine Stimmrecht fordert, schließt von allen diesen Bestrebungen die Frauen aus - dadurch beweist sie, daß sie ihr Recht der Freiheit, d.h. 'die Herrschaft des vierten Standes', gründen will auf die S k l a v e r e i d e r F r a u e n - denn wer nicht frei für sich erwerben darf, ist Sklave. Aber das

---

10) "Neue Bahnen", 3. Jg., 1868, Nr. 4, S. 31.
11) Hilde Lion, op. cit., S. 26.
12) "Neue Bahnen", 3. Jg., 1868, Nr. 4, S. 31.
13) Hilde Lion, op. cit., S. 26.
14) Hilde Lion, op. cit., S. 25 f.

ist, Gott sei Dank, nur der eine, der kleinere Teil der Arbeiter; der größere hat in der Arbeiterversammlung zu Stuttgart auch der Frauenarbeit das Wort geredet und später der Frauenkonferenz zugestimmt"[15] ; ... .*

Gegen das Argument der Konkurrenz stellte Louise Otto-Peters das Recht der Frauen auf Nahrung und die Notwendigkeit der Ernährung der Familie.

"Weil es jetzt nicht mehr möglich ist, daß zwei Hände allein genug arbeiten und verdienen können, um ein ganzes Leben lang eine ganze Familie zu ernähren. Von diesem Druck ... der Nahrungssorgen ... wollen wir die Männer so gut dadurch erlösen, w i e w i r u n s s e l b s t v o n d e m D r u c k d e r A b h ä n g i g k e i t e r l ö s e n w o l l e n , indem wir eine naturgemäße Teilung der Arbeit fordern für Mann und Frau"[16].**

Ferner verwies Louise Otto-Peters (wie sie es schon während der 40er Jahre getan hatte) auf die Gefahren für die Sittlichkeit: wenn man den Frauen die Arbeit nehme, werde der Hunger sie zur Prostitution treiben.

1867 appellierte der Allgemeine deutsche Frauenverein an den Vereinstag deutscher Arbeitervereine in Gera, den Bestrebungen, "die Frauenarbeit in den Fabriken zu verhindern, ... nicht beizutreten"[17].***
Wiederum wurden die sittlichen Gefahren betont, doch nun begleitet von dem Hinweis:

Gegen ein Herabdrücken der Löhne "hilft am besten die A s s o z i a t i o n d e r A r b e i t e r m i t d e n A r b e i t e r i n n e n usw."[18].

Dieser Gedanke war an sich bei Louise Otto-Peters nicht neu, schon 1848 hatte sie, in Inhalt und Form zwar unbestimmt, eine Organisation der Männer- und Frauenarbeit gefordert (vgl. A. I. 3). 1865 hatte der Vereinstag deutscher Arbeitervereine in Stuttgart den Antrag angenommen, durch moralische und materielle Unterstützung die Arbeiterinnen zur Gründung von Arbeiterinnenvereinen zu veranlassen (vgl. A. III. 1). Louise Otto-Peters hatte diese Beschlüsse begrüßt, doch zwei Jahre später, 1867, unterbreitete sie dem Vereinstag den obigen Vorschlag der gemeinsamen Assoziation. Über eine Stellungnahme des Vereinstages zu diesem Appell liegen keine Nachrichten vor, offensichtlich faßte der Vereinstag keine neuen Beschlüsse über die Frauenarbeit.

1868, als die Agitation der Lassalleaner anhielt, ging Louise Otto-Peters dazu über, folgende prinzipielle Fragen zu klären[19].****

a) die Haltung der bürgerlichen Frauenbewegung (resp. des Allgemeinen deutschen Frauenvereins) gegenüber der Arbeiterbewegung;

15) L. Otto-Peters, Recht-Erwerb, S. 103.
16) L. Otto-Peters, Recht-Erwerb, S. 104.
17) L. Otto-Peters, Das erste Vierteljahrhundert, S. 16 f.
18) L. Otto-Peters, Das erste Vierteljahrhundert, S. 17.
19) "Neue Bahnen", 3. Jg. , 1868, Nr. 15, S. 121 ff.
  * Qu. 472   ** Qu. 472   *** Qu. 473 f.   **** Qu. 474 ff.

b) die Beziehungen zwischen Arbeitern und Arbeiterinnen;

c) das Verhältnis zwischen bürgerlicher Frauenbewegung und Arbeiterinnen (Hand- wie auch Fabrikarbeiterinnen)[20].

Zu a): Beider Ziel sei, so stellte Louise Otto-Peters fest, "ein menschenwürdiges Dasein für alle". Neben ihrer Enttäuschung über die Ablehnung der Frauenfabrikarbeit durch eine Partei der Arbeiter deuten ihre Ausführungen jedoch auf eine Bundesgenossenschaft zwischen den sozialen Bewegungen der Gegenwart, zwischen allen,

"welche überhaupt dem Fortschritt huldigen und ... denen, die auch, gleich den Frauen, zu den letzten im Staate gehören und ebenfalls bestrebt sind, ihre Lage zu verbessern".

Nämlich: dem vierten Stand der Arbeiter und dem fünften Stand der Frauen.

Louise Otto-Peters lehnte es für die Frauenbewegung jedoch ab, Partei zu ergreifen, und stellte fest:

"Wir F r a u e n stehen, ... mit unserem Streben auf dem S t a n d p u n k t d e r r e i n e n H u m a n i t ä t oder, wenn man will, des Naturrechts, wir fragen, wo es sich darum handelt, unserem Ziele: ' menschenwürdiges Dasein für alle, auch für die Frauen' näherzukommen, nach keinem philosophischen oder religiösen, nach keinem politischen, nationalen oder sozialen Bekenntnis - wir sind z u r S e l b s t h i l f e b e r e i t, weil diejenigen, die sich nicht selbst mit aller Anstrengung ihrer Kräfte helfen wollen, auch nicht verdienen, daß ihnen geholfen werde - aber wir heißen auch die H i l f e anderer, auch die d e s S t a a t e s, w i l l k o m m e n, sobald sich daran keine unwürdige Bedingung knüpft. Daß wir mit unseren ' neuen Bahnen', ... auch nur vorwärtsschreiten können, liegt in der Natur der Sache", ...

Erklärte Louise Otto-Peters hierdurch die Frauenbewegung zu einer "neutralen Bewegung des Fortschritts", so galten ihre Sympathien doch recht eindeutig der Arbeiterbewegung, denn sie ermahnte freundschaftlich:

Wir geben uns "der Hoffnung hin, daß, wie die Schroffheit, mit der sich beide Arbeiterparteien eine zeitlang gegenüberstanden, schon sehr gemildert ist, dies noch immer mehr geschehe und daß man sich nicht immer - den mächtigen gemeinsamen Gegnern zur Freude - einander bekämpfen wer-

---

20) Anm. d. V.: Es ist jedoch auch möglich, daß diese Prinzipienfragen berührenden Ausführungen, die von Louise Otto-Peters am 15. 7. 1868 (in: "Neue Bahnen", 3. Jg., 1868, Nr. 16, S. 121 ff.) veröffentlicht wurden, ebenfalls an die Adresse des in den ersten Septembertagen 1868 in Nürnberg stattfindenden Vereinstages deutscher Arbeitervereine gerichtet waren, der (soweit es durch die Quellenlage überhaupt nachweisbar ist) keine Anstrengungen unternommen hatte, im Sinne der Stuttgarter Beschlüsse (1865) die Arbeiterinnen zur Gründung von Arbeiterinnenvereinen zu veranlassen, und der auch den Appell des Allgemeinen deutschen Frauenvereins 1867 zur gemeinsamen Assoziation der Arbeiter und Arbeiterinnen nicht befolgt hatte.

de, weil man dasselbe Ziel auf zwei verschiedenen Wegen zu erreichen sucht".

Zu b): Das oben ausgesprochene Prinzip - "Nur Einigkeit macht stark" - unterstrich Louise Otto-Peters eindringlich in ihren Ausführungen über die Beziehungen zwischen Arbeitern und Arbeiterinnen: die Arbeiterin müsse an der Seite der Arbeiter stehen, die von ihrer Mithilfe Gebrauch machen sollten; hierbei sei es ganz gleichgültig, in welcher Weise die Arbeitenden die "Herrschaft des Kapitals" brechen wollten, nur gemeinsam müsse es geschehen; gemeinsam könne auch das Problem der Konkurrenz bewältigt werden, wozu sie ausführte:

"Wenn die Arbeiter mit den Arbeiterinnen nicht in Feindschaft leben, so werden auch die Konkurrenzgefahren mehr und mehr verschwinden. Sind die Frauen nicht mehr ausgeschlossen von den Vereinigungen der Arbeiter oder haben sie unter deren Beistand Vereine unter sich,
so braucht man sie nur zu verpflichten, nicht billiger zu arbeiten als die Männer, die Arbeit nicht nach der Person, die sie liefert, sondern nach ihrem eigenen Wert beurteilen zu lassen, dann ist die Gefahr der Lohndrückung beseitigt.

Sie wird vermieden, wenn die Arbeiter selbst ihren Genossinnen helfen, sie wird aber herbeigeführt, wenn sie dieselben unter allen Umständen verdrängen und sie so zwingen, bei anderen Schutz zu suchen - die anderen werden dann die Herren des Kapitals, vielleicht die Diener der Reaktion sein, welche allerdings hier und da die Erweiterung der Frauenarbeit in die Hand genommen - manche aus reiner Humanität und richtiger Erkenntnis dessen, was not tut - manche vielleicht aber auch, damit einem gefürchteten 'Zuweitgehen' vorgebeugt werde - die Arbeiter, der vierte Stand, machen ja schon gewissen Leuten Not genug - ... Wir wollen dies nicht untersuchen, es ist aber ein Mahnwort an die Arbeiter zu prüfen, von welcher Seite ihnen das größere Übel droht".

Diese Stellungnahme beweist eindeutig, daß Louise Otto-Peters zutiefst von der Notwendigkeit der Solidarität der Männer und Frauen der Arbeiterklasse überzeugt war, ebenso fest durchdrungen war sie von dem Glauben, daß die Lage der Arbeiter nur durch den Willen und die eigene Kraft der Arbeiter verbessert werden könne, denn:

"Nur was man durch eigene Kraft erringt, hat einen Wert"[21].

Zu c): Die oben geforderte sozusagen "horizontale Klassensolidarität" der Arbeiterschicht intensiviert die Frage nach dem Verhältnis zwischen der Frauenbewegung und den Arbeiterinnen im allgemeinen: Sollten die Beziehungen nur in Akten der Wohltätigkeit bestehen? Existierte nur eine Bundesgenossenschaft gleich entrechteter und unterdrückter Volksklassen?

21) L. Otto-Peters, Recht-Erwerb, S. 67.

Oder: Konnte es neben der "horizontalen Klassensolidarität" noch eine "vertikal" verlaufende Solidarität des weiblichen Geschlechts gegenüber dem männlichen geben? Eine Solidarität zwischen Frauenbewegung und Arbeiterinnen?

Die letzten beiden Fragen dürfen für Louise Otto-Peters, ihre "Neuen Bahnen" und den Leipziger Frauenbildungsverein (1. Vors. Louise Otto-Peters) bejaht werden; die Frage muß offen bleiben hinsichtlich der übrigen Mitgliedsvereine des Allgemeinen deutschen Frauenvereins. - Leider fehlen hier auch ausführliche Stellungnahmen, so daß man die Hinweise sammeln muß.

Prinzipiell erklärte Louise Otto-Peters 1866:

"Wir sehen alles mit Freuden geschehen, was geschieht, um die Frauenfrage ihrer Lösung immer näher zu führen: an der Überzeugung aber halten wir fest, daß ihre wirkliche Lösung nur gefunden werden kann durch die Frauen selbst, durch ihren eigenen Willen und durch ihre eigene Kraft"[22].

Sie verglich die Lage der Frauen mit der der Arbeiter, die nur durch den Willen und die Kraft der letzteren verbessert werden könne, und der unterdrückter Völker,

die "nur frei werden können, wenn sie in ihrer B i l d u n g und E n t w i c k l u n g so weit vorgeschritten sind, daß sie wirklich frei werden wollen - und ganz dasselbe muß man auch in Bezug auf die Frauen wiederholen"[23].

Die Solidarität des weiblichen Geschlechts, erwachsend aus dem gemeinsamen Schicksal, wird hier als gegeben vorausgesetzt, ebenso die Solidarität des Zieles der Gestaltung eines menschenwürdigen Daseins für alle, auch der Frauen. Folgt man diesem Gedankengang, so ergibt sich daraus die Notwendigkeit, daß jede Frau auf dem ihr zugewiesenen Platz für dieses Ziel wirken sollte, evtl. sogar in einem Beziehungsfeld anderer "Solidaritäten"; um aber überhaupt in diesem Sinne wirken zu können, mußte ein gewisser Grad der "Bildung und Entwicklung" innerhalb des weiblichen Geschlechts erreicht sein. Und genau in dieser Feststellung Louise Otto-Peters' dürfte der "Scheitelpunkt" der sozusagen "senkrecht" aufeinandertreffenden "horizontalen" und "vertikalen" Solidaritätsbereiche zu suchen sein, die bindende Vermittlungsstelle zwischen bürgerlicher Frauenbewegung und Arbeiterinnen. Unter diesem Gesichtswinkel ist auch Louise Otto-Peters' (auf der Generalversammlung des Leipziger Frauenbildungsvereins im Mai 1868) abgegebene Erklärung voll einsichtig -

"daß wir unseren armen Schwestern nicht durch Almosen wohl tun wollen, sondern daß wir sie als unseresgleichen betrachten und ihren Geist näh-

22) L. Otto-Peters, Recht-Erwerb, S. 93.
23) L. Otto-Peters, Recht-Erwerb, S. 67.

ren, ihre Fähigkeiten zu erhöhen suchen, damit auch sie ihre eigene Kraft kennen und sie brauchen lernen"[24].

Auf dem ihnen zugewiesenen Platz in der menschlichen Gesellschaft, so könnte man hinzufügen, und für die Arbeiterin war dies der "Solidaritätsbereich" der Arbeiterschaft mit dem gemeinsamen Ziel des menschenwürdigen Daseins für alle.

Es erhebt sich an dieser Stelle die Frage: was geschah nun von seiten Louise Otto-Peters' und des von ihr geleiteten Leipziger Frauenbildungsvereins, um die oben dargelegten Ziele zu fördern? Eine Überprüfung der Vereinsunternehmen zeitigt ein fast enttäuschendes Ergebnis: man veranstaltete Unterhaltungsabende[25] (vgl. B.I.3), an denen man sich mit den arbeitenden Frauen des Volkes vereinigte, und zwar sowohl mit Fabrik- wie auch Handarbeiterinnen, wobei in keiner der überlieferten Quellen ersichtlich ist, welche der beiden Arbeiterinnengruppen überwog. Solche Unterhaltungsabende* (man pflegte in Leipzig jährlich etwa 25 zu veranstalten) mit ihren literarischen, historischen, naturkundlichen u.a. Vorträgen, mit ihren Gedichtdeklamationen, Pianoforte- und Gesangsdarbietungen mögen als absolut inadäquate Mittel zu diesem Zweck beurteilt werden, doch in der Sicht der Veranstalterinnen suchte man das Beste, das man besaß, zu geben, es mit den Frauen des Volkes zu teilen - die eigene Bildung. Man war überzeugt, daß der Besitz dieses Gutes jene Frauen ebenso stärken, sie zu rechten Erkenntnissen und entschlossenem Handeln führen könne, wie dies der Besitz der Bildung bei ihnen, den Führerinnen der Bewegung, bewirkt hatte.

Louise Otto-Peters scheint in Leipzig mit diesen Unternehmungen auch Erfolg gehabt zu haben, denn 1869 verteidigte sie die Abendunterhaltungen auf der 4. Generalversammlung des Leipziger Frauenbildungsvereins mit der Begründung, sie erfreuten sich des größten Zuspruchs auch aus Arbeiterkreisen, deshalb würden diese Abendunterhaltungen "überall" aufgegriffen[26].

Obgleich es unmöglich ist festzustellen, welche Erfolge den Arbeiterinnen aus diesen Unternehmungen erwuchsen, darf man im umgekehrten Falle vermuten, daß sie Louise Otto-Peters' weiterreichenden Vorschlägen mützten: sie unterstrichen die Aufrichtigkeit ihrer Anteilnahme am Los der arbeitenden Klassen und erhöhten hierdurch auch zugleich die Überzeugungskraft ihrer oben behandelten Vorschläge gegenüber der Arbeiterklasse, vergrößerten sicher auch den Kontaktbereich mit jenen Menschen, die sich mit Leidenschaft der Sache der ar-

24) "Neue Bahnen", 3. Jg., 1868, Nr.12, S.95.
25) Anm. d. V.: Die jungen Arbeiterinnen konnten jedoch auch die Sonntagsschule des Vereins besuchen, die sich später zur Fortbildungsschule entwickelte (vgl. B.I.3).
26) "Neue Bahnen", 4. Jg., 1869, Nr.12, S.94.
* Qu. 456 ff.

beitenden Klassen widmeten. - Diese Vermutungen sind offensichtlich nicht ohne Berechtigung, wenn man sich den Vorgängen zuwendet, die sich 1869 ff. innerhalb der sächsischen Arbeiterschaft vollzogen unter der Leitung von Männern (wie Motteler, Germann, Stolle, Robert Seidel, Franz, Hirsch)[27], deren Führer und Mitarbeiter der Leipziger Bürger August Bebel war, dessen Leipziger Arbeiterbildungsverein in Berührung stand mit Louise Otto-Peters' Leipziger Frauenbildungsverein[28], woraus man wiederum schließen darf, daß die beiden Vorsitzenden einander besser kannten, als sie später mitzuteilen für angebracht hielten (vgl. A.III.1).

Über das rege politische und genossenschaftliche Leben innerhalb der sächsischen Arbeiterschaft der 60er Jahre berichtet Hilde Lion:

"Schon im zweiten Vereinsjahr des liberalen Arbeitervereins[29] hatten Bebel und Germann 29 Vereine mit 4500 Mitgliedern in einem Verband zusammengeschlossen. Zum Verband gehörten damals 22 genossenschaftliche Institute:

fünf Sparkassen,
zwei Vorschuß- und
fünf Konsumvereine,
eine Konsumbäckerei,
vier Kranken-,
zwei Invaliden-,
zwei Begräbniskassen,
eine Weberassoziation.

Das Zentrum dieser Arbeiterbewegung ist die Niedererzgebirgische Textilindustrie, und die sie leitende Organisation ist die 1867 gegründete Spinn- und Webgenossenschaft E. Stehfest u. Co., Sitz Crimmitschau"[30].

Dieser Verband wandte sich 1869 mit Elan den Frauen zu:

a) Am 28.2.1869 rief auf dem Stiftungsfest des Arbeiterfortbildungsvereins Glauchau Motteler die Frauen auf, "Kampfgenossen" der Männer zu werden, und führte aus:

---

27) Clara Zetkin. Zu den Anfängen der proletarischen Frauenbewegung in Deutschland. Berlin 1956, S.11.

28) Anm. d. V.: Der Leipziger Arbeiterbildungsverein stellte für die "Sonntagsschule" des Leipziger Frauenbildungsvereins auf dessen Ersuchen sein Vereinslokal zur Verfügung. - Bebel hatte ferner als Gast an der Leipziger Frauenkonferenz teilgenommen (Okt. 1865), auf der der Allgemeine deutsche Frauenverein gegründet wurde; und mit dem Gesang seines Arbeiterbildungsvereins war die Eröffnungsfeier der Frauenkonferenz eingeleitet worden.

29) Gemeint ist vermutlich der "Vereinstag deutscher Arbeitervereine" (gegr. 1863); im "2. Vereinsjahr" bedeutet in diesem Fall: 1864.

30) Hilde Lion, op.cit., S.140.

"Wir fordern für die Frauen eine in vernunftgemäßer Ordnung wurzelnde Freiheit des Erwerbes und die volle Entfaltung ihrer natürlichen Fähigkeiten fürs Haus wie für die Öffentlichkeit. Keine Haussklaven für Tisch und Herd, keine Enterbten an Rechten und Pflichten nach außen ... Die wirtschaftliche Freiheit des Individuums bedingt und ist dessen politische Freiheit. Das Ideal der Emanzipation des weiblichen Geschlechts kann nur verwirklicht werden in der sozialistischen Ordnung der freien Arbeit. Daher Kampf gegen die gegenwärtigen gesellschaftlichen Verhältnisse, gebrandmarkt durch die bitterste körperliche und geistige Massenarmut, der die Pflicht der Frau wie des Mannes ist. Wir brauchen Kampfgenossen"[31], ...

b) Ende März 1869 feierte man auf dem ersten Verbandstag der sächsischen Konsumvereine in Chemnitz die Frauen "als die wichtigsten Faktoren unseres Vereinslebens"[32].

c) Als im Februar 1869 die Spinn- und Webgenossenschaft E. Stehfest u. Co. beschloß, eine

"Internationale Gewerksgenossenschaft der Manufaktur-, Fabrik- und Handarbeiter"

beiderlei Geschlechts zu gründen, berief sie zwei Frauen in das Organisationskomitee zur Vorbereitung eines hierfür notwendigen Kongresses, der vom 15.-17. Mai 1869 in Leipzig stattfand. In der neu gegründeten Internationalen Gewerksgenossenschaft wurden Männer und Frauen in Rechten und Pflichten völlig gleichgestellt.

Nach § 3 war als gleichberechtigtes Mitglied zuzulassen "jeder Arbeiter der obengenannten Gewerbe ohne Unterschied des Alters, Geschlechtes und der Verrichtung sowie jeder Kleinmeister und jede Kleinmeisterin".

§ 4 setzte fest: "Jedes Mitglied ist zu jedem Amte der Genossenschaft wählbar"[33].

Es ist eine hier nicht zu untersuchende Frage, ob die Nachahmung dieser vorbildlichen organisatorischen Maßnahmen gehemmt wurde durch den im August 1869 stattfindenden "Allgemeinen deutschen sozial-demokratischen Arbeiterkongreß" in Eisenach. Gerade die fortschrittlichen sächsischen Sozialisten konnten sich in Sachen Frauenrechte nicht durchsetzen:

Ihre Forderung: allgemeines, gleiches, geheimes und direktes Wahlrecht "für alle Staatsangehörigen" wurde verworfen und die der Lassalleaner - "an alle Männer vom zwanzigsten Lebensjahre an" - in das Programm der Sozialdemokratischen Arbeiterpartei aufgenommen.

Hinsichtlich der Frauenarbeit kam es zu dem Kompromiß:

31) Clara Zetkin, op. cit., S. 13.
32) Clara Zetkin, op. cit., S. 12.
33) Clara Zetkin, op. cit., S. 14 f.

"Einschränkung der Frauen- und Verbot der Kinderarbeit",
nachdem der Antrag, die Abschaffung der Frauenarbeit zum Programmpunkt zu erheben, abgelehnt worden war mit der Begründung:
"daß jede Unterdrückung der Frauenarbeit die auf Erwerb angewiesenen
Frauen nur scharenweise der Prostitution in die Arme treiben würde. Die gefährliche Konkurrenz ließe sich nur beseitigen durch ihre Organisation mit
den Männern, durch die Erweckung des Klassenbewußtseins in ihnen und die
Erhebung des Weibes zur gleichstehenden Genossin"[34].

Graulich erhob die Forderung des gleichen Lohnes für gleiche Arbeit als des besten Schutzes gegen eine Überkonkurrenz der Frauen,
und Motteler gab eine mit seinen Ausführungen in Glauchau (s. o.) fast
gleichlautende Erklärung ab.

Interessant ist Louise Otto-Peters' Reaktion: ihre Empörung entzündete sich an der Beschränkung der Frauenarbeit, und sie explizierte:

"Unter II lautet § 2: 'Der Kampf für die Befreiung der arbeitenden Klassen ist nicht ein Kampf für Klassenprivilegien und Vorrechte, sondern für
gleiche Rechte und gleiche Pflichten und für die Abschaffung aller Klassen-
herrschaft'. (Aber die Herrschaft des Geschlechts bleibt bestehen? Wo sind
hier die gleichen Rechte und Pflichten für die Frauen?)

§ 3 lautet: 'Die ökonomische Abhängigkeit des Arbeiters von dem Kapita-
listen bildet die Grundlage der Knechtschaft in jeder Form, und es erstrebt
die sozialdemokratische Partei unter Abschaffung der jetzigen Produktions-
weise (Lohnsystem) durch genossenschaftliche Arbeit den vollen Arbeitser-
trag für jeden Arbeiter'.

(Aber die ökonomische Abhängigkeit der Frau vom Mann bleibt bestehen? Wenn die Arbeiter ihren neuen Volksstaat nur auf die S k l a v e -
r e i d e r F r a u e n gründen können, begehen sie ja dieselbe Ungerechtigkeit an der Menschheit, wie sie in den Sklavenstaaten alter und neuer
Zeit herrschte.)"[35].

Als aber Louise Büchner ebenso scharf das in Eisenach vorherrschende Prinzip kritisierte, daß die Frau nicht leben und essen solle außer durch des Mannes Gnade, und in logischer Folge einen § 3 forderte des Inhalts, daß die Hälfte bis zwei Drittel der Frauen als im frei-
en Volksstaat überflüssig sofort nach der Geburt zu töten seien, - stellte Louise Otto-Peters diesem Artikel die Bemerkung voraus: die Re-
daktion beurteile diese Angelegenheit etwas milder, nicht alle Frauenarbeit solle beschränkt werden, sondern nur diejenige "in geschlossenen Etablissements"[36].

34) Thönnessen, op. cit., S.27.
35) "Neue Bahnen", 4. Jg., 1869, Nr.20, S.155 f.
36) "Neue Bahnen", 4. Jg., 1869, Nr.21, S.161 ff.

Diese "milde" Beurteilung von seiten Louise Otto-Peters' ist nach den vorausgehenden Ausführungen wenig überzeugend und kaum erklärbar; oder darf man annehmen, daß ein Blick auf die Vorgänge in Sachsen sie beruhigte und in der Überzeugung bestärkte, daß, wenn eine Gruppe der Arbeiterschaft schon auf dem rechten Wege voranschritt, die andere bald folgen werde? Wäre dies der Fall gewesen, so hätten sie die von der sächsischen Arbeiterschaft geförderten Entwicklungen in dieser Hoffnung nur bestärken können.

Auf der ersten Generalversammlung der Internationalen Gewerksgenossenschaft im Juli 1870 umfaßte diese Organisation 6000-7000 Mitglieder, "davon ein Sechstel weiblichen Geschlechts"[37].

Auf dem ersten deutschen Webertag in Glauchau im Mai 1871 setzten August Bebel und Frau Beuschel (die von Crimmitschauer Gewerksgenossen als Delegierte entsandt worden war) gegen den Antrag auf Verbot der Frauenarbeit die Annahme der folgenden Resolution durch:

"Es ist Pflicht der Fachgenossen, dahin zu wirken, daß die Frauen in den Fabriken und Werkstätten mit in Gewerks- und Fachorganisationen als gleichberechtigt eintreten und es dahin bringen, daß die Löhne der Frauen und Männer gleichgestellt werden"[38].

Auf der dritten und vierten Generalversammlung der Internationalen Gewerksgenossenschaft (1872 in Weimar, 1874 in Chemnitz) verteidigten die führenden sächsischen Genossen die Gleichberechtigung der Frauen in den genossenschaftlichen Krankenkassen mit Energie und Erfolg gegen die Anträge (anscheinend nichtsächsischer Mitglieder), die aus Besorgnis um den Kassenstand die Frauen ausschließen oder ihre Anspruchsrechte herabsetzen wollten[39].

Doch kurze Zeit später[40] vollzog sich der "Verfall" der Internationalen Gewerksgenossenschaft, und mit ihr endeten die ersten vielversprechenden Ansätze einer problemgerechten Lösung der Arbeiterinnenfrage.

Da die entsprechenden Jahrgänge der "Neuen Bahnen" fehlen, läßt sich nicht feststellen, ob - und wie - Louise Otto-Peters zu diesen Vorgängen Stellung nahm; und von anderer Seite herrscht über diesen Teil ihres Wirkens allgemeines Schweigen.

---

37) Clara Zetkin, op. cit., S. 16.
38) Clara Zetkin, op. cit., S. 19.
39) Clara Zetkin, op. cit., S. 20 f.
40) Anm. d. V.: Zetkin (op. cit., S. 20/22) datiert die 4. Generalversammlung auf 1874, Lion (op. cit., S. 29) auf das Jahr 1873, das sie auch als das Auflösungsjahr der Internationalen Gewerksgenossenschaft bezeichnet; Zetkin nennt weder den genauen Zeitpunkt des "Verfalls" noch geht sie näher auf seine Ursachen ein; doch wenn 1874 die letzte Generalversammlung stattfand, kann auch die Auflösung frühestens 1874 erfolgt sein.

3. Bemühungen um die Handarbeiterinnen

Wendet man sich den Bemühungen der bürgerlichen organisierten Frauen um die Handarbeiterinnen zu, so darf man vermuten, daß sie mehr oder minder von jenen Zielen geprägt waren, die Louise Otto-Peters formuliert hatte:

Wir wollen "sie als unseresgleichen betrachten und ihren Geist nähren, ihre Fähigkeiten zu erhöhen suchen"[41] , ...

Galten diese "solidarischen" Bemühungen in der Sicht Louise Otto-Peters' Fabrik- und Handarbeiterinnen in gleicher Weise, so war hier die Situation hinsichtlich der Probleme der Lohn- und Arbeitsbedingungen der Handarbeiterinnen eine andere: wo Louise Otto-Peters den Fabrikarbeitern empfehlen konnte, sich mit den Arbeitern zum gemeinsamen Kampf um bessere Lohn-, Arbeits- und Lebensbedingungen zu assoziieren, fehlten bei den Handarbeiterinnen die männlichen Partner. Zwar arbeiteten auch Männer in den typischen weiblichen "Handarbeitsbranchen", aber sie waren nicht allzu zahlreich und kamen zudem meist aus dem Bereich des Handwerks, rückten deshalb allgemein in den "Handarbeitsbetrieben" in "führende" Positionen ein (Zwischenmeister, Vorarbeiter usw.) und organisierten sich, wie im Falle der Zwischenmeister, in eigenen Innungen, von denen die Handarbeiterinnen ausgeschlossen waren. Kurz gesagt: die Handarbeiterinnen standen einer männlichen Kollegenschicht gegenüber, die keinesfalls gewillt war, mit ihnen gemeinsame Sache zu machen, sondern sich – wie im Falle der Zwischenmeister – kräftig daran beteiligte, sie auszubeuten. – Hieraus erwuchs wiederum den bürgerlichen organisierten Frauen die Aufgabe, sich zusätzlich um die Lohn- und Arbeitsbedingungen der Handarbeiterinnen zu kümmern. Dies geschah auch bei Louise Otto-Peters und den ihr nahestehenden Frauenkreisen; auffällig ist jedoch, daß es nicht gelang, die beiden Arbeitsbereiche zu integrieren: man versuchte, auf der einen Seite durch praktische Vereinstätigkeit den Geist und die Sittlichkeit der Frauen zu stärken und ihre technischen Handarbeitsfähigkeiten zu heben, hinsichtlich der zu ergreifenden Maßnahmen zur Verbesserung der Lohn- und Arbeitsbedingungen blieb man aber auf dem Boden der Theorie.

Daß man die Notwendigkeit der Verbindung beider Arbeitsbereiche sofort erkannte, beweist das (allerdings mit männlicher Hilfe formulierte) Programm des Allgemeinen deutschen Frauenvereins (1865). Um "die weibliche Arbeit von den Fesseln des Vorurteils, ... zu befreien", empfahl man als geeignete Mittel (vgl. A.III.1):

1. die Gründung von Produktivassoziationen,
2. die Durchführung von Industrieausstellungen,

---

41) "Neue Bahnen". 3. Jg., 1868. Nr.12, S.95.

3. die Gründung von Industrieschulen für Mädchen und
4. die Errichtung von Mädchenherbergen.

Doch dieses kostspielige Programm ließ sich nicht durchführen. Die Quellen vermitteln den Eindruck, daß die damals übliche Vereinspraxis der Geldbeschaffung für irgendwelche Unternehmungen (durch Spendenaufrufe, Tombolas, Konzerte und andere Veranstaltungen) Louise Otto-Peters und Auguste Schmidt offensichtlich gar nicht entsprach. Louise Otto-Peters baute auf die Selbsthilfe durch Mitarbeit und erklärte 1868 auf der Generalversammlung des Leipziger Frauenbildungsvereins:

"Wir appellieren nicht an die Hilfe anderer mit der feigen Erklärung, daß wir gar nicht versuchen wollten, uns selbst zu helfen - und das ist vielen Leuten nicht recht, ... und so müssen wir uns bescheiden, so lange ein kleiner Kreis zu bleiben und auf kleine Mittel beschränkt, bis die jetzt noch um und über uns herrschenden engherzigen Ansichten allmählich verschwinden werden"[42].*

Wie weit sich später ihre Hoffnungen in dieser Hinsicht erfüllten, kann wegen der nicht nachweisbaren Mitgliederzahlen des Leipziger Frauenbildungsvereins, der als Träger lokaler Einrichtungen hätte auftreten müssen, nicht schlüssig festgestellt werden, doch manches deutet darauf hin, daß man in Selbsthilfe im kleineren Kreis weiterarbeiten mußte.

Angesichts dieser finanziell immer beengten Situation wurden offensichtlich auch keine Industrieausstellungen veranstaltet[43]; die Mädchenherbergen blieben ein Gegenstand lebhafter Agitation (um jungen Mädchen ohne Familie ein Heim zu geben und sie so vor Verführung und Unsittlichkeit zu schützen); die Produktivassoziation endlich betrachtete man nur als ein erstrebenswertes Fernziel, gleichzeitig hielt man aber Ausschau nach erreichbaren, hilfreichen Zwischenlösungen. Louise Otto-Peters erkannte sicher auch sofort den richtigen Ansatzpunkt, als sie 1868 (anläßlich einer Affaire in Berlin) vorschlug, die Zwischenmeister[44] zwischen den Fabrikanten und den in Heimarbeit arbeitenden

42) "Neue Bahnen", 3. Jg., 1868, Nr. 12, S. 94 f.

43) Anm. d. V.: Eine Industrieausstellung weiblicher Erzeugnisse veranstaltete im Winter 1868/69 der finanziell und organisatorisch weitaus sicherer dastehende Lette-Verein in Berlin.

44) Anm. d. V.: Die Zwischenmeister empfingen von dem Fabrikanten die zu bearbeitenden Waren und hafteten ihm gegenüber für ihre Sicherheit und die Qualität und Pünktlichkeit der ausgeführten Arbeiten; sie bezogen auch den dafür bezahlten Lohn. Ausgeführt wurden die Arbeiten z. T. in der Werkstatt des Zwischenmeisters, oder sie wurden weitervergeben an Heimarbeiterinnen; Werkstatt- wie Heimarbeiterinnen konnte der Zwischenmeister nach eigenem Gutdünken entlohnen, und es ist bekannt, daß manche bis zu 50 %, mindestens aber 30 % des von der Fabrik an sie gezahlten Lohnes bei der Auszahlung an die Arbeiterinnen für sich einbehielten.

* Qu. 471

Handarbeiterinnen mit Hilfe der Assoziation auszuschalten, um den Arbeiterinnen den vollen Lohn zu sichern; sie führte aus:

"Sollte sich nun nicht das Assoziationswesen mit der Produktivgenossenschaft in weiterer Ferne auch jetzt schon insoweit für die weiblichen Handarbeiterinnen nutzbar machen lassen, als sich durch Vereinigungen weiblicher Arbeiterinnen ein direkter Verkehr zwischen Fabrikanten und Arbeiterinnen herstellen läßt"[45]?

So aktuell dieser Vorschlag war, er wurde (soweit die vorliegenden Quellen Nachricht geben) nicht realisiert. Die Gründe kann man nur vermuten: es dürften sich wahrscheinlich keine geschäftskundigen und -tüchtigen Frauen gefunden haben, die eine solche Assoziation sachgerecht und verantwortlich hätten leiten können; auf der finanziell schwachen Vereinsbasis mit ehrenamtlicher Betreuung durch fachlich nicht geschulte Vereinsdamen konnte sie ebenfalls nicht gegründet werden[46], und der Grad der Selbständigkeit und Bildung der Handarbeiterinnen war noch zu niedrig, als daß sie eine solche Assoziation allein hätten organisieren und aufrechterhalten können. Trotzdem behielt man diese Möglichkeit im Auge, als man zu Beginn der 80er Jahre die Lohnfrage im Kreis des Allgemeinen deutschen Frauenvereins erneut zur Debatte stellte.

Überblickt man die praktisch durchgeführte Vereinstätigkeit in Verbindung mit jener theoretischen Behandlung der Lohn- und Arbeitsbedingungen, so kann man zeitlich zwei Phasen unterscheiden:

eine 1. Phase beginnend 1865, die während der 70er Jahre abebbte und eine 2. Phase von 1881-1886/87.

---

45) "Neue Bahnen", 3. Jg., 1868, Nr. 5, S. 37 f.

46) Anm. d. V.: Über diese Tatsache können auch nicht die Bazare hinwegtäuschen, die mit besonderem Erfolg von den geschäftstüchtigen (männlichen! und weiblichen) Mitgliedern des Lette-Vereins, Berlin, und des Alice-Vereins, Darmstadt, durchgeführt und von anderen Vereinen, auch im Bereich des Allgemeinen deutschen Frauenvereins, nachgeahmt wurden. Sie dienten als Verkaufs- und Ausstellungsstätten für weibliche gewerbliche und künstlerische Erzeugnisse. - An diese Bazare sollten u. a. die Mädchen und Frauen der höheren Stände ihre zu Hause angefertigten Arbeiten abliefern und Aufträge entgegennehmen. Auf diese Weise sollte erstens die "Schmutzkonkurrenz" dieser Frauen unterbunden werden, die oft nur für ein Taschengeld nähten und durch die von ihnen akzeptierten niedrigsten Löhne die der Handarbeiterinnen unter das Existenzminimum herabdrückten; zweitens sollte den erwerbsbedürftigen Frauen dieser Stände geholfen werden, ohne "Erniedrigung" Arbeit gegen eine angemessene Entlohnung zu finden.

In Berlin und Darmstadt entwickelte man sehr bald auch Bazar-eigene Werkstätten, in denen man Handarbeiterinnen beschäftigte und die in Verbindung standen mit den Gewerbeschulen dieser Vereine.

Die spärlichen Quellenhinweise vermitteln den Eindruck, daß die Bazare anderer Vereine nicht so florierten und manche auf der "Wohltätigkeitsstufe" stehen blieben und eingingen. - Es darf ebenfalls bezweifelt werden, ob die Bazare den Handarbeiterinnen auch nur eine geringe Entlastung von der "Schmutzkonkurrenz" brachten.

Während jener 1. Phase entwickelte der Kreis um Louise Otto-Peters jene Organisationsform der "Fortbildungsschule" (vgl. Kap. B. I. 3), die in kleinerem Umfang auch die gewerbliche Ausbildung förderte (für die man im Programm 1865 Industrieschulen projektiert hatte), verbunden mit den oben bereits dargestellten Unterhaltungsabenden. Hierdurch wurden die Hand- und Fabrikarbeiterinnen zwar nicht Vereinsmitglieder, aber sie wurden doch in das Vereinsleben miteinbezogen; gleichzeitig wurden hierdurch auf breiter Grundlage Voraussetzungen geschaffen, die es ermöglichten, persönliche Kontakte, echte Anteilnahme und Hilfsbereitschaft, d. h. ein "Miteinander" zu entwickeln; in welchem Ausmaß dies nun auch tatsächlich geschah, läßt sich leider nicht nachprüfen.

Eine andere Organisationsform, die des "Arbeiterinnenvereins", dürfte Louise Otto-Peters 1869 in Berlin angeregt haben, denn in Berlin bestand kein Frauenverein, der das Leipziger Grundmodell hätte übernehmen und leiten können, nachdem sich der Lette-Verein, der als einziger diese Einrichtung hätte tragen können, zunächst dieser Aufgabe gegenüber verschloß und die übrigen Berliner Frauenvereine nur auf enge Ziele ausgerichtete Zweckvereine waren (z. B. "Verein zur Förderung Fröbelscher Kindergärten", "Verein für häusliche Gesundheitspflege" usw.). - So wurde unter reger Mitarbeit Lina Morgensterns (Berlin, eines Mitgliedes des Allgemeinen deutschen Frauenvereins) von bürgerlichen Frauen und Männern, die dem herkömmlichen liberalen Gedankengut nahestanden, der

"Verein zur Fortbildung und geistigen Anregung der Arbeiterfrauen"* (1869-1877) gegründet.

Als Ziele des Vereins werden genannt:
Allgemeine Bildung,
tüchtige Berufskenntnis,
gute Sitte unter den Mitgliedern.

Und als Mittel zu diesem Zweck:
Vorträge, Besprechungen,
unentgeltlicher Unterricht,
Singen und Turnen,
Lesen, gesellige Abende[47].

Obgleich diese Ausgestaltung des Vereins zunächst den Eindruck erweckt, als ob es sich hierbei um eine zum Verein verselbständigte (oder

---

47) "Neue Bahnen", 4. Jg., 1869, Nr. 21, S. 163.

Anm. d. V.: Unterricht wurde 1869 erteilt von 8 Lehrerinnen und 10 Lehrern in: Deutscher Sprache, Briefstil, französischer und englischer Literatur, Buchführung, Rechnen, Chemie, Physik, Zeichnen, Handarbeit, Gesang und Turnen.
("Neue Bahnen", 4. Jg., 1869, Nr. 23, S. 183).

* Qu. 478 ff.

weiterentwickelte) "Fortbildungsschule" mit Unterhaltungsabenden nach dem Leipziger Grundmodell gehandelt habe, dürfte der Berliner Verein wohl sicher nicht im Sinne von Louise Otto-Peters ausgestaltet worden sein: neben der Leitung durch vier Männer und vier Frauen, die Louise Otto-Peters sofort zu Beginn abgelehnt hatte (denn der Verein werde dann nur nach dem Willen der Männer geleitet)[48], wurden nach Hilde Lions Untersuchungsergebnissen Fabrikarbeiterinnen von der Mitgliedschaft ausgeschlossen[49]; und während Louise Otto-Peters sich bemühte, mit Hilfe des Assoziationswesens Wege zu finden und zu empfehlen, um die Lohn- und Arbeitsverhältnisse der Fabrik- und Handarbeiterinnen auf breiter Basis zu verbessern, machte man es sich in Berlin leichter; der Wahlspruch dieses Vereins soll gelautet haben:

"Bildung macht frei! Sparet, sparet!"[50]

Als aber Lina Morgenstern 1871[51] oder 1872[52] selbst den Vorsitz übernahm, wandte sich der Verein neben der Förderung der geistigen und sittlichen Interessen durch Vorträge und Diskussionen stärker den "materiellen Interessen" zu; der Tradition der liberalen Arbeitervereine folgend empfahl Lina Morgenstern[53]:

die Errichtung einer gewerblichen Berufsschule, die Gründung eines Arbeiterinnenheims, ferner einer Darlehens-, Kranken- und Unterstützungskasse (sie trat am 1.4.1873 in Aktion)[54] sowie einer Altersversorgungskasse.

Die geschäftlich und organisatorisch sehr versierte Lina Morgenstern veröffentlichte sofort Spendenaufrufe* (verbunden mit der Bitte um zinsfreie Darlehen) zum Zweck der Errichtung eines Arbeiterinnenheims in Verbindung mit einer Gewerbeschule, einer Ausbildungsstätte für Dienstboten, Wäscherinnen, Plätterinnen und Ausbesserinnen sowie einem Arbeitsnachweis.

Das Schicksal dieser Unternehmungen läßt sich annähernd verfolgen. Als Lina Morgenstern in Aktion trat, dürften einige Handarbeiterinnen unter den Vereinsmitgliedern zu der Erkenntnis gelangt sein, daß ihnen diese Vereinsunternehmungen nicht helfen konnten, die in Berlin gezahlten Elendslöhne zu verbessern[55]. Es dürfte deshalb in dem

48) "Neue Bahnen", 4. Jg., 1869, Nr. 18, S. 142.

49) H. Lion, op. cit., S. 21; vgl. ferner:
Adeline Berger, Die zwanzigjährige Arbeiterinnenbewegung Berlins und ihr Ergebnis. Betrachtet von einer Arbeiterin. Berlin 1889, S. 3 ff.

50) H. Lion, op. cit., S. 20.

51) A. Berger, op. cit., S. 3 ff.

52) "Frauen-Anwalt", 3. Jg., 1872/73, Nr. 10, S. 315.

53) "Frauen-Anwalt", 3. Jg., 1872/73, Nr. 10, S. 315.

54) "Frauen-Anwalt", 3. Jg., 1872/73, Nr. 11/12, S. 386.

55) vgl. A. Berger, op. cit., S. 3 ff.

* Qu. 480 f.

Verein schon eine gewisse Mißstimmung geherrscht haben, als die Berliner Lassalleaner begannen, sich um die Gesinnungstüchtigkeit ihrer Frauen und Töchter zu sorgen; wie es scheint, sogleich in doppelter Hinsicht:

a) daß sie vom liberalen Gedankengut "angesteckt" werden könnten und

b) daß die Frauenrechtlerinnen gefährliche Gedanken infiltrieren möchten, die in den Gattinnen und Töchtern den Wunsch nach Selbständigkeit und Unabhängigkeit durch Erwerbsarbeit erwecken könnten.

So verunglimpfte man Lina Morgenstern 1873 auf einer öffentlichen Arbeiterversammlung in Berlin; und der Stubenmaler Eugen Mendel erklärte des weiteren:

"das zarte Geschlecht der Frauen müsse emanzipiert werden, es dürfe nicht mehr 10 und 12 Stunden täglich in der Fabrik oder in den Bergwerken arbeiten. Um dieses Ziel zu erreichen, sei es notwendig, einen Arbeiter-Frauen-Verein zu gründen, in dem die Frauen über den Sozialismus und andere 'Wissenschaften' und über den Zweck des menschlichen Daseins belehrt werden.

Das W e i b müsse seine A u f g a b e a u s s c h l i e ß l i c h in der W i r t s c h a f t und in der E r z i e h u n g d e r K i n d e r suchen, was allerdings nicht ausschließe, daß es hin und wieder auch große Taten verrichte"[56].

Lina Morgenstern selbst weist darauf hin, daß sich der Verein (von 1869) in zwei Vereine spaltete, "die leider bald durch männliche Einflüsse eingingen"[57].

Bei dem abgespaltenen Verein dürfte es sich um den (von den Lassalleanern geforderten)

"Berliner Arbeiterfrauen- und Mädchenverein"* (1873-1875/1877) gehandelt haben. Sein Ziel:

"Geistige und moralische Bildung der Frauen sowie gegenseitige Unterstützung in Notfällen"[58].

Die Leitung übernahmen die Frauen Hahn und Staegemann, die in lebhafter Aktivität die Gründung ähnlicher Vereine in Brandenburg, Elberfeld, Barmen und Hannover anregten[59].

Hilde Lion schließt aus dem Vereinszweck der gegenseitigen Unterstützung, daß diesem Verein "wenigstens der Absicht nach ... schon eine kollektive Selbsthilfe einer als Einheit sich begreifenden Volksschicht" vorgeschwebt habe[60]. - Nach der oben zitierten Äußerung Men-

---

56) "Frauen-Anwalt", 4. Jg., 1873/74, Nr. 1, S. 41.

57) L. Otto-Peters, Das erste Vierteljahrhundert, S. 62; vgl. ferner A. Berger, op. cit., S. 3 ff.

58) "Frauen-Anwalt", 4. Jg., 1873/74, Nr. 1, S. 41.

59) H. Lange, G. Bäumer, Handbuch, II, S. 236.

60) Hilde Lion, op. cit., S. 21.

* Qu. 486 f.

dels und anderen Quellenhinweisen möchte man hinsichtlich des kollektiven Selbsthilfewillens der diesen Verein beeinflussenden Lassalleaner gewisse Zweifel anmelden, denn letztere dürften sich in keiner Weise bemüht haben, diese Frauen als gleichberechtigte Mitglieder in parteiunabhängige [61] Hilfseinrichtungen (z. B. in Kranken- und Unterstützungskassen) aufzunehmen, wie es in der Internationalen Gewerksgenossenschaft in Sachsen unter Bebel der Fall war (vgl. B. II. 2); ihre "Hilfe" dürfte sich auf organisatorische Hinweise [62] und Parteipropaganda [63] beschränkt haben, die für die Männer völlig ungefährlich war und sie nichts kostete, aber unter dem preußischen Vereinsgesetz [64] jeden Arbeiterinnenverein der Gefahr der Auflösung aussetzte. Als die Männer diesen Verein schließlich auch noch für ihre Wahlbewegung ausnutzten und die Frauen vermutlich auch zu einer Protestversammlung in einer kirchlichen Angelegenheit [65] anstifteten, wurde der Berliner Arbeiterfrauen- und Mädchenverein gerichtlich verboten, seine Lei-

---

61) vgl. 64)

62) vgl. A. Berger, op. cit., S. 3 ff.

63) "Neue Bahnen", 10. Jg., 1875, Nr. 9, S. 69; "Frauen-Anwalt", 6. Jg., 1875/76, Nr. 3, S. 76 ff.

64) Anm. d. V.: § 8 des Preußischen Vereinsgesetzes (von 1850) lautete:
"Für Vereine, welche bezwecken, politische Gegenstände in Versammlungen zu erörtern, gelten außer vorstehenden Bestimmungen nachstehende Beschränkungen:
Sie dürfen keine Frauenspersonen, Schüler und Lehrlinge als Mitglieder aufnehmen ... Frauenspersonen, Schüler und Lehrlinge dürfen den Versammlungen und Sitzungen solcher politischen Vereine nicht beiwohnen".
Durch reichsgerichtliche Erkenntnis vom 10. 11. 1887 wurden die "politischen Gegenstände" definiert (und damit zugleich die vorher geübte Jurisdiktion sanktioniert):
"Unter politischen Gegenständen wird man alle Angelegenheiten zu verstehen haben, welche Verfassung, Verwaltung, Gesetzgebung des Staates, die staatsbürgerlichen Rechte der Untertanen und die internationalen Beziehungen der Staaten in sich begreifen".
(H. Lange, G. Bäumer, Handbuch I, S. 116).
Jeder Verein, der "politische Gegenstände" diskutierte, war somit ein "politischer", und Frauenvereine (genauer Arbeiterinnenvereine) verfielen im Falle "politischer" Aktivität der Auflösung, wobei schon Themen wie: Gesetzlich eingeführte Pockenschutzimpfung, Schulfragen, Rechtsschutz etc. als brisant "politische" betrachtet wurden. § 21 des Preußischen Vereinsgesetzes hob für "Wahlvereine" die Beschränkungen des § 8 auf; Frauen war deshalb die Beteiligung an "Wahlvereinen" erlaubt, die das Appellationsgericht in Berlin (durch Entscheidung v. 27. 1. 1869) als Vereine definiert hatte, die ihre Wirksamkeit in Bezug auf konkret anstehende Wahlen entfalteten und sich zu einem gewissen Zeitpunkt vor den jeweiligen Wahlen konstituierten. - Doch wenn es sich um Arbeiterinnen, vor allem um sozialdemokratisch gesinnte, handelte, enthielten sich die Polizei wie die Gerichte einer korrekten Anwendung der bestehenden Gesetze.

65) vgl. A. Berger, op. cit., S. 3 ff.; vgl. Hilde Lion, op. cit., S. 22.

terinnen wurden bestraft[66]. - Die Angaben über das Auflösungsjahr divergieren: Hilde Lion (und Adeline Berger, 1889) nennen das Jahr 1877, die "Neuen Bahnen"[67] und der "Frauen-Anwalt"[68] berichten jedoch beide 1875, daß am 13.4.1875 gegen den Verein verhandelt und er aufgelöst worden sei. In quellenkritischer Hinsicht sind die zeitgenössischen Mitteilungen und Daten von Louise Otto-Peters und Jenny Hirsch späteren Feststellungen vorzuziehen.

Die Wirkung dieses kurzlebigen Vereins auf die Berliner Arbeiterinnen läßt sich nicht abschätzen; Frau Staegemann persönlich dürfte jedoch hier ihre erste vereinstechnische Schulung erhalten haben. - Die Wirkung auf die bürgerlichen Kreise, vor allem auf die der bürgerlichen Berliner Frauenbewegung angehörigen Frauen, läßt sich annähernd verfolgen. Der von Lina Morgenstern geleitete "Verein zur Fortbildung und geistigen Anregung der Arbeiterfrauen" erholte sich vermutlich nicht mehr von der Spaltung; auch jenes angestrebte Arbeiterinnenheim dürfte nicht errichtet worden sein. Für die Jahre 1874-77 wird ferner Herr Dr. Ascherson (unter Lina Morgenstern Schriftführer) als Vorsteher des Vereins genannt, er soll den Verein 1877 aufgelöst haben, nachdem nun bestehende "Fortbildungsschulen", die sowohl Belehrung als auch Unterhaltung pflegten, den Verein überflüssig machten[69].*
Diese Mitteilung ist in doppelter Hinsicht aufschlußreich:

1. gibt sie Auskunft über das Ende dieses Vereins,

2. beleuchtet sie die nächsten Schritte der Berliner Frauenbewegung.

Zu 1) Auch hinsichtlich des Auflösungsjahres dieses (1869 gegründeten) Vereins divergieren die Mitteilungen: Hilde Lion bezeichnet mit

---

66) Anm. d. V.: Die Anklage wurde auf Grund des § 8 des Preußischen Vereinsgesetzes erhoben.

Anklagepunkte (vgl. "Neue Bahnen", 1875, S. 69):

Anstatt die Lage der Arbeiterinnen zu verbessern, habe man Politik getrieben, "die Fahne Lassalles entfaltet", für die Reichstagswahlen agitiert, sich Vorträge halten lassen über Lassalle im Interesse des Allgemeinen deutschen Arbeitervereins und auswärts Vereine gegründet.

Die Auflösung wurde beantragt, da der "inkriminierte Verein als Agitationsmittel der sozialdemokratischen Partei anzusehen sei" und (vgl. "Frauen-Anwalt", 1875/76, S. 78) die Idee der Gründung fruchtbringend werden könne,

"denn nichts sei bedenklicher, als die nivellierenden Ideen der Sozialdemokratie durch die Frauen schon den Kindern einimpfen zu lassen ...",

habe sich doch eine Frau gerühmt, mit ihrem Kind zu beten:

"Ich bin klein, mein Herz mach' rein,

soll niemand drin wohnen als Lassalle allein".

67) "Neue Bahnen", 10. Jg., 1875, Nr. 9, S. 69.

68) "Frauen-Anwalt", 6. Jg., 1875/76, Nr. 3, S. 76 ff.

69) A. Berger, op. cit., S. 3 ff.

* Qu. 478

der Feststellung, daß die Angaben schwankten, das Jahr 1871[70], Berger (s. o.) nennt das Jahr 1877. In quellenkritischer Hinsicht verdienen Bergers Angaben den Vorzug: sie stimmen mit Lina Morgensterns Bemerkung überein, daß beide Vereine, also auch der ihrige, durch männliche Einflüsse eingingen, und bis zur Auflösung 1877 soll Dr. Ascherson den Verein geleitet haben; und ferner wurden auch 1876-78 jene "Fortbildungsschulen" gegründet[71], die den Verein überflüssig machten.

Zu 2) Interessant ist es festzustellen, daß man nun auch in Berlin auf die erste Leipziger Organisationsform der "Fortbildungsschule" zurückgriff. Diese Form hatte sich als stabiler erwiesen als der Arbeiterinnenverein: in letzterem "betreuten" wenige Bürgerliche eine Mehrzahl von Arbeiterinnen; die Gefahr, daß hier von außen her unerwünschte Einflüsse die Vereinsbasis aushöhlten, war viel größer als bei dem Modell "Fortbildungsschule", das als Teilunternehmen eines bestehenden Frauenvereins in diesem seinen festen Rückhalt fand. - Die Quellen vermitteln den Eindruck, als ob nun verschiedene Berliner Vereine im "Huckepackverfahren" jene Einrichtungen zu schaffen suchten, die man für den 1869er Verein vergeblich projektiert hatte. Lina Morgensterns "Berliner Hausfrauenverein" schuf eine Fortbildungsschule für Dienstboten (1876)[72]; ein aus mehreren Vereinen bestehender "Berliner Schulverein" gründete zwei Fortbildungsschulen (1876/77)[73]; der Lette-Verein eröffnete eine "Fortbildungsschule für die Töchter des arbeitenden Volkes" und eine Ausbildungs-Wasch-und Plättanstalt (1878; vgl. B. I. 3).

Im Frauenkreis um Louise Otto-Peters war man offensichtlich mit diesen Lösungen nicht befriedigt, und der Allgemeine deutsche Frauenverein wandte sich 1881 erneut dem Lohnproblem zu; eine enge Mitarbeiterin von Louise Otto-Peters, Marianne Menzzer, Dresden, referierte auf den Generalversammlungen des Allgemeinen deutschen Frauenvereins 1881 und 1883 über die "Lohnverhältnisse der Frauenarbeit". - Die Berichte sind äußerst unzulänglich, die Vorschläge über die zu ergreifenden Abhilfemaßnahmen lassen sich nur andeutungsweise herausschälen. Marianne Menzzer empfahl 1881:*

1. Assoziationen,

2. die Ausübung eines moralischen Druckes auf die Fabrikanten,

---

70) H. Lion, op. cit., S. 19;
Anm. d. V.: Das Jahr 1871 ist als Auflösungsjahr auch deshalb schon absolut hinfällig, da der "Frauen-Anwalt" (3. Jg., 1872/73, Nr. 10, 11/12, S. 115, S. 386) Lina Morgenstern unanfechtbar als Vorsitzende bezeichnet, der Verein mithin 1872/73 noch bestanden haben muß.

71) "Frauen-Anwalt"; 6. Jg., 1875/76, Nr. 12, S. 291 f.; 1881, Nr. 2, S. 61 f.

72) "Frauen-Anwalt", 6. Jg., 1875/76, Nr. 12, S. 291 f.

73) "Frauen-Anwalt", 6. Jg., 1875/76, Nr. 12, S. 291 f.; 1880, Nr. 2, S. 61.

* Qu. 487 ff., 491 ff.

3. die Verpflichtung der deutschen Frauen, Schwindelgeschäften entgegenzutreten und keine billigen und schlechten Waren zu kaufen,
    4. die Gründung von Industrieschulen[74].

Mit den ersten beiden Empfehlungen sollte offensichtlich versucht werden, die Zwischenmeister auszuschalten. In der Diskussion über die Assoziationen dürfte auch die Möglichkeit mit ihnen in Verbindung stehender "Arbeitsstuben" nach englischem und amerikanischem Vorbild erwogen worden sein[75], um den Heimatarbeiterinnen eine gesunde Arbeitsstätte unter gleichzeitiger Ausschaltung der Zwischenmeister zu schaffen[76]. Hinsichtlich des moralischen Druckes auf die Fabrikanten finden sich noch keine konkreten Hinweise, es sei denn, daß der utopische Plan der Verpflichtung aller deutschen Frauen, keine billigen und schlechten Waren zu kaufen, die Fabrikanten auch zu einer besseren Bezahlung der Handarbeiterinnen zwingen sollte. - Konkrete Beschlüsse wurden nicht gefaßt; der Vorstand wurde beauftragt, eine Kommission zu benennen, die sich mit den Lohnverhältnissen in Groß- und Kleinstädten und auf dem Land beschäftigen sollte; man plante, auf dem nächsten Frauentag die Angelegenheit wieder zu erörtern.

Dieser fand 1883 statt. Wieder hielt Marianne Menzzer das Hauptreferat. Die "Arbeitsstuben" dürften wieder Gegenstand der Diskussion gewesen sein (mit dem Hinweis, daß es in England solche auf Aktienbasis gebe, das Kapital komme von reichen Frauen)[77]. Interessant ist jedoch, daß die Frontstellung gegen die Zwischenmeister nun auch deutlicher gegenüber den Fabrikanten eingenommen wurde: sie war aber nicht verbunden mit der dann notwendigen stärkeren Hinwendung zur Assoziation und gemeinsamen solidarischen Aktionen zur Verbesserung der Lohn- und Arbeitsverhältnisse. Marianne Menzzer empfahl hingegen:

    1. die Bekanntgabe der Namen der unreellen Fabrikanten in Frauenvereinen und evtl. in der Presse (was mit einiger Sicherheit nicht geschah);
    2. die Gründung von Rechtsschutzvereinen für Arbeiterinnen; hier sollten bürgerliche Frauen die Klagen der Arbeiterinnen entgegenneh-

74) L. Otto-Peters, Das erste Vierteljahrhundert, S. 55 f.

75) A. Berger, op. cit., S. 17 ff.

76) Anm. d. V.: Evtl. steht mit diesen "Arbeitsstuben" auch eine von Marianne Menzzer erwähnte Petition in Zusammenhang, die der Allgemeine deutsche Frauenverein in Sachen Frauenlöhne an den Reichstag richten wollte.
(vgl. L. Otto-Peters, Das erste Vierteljahrhundert, S. 55).
Es finden sich keine Hinweise, daß sie eingereicht wurde, doch es könnte sein, daß man den Reichstag u. a. auch bitten wollte, derartige Arbeitsstuben durch öffentliche Aufträge (z. B. Uniformen) zu stützen.

77) "Neue Bahnen", 18. Jg., 1883; Nr. 23, S. 177 ff.; Nr. 22, S. 171 f.

men und gegebenenfalls vermitteln oder sie an die sich freiwillig zur Verfügung stellenden Rechtsanwälte weiterleiten; bürgerliche Frauen, so meinte man, müßten hier in Aktion treten, da die Arbeiterinnen aus Furcht um ihren Arbeitsplatz schwiegen.

Gertrud Guillaume-Schack und Johanna Wecker (Frankfurt/M.) rieten zur Gründung von Arbeiterinnen- und Gewerkvereinen, denn sie bezweifelten, daß die Arbeiterinnen von der Möglichkeit des Rechtsschutzes Gebrauch machen würden[78].

Von diesem Frauentag des Allgemeinen deutschen Frauenvereins 1883 gingen neue Impulse in drei Richtungen aus – in die

des Rechtsschutzes,

des "Frauenhilfsvereins" und

des "Arbeiterinnenvereins".

Für die Einführung eines Rechtsschutzes für alle Arbeiterinnen durch Gründung von Rechtsschutzvereinen[79]* und die Einsetzung "gemischter Kommissionen"[80]** wirkte vor allem Marianne Menzzer. Über die Erfolge ihrer Arbeit liegen nur wenige Hinweise vor. Die Gründung von Rechtsschutzvereinen gelang noch nicht während der 80er Jahre[81]; Menzzer richtete vermutlich zunächst in ihrer Dresdener Ortsgruppe des Allgemeinen deutschen Frauenvereins eine "Sektion" ein ("welche sich der Sorge für die Arbeiterinnen widmet und dieselben dem Arbeitgeber gegenüber vertritt"); ferner wird zum gleichen Zeitpunkt, 1885, eine "Centralstelle" erwähnt ("wo die Arbeiterinnen sich Hilfe in der Not suchen können")[82].*** Es wird leider nicht mitgeteilt, ob jene "Centralstelle" eine Unterstützungseinrichtung war oder ob sie bereits als "gemischte Kommission" (evtl. mit schiedsrichterlichen Funktionen) ausgestaltet wurde. Letzteres könnte sich als Vermutung auf einen Hinweis Adeline Bergers stützen, die feststellte, daß von Marianne Menzzer "die Anregung zu den jetzt an vielen Orten bestehenden Arbeiterschiedsgerichten gegeben" worden sei[83].**** Ob und in welcher Weise hierbei auch Vereine der bürgerlichen Frauenbewegung aktiv mitwirkten, läßt sich nicht ermitteln.

Hinsichtlich jeder Bemühungen um einen Rechtsschutz durch Anwendung der bestehenden Gesetze, vor allem gegen eine betrügerische

---

78) L. Otto-Peters, Das erste Vierteljahrhundert, S. 61 f.

79) "Neue Bahnen", 18. Jg., 1883, Nr. 23, S. 177 ff.

80) L. Otto-Peters, Das erste Vierteljahrhundert, S. 69.

81) Anm. d. V.: Allerdings dürfte Menzzer die Gründung des ersten deutschen "Rechtsschutzvereines für Frauen" stark gefördert haben; sie wurde Anfang 1894 nach Auflösung der Dresdener Ortsgruppe des Allgemeinen deutschen Frauenvereins in Dresden vollzogen; 2. Vors. wurde Marie Stritt.

82) L. Otto-Peters, Das erste Vierteljahrhundert, S. 69.

83) A. Berger, op. cit., S. 17 ff.

 * Qu. 489 f.   ** Qu. 490   *** Qu. 490   **** Qu. 494

Ausbeutung, dürften die Frauen willige Helfer in liberalen Kreisen gefunden haben, die gegen Ausbeutung und andere Mißbräuche von seiten der Fabrikanten die gerichtliche Ahndung und Bestrafung (ggf. auch die Ausnutzung des Verwaltungsweges über die Fabrikinspektoren) empfahlen, um generelle gesetzliche Regelungen über die Frauenarbeit (teilweise sogar die Kinderarbeit) zu vermeiden. - Doch so bereitwillig die Frauen offenbar auf den Rechtsbeistand der Männer eingingen, hinsichtlich einer Schutzgesetzgebung dürften sie andere Anschauungen vertreten haben.

Die mangelhafte Quellenlage macht es leider unmöglich, für diesen Zeitabschnitt präzise Stellungnahmen der organisierten Frauen zur Arbeiterinnen- und Kinderschutzgesetzgebung nachzuweisen. Letztere wurde von den beiden Organisationen der Frauenbewegung mit größter Sicherheit vorbehaltlos bejaht[84]. Hinsichtlich der Arbeiterinnenschutzgesetzgebung deuten die Quellen darauf hin, daß sie ohne Schwanken von Louise Otto-Peters und dem Allgemeinen deutschen Frauenverein begrüßt wurde. 1866 hatte Louise Otto-Peters ausdrücklich "eine naturgemäße Teilung der Arbeit" für Mann und Frau gefordert[85].* Erhob sie diese Forderung vor allem als Protest gegenüber der Männerwelt, die allgemein die schwere, schmutzige, aufreibende, gesundheitsgefährliche und schlecht bezahlte Arbeit den Frauen zuschob, um für sich die besseren und alle guten Arbeitszweige zu okkupieren, so stand der Wesensgehalt dieser Forderung durchaus nicht im Gegensatz zu einer möglichen Arbeiterinnenschutzgesetzgebung, die den schlimmsten Auswüchsen einer solchen Ausbeutung der Frauenkraft zu steuern suchte. - Ferner hatte Louise Otto-Peters 1868 auch eine "Staatshilfe" willkommen geheißen ("sobald sich daran keine unwürdige Bedingung knüpft")[86]. Mochte sie zu diesem Zeitpunkt vielleicht auch vor allem an eine finanzielle staatliche Unterstützung der "Produktivassoziationen" denken, so erwies sie sich doch stets als gute Kennerin der englischen Verhältnisse und dürfte deshalb die positive Wirkung der englischen Fabrikgesetzgebung nicht verkannt haben. Louise Otto-Peters erhob auch keine Einwände gegen die 1875 im Programm der Sozialistischen Arbeiterpartei erhobene Forderung:

"Verbot der Kinderarbeit und aller die Gesundheit und Sittlichkeit schädigenden Frauenarbeit".

Der Berliner Lette-Verein dürfte es durch den Einfluß der sich ablehnend verhaltenden liberalen Männerkreise schwerer gehabt haben,

84) vgl. L. Otto-Peters gegen die Kinderarbeit, in: "Neue Bahnen", 4. Jg., 1869, Nr. 3, S. 23 f.; in: Recht-Erwerb, S. 23.

85) L. Otto-Peters, Recht-Erwerb, S. 104.

86) "Neue Bahnen", 3. Jg., 1868, Nr. 16, S. 122.

* Qu. 472

einen eindeutig bejahenden Standpunkt zu gewinnen. In dem ersten Jahrgang des "Frauen-Anwalts" (1870) erlaubte Jenny Hirsch einen Beitrag
von Professor Emminghaus, in dem dieser gegen eine schlesische Berg-
polizeiverordnung (1868) polemisierte, die verbot, Frauen unter Tage
zu beschäftigen; denn diese Arbeiten, so führte er aus, seien für die
Konstitution der Frau sicher nicht schädlicher als für die des Mannes,
und sicher gebe es in der Fabrik, im Landbau und im Haushalt Arbeiten, die schädlicher seien als die Untertagearbeiten in Bergwerken[87]. -
Das Inkrafttreten der Novelle zur Gewerbeordnung 1878, die den Schutz
der jugendlichen Arbeitskraft in Fabriken verbesserte und zum erstenmal auch die Arbeiterin berücksichtigte, indem sie ein dreiwöchiges
Beschäftigungsverbot nach einer Entbindung festlegte, nahm der "Frauen-
Anwalt" sorgfältig zur Kenntnis[88]. Da in späteren Jahren der Berliner
Frauenkreis ebenfalls energisch für Arbeiterinnenschutzgesetze wirkte,
darf man annehmen, daß er bald eine selbständige und eindeutig bejahende Haltung annahm, zumal jedes Arbeiterinnenschutzgesetz in irgendeiner Hinsicht in Beziehung gebracht werden konnte mit der "guten Sitte" und "Sittlichkeit", als deren speziell berufene Hüterinnen sich
die Frauen ja empfanden.

Jedoch ergriff keine der beiden bürgerlichen Frauenorganisationen
die Initiative, um z. B. durch entsprechende Petitionen an den Reichstag solche Gesetze anzuregen, die 1877 zum erstenmal von den Sozialdemokraten im Reichstag gefordert wurden. Vermutlich fehlte es der
Masse der Vereinsmitglieder und der Mehrzahl der Vorstandsdamen
vor allem an den hierfür notwendigen wirtschafts- und sozialpolitischen
Kenntnissen, vielleicht auch an politischem Mut, die Forderungen der
"Commune" zu unterstützen; die Kenntnis dieser Situation dürfte auch
eine einsichtige und mutige Führerin wie Louise Otto-Peters zu schweigen bestimmt haben[89]. So verhielt man sich passiv, aber bejahend, und
unterschied sich hierdurch von frauenrechtlerischen Tendenzen in
westlichen und nordeuropäischen Staaten, die eine Arbeiterinnenschutzgesetzgebung ablehnten, da sie in ihnen eine Handhabe fürchteten, die
den freien Wettbewerb der Arbeiterinnen drosseln und ihre Chancen-
gleichheit verkürzen sollte.

Allgemein darf man feststellen, daß sich die Frauenbewegung nach
nunmehr fast 20jährigem Bestehen hinsichtlich der Arbeiterinnen noch
immer auf einem Boden befand, den man als Zustand des Suchens und
Versuchens umschreiben könnte. Besonders deutlich zeigt sich dies an

87) "Frauen-Anwalt", 1. Jg., 1870/71, Nr. 3, S. 104 ff.

88) "Frauen-Anwalt", 1879, Nr. 1, S. 30.

89) Anm. d. V.: Als man in den 90er Jahren begann, auf diesem Gebiet initiativ
tätig zu werden, folgte man zwar den Pfaden der Sozialisten, war aber gleichsam gerechtfertigt in diesem Vorgehen durch die "sozialpolitische Wendung" der Reichsregierung zu
Beginn der 90er Jahre.

dem immer wieder diskutierten Assoziationswesen, dessen Realisierung nie auf breiterer Basis versucht wurde. Die Gründe kann man vermuten: es waren der Mangel an Kenntnissen und finanziellen Mitteln, die Belastung durch die den Frauen bekannten Organisationsformen der früheren Arbeiterbildungsvereine, die schlechten Erfahrungen mit dem 1869 gegründeten Arbeiterinnenverein in Berlin, das Wissen um die schwere Organisierbarkeit der Arbeiterinnen und die sicher eingetretene Entfremdung zwischen bürgerlichen Frauen und Arbeiterinnen während der wachsenden sozialen und politischen Spannungen und Kämpfe. Bezeichnend ist es auch, daß es nicht die Führerinnen der Frauenbewegung waren, die nochmals einen Organisationsversuch alten Stiles unternahmen, sondern ein relativ unbekanntes Mitglied des Allgemeinen deutschen Frauenvereins: Johanna Wecker, Frankfurt a. M. Sie rief im Nov. 1883 die "arbeitenden Frauen Deutschlands" zur Gründung von

"gewerblichen Hilfs- und Fortbildungsvereinen aus den Kreisen der Hand- und Lohnarbeiterinnen" auf.*

Grundlage des Programms all dieser Vereine sollte sein:

"die Gründung von Hilfs- und Unterstützungskassen für Alter, Krankheit oder unverschuldete Bedrängnis,

Fortbildungskurse für h ä u s l i c h e und B e r u f s z w e c k e,

Feierabendsäle mit Tee- und Kaffeeküchen, ...

geselliges Zusammensein mit gegenseitigem Austausch aller nützlichen Erfahrungen im Berufe, ...

insbesondere die Wahrung des berechtigten Rechtsschutzes gegenüber unerlaubten Vorkommnissen und gesetzwidrigen Schädigungen im Berufe"[90].... .

Man sieht, noch immer orientierte man sich nur an dem überlieferten Vorbild: Lohnfragen blieben ausgeschaltet, und eine Besserung der Lage wurde nur durch kollektive Hilfseinrichtungen und Berufsertüchtigung erstrebt; hätte man nicht das neue Stichwort "Rechtsschutz" gegeben, man könnte dieses Programm mit dem von Lina Morgensterns Arbeiterinnenverein (von 1869) verwechseln.

Soweit das vorliegende Quellenmaterial Auskunft gibt, wurde nur in Berlin ein Verein nach diesen Gesichtspunkten gegründet, es war der

"Frauenhilfsverein für Handarbeiterinnen"** (1883-87).

(Fabrikarbeiterinnen sollen sogar ausdrücklich durch Statut ausgeschlossen worden sein)[91].

§ 1 seiner Statuten lautete:

"Der Hilfsverein für H a n d a r b e i t e r i n n e n bezweckt die materielle und geistige Förderung seiner Mitglieder; er stellt sich die Aufgabe, ihre Berufsinteressen wahrzunehmen, ihnen im Fall der Not ein Darlehen sowie

---

90) "Neue Bahnen", 19. Jg., 1884, Nr. 1, S. 18.

91) H. Lion, op. cit., S. 135.

* Qu. 494 ff.   ** Qu. 496 ff.

bei gänzlicher Erwerbsunfähigkeit eine dauernde Unterstützung zu gewähren und insbesondere die Sittlichkeit zu fördern und zu bessern. Der Verein erstrebt die Errichtung eines unentgeltlichen Arbeitsnachweises, eines Feierabendsaales verbunden mit einer Lesehalle, überhaupt die Einrichtungen, welche seinen Zwecken förderlich sind"[92].

Als Leiterinnen werden die Frauen Träger, Ihrer und Haase aufgeführt. - Keine der vorliegenden Quellen berichtet über irgendwelche Leistungen oder Kämpfe dieses Vereins; er führte offensichtlich ein Schattendasein und löste sich lautlos auf[93]; wodurch zugleich die Tatsache unter Beweis gestellt wurde, daß sich Mitte der 80er Jahre Arbeiterinnenvereine mit solchen Zielen endgültig überlebt hatten.

Interessant ist ferner die Beobachtung, daß neben einem bestehenden Verein der oben beschriebenen Art ein gleichzeitig auftretender radikalerer Verein auf die Arbeiterinnen attraktiver wirkte:

So war es 1873, als sich der "Berliner Arbeiterfrauen- und Mädchenverein" vom Morgenstern'schen "Verein zur Fortbildung und geistigen Anregung der Arbeiterfrauen" abspaltete, so wiederholte es sich an dem "Frauenhilfsverein für Handarbeiterinnen", als 1885 der "Verein zur Wahrung der Interessen der Arbeiterinnen" gegründet wurde.

4. Gertrud Guillaume-Schack und die Berliner Arbeiterinnenbewegung

Die Gründerin des Berliner
"Vereins zur Wahrung der Interessen der Arbeiterinnen"   (1885/86) war Gertrud Guillaume-Schack, die zu Beginn der 80er Jahre versucht hatte, auch in Deutschland den Kampf gegen die Reglementierung der Prostitution zu entfachen, der von England ausgehend (Josephine Butler) in Westeuropa und in der Schweiz bereits hohe Wogen schlug und zur Gründung des
"Britisch-kontinentalen und allgemeinen Bundes gegen die als gesetzmäßig oder geduldete Einrichtung bestehende Prostitution"[94] geführt hatte (1875). Gertrud Guillaume-Schack gründete 1880 in Deutschland den "Kulturbund" als Zweig dieser internationalen Organisation, doch ihr Wirken blieb in bürgerlichen Kreisen ohne Erfolg (vgl. B. III.).

---

92) "Neue Bahnen", 19. Jg., 1884, Nr. 4, S. 30.
Anm. d. V.: Lt. Lion (op. cit., S. 135) sollte zu diesen Einrichtungen auch eine "Arbeitsstube" zählen; es ist nicht feststellbar, ob es sich hierbei um eine "Produktions"- Arbeitsstube zwecks Ausschaltung der Zwischenmeister handelte oder um ein Arbeitszimmer, in dem man abends Nähen, Zuschneiden u. a. m. lernte.

93) vgl. A. Berger, op. cit., S. 22.

94) H. Lion, op. cit., S. 22.

* Qu. 500 f.

Die übliche Lesart ist, daß sich Guillaume-Schack nach dieser Enttäuschung an die Sozialdemokratie und die Arbeiterinnen gewandt habe in der Hoffnung, hier tatkräftige Unterstützung zu finden[95]. - Nicht unwichtig für ihre Hinwendung zu den Arbeiterinnen mögen aber auch ihre Begegnungen mit Louise Otto-Peters gewesen sein auf den Generalversammlungen des Allgemeinen deutschen Frauenvereins 1879, 1881 und 1883. Louise Otto-Peters hatte seit Jahrzehnten immer wieder darauf hingewiesen, daß Arbeitsmangel, Elendslöhne und Hunger die Frauen zur Prostitution trieben - und die Elendslöhne standen 1881/83 wieder auf der Tagesordnung.

Es ist nicht Aufgabe dieser Untersuchung festzustellen, ob Gertrud Guillaume geb. Gräfin Schack Sozialistin wurde und, wenn ja, warum sie es wurde, sondern es ist zu zeigen: wie hier eine geborene Aristokratin die Arbeiterinnenfrage an der richtigen Stelle anfaßte, wie die von ihr ins Leben gerufene neue Arbeiterinnenbewegung sehr schnell ihre eigene Dynamik entwickelte und in einem äußerst schnellen Erkenntnis- und Entwicklungsprozeß bis zur Forderung der politischen Gleichberechtigung vorstieß - um an dem § 8 des preußischen Vereinsgesetzes ihr Ende zu finden.

Gertrud Guillaume-Schack begann ihre Tätigkeit für die Arbeiterinnen fast "normal", sie gründete 1884 die

"Central-Kranken- und Begräbniskasse für Frauen und Mädchen" mit dem Sitz in Offenbach und einer Zweigstelle in Berlin[96]; eine weise Vorsichtsmaßnahme gegenüber dem preußischen Vereinsgesetz.

Im Januar 1885 diskutierte man im Reichstag über das Verbot der Frauenarbeit in bestimmten Industriezweigen, vor allem im Bereich der Montanindustrie. Angeheizt vom Zentrum, weitete sich die Diskussion allmählich aus bis hin zu den Forderungen eines absoluten Verbotes der Frauenarbeit an Sonn- und Festtagen und bei Nacht und einer generellen Beschränkung der Arbeitszeit für verheiratete Frauen auf sechs Stunden täglich. - Dem heutigen Betrachter mögen einige dieser Forderungen human erscheinen, tatsächlich gefährdeten sie aber die Erwerbsmöglichkeiten Tausender von Frauen.

Diese Diskussionen veranlaßten deshalb Gertrud Guillaume-Schack, Arbeiterinnenprotestversammlungen einzuberufen, die im März 1885 zur Gründung des "Vereins zur Wahrung der Interessen der Arbeiterinnen"* führten. Ehrenpräsidentin wurde Gertrud Guillaume-Schack, er-

95) A. Berger, op. cit., S. 22 ff.; H. Lange, G. Bäumer, Handbuch, II, S. 172.

96) Die "Central-Kranken- und Begräbniskasse" zeigte eine positive Entwicklung:
1886: 12 000 Mitglieder in 97 Verwaltungsstellen;
1888: 10 910 Mitglieder in 121 Verwaltungsstellen;
(vgl. Lion, op. cit., S. 136).
    * Qu. 411

ste Vorsitzende Frau Marie Hofmann (Frau Dr. Hofmann genannt), ihre rührige Vertreterin war Frau Staegemann (1873-75 Vors. des "Berliner Arbeiterfrauen- und Mädchenvereins")[97].

Das Programm war knapp, doch endlich stand die Lohnfrage im Mittelpunkt:

"Der Verein erstrebt:

 a) die Hebung der geistigen und materiellen Interessen der Arbeiterinnen, insbesondere die Regelung der Lohnverhältnisse,

 b) die gegenseitige Unterstützung bei Lohnstreitigkeiten"[98].

Aber ebenso neu und für die Öffentlichkeit überraschend dürfte die für einen Frauenverein ungewöhnlich große Aktivität gewesen sein, die zudem so gänzlich von der seither üblichen Frauenvereinspraxis mit ihren diversen (von der Berufsertüchtigung bis zur Sittlichkeit, von der Kaffeeküche bis zur Hilfskasse reichenden) "Selbsthilfemaßnahmen" abwich, indem sie sich mit Verve sowohl den Fabrikanten wie auch den öffentlichen Gewalten zuwandte. Mag letzteres sozusagen "zwangsläufig" durch die im Reichstag vorliegenden Gesetzesvorlagen erfolgt sein, so verstand Gertrud Guillaume-Schack doch die Zeichen der Zeit und handelte entsprechend; hierin liegt ihre unbestreitbar größte Leistung.

Hilde Lion berichtet hierzu:

Der Verein hat "alle 14 Tage Versammlungen veranstaltet, Kommissionen gegründet, die statistisches Material zu Aufklärungszwecken über die Lage einzelner Berufsgruppen sammelten.

Mit einigen Unternehmern wurden Lohnverträge vereinbart, besonders Textilarbeiterinnen wurden unterstützt,

Beschlüsse über amtliche Erhebungen der Lage in der Konfektions- und Wäscheindustrie vom Reichstag erwirkt,

die Nichteinführung des Nähgarnzolles, ebenso die Aufnahme von Bestimmungen in die Gewerbeordnung (... gegen das Trucksystem) wurden durchgesetzt.

Vorträge über Arbeiterschutzgesetzgebung, politisches Stimmrecht der Frauen, über Lösung der sozialen Frage wurden veranstaltet"[99] *.

---

97) A. Berger, op. cit., S. 22 ff.

98) Hilde Lion, op. cit., S. 136;

Weitere Programmpunkte:

"§ 2: Die Wirksamkeit des Vereins soll bestehen in Abhaltung von populären, nicht politischen (!) Vorträgen, Beschaffung einer Bibliothek sowie Errichtung eines Arbeitsnachweises ...

 § 8: Männer haben zu den Vereinsversammlungen gewöhnlich keinen Zutritt".

Clara Zetkin, op. cit., S. 26:

 § 3: Nur Frauen und Mädchen können dem Verein als Mitglieder angehören.

 99) Lion, op. cit., S. 19/20.

Vgl. Lion, op. cit., S. 136: Als Vortragsthemen wurden in "Staatsbürgerin", 1886, Nr. 1

 * Qu. 503 f.

Um die Einflußmöglichkeiten des Vereins zu stärken, gründete Guillaume-Schack das Frauenblatt "Die Staatsbürgerin", das jedoch nur ein halbes Jahr erschien und dann zusammen mit dem Verein auf Grund des preußischen Vereinsgesetzes verboten wurde. Anlaß des Verbots: eine Petition an den Magistrat wegen Zulassung der Frauen zu den Gewerbegerichten. Ursache des Verbots: der gefährliche politische Akzent und die plötzlich hervorbrechende Aktivität der Arbeiterinnen. – Beginnend mit dem Protest gegen eine ungerechtfertigte Beschränkung der Frauenarbeit war Guillaume-Schack mit logischer Konsequenz zur Forderung des Frauenstimmrechts vorgestoßen. Hätte sie damit nur den Spott der männlichen Kommentatoren erregt, man hätte der geborenen Gräfin vielleicht das ganze als Schrulle durchgehen lassen; aber sie erweckte den "stürmischen Beifall" ihres aus Arbeiterinnen bestehenden Auditoriums[100] – und noch gefährlicher: sie schien bei den Arbeiterinnen eine Initialzündung auszulösen, die in den Augen der preußischen Polizei nur als "verheerend" bezeichnet werden konnte. Während in Halle, Zeitz, Gera, Luckenwalde, Frankfurt a. M., Düsseldorf und Breslau[101] die Gründung von "Provinzvereinen" vollzogen wurde, sonderten sich die Arbeiterinnen, die in dem Arbeiterbezirk im Berliner Norden beheimatet waren, von dem Verein von Guillaume-Schack ab und schlossen sich zusammen in dem

"Berliner Arbeiterinnenverein im Norden"* (1885-87)
unter Leitung der Frauen Pötting, Cantius und Walter.

Dieselbe Absonderung vollzog sich noch einmal durch die Gründung des

"Fachvereins der Berliner Mantelnäherinnen"** (1885-87).

Letzterer war mehr oder minder der Versuch einer Frauengewerkschaftsgründung zur Erzwingung besserer Löhne; man plante sogar einen Streik, versuchte es aber dann mit einer "Produktions"-Arbeitsstube (wie man sie auch im Allgemeinen deutschen Frauenverein diskutiert hatte). Das Unternehmen scheiterte kläglich, trotzdem man schließlich sogar die Hilfe Stöckers angenommen hatte. Ohne entscheidende Mitwirkung entweder der bürgerlichen Frauen oder der Männer

---

genannt: "Die Stellung der Frau im sozialen Kampfe, die Ausbildung der Frau, Arbeiter- und Arbeiterinnenwohnungsfrage, die Kunstgenüsse des Volkes.
Die Notwendigkeit von städtischen Fortbildungsschulen für Frauen und Mädchen". Im Anschluß an diesen Vortrag wurde eine Resolution gefaßt und dem Magistrat übermittelt. "Die Notwendigkeit von Gewerbeschiedsgerichten für Frauen". Anschließend eine Petition an den Magistrat. –
Ferner fanden statt: Weihnachtsfeier mit Kinderbescherung und Tanzkränzchen.
    100) "Nation", 2. Jg., 1884/85, Nr. 25, S. 361.
    101) H. Lange, G. Bäumer, Handbuch, II, S. 241.
    * Qu. 414, 501 f., 504 f.   ** Qu. 412, 501, 504 f.

der eigenen Klasse waren die Arbeiterinnen noch nicht fähig, derartige Unternehmungen durchzuführen.

Als wesentlich gefährlicher dürfte den staatlichen Instanzen der "Berliner Arbeiterinnenverein im Norden" erschienen sein. Berger berichtet, daß er sich vom Guillaumeschen Verein losgelöst habe, da sich viele Arbeiterinnen in dem vornehmen Element ihrer Führerinnen nicht recht heimisch gefühlt hätten. Das mag zum Teil stimmen, doch wendet man sich dem (angeblich von Bebel korrigierten) Programm dieses Vereins[102] zu, so gewinnt man den Eindruck, daß sich hier eine Arbeiterinnengruppe als "Bewegung" zu konsolidieren suchte, zu der im Vergleich der Guillaume'sche Verein – in seiner sich verströmenden Aktivität nach allen Seiten – eher als eine Notaktionsgemeinschaft bezeichnet werden könnte.

In dem Programm wurde ausdrücklich festgestellt, daß es die "Grundlage der Einigung für die in Vereinen organisierten Frauen" bilden solle, und es wurde den Arbeiterinnenvereinen empfohlen, die aufgeführten Forderungen als Programm anzuerkennen. – In das Programm wurden einerseits typische Forderungen der Frauenbewegung übernommen, die aber auch von den Sozialisten bejaht werden konnten (und von vielen bejaht wurden), andererseits Forderungen der Sozialisten, die von der bürgerlichen Frauenbewegung noch nicht in der Öffentlichkeit vertreten worden waren – abgesehen von Gertrud Guillaume-Schack. Mit keinem Wort wurde jedoch die im Gothaer Programm (1875) erhobene Forderung der "Verwandlung der Arbeitsmittel in Gemeingut der Gesellschaft" angedeutet. Hierin darf man vermutlich erst in zweiter Linie eine Vorsichtsmaßnahme gegenüber dem preußischen Vereinsgesetz erblicken, denn man nahm gleichzeitig andere hochpolitische Forderungen in das Programm auf. Wahrscheinlicher ist, daß man bei Guillaume-Schack viel gelernt hatte und deshalb auch vor allem ihre Forderungen übernahm; und wie sich Guillaume-Schack mit Nachdruck an den Reichstag gewandt hatte, so konnten auch die hier erhobenen Forderungen nur durch den Reichstag erfüllt werden, abgesehen von der Erhöhung der Löhne, die nur unter Mitwirkung der Fabrikanten ausgehandelt werden konnten.

Als "letztes Ziel" bezeichnete das Programm
die "wirtschaftliche Selbständigkeit" und die "politische Gleichberechtigung mit dem Manne";
nächste und "wesentliche Aufgabe" sollte sein:
"die Besserung der wirtschaftlichen und rechtlichen Lage der Frau".

In wirtschaftlicher Hinsicht forderte man neben einer Erhöhung der Löhne:

102) A. Berger, op.cit., S. 34 ff.

Das Verbot der Frauenfabrikarbeit, soweit diese "für das Geschlecht mit besonderen Gefahren" verbunden war, und Schutzgesetze für Leben und Gesundheit der Arbeiterinnen.

Das Verbot der Kinder- und Sonntagsarbeit.

Die Einrichtung eines staatlichen Arbeitsnachweises, gewerblicher Schiedsgerichte (aus Arbeitnehmern zusammengesetzt) und

einen Normalarbeitstag.

In rechtlicher Beziehung erstrebte man:

Die rechtliche Unabhängigkeit vom Manne,

den gesetzlichen Schutz der Frauenehre und die Abschaffung der Prostitution.

Zur Erreichung dieser Ziele sollten sich die Frauen in Arbeiterinnenvereinen organisieren, doch jede Frau ohne Unterschied des Standes und Berufes, des religiösen und politischen Bekenntnisses sollte zur Mitwirkung aufgefordert werden. Diese Stelle zeigt deutlich, daß man gewillt war, die Hilfe bürgerlicher Frauen anzunehmen, und daß man sich noch sehr lebhaft (der "vertikal" verlaufenden) Solidarität des weiblichen Geschlechts bewußt war angesichts der feindseligen Gesinnung und der vielgestaltigen Ausbeutung und Unterdrückung durch alle Klassen der Männerwelt. - Diese Tatsache wird unterstrichen,

1. durch die Forderung der rechtlichen Unabhängigkeit vom Manne und

2. durch die nähere Beschreibung der Aufgabe der Arbeiterinnenvereine; sie lautete:

"Dieselben vertreten ihre (der Frauen, d. V.) Rechte und Interessen sowohl gegenüber dem anderen Geschlecht als auch dort, wo sie mit denen des Mannes zusammenfallen"[103].

Lt. Berger wurden die drei Berliner Arbeiterinnenvereine "um Ostern 1886" durch Verfügung des Polizeipräsidenten auf Grund des § 8 des preußischen Vereinsgesetzes vorläufig geschlossen. Die Prozesse begannen im Dezember 1886; zunächst wurde 1886 der "Verein zur Wahrung der Interessen der Arbeiterinnen" verboten und seine Führerinnen bestraft,* 1887 folgte das Verbot für den "Berliner Arbeiterinnenverein im Norden" und den "Fachverein der Berliner Mantelnäherinnen"; die "Provinzvereine" erlitten dasselbe Schicksal; einzig die "Central-Kranken- und Begräbniskasse" mit ihrem Sitz in Offenbach blieb bestehen.

103) Anm. d. V.: Es ist interessant, daß Clara Zetkin in ihrer oben zitierten Schrift diesen Verein und sein Programm völlig übergeht; vermutlich dürfte ihr der Verein durch die Bereitwilligkeit zur Kooperation mit bürgerlichen Frauen und die Frontstellung gegen die Männer auch der eigenen Klasse nur als Abklatsch der "bürgerlichen Frauenrechtelei" erschienen sein und hätte somit keineswegs ihren Vorstellungen über das klassenbewußte, solidarisch kämpfende Proletariat entsprochen.

* Qu. 503

Preußen tat alles in seiner Macht Stehende, um jede "verdächtige" Arbeiterinnenorganisation mit Hilfe seines anachronistischen Vereinsrechtes auszulöschen – mit der Folge, daß sich die aktionsbereiten Arbeiterinnen nun der sozialdemokratischen Partei zuwandten. – Den Sozialdemokraten wiederum dürfte die Berliner Arbeiterinnenbewegung gezeigt haben, daß es höchste Zeit war, in irgendeiner Form die Frauen in die eigenen Reihen einzugliedern; als ganz besonders wirksames Stimulans dürften hierbei die Bemühungen Stöckers und seiner Christlich-Sozialen um die "armen Arbeiterinnen" gewirkt haben. – "Wer die Frauen hat, hat die Zukunft", so hatte 1863 Fanny Lewald den liberalen Arbeitervereinen zugerufen; Bebel hatte ihren Ruf übernommen, und die Berliner Arbeiterschaft verstand nun auch die Zeichen der Zeit: 1889 bestimmte sie neben anderen Clara Zetkin und Emma Ihrer zu Delegierten für den Internationalen Arbeiterkongreß in Paris. Als wenig später Clara Zetkin (1890/91) aus Frankreich nach Deutschland zurückkehrte, begann eine neue "klassenbewußte" Ära der Arbeiterinnenbewegung, in der die Hilfe der bürgerlichen Frauen zurückgewiesen wurde.

Wegen der fehlenden Jahrgänge der "Neuen Bahnen" lassen sich leider Louise Otto-Peters' Stellungnahmen zu all diesen Vorgängen nicht verfolgen; der "Frauen-Anwalt" des Lette-Vereins war bereits 1881 eingegangen.

5. Louise Otto-Peters' Verhältnis zur Arbeiterbewegung (1875-95)

Es ist vermutlich jene mangelhafte Quellenlage oder auch Louise Otto-Peters' Schweigen, die die Bearbeiter dieser Materie so oft die Frage stellen läßt:

Wie gestaltete sich Louise Otto-Peters' Verhältnis zu der sich radikalisierenden Arbeiterschaft? Oder: Warum wurde die 48er Demokratin nicht Kämpferin und Führerin in den Reihen der Arbeiter?

Die Proletarierinnen selbst beschäftigte noch 1913 in der "Gleichheit" das folgende Problem, man führte aus:

"In ihrer Jugend hatte sie Deputationen freiheitsliebender Arbeiter empfangen, in ihrem Alter fand sie nicht ein Wort des Protestes dagegen, daß 1894 die tagenden Frauenrechtlerinnen den Beschluß faßten, dem neu begründeten ' Bund deutscher Frauenvereine' dürften keine ' offenkundig sozialdemokratischen Vereine' angehören"[104].*

---

104) Mathilde Wurm, in: "Gleichheit", 23. Jg., 1913, Nr. 14, S. 212 f.
* Qu. 32

Die Stellungnahme all derer, die an diese Fragen herantraten, wurde auch nicht erleichtert durch die Erklärung, die 1866 Louise Otto-Peters im Rückblick auf das Geschehen der 48er Jahre der neuen Frauenbewegung mit auf den Weg gab, sie lautete:

"Im Dienste der Subjektivität, wie im Dienste der Politik sind die weiblichen Bestrebungen beendet worden, nicht etwa um nun zu Ende zu sein, sondern um nach Verirrungen und Prüfungen geläutert und erstarkt wieder neu aufgenommen zu werden im Dienste der Humanität und des Socialismus"[105].

Die Antworten, die auf diese Fragen gegeben worden sind und gegeben werden, stützen sich vor allem auf Vermutungen, denn eine entsprechende Stellungnahme Louise Otto-Peters' liegt nicht vor; es ist möglich, daß diese Äußerungen durch die fehlenden Jahrgänge[106] der "Neuen Bahnen" nur verloren gingen, es kann aber auch sein, daß sie schwieg. - Die Antworten sind deshalb mannigfaltig: manche meinen, sie sei von dem "Materialismus", "Klassenkampf" und "Internationalismus" der Arbeiterpartei abgestoßen worden, oder aber, sie habe sich durch deren anfängliche Frauenfeindlichkeit von ihr abgewandt; man stützte sich auch auf ihre Äußerung, daß sich die Arbeiterklasse aus eigener Kraft befreien müsse, und folgerte, daß sie als Bürgerliche deshalb nur in ihrer Klasse habe wirken können. Die Proletarierinnen, die sie allen Bedenken zum Trotz doch halb zu den ihrigen zählten, meinten, sie habe sich der Klassenentwicklung und dem "Einfluß ihrer Klassenlage" nicht entziehen können; ihr Sozialismus sei "ein verschwommener Nachklang des bürgerlichen schöngeistigen Gefühlssozialismus aus den vierziger Jahren" gewesen, nur ein "tief eindringendes wissenschaftliches Studium" hätte sie dem Sozialismus der kämpfenden Arbeiterklasse zuführen können, doch dieses habe man von der Greisin nicht mehr erwarten dürfen.*

Wendet man sich Louise Otto-Peters' oben zitiertem Geleitwort (aus dem Jahre 1866) zu, so darf man feststellen, daß sie unter "Subjektivität" eine von egoistischen Motiven geprägte Handlungsweise verstand, die sich zu Beginn der 50er Jahre mit der "Politik", d. h. der reaktionären Bewegung, verband, um unter den Frauen alles zu vernichten, was Recht und Freiheit auch für die Frauen forderte. Und die Frauenbewegung sollte wieder aufleben im Dienste der "Humanität und des Socialismus", wobei man unter letzterem wohl jene konkrete Arbeit in den verschiedenen Bereichen des kulturellen, gesellschaftlichen und öffentlich-politischen Lebens verstehen könnte, die der Realisie-

105) L. Otto-Peters, Recht-Erwerb, S. 79.

106) Für die Zeitspanne 1876-95 (dem Todesjahr Louise Otto-Peters) stehen nur noch die Jahrgänge 1876, 1883, 1884 zur Verfügung.

* Qu. 32

rung der "Humanität", d. h. eines menschenwürdigen Daseins für alle in Freiheit und Gerechtigkeit, dienen sollte[107]. Es war sicher kein "Socialismus" im Sinne eines sozialistischen Parteiprogramms, aber es war ebensowenig ein "schöngeistiger Gefühlssozialismus", denn Louise Otto-Peters sah die realen Verhältnisse und konnte dank ihres echten sozialen und politischen Verständnisses durchaus problemgerechte soziale und politische Lösungsvorschläge unterbreiten; daß sich angesichts des Massenelends auch ihre Gefühle empörten und engagierten, gereicht ihr zur Ehre; und wenn Louise Otto-Peters von "unseren armen Schwestern" sprach, so empfand sie diese auch als solche, mögen andere im Sinne herablassender "Wohltätigkeit" diesen Ausdruck auch noch so häufig mißbraucht haben.

Die Frage hinsichtlich ihrer aktiven Zugehörigkeit zur Arbeiterpartei dürfte Louise Otto-Peters schon beantwortet haben mit ihrer oben behandelten Stellungnahme zur Haltung der bürgerlichen Frauenbewegung gegenüber der Arbeiterbewegung (vgl. B. II. 2): erklärte sie diese zu einer in jeder Hinsicht neutralen Bewegung des Fortschritts, so hatte sie damit auch über ihren eigenen Standort entschieden: sie gehörte zur Frauenbewegung, denn sie empfand die Höherentwicklung des weiblichen Geschlechtes als eine ihr vom Schicksal übertragene Mission.

Schwieriger ist die Klärung ihres persönlichen Verhältnisses zu der sich radikalisierenden Arbeiterbewegung; eine klare Antwort ist unmöglich, nur eine Deutung kann versucht werden, die aus der Kenntnis ihres Wirkens erwächst und zugleich bemüht ist, die geistige Struktur dieser Frau zu berücksichtigen.

Zu dem Gothaer Parteitag 1875 liegt noch eine Stellungnahme Louise Otto-Peters' vor, in der sie sich enttäuscht zeigt über die Vorgänge, die Bebels Antrag auf "Wahlrecht für Staatsangehörige beiderlei Geschlechts" zu Fall gebracht und zur Annahme der verwässerten Formulierung des Wahl- und Stimmrechtes "aller Staatsangehörigen" geführt hatten (trotzdem es auf dem Papier ein Fortschritt gegenüber 1869 war, wo man diese Formulierung abgelehnt hatte); sie führte aus:

"Das Stimmrecht der Frauen kam ... mit zur Sprache und ward von dem bekannten Führer dieser Partei August Bebel aus Leipzig der Antrag gestellt, dasselbe mit in das Programm aufzunehmen - indes ward der Antrag von der Mehrheit sofort abgelehnt. Man sieht also, wie es bis jetzt unter jeder Partei immer nur einzelne Männer gibt, welche die Rechte, die sie für sich selbst fordern, auch den Frauen wollen zuteil werden lassen, und wie

---

107) Anm. d. V.: Gertrud Bäumer und Helene Lange (in: Handbuch, I, S. 38) interpretieren diesen Begriff wie folgt:
"d. h. des Sozialismus nicht als Parteiprogramm, sondern als der Form praktischer Tätigkeit, zu der die gegenwärtigen sozialen Verhältnisse die Bekenner des Gedankens der Humanität verpflichten".

notwendig es deshalb ist, daß die Frauen überall selbst eintreten, wo es sich um ihre eigenen Angelegenheiten handelt"[108].

Die Folgerung, die Louise Otto-Peters aus diesem Geschehen zog, stimmte mit ihren oben ausgesprochenen Grundsätzen völlig überein: die Frauen mußten solidarisch durch ihren eigenen Willen und ihre eigene Kraft die Anerkennung ihrer politischen Rechte herbeiführen, auch in der Arbeiterpartei[109], in der sie - wie in allen anderen Parteien - überhaupt noch nicht vorhanden waren.

Mit Sicherheit darf vermutet werden, daß zwischen den von Louise Otto-Peters geleiteten Vereinen und der Arbeiterschaft zumindest eine Entfremdung eintrat. Viele Mitglieder fühlten sich zudem berufen, einen "sittlichen Damm" zu bilden gegen Materialismus, Nihilismus und Sittenlosigkeit sowie "gegen die wilde gespensterhafte Flut der Commune". - Doch in den wenigen vorliegenden Berichten fällt auf, daß Louise Otto-Peters schwieg, wenn Schritte erwogen wurden, die helfen sollten, einen Ausgleich zwischen den sich bekämpfenden Klassen herbeizuführen - sprich: die "Flut der Commune" einzudämmen.

Vielleicht darf man den Gesamteindruck so formulieren, daß die alte Demokratin das "rote Schreckgespenst" gar nicht so sehr als Schreckgespenst empfunden haben könnte. Attentate und blutige Gewaltmaßnahmen lehnte sie jedoch entschieden ab, aber diese Anschauung vertraten auch die prominenten Führer der Sozialisten, so z. B. August Bebel, den sie persönlich aus früheren Tagen kannte und der sie als Fürsprecher und Anwalt der Frauen nie enttäuschte. Sie kannte zudem das soziale Elend zu genau, um nicht die Notwendigkeit tiefgreifender wirtschaftlicher Änderungen anzuerkennen; und einige Äußerungen lassen darauf schließen, daß ihre Sympathien keineswegs den "Herren des Kapitals" und den "Dienern der Reaktion" gehörten. Als 48er Demokratin hatte sie einst selbst unter der Herrschaft der Reaktion gelitten, ihr Verlobter wurde aus demselben Grund sieben Jahre eingekerkert, sie dürfte deshalb auch kaum die Willkürmaßnahmen unter dem Sozialistengesetz gebilligt, wohl aber unter diesem Aspekt die Bitterkeit der Worte verstanden haben: "Der Proletarier hat kein Vaterland". Oder - bezweifelte sie überhaupt die Echtheit und Macht des so eifrigen "Internationalismus" bei Arbeiterführern und Arbeitern, die früher einmal überzeugte deutsche Patrioten gewesen waren? Oder - fühlte sich die ehedem so glühende Patriotin in diesem Punkt befremdet? Denn das "deutsche Reich in seiner Kraft und Größe" war auch der

---

108) "Neue Bahnen", 10. Jg., 1875, Nr. 14, S. 148.

109) Lt. Zetkin (op. cit., S. 28) beschloß der Gothaer Parteitag 1875, Frauen als Delegierte zu den Parteitagen zuzulassen, "die entweder als Vertreterinnen von Wahlkreisen in Volksversammlungen oder in besonderen Frauenversammlungen gewählt wurden". Dieser Punkt war Louise Otto-Peters offensichtlich entgangen.

Greisin noch ein Anliegen[110]. Oder - sah sie in diesem kämpferischen Internationalismus eine notwendige Vorstufe, über die man in der Zukunft zu einem besseren Zusammenleben der Völker vordringen würde - einem Ziel, dem auch sie schon 1848 ("im Jahr des Völkerfrühlings") gedient hatte? - Es darf nicht als ausgeschlossen gelten, daß Louise Otto-Peters' persönliches Verhältnis zur Arbeiterbewegung all diese Aspekte umschloß, ohne widersprüchlich in sich selbst zu sein, da nach ihrem festgeprägten Geschichtsbild alles Geschehen dem Gesetz der Höherentwicklung der Menschheit unterworfen war, vor dessen ordnender Kraft zeitgenössische Irrungen und Kämpfe nur Staub waren.

In diesem Zusammenhang muß auch der Vorwurf der Proletarierinnen geklärt werden, daß Louise Otto-Peters 1894 schwieg, als unter dem Vorsitz ihrer langjährigen Mitkämpferin Auguste Schmidt die Gründung des "Bundes deutscher Frauenvereine" vollzogen, aber sofort sozialdemokratisch orientierte Arbeiterinnenvereine ausgeschlossen wurden; Louise Otto-Peters selbst hatte sich all diesen Vorgängen in Berlin ferngehalten. Sie starb im folgenden Jahr, und es ist durchaus möglich, daß ihre schwindenden Kräfte ihr keine Aktivität mehr erlaubten. Aber die Kenntnis ihres unermüdlichen, lebenslangen Wirkens für die Arbeiterinnen berechtigt doch zu der Frage: Könnte sie nicht vielleicht auch geschwiegen haben, weil sich endlich eine bessere Lösung anbot, die sie vor Jahrzehnten selbst befürwortet hatte und die sie angesichts der Erfolglosigkeit der Bemühungen der bürgerlichen Frauen um die Arbeiterinnen in den vergangenen Jahrzehnten auch nur begrüßen konnte?

Während der Verfolgungszeit 1878-90 war in weiten Kreisen der sozialistischen Arbeiterschaft die feindliche Haltung gegenüber der weiblichen Konkurrentin einem Gefühl der Solidarität, der Kampfgenossenschaft gewichen. Auf dem Parteitag in Erfurt (1891) hatte man das allgemeine, gleiche, direkte und geheime Wahlrecht "aller über 20 Jahre alten Reichsangehörigen ohne Unterschied des Geschlechts" gefordert, ebenso die "Abschaffung aller Gesetze, welche die Frau in öffentlich- und privatrechtlicher Beziehung gegenüber dem Manne benachteiligen".

Die Sozialdemokratische Partei und die Freien Gewerkschaften begannen, Frauen als gleichberechtigte Mitglieder in ihre Reihe aufzunehmen;

und Clara Zetkin (die Louise Otto-Peters als ehemalige Schülerin Auguste Schmidts sicher auch bekannt war) übernahm die Führung und Organisation der proletarischen Frauen.

Im Reichstag erwiesen sich Bebel und andere Sozialisten als die zuverlässigsten Anwälte in allen bürgerliche wie proletarische Frauen betreffenden Angelegenheiten ...

110) Louise Otto-Peters 1883 auf einer "Germaniafeier"; in: Das erste Vierteljahrhundert, S. 60 f.

In Kenntnis ihres gesamten Wirkens darf man mit einiger Sicherheit annehmen, daß Louise Otto-Peters diese Vorgänge ebensosehr begrüßte wie den Zusammenschluß der Vereine der bürgerlichen Frauenbewegung zu einer größeren Einheit, denn sie waren Zeichen einer neuen Entwicklungsphase, die zu weiteren Fortschritten führen würde. - Darf man deshalb vermuten, daß Louise Otto-Peters jener Ausschluß sozialdemokratisch orientierter Arbeiterinnenvereine aus dem Bund deutscher Frauenvereine nur als eine schwierige Stufe erschien, die von den beiden sozialen Bewegungen bewältigt werden mußte auf dem Wege einer Entwicklung, an deren Ende beide - "nach Verirrungen und Prüfungen geläutert und erstarkt" - eine höhere Ebene in der Menschheitsentwicklung erreicht haben würden? Denn ebenso unerschüttert wie ihr Glaube an die Höherentwicklung der Menschheit war ihr Vertrauen in das "Gesetz der Wahrheit", aus dem sie ihre Hoffnung schöpfte für den Sieg der Frauensache - und sicher auch die der Arbeiter; es lautete:

"Es ist ein ewiges Gesetz, daß niemand etwas gegen die Wahrheit vermag, sondern nur für sie"[111].

111) "Neue Bahnen", 4. Jg., 1869, Nr. 1, S. 1.

III. Gemeinnützige Tätigkeit

Die weibliche Arbeitskraft muß nutzbar gemacht werden "zur Tilgung sozialer
Schäden, zur Förderung der Humanität auf allen Gebieten"[1].

Louise Otto-Peters (1869)

"Gemeinnützige Tätigkeit" war in jener ersten Epoche der bürgerlichen Frauenbewegung noch ein weiter Begriff. Ohne Bedenken ließe
sich in den Bereich der gemeinnützigen Tätigkeit das gesamte, auch
das oben bereits dargestellte Wirken der organisierten Frauen einord-
nen, denn alle Fortschritte, die man direkt für das weibliche Geschlecht
erstrebte, waren nach Auffassung der Frauen gleichbedeutend mit der
"Förderung der Humanität" und der Linderung tiefgreifender "sozialer
Schäden" – und waren somit von "gemeinem Nutzen" für das Wohl der
jeweiligen menschlichen Gesellschaft.

Trotzdem empfiehlt es sich, die Bezeichnung "gemeinnützige Tätigkeit" auf jene Unternehmungen zu beschränken, durch welche die bürgerliche Frauenbewegung direkt sozialen Not- und Mißständen zu begegnen suchte und die in den folgenden Jahrzehnten in das umfangreiche
Feld der "sozialen Arbeit" einmündeten.

Überblickt man das mannigfaltige Geschehen, so fällt zunächst auf,
daß man sich von "Wohltätigkeit" und "Almosen" allgemein fernhielt. –
Louise Otto-Peters erklärte 1868:

"Die meisten Menschen stehen nun einmal noch nicht auf dem Standpunkt,
von dem aus die nichtigen Standesunterschiede verschwinden und von dem aus
die Wohltätigkeit nur ein notwendiges Übel ist, das man wohl als
eine Tugend anerkennen, sich aber doch bestreben muß, es überflüssig zu
machen[2], ..."[*]-
durch Arbeit und Selbständigkeit des weiblichen Geschlechts, wie 1869
auf der Generalversammlung des Allgemeinen deutschen Frauenvereins nochmals ausdrücklich festgestellt wurde[3]. Im Lette-Verein und
dem ihm angeschlossenen Verband deutscher Frauenbildungs- und Erwerbsvereine wurde diese Auffassung ebenfalls weitgehend geteilt. –
Obwohl es in beiden Vereinsgruppen sicher nicht an persönlichen Hilfeleistungen gefehlt haben dürfte, zählte eine rein charitative Tätigkeit nicht zu dem Aktionsbereich, den man in den Vereinsprogrammen
festgelegt hatte; dieses Feld blieb vor allem den kirchlichen, später
auch den "Vaterländischen Frauenvereinen" und den ihnen angeglie-
derten "Frauenvereinen unter dem Roten Kreuz" überlassen.

1) "Neue Bahnen", 4. Jg., 1869, Nr. 18, S. 142.
2) "Neue Bahnen", 3. Jg., 1868, Nr. 12, S. 95.
3) "Neue Bahnen", 4. Jg., 1869, Nr. 22, S. 173.
 * Qu. 471

Ferner ist mit einem Blick auf die Umwelt bemerkenswert, daß
    a) ein Teil des Frauenwirkens allein von Frauen angeregt und ge-
staltet wurde, wobei die Männerwelt sich wohlwollend duldend verhielt,
während
    b) andere Aktionen entweder von Männern angestiftet oder in eine
bestimmte Bahn gedrängt wurden.

Die Bearbeitung folgt dieser Untergliederung, da sich an diesem
Geschehen deutlich die Tatsache enthüllen läßt, daß auch die "Frauen-
freundlichsten" unter den Männern die Frauen nur in ihrem Sinne einzusetzen und "nutzbar" zu machen suchten, ihnen neue Pflichten auf-
bürdeten, die die Frauen freudig auf sich nahmen - ohne ihnen auch nur
die Spur eines neuen Rechtes realiter erkämpfen zu helfen.

Zu a): Alle Frauenvereine dürften sich ohne Ausnahme der Propagierung oder Einrichtung von Kindergärten und, wenn nötig, von
Kleinkinderkrippen und Mädchenhorten gewidmet haben. Teilweise mag
speziell die Kindergartenfreudigkeit[4] einer enthusiastischen Bejahung
der Fröbelschen Erziehungslehre entsprungen sein; andere Frauen (und
zu ihnen zählte auch Louise Otto-Peters) traten für derartige Hilfseinrichtungen ein, um die arbeitende Mutter zu entlasten und ihren Kindern während ihrer Abwesenheit Betreuung, Schutz und Erziehung zuteil werden zu lassen und sie vor den entsittlichenden Einflüssen der
Umgebung zu bewahren. - Die Sonntags- und Fortbildungsschulen, auch
die Arbeiterinnenvereine und Mädchenherbergen sollten dieses Werk
fortsetzen (vgl. Kap. B. I. 3), II. 3).

Zu Beginn der 80er Jahre erkannte man im Allgemeinen deutschen
Frauenverein offensichtlich, daß diese Einrichtungen nicht ausreichten
zur Betreuung der vielen arbeitenden Mädchen. 1883 bemühte man sich
deshalb um die Gründung von "Schutzvereinen für konfirmierte Mädchen" in Anlehnung an das Vorbild der englischen (von Königin Vikto-
ria protektionierten) "Girls' Friendly Societies"[5], die bereits 50000
Mädchen "beschützten". Den arbeitenden konfirmierten Mädchen sollten Sonntagsunterhaltungen mit geselligem Beisammensein geboten werden, und eine persönliche Schutzdame sollte jedem Mädchen mit Rat und
Tat in allen Angelegenheiten zur Seite stehen; auf diese Weise sollten Verein und Schutzdame vor allem alleinstehenden Mädchen einen menschlichen Rückhalt geben und auch eine "sittliche Überwachung"

---

4) Anm. d. V.: In Deutschland bestanden 1873 rd. 500 Kindergärten (vgl. "Frauen-
Anwalt", 4. Jg., 1873/74; Nr. 1, S. 47; Nr. 2, S. 79).
Ganz speziell widmeten sich der Ausbreitung der Kindergärten im Allgemeinen deutschen
Frauenverein der "Verein für Familien- und Volkserziehung" (gegr. 1871 von Henriette
Goldschmidt) und im Verband deutscher Frauenbildungs- und Erwerbsvereine der "Verein
zur Beförderung Fröbelscher Kindergärten" (gegr. 1859 von Lina Morgenstern).

5) "Neue Bahnen", 18. Jg., 1883; Nr. 22, S. 173 f.; Nr. 24, S. 185 f.

gewährleisten[6]. - Nachweisbar wurde nur in Leipzig ein Verein dieser
Art von dem Leipziger Frauenbildungsverein (1883/84) gegründet[7]; es
ist nicht ausgeschlossen, daß diese Vereinsgründung auch in anderen
Orten nachgeahmt wurde. Doch über all diese Vorgänge liegen keine
Nachrichten vor, auch nicht über das Ende des Leipziger Schutzvereins.

Bereits vor Louise Otto-Peters' Werben für die Gründung der
"Schutzvereine für konfirmierte Mädchen" war 1877 von einer Frei-
frau von der Tann in Weimar ein deutscher Zweig der internationalen
Organisation der "Vereine der Freundinnen junger Mädchen" gegründet worden[8]. Dieser Tatbestand legt die Vermutung nahe, daß bei Louise
Otto-Peters' Schutzverein 1883/84 eventuell auch noch andere Überlegungen im Spiel waren. Wie oben bereits dargestellt, wandten sich
1883 erneut Frauen aus dem Kreis des Allgemeinen deutschen Frauenvereins den Arbeiterinnen zu: Marianne Menzzer suchte die Gründung
von Rechtsschutzvereinen zu fördern; Johanna Wecker rief zur Gründung von "Gewerblichen Hilfs- und Fortbildungsvereinen" auf; Gertrud
Guillaume-Schack gründete wenig später den "Verein zur Wahrung der
Interessen der Arbeiterinnen" (vgl. B. II. 3) 4) - warum sollte Louise
Otto-Peters nicht versuchen, die arbeitenden Mädchen zu gewinnen?
Die "Fortbildungsschule" hatte der Leipziger Frauenbildungsverein wegen "dringenderer" Zeitbedürfnisse aufgegeben und nur die Abendunterhaltungen beibehalten[9]; offensichtlich waren in Leipzig auch andere entsprechende Ausbildungsstätten geschaffen worden. Durch das Ende der
Fortbildungsschule war aber das wichtigste Zugmittel, das die Jugend
dem Leipziger Frauenbildungsverein zuführte, verloren gegangen, und
man mußte die weibliche Jugend nun auf andere Weise zu gewinnen suchen. Oder: war es durch die wachsenden sozialen und politischen Spannungen auch zu einer Entfremdung gegenüber der arbeitenden Frauen
des Volkes gekommen? 1883 deutet eine Bemerkung Auguste Schmidts
über das "Mißtrauen" unter den Frauen der ärmeren Klassen auf diesen Tatbestand hin[10]; auch dies wäre ein Grund mehr gewesen, es nun
ausdrücklich mit der Jugend zu versuchen! - Doch diese Überlegungen
sind nur Fragen und Vermutungen, Beweise können nicht erbracht werden.

Mit diesen Einrichtungen war zugleich die Grenze dessen erreicht,
was die Frauenorganisationen aus eigener Kraft anregen, organisieren

6) "Neue Bahnen", 18. Jg., 1883, Nr. 3, S. 25 f.

7) "Neue Bahnen", 19. Jg., 1884, Nr. 11, S. 84.

8) Anm. d. V.: 1900 umfaßte die deutsche Organisation der "Vereine der Freundinnen junger Mädchen" 31 Landes- und Provinzialvereine, mit denen 96 Ortsvereine verbunden waren; sie besaß etwa 4000 Mitglieder und war in 1217 deutschen Orten vertreten.
(H. Lange, G. Bäumer, Handbuch, II, S. 108).

9) "Neue Bahnen", 19. Jg., 1884, Nr. 11, S. 84.

10) "Neue Bahnen", 18. Jg., 1883, Nr. 22, S. 171.

und finanziell tragen konnten. Die Berliner Volksküchen, die 1866 ff. gegründet wurden[11], um die arme Bevölkerung mit billigen, nahrhaften Speisen zu versorgen, werden immer mit dem Namen Lina Morgensterns verknüpft, doch schon im Gründungskomitee waren fast nur Männer vertreten (so u. a. von Virchow, von Holtzendorff, Lette, Duncker), die Geschäftsleitung lag fast ausschließlich in Händen von Männern und 1867 erwog man sogar, das weibliche Aufsichtspersonal der Küchen zu entlassen[12]! - Die vom Berliner Hausfrauenverein (Vors. Lina Morgenstern) 1873 ff. gegründeten Verkaufsstellen für billige, gute Nahrungsmittel waren eine (von Männern unterstützte) Selbsthilfeaktion der Frauen des Mittelstandes gegen die steigenden Preise; der armen Bevölkerung kamen sie kaum zugute. Es fällt deshalb schwer, diese Einrichtungen eindeutig als "wirtschaftliche soziale Frauenwerke" (wie sie Lina Morgenstern zu bezeichnen pflegte) den sozialen Hilfsmaßnahmen der bürgerlichen Frauenbewegung zuzurechnen.

An diesem der Fraueninitiative entspringenden sozialen Wirken fällt auf, wie weitgehend hierbei der vertraute Pflichtenkreis der Frau im Hause auf den weiteren gesellschaftlichen Bereich übertragen wurde. Doch zur Rechtfertigung der hieraus erwachsenden Einseitigkeit und Enge muß festgestellt werden, daß diese Erweiterung und Übertragung des "familiären" Frauenwirkens den geistigen und materiellen Kräften der organisierten Frauen entsprach: sie konnten im größeren gesellschaftlichen Leben zunächst nur das tun, was ihnen aus dem kleineren privaten vertraut war.

Zu b): Auffällig ist, daß die Männerwelt von den Frauen als "Hüterinnen des Idealismus und der Sittlichkeit" Gebrauch zu machen suchte - und zwar zunächst mehr in geistiger Hinsicht. So geschah es z. B. auf dem Philosophenkongreß in Frankfurt a. M. 1869, zu dem man auf dem vorhergehenden Kongreß in Prag[13] auch den Allgemeinen deutschen Frauenverein eingeladen hatte. Louise Otto-Peters nahm persönlich an dem Kongreß teil. In Frankfurt wie schon vorher in Prag dominierten die Fröbelenthusiastinnen, allen voran Frau von Marenholtz-Bülow (die Führerin des konservativen Fröbelflügels). Louise Otto-Peters gelang es offensichtlich nicht, eine Darlegung oder Diskussion der Ziele des Allgemeinen deutschen Frauenvereins durchzusetzen, die Fröbelenthusiasten siegten: im Mittelpunkt stand die Erziehung der Mädchen zu besseren Müttern, denn der höchste Beruf für das weibliche Geschlecht, so betonte man, sei und bleibe der Beruf der Erzieherin der Menschheit. Aus diesem Grund bemühte sich der Philosophenkon-

11) Im Winter 1879/80 bestanden in Berlin insges. 14 Volksküchen. ("Frauen-Anwalt", 1880, Nr. 4, S. 132).

12) "Neue Bahnen", 4. Jg., 1869, Nr. 19, S. 150.

13) "Neue Bahnen", 3. Jg., 1868; Nr. 18, S. 141; Nr. 23, S. 190 f.

greß überhaupt um die Frauen: sie sollten nicht auf die "Stufe der Gelehrsamkeit hochgeschraubt werden" (wo ihnen die Kenntnisse fehlten), sondern sie sollten sich an der Denkarbeit der Männer beteiligen, um als rechte Erzieherinnen, als Hüterinnen des Ideals und der Sittlichkeit mit den Männern gegen die Flut des "frivolen Materialismus" anzukämpfen. Der Kongreß benötige die Frauen, so erklärte Professor Leonhardi anschließend auf der Generalversammlung des Allgemeinen deutschen Frauenvereins (in Kassel 1869), wenn er die Philosophie aus der Studierstube ins Leben führen wolle, denn den Frauen eigne eine besondere Anlage zur Philosophie des Lebens, ein besonderer Ahnungsreichtum, sie hüteten den Glauben an den Sieg des Ideals - und dies sei der Sieg des Reiches Gottes[14]... . - Obgleich die Frauen des Allgemeinen deutschen Frauenvereins jene Mission als Hüterinnen bejahten und in Treue erfüllten, wurden die Beziehungen zu dem Philosophenkongreß offensichtlich nicht weitergepflegt.

Als sich zu Beginn der 70er Jahre in den USA die Temperenzbewegung unter starkem Einfluß der Geistlichkeit ausbreitete (1874 ff. "Women's Christian Temperance Association"), warnte 1874 eine Stimme im "Frauen-Anwalt" die deutschen Frauen vor der Teilnahme an dieser "Betseuche"; die Frauen sollten stattdessen versuchen,

"durch Liebenswürdigkeit und häusliche Tugenden die Männer ans Haus zu fesseln und vom Besuch der Wirtshäuser abzuhalten"[15]. ...

1884, als sich auch in Deutschland der Alkoholismus ausbreitete, beschäftigte sich der Verbandstag der deutschen Frauenbildungs- und Erwerbsvereine mit den Aufgaben der Frauen in der deutschen Mäßigkeitsbewegung (1883 war bereits der "Verein gegen den Mißbrauch geistiger Getränke" gegründet worden); neben einer von den Frauen anzuregenden Reform der Trinksitten empfahl der Referent Professor Emminghaus, daß die Frauen Kaffee- und Teeschenken errichten sollten; sie müßten hier wie bei den Volksküchen die Initiative ergreifen![16] D. h.: die Frauen sollten Kraft und Geld investieren, um alkoholfreie Schankstätten für Männer zu gründen!

Sparen wollten die deutschen Männer offensichtlich auch bei den Toiletten ihrer Damen. 1873, 1875, 1877 wurde von männlicher Seite auf den Generalversammlungen des Allgemeinen deutschen Frauenvereins beantragt, der Verein möge sich "gegen Ausschreitungen und Ge-

---

14) "Neue Bahnen", 4. Jg., 1869; Nr. 21, S. 167; Nr. 22, S. 171, S. 174 f.; Nr. 23, S. 179 f.

15) "Frauen-Anwalt", 5. Jg., 1874/75, Nr. 2, S. 55.

16) "Neue Bahnen", 19. Jg., 1884, Nr. 21, S. 171;

Anm. d. V.: 1876 war bereits ein Volkskaffee- und Speisehaus von einer Frau in Memel gegründet worden; 1879 folgte eine Kaffeehalle im Norden von Berlin; andere Städte ahmten das Beispiel nach.

(H. Lange, G. Bäumer, Handbuch, II, S. 197 f.).

schmacklosigkeiten der Mode" erklären; die Nachahmung französischer Modetorheiten (und damit verbunden sicher auch die Bevorzugung französischer Erzeugnisse) waren ein besonderer Stein des Anstoßes. Obwohl Louise Otto-Peters zum Jahre 1875 berichtet, man habe von solchen wünschenswerten Erklärungen abgesehen, da man keinen bahnbrechenden Einfluß außer im eigenen Kreise habe erwarten können[17], beschloß man (nach dem Versammlungsbericht der "Neuen Bahnen") in einer Resolution, "dahin zu wirken, daß eine einfachere Geschmacksrichtung sich Bahn breche". Man zögerte ferner, direkt die französische Mode abzulehnen[18]. - Einige Beiträge und Referate zeigen jedoch, daß den Frauen der Zusammenhang zwischen Luxus, Volksvermögen und Förderung der d e u t s c h e n Industrie dann allmählich klarer wurde, und die 1877 beschlossene Resolution fiel für die deutschen Fabrikanten so befriedigend aus, "daß sie viele Industrielle mit auf ihre Circulare druckten"; sie lautete:

"Die ... vereinigten Frauen erklären, es sich zur Gewissenssache zu machen, nach ihren Kräften die D e u t s c h e I n d u s t r i e zu fördern, und zwar dadurch, daß sie so viel wie möglich dem deutschen Fabrikat den Vorzug geben, jedenfalls aber dasjenige zu verwerfen, was unter fremden Marken ihnen geboten wird"[19].

In diesem Sinne wirkte der Allgemeine deutsche Frauenverein unerschüttert jahrzehntelang.

Als in der zweiten Hälfte der 70er Jahre die Zeiten wieder einmal "gewaltsam laut" wurden und die organisierten Frauen sofort ihre "kulturhistorische" Mission erkannten, in der Familie und im gesellschaftlichen Leben einen "sittlichen Damm" zu bilden gegen Materialismus und Nihilismus, gegen die Sittenlosigkeit und die "Flut der Commune" (vgl. Kap. B. I. 1) und 3), entschlossen sich liberale und erzkonservative Kreise der Männerwelt, nun von den "Hüterinnen des Idealismus und der Sittlichkeit" zur Bewältigung sozialer Probleme in praktischer Weise Gebrauch zu machen:

1878 beschloß der vom Lette-Verein geführte Verbandstag deutscher Frauenbildungs- und Erwerbsvereine,

"daß es an der Zeit sei, zu der amtlichen Armenpflege der Städte Frauen in derselben Weise heranzuziehen wie unentgeltlich mitwirkende Männer"[20].

Und 1880 nahm eine Delegiertenkonferenz der Vaterländischen Frauenvereine und der ihnen angeschlossenen Frauenvereine unter dem Roten Kreuz eine von dem Vorsitzenden, Minister a. D. Dr. Friedenthal, formulierte Resolution an, in der es die Delegierten "für geboten" erachteten,

17) L. Otto-Peters, Das erste Vierteljahrhundert, S. 36.
18) "Neue Bahnen", 10. Jg., 1875, Nr. 22, S. 175 f., 180.
19) L. Otto-Peters, Das erste Vierteljahrhundert, S. 46.
20) "Frauen-Anwalt", 1878, Nr. 11, S. 338.

"daß unsere Vereine auch der auf dem Boden der Reichs- und Landesgesetzgebung geübten staatlichen und kommunalen Armenpflege ihre Dienste zur Verfügung stellen".

Den Vereinen wurde empfohlen, mit den Behörden in Verbindung zu treten, um entsprechend den jeweiligen Verhältnissen "die gegenseitigen Rechte und Pflichten zu regeln"[21].

Doch diese Beschlüsse hatten schon einen Vorläufer im Allgemeinen deutschen Frauenverein. Dort hatte das Vorstandsmitglied Henriette Goldschmidt auf den Generalversammlungen 1868, 1869, 1873, 1875 und 1877 die Verwendung der Frauen im Gemeindedienst gefordert[22]. Ausgehend von der Feststellung:

"man spreche immer nur von 'Vätern' der Stadt, aber oft täten auch Mütter not" -

wünschte sie, daß man auch Frauen heranziehe zur Armen- und Waisenpflege, zur Aufsicht über Kranken-, Siechen- und Armenhäuser, ferner über Schulen, Kindergärten, Dienstbotenherbergen, Volksküchen und Gefängnisse sowie zur Mitarbeit in der Sittenpolizei[23].

Nach Henriette Goldschmidts Überzeugung war die Gemeinde gleichzusetzen mit der Gesamtheit der Familien, und sie wollte den Frauen "diejenigen Obliegenheiten" übertragen, "die einer Frau angemessen sind sowohl im Familienleben wie in der Gemeinde"[24]. Wie in der Familie, so betonte sie 1875,

solle die Frau "auch im Gemeinwesen und im Staate der versöhnende und harmonische, ausgleichende Mittelpunkt sein"[25]. ...

Der Vorstand des Allgemeinen deutschen Frauenvereins teilte mit größter Sicherheit ihre Anschauungen; die fünfmalige Behandlung dieses Gegenstandes auf den Generalversammlungen zeigt, daß man in den eigenen Reihen eine gründliche Aufklärungsarbeit leistete, sicher auch leisten mußte. Über die Reaktion der Öffentlichkeit liegen keine Nachrichten vor, vermutlich nahm man derartige Vorstöße überhaupt nicht ernsthaft zur Kenntnis - bis eben die sozialen und politischen Span-

---

21) "Frauen-Anwalt", 1881, Nr. 2, S. 35 f.

22) "Neue Bahnen", 3. Jg., 1868, Nr. 22, S. 174.
"Neue Bahnen", 4. Jg., 1869, Nr. 22, S. 174.
Louise Otto-Peters, Das erste Vierteljahrhundert, S. 29, 35, 43;
"Neue Bahnen", 10. Jg., 1875, Nr. 23, S. 181;
"Frauen-Anwalt", 6. Jg., 1875/76, Nr. 10, S. 235.

23) Anm. d. V.: Nach den diversen Gemeindeordnungen im Deutschen Reich waren im allgemeinen nur wahlberechtigte oder bereits gewählte Bürger zur Übernahme von Gemeindeämtern zugelassen, nur für die Armen- und Waisenpflege bestanden Sonderregelungen, die eine Beteiligung der Frauen erlaubten; (weitere Ausführungen zu diesem Gegenstand: Kap. B. IV. 2).

24) "Frauen-Anwalt", 5. Jg., 1874/75, Nr. 8, S. 187.

25) "Frauen-Anwalt", 6. Jg., 1875/76, Nr. 10, S. 235.

nungen mit dem Sozialistengesetz einen neuen Höhepunkt erreichten. Die 1878 vom Verbandstag deutscher Frauenbildungs- und Erwerbsvereine erhobene Forderung auf Zulassung der Frauen zur Armenpflege erfolgte sicher nicht ohne Wink oder Zustimmung der Kronprinzessin Friedrich (der Protektorin des Lette-Vereins); daß in diesem Punkt aber auch die konservativen Regierungskreise der liberal denkenden Prinzessin beipflichteten, beweisen die 1880 gefaßten "Beschlüsse" der Vaterländischen Frauenvereine - genauer: die von ihnen durch Akklamation akzeptierten Einsatzbefehle von allerhöchster Stelle. Die "vaterländischen Frauen" sollten eine Armenpflege üben,

a) "welche den Forderungen der Nächstenliebe entspricht und die B e - festigung der gesellschaftlichen Ordnung anstrebt,

b) indem sie den w i r k l i c h Hilfsbedürftigen in der rechten Weise und mit geeigneten Mitteln wirklich Hilfe gewährt"[26].

Gesichtspunkt (a) verbunden mit dem Wunsch der Milderung der Klassengegensätze durch den "versöhnlichen" Einfluß der Frauen war mit Sicherheit auch ein Hauptziel der liberalen Männerkreise; doch der Sprecher des Verbandes deutscher Frauenbildungs- und Erwerbsvereine, A. Lammers, war ein praktischer Mann und betonte deshalb vor allem die Notwendigkeit sachgerechter und sparsamer (!) Hilfsmaßnahmen[27]:

1. werde die private Wohltätigkeit zur Hälfte von wohltätigen Frauenvereinen dilettantisch ausgeübt; in der Heuchelei erfahrene "Bedürftige" erschwindelten oft doppelte und dreifache Hilfeleistungen von unerfahrenen Frauen; diese Verschleuderung müsse verhindert werden durch eine Kooperation zwischen Behörden und Vereinen;

2. zählten zu den von der behördlichen Armenpflege versorgten Personen ebensoviele Frauen, Mädchen und Kinder wie Männer; zur behördlichen Betreuung dieser Notleidenden seien Frauen nötig;

3. seien Frauen unentbehrlich, um in notleidenden Familien die richtigen Anleitungen zur Führung des Haushalts zu geben, denn oft sei die Notlage nur durch eine schlechte Haushaltsführung verursacht worden;

4. benötige man bei der neu eingeführten individualisierenden Armenpflege, bei der jeder Armenpfleger nur wenige Fälle betreue (Elberfelder System), viele ehrenamtliche Hilfskräfte, die man nur unter den Frauen finden könne;
deshalb, so folgerte er (aus 2)-4), seien auch Frauen direkt zur behördlichen Armenpflege heranzuziehen "in wesentlicher Gleichberech-

---

26) "Frauen-Anwalt", 1881, Nr. 2, S. 35.
27) "Frauen-Anwalt", 1878, Nr. 8, S. 231 ff. ;
    ibid., 1879, Nr. 1, S. 1 ff. ;
    ibid., 1881, Nr. 2, S. 33 ff.

tigung mit den Männern"[28]. Mit dieser Formulierung umschrieb Lammers die in liberalen Männerkreisen vorherrschende Anschauung, daß die Frauen langsam emporklimmen müßten vom ehrenamtlichen Helfer auf Teilgebieten bis zum amtlich bestallten Armenpfleger mit Sitz und Stimme im Armenrat[29].

Die Eingliederung der Frauen mit gleichen Rechten und Pflichten wie die männlichen Armenpfleger erfolgte 1881 nur in Kassel, anschließend in Colmar i. Elsaß[30].

Die Beteiligung der Frauen als Gehilfinnen der amtlichen männlichen Pfleger (ohne Stimmrecht im Armenrat) oder die Verbindung der städtischen Armenverwaltung mit einem Frauenverein (dem man bestimmte Hilfsaufgaben übertrug) wurde vollzogen in: Elberfeld, Barmen, Krefeld, Düsseldorf, Aachen, Karlsruhe, Halberstadt, Bremen, Landsberg a. d. Warthe[31], Darmstadt, Stuttgart[32], Duisburg und Stettin[33]. - Bei einer derartigen Heranziehung der Frauenvereine dürften die Organisationen der bürgerlichen Frauenbewegung gegenüber den Wohltätigkeitsvereinen und den Vaterländischen Frauenvereinen stark im Nachteil gewesen sein: denn ihnen begegnete der "echte deutsche Mann" voller Mißtrauen ob all der "emanzipatorischen" Machenschaften; die von diesen anrüchigen Bestrebungen nicht berührten Wohltätigkeitsvereine dürften die gehorsamsten und damit auch zugleich die angenehmsten "Gehilfen" gewesen sein; selbst die straff von "oben" geleiteten, selbstbewußten Vaterländischen Frauenvereine, mit denen man verhandeln mußte, waren vermutlich willkommener als die Mitglieder der bürgerlichen Frauenbewegung. 1883 stellte Louise Otto-Peters deshalb enttäuscht fest: in Deutschland seien die Frauen nur Helferinnen und "gerade geduldet", oft würden sie jedoch mit Hohn überschüttet[34].

In dem Kreis des Lette-Vereins dürften die Erfahrungen ähnlich gewesen sein; auf dem Verbandstag der deutschen Frauenbildungs- und Erwerbsvereine 1884 hoffte der eifrige Wortführer A. Lammers, daß durch die Hinwendung der Vaterländischen Frauenvereine zur Armenpflege "die Angelegenheit an Boden gewinne", und er empfahl die Mitarbeit der Frauen durch einen weiteren "überzeugenden" Hinweis:

---

28) "Frauen-Anwalt", 1881, Nr. 2, S. 34.

29) Freundlich erteilte Lammers den Frauen den zusätzlichen Rat, sie sollten sich nicht hindrängen zum Registerführen und "zu der parlamentarischen Diskussion"; noch fehle ihnen die Übung, und es bestehe die Gefahr, daß die von ihren vertretenen Fälle dann zu kurz kämen!

30) Else Lüders, Stand der deutschen Frauenbewegung im Beginn des Jahres 1902. Zürich, Leipzig 1902, S. 1 f.

31) "Frauen-Anwalt", 1879, Nr. 1, S. 2.

32) "Frauen-Anwalt", 1881, Nr. 2, S. 33.

33) "Neue Bahnen", 19. Jg., 1884, Nr. 21, S. 162.

34) "Neue Bahnen", 18. Jg., 1883, Nr. 11, S. 81.

In Elberfeld, so konstatierte er, "haben die Frauen durch eine 'Krippe' der Stadt in zwei Jahren 5000 und 6000 Mark Armenunterstützung erspart"[35]. ...

Die kommunale Waisenpflege wurde in vielen Gemeinden von dem Verwaltungsapparat der Armenpflege wahrgenommen; mannigfaltige bundesstaatliche Regelungen erlaubten auch hier eine Heranziehung der Frauen, wenn auch kaum als gleichberechtigte Waisenpflegerinnen, so doch zumindest (wie in Preußen) als "Aufsichtsdamen".

Zur gleichen Zeit bemühte sich 1880 der freisinnige Professor der Nationalökonomie Lorenz von Stein in seiner Schrift "Die Frau auf dem socialen Gebiete"[*] das "soziale Ideal des weiblichen Berufs" theoretisch zu erläutern;

es bestehe, so stellte er fest, in "der ewigen und ewig tätigen Gleichheit der Liebe mitten in dem ewig wechselnden und ewig verneinenden Gegensatze der menschlichen Gesellschaft"[36]. ...

Das Resultat dieser sozial tätigen Liebe der "gebildeten Frau" beschreibt von Stein wie folgt:

"wenn dann im freundlich gewordenen Hause des Arbeiters der Genuß am geringeren Gute und mit ihm das Gefühl der Zufriedenheit einkehrt, ... wenn somit durch die Frau das individuelle Moment des sozialen Klassengegensatzes bewältigt würde, ... erst dann wird es mitten in allen gesellschaftlichen Unterschieden Frieden und Zufriedenheit geben".

Der Weg zu diesem sozialen Frieden sollte geebnet werden durch das Vertrauen zwischen den Frauen der "höheren" Stände (der "Frau des ' Herrn' ") und den Frauen der "niederen" Klassen; es sollte gewonnen und gefestigt werden durch Erziehung, Fürsorge und Hilfe, doch vor allem durch eine verständnisvolle Liebe von seiten der gebildeten Frauen,

um die Frau der niederen Stände "heranzuziehen und hinaufzubilden zum rechten Verständnisse, um ihr klarzumachen, daß jene hohe Mission des Weiblichen ewig dieselbe ist und bleiben wird", ... und um ihre "Kraft zu erheben und zu beleben" in Not und Elend, indem "das weibliche Herz dem weiblichen Herzen entgegentritt".

In diesem Sinne sollte nach von Stein die Frau wirken

a) im eigenen Hause gegenüber den vorhandenen und früheren Dienstboten

(denn: das weibliche Gesinde ist "die große, beständig sich neu bildende Brücke von der niederen Klasse zur höheren ..." und "das Haus der eigenen Klasse die große, organische in millionenfacher Zahl ... tätige Bildungsanstalt für die künftige Frau der anderen Klasse" ...);

---

35) "Neue Bahnen". 19. Jg., 1884, Nr. 21, S. 162.
36) L. v. Stein, Die Frau auf dem sozialen Gebiete. Stuttgart 1880, S. 95 ff.
* Qu. 507 ff.

    b) in Hilfs- und Erwerbsvereinen für die alleinstehende Arbeiterin;

    c) als "Frau des ' Herrn' " einer Fabrik gegenüber der verheirateten Arbeiterin;

    d) als "Frau des Grundherrn" gegenüber der arbeitenden Frau des Tagelöhners

(denn: "wir behaupten mit vollem Bewußtsein, daß gerade die sociale Frage der Landwirtschaft ... nur durch das Verständnis, nur durch das Herz, nur durch den redlichen Willen der Frau des Grundherrn zu lösen" ist!)

    Diese Gedankengänge waren auf die Gruppen unter a) und b) bezogen keineswegs neu, sie wurden bereits jahrelang von Führerinnen der Frauenbewegung in der Öffentlichkeit vertreten; ein neuer Akzent war jedoch (soweit das vorliegende Quellenmaterial Auskunft gibt) der Appell an die weiblichen Angehörigen der Grundherrn und der Fabrikanten.

    Andere "Arbeiterfreunde" unter den Liberalen griffen diesen Hinweis auf. 1887/88 forderte die "Nation"[37]* die weiblichen Angehörigen der Fabrikanten auf, selbst tätig zu werden - oder, wenn die eigenen Kräfte nicht ausreichten, entsprechende Vereine zu gründen -

    a) um generell die Erwerbsfähigkeit der Arbeiterinnen zu fördern und zu unterstützen und eine "Hebung" der Arbeiterinnen herbeizuführen;

    b) um speziell die jugendliche Arbeiterin auf ihren zukünftigen Beruf als Gattin, Hausfrau und Mutter vorzubereiten.

    Obgleich Kindergärten, Mädchenhorte, Arbeiterküchen zur Entlastung der verheirateten Arbeiterin empfohlen wurden, dürften die auf den Hausfrauenberuf vorbereitenden diversen Haushaltungs-, Koch-, Wasch-, Plätt- und Nähschulen u. a. m. als Hauptanliegen betrachtet worden sein, denn von ihnen erhoffte man mit Sicherheit noch weitere positive Nebenwirkungen:

    1. konnte sich hier ein fruchtbarer menschlicher Kontakt- und Einflußbereich zwischen den weiblichen Angehörigen der Fabrikanten und den Arbeiterinnen entwickeln, der soziale Spannungen mildern und überbrücken sollte;

    2. durfte man erwarten, daß die auf ihren Hausfrauenberuf vorbereiteten Arbeiterfrauen besser wirtschaften und mit dem Lohn des Mannes auskommen konnten, so daß sich zunächst die außerhäuslichen Erwerbsarbeiten der Hausfrau und Mutter erübrigen und sich weiterhin sogar positive Rückwirkungen auf die Lohnforderungen der Arbeiter ergeben konnten;

    3. hoffte man, daß diese Arbeiterfrauen in der Lage seien, ein "gemütliches Heim" zu gestalten, das den Arbeiter von der Schenke fern-

---

37) "Die Nation"; 4. Jg., 1887, Nr. 34, S. 505 ff.; 5. Jg., 1887, Nr. 7, S. 85 ff.; 6. Jg., 1888, Nr. 7, S. 98 ff.
    * Qu. 513 ff.

halten und (noch wichtiger!) ihm revolutionäre, sozialistische Flausen austreiben sollte - denn welche "tüchtige Hausfrau" würde es schon dulden, daß der Ehemann und Hausvater Sicherheit und Existenz der Familie für derartige Machenschaften aufs Spiel setzte?

4. boten solche Hausfrauen, Kindergärten und andere "erzieherische" Einrichtungen die beste Garantie, daß nicht auch schon die Kinder von der "sozialistischen Seuche" (wie es im Polizei- und Gerichtsjargon hieß) erfaßt wurden.

Unter diesen Aspekten ist die Feststellung der liberalen "Nation" verständlich: "viel" sei geschehen, "aber noch lange nicht genug"! Andererseits überforderte der in liberalen Kreisen gewünschte Einsatz der weiblichen Angehörigen der "Herren" eindeutig deren Fähigkeiten: denn Erziehung, Bildung und gesellschaftliche "Sitte" waren noch weit davon entfernt, das soziale Gewissen der durchschnittlichen "echt weiblich-damenhaften" Fabrikantengattinnen und -töchter zu wecken und zu schärfen, geschweige denn sie zu sozialen Taten zu mobilisieren und zu befähigen! Soweit die Quellen Auskunft geben, dürfte eine große Zahl der sozial aktiven Fabrikantengattinnen der Fröbelbewegung oder der Frauenbewegung angehört oder ihr nahegestanden haben; doch wie hoch - genauer: wie niedrig war der Prozentsatz derer, die überhaupt von diesen Frauenorganisationen Notiz nahmen? Auch über Art und Ausmaß der durch diese Einrichtungen erzielten Erfolge liegen keine Nachrichten vor. Durch das Fehlen der entsprechenden Jahrgänge der "Neuen Bahnen" läßt sich weiterhin nicht feststellen, in welcher Weise die bürgerliche Frauenbewegung diese Wünsche der liberalen Männerkreise unterstützte, die sie, das darf man mit Sicherheit vermuten, bejahte.

Ein anderes Gebiet gemeinnützigen Wirkens, auf dem im westlichen Ausland heftige Kämpfe geführt wurden, blieb in Deutschland fast unberührt: es war der Bereich der Prostitution.

Folgt man dem Eindruck, den die Quellen vermitteln, so dürften unendlich viele bürgerliche Frauen und auch zahlreiche Mitglieder der Frauenbewegung keine gründlichen Kenntnisse über die Prostitution besessen haben. Über diese Dinge sprach "man" nicht; und selbst Louise Otto-Peters, die mutig auf die Gefahren der Prostitution hinwies in Verbindung mit der Erwerbsunfähigkeit, der Arbeitslosigkeit und den Elendslöhnen der Frauen, vermied gerne das Wort "Prostitution"; für sie war es das "scheußlichste Gewerbe", das "alle heiligsten Naturgesetze mit Füßen tritt, die Heiligkeit der Familie untergräbt" - kurz ein "Verbrechen" - verursacht zwar auch durch die Schuld derer, die es begingen, doch den Löwenanteil der Schuld bürdete sie allen Männern und Frauen auf,

"welche an dem Grundsatz festhalten: das Weib ist da um des Mannes willen, - ... welche ihre Töchter nicht so erziehen, daß sie sich selbst erhalten können, ... ihnen nicht die Mittel zur Bildung, zur Arbeit und zu einer selbständigen Stellung im Leben gewähren! Jene Schuld trifft auch den Staat, wenn er es zuläßt, daß den Frauen das Recht auf Erwerb verkümmert werde -" ... und "alle die Männer, welche den Frauen das Recht auf Erwerb durch ihre Arbeit streitig machen"[38], ...

Diese Art der Betrachtung und Beurteilung der Prostitution bestimmte zugleich die Mittel ihrer Bekämpfung, nämlich: Ertüchtigung zum Erwerb, Steigerung der geistigen Fähigkeiten bei gleichzeitiger Stärkung und Festigung der Sittlichkeit und Selbständigkeit; diesem Ziel dienten alle Ausbildungsstätten der Frauenbewegung und alle unter ihrem Einfluß stehenden Vereine. Wenn man überhaupt an die Bekämpfung der Prostitution dachte, so gab man sich zufrieden mit diesen Maßnahmen: man suchte vorzubeugen und zu bewahren, attackierte aber nicht die Institution der staatlich reglementierten und damit sanktionierten "Unzucht"; das "Rettungswerk" an diesen "Gefallenen" überließ man (von persönlichen Hilfeleistungen abgesehen) den kirchlichen Organisationen, die sich jener "Magdalenen" annahmen, die voller Reue dem "Sündenpfuhl" zu entrinnen suchten[39].

Der 1875 von Josephine Butler in Großbritannien gegründete, dann auf West- und Nordeuropa und die Schweiz übergreifende "Britisch-kontinentale und allgemeine Bund gegen die als gesetzmäßig oder geduldete Einrichtung bestehende Prostitution" gründete sein Wirken auf folgende Prinzipien:

1. "Der Staat, der die Gerechtigkeit vertritt, darf niemals das Schlechte begünstigen.

Der Staat darf unter keinem Vorwande mit dem Laster unterhandeln und noch weniger einen Vergleich mit ihm eingehen, wie er es tut, wenn er direkt die Prostitution organisiert. Der Staat darf seine Vormundschaft nur für das Gute verwenden.

---

38) L. Otto-Peters, Recht-Erwerb, S. 104 f.

39) Anm. d. V.: 1876 war auf Wunsch von Kaiserin Augusta eine "Magdalenenhilfe" in Berlin eingerichtet worden, um "gefallenen Mädchen" eine Zuflucht zu bieten und sie in Arbeitsstellen und geeignete Schlafplätze zu vermitteln. Bis Okt. 1877 waren ca. 60 Mädchen betreut worden, denn die geringen Geldmittel erlaubten nur die Aufnahme von jeweils 6 Mädchen (!), "eine große Anzwahl hat deshalb zurückgewiesen werden müssen".
("Frauen-Anwalt", 1878, Nr. 6, S. 186 f.).
1879 verfügten die unter Protektion der Kaiserin Augusta stehenden Vaterländischen Frauenvereine über ein Vermögen von 771.000 Mark (vgl. A. III. 3); "Frauen-Anwalt", 1880, Nr. 4, S. 132);
und die ihnen angeschlossenen Frauenvereine unter dem Roten Kreuz erklärten 1880, auch in "außerordentlichen Notständen und Notfällen" immer Hilfe geleistet zu haben ...
("Frauen-Anwalt", 1881, Nr. 2, S. 35).

2. Die Frau hat die gleichen natürlichen Rechte wie der Mann. ... Es besteht nur ein Sittengesetz, und das ist für beide Geschlechter dasselbe"[40].*

Mit diesen Grundsätzen stieß der Britisch-kontinentale Bund zum Kern des Prostitutionsproblems vor und enthüllte schonungslos die Ungerechtigkeit der ungleichen Behandlung der sich prostituierenden Frau und des die Prostituierte benutzenden Mannes: dem Mann war alles erlaubt; Einschreibung, Überwachung, Untersuchung, Strafen[41] und lebenslanges gesellschaftliches Pariatum wurden nur über die Frau verhängt; für gleiche Handlungen wurde sie hinabgestoßen in den "Sündenpfuhl", während seine "Ehre" unangetastet blieb - der Frau wurde als abgrundtiefe Verworfenheit zur Last gelegt, was bei dem Mann schlimmstenfalls als "Kavaliersdelikt" galt.

Als Gertrud Guillaume-Schack 1880 in Deutschland einen Zweig des "Britisch-kontinentalen Bundes" unter dem Namen "Kulturbund" zu gründen suchte, blieben ihre Bemühungen erfolglos: sie stieß bestenfalls auf Passivität (vor allem bei den Frauen), zumeist aber auf heftige Ablehnung (auf seiten der Männer) und teilweise sogar auf eine schikanöse Behandlung durch die Behörden, die Guillaume-Schacks ungeschminkte Ausführungen über die bestehenden Verhältnisse als öffentliches Ärgernis betrachteten[42]. Fand Guillaume-Schack aber einmal das Interesse einiger Kreise, so war das Ergebnis sicher nicht selten ein anderes als das von ihr erstrebte.

Als ihr in Berlin Lina Morgenstern entgegenkam, gründete diese nach Guillaume-Schacks Vortrag den "Verein zur Rettung und Erziehung

40) H. Lange, G. Bäumer, Handbuch, II, S. 161 f.
41) Anm. d. V.: Diese Maßnahmen erfolgten in Deutschland aufgrund StGB § 361. 6, er lauteten:
"Mit Haft wird bestraft:
eine Weibsperson, welche wegen gewerbsmäßiger Unzucht einer polizeilichen Aufsicht unterstellt ist, wenn sie den in dieser Hinsicht zur Sicherung der Gesundheit, der öffentlichen Ordnung und des öffentlichen Anstandes erlassenen polizeilichen Vorschriften zuwiderhandelt,
oder welche, ohne einer solchen Aufsicht unterstellt zu sein, gewerbsmäßig Unzucht treibt".
42) Anm. d. V.: Hierbei teilte Guillaume-Schack die menschliche Gesellschaft in drei Klassen ein:
a) "in solche die so unsittlich sein dürfen, wie sie wollen, 'die Männer', -
b) in solche, die es nach der Vorschrift dürfen, 'die Frauen unter Sitte', -
c) in solche, die es gar nicht sein dürfen, ohne mit dem Strafbuch in Konflikt zu geraten, 'alle übrigen Frauen'".
(H. Lion, op. cit., S. 22 f.).
1882 wurde Guillaume-Schack wegen eines Vortrages in Darmsadt, den die Polizei 15 Minuten nach Beginn verboten hatte, wegen "groben Unfugs" verklagt, von den Schöffen später aber freigesprochen.**
(H. Lange, G. Bäumer, Handbuch, II, S. 169 ff.).
* Qu. 525 f.   ** Qu. 529 ff.

minorenner, strafentlassener, verwahrloster Mädchen" (verbunden mit Hausindustrie und einer landwirtschaftlichen Schule); nach einem anderen Vortrag in Berlin gründete O. v. Leixner den "Verein zur Hebung der Sittlichkeit"; von dem Kampf gegen die Reglementierung der Prostitution hielten sich beide vorsichtig zurück[43].*

1883 und 1884 richtete der Berliner Zweigverein des Kulturbundes zwei absolut erfolglose Petitionen** an den Reichstag und einige preußische Ministerien, in denen er in rechtlicher, ethischer und sanitärer Hinsicht die Unhaltbarkeit der Reglementierung darlegte und ihre Abschaffung forderte.

Während in Großbritannien der Britisch-kontinentale Bund 1884 nach heftigsten Kämpfen in der Öffentlichkeit die Abschaffung der Reglementierung im Parlament durchsetzen konnte, stellte der deutsche Kulturband nach der Übersiedlung Gertrud Guillaume-Schacks nach England 1886 seine Tätigkeit ganz ein. - Deutschlands Frauen waren einfach noch nicht reif für derartige Kämpfe. Diese Tatsache zeigt sich deutlich an dem Verhalten der "Neuen Bahnen" und des Allgemeinen deutschen Frauenvereins: Louise Otto-Peters berichtet in den vorliegenden Jahrgängen 1883/84 kurz über Gertrud Guillaume-Schacks Agitation gegen die "Pest der Entsittlichung", über Versammlungsbeschlüsse und ihre Petitionen[44], aber sie wagte es offensichtlich nicht, sich zu engagieren. Der Grund für diese Zurückhaltung ist mit Sicherheit in der ablehnenden, passiven und wohl auch ängstlichen Haltung der Mitglieder des Allgemeinen deutschen Frauenvereins zu suchen, die trotz der Anwesenheit von Gertrud Guillaume-Schack (nach Louise Otto-Peters' Versammlungsberichten[45]) auf den Generalversammlungen 1881 und 1883 in keiner Weise das Thema "Prostitution" berührten. - Wenn sich dieser damals fortschrittlichste und führende Verein schon so zurückhaltend verhielt, wie mochten dann erst die "guten deutschen Hausfrauen" und die "echt weiblichen" Damen vor diesem "unaussprechlichen" Thema zurückschrecken?*** Für diesen Kampf im Sinne der britisch-kontinentalen Bundes (später "Internationale abolitionistische Föderation" genannt) mußte erst eine härtere und kampfesstärkere Gruppe in die ersten Reihen der Frauenbewegung einrücken - die "Radikalen", deren "Nestorin" Hedwig Dohm schon in den 70er Jahren das Kernproblem der Prostitution angeprangert und u. a. erklärt hatte:

43) A. Berger, op. cit., S. 22 f.
44) "Neue Bahnen", 18. Jg., 1883; Nr. 3, S. 39 f.; Nr. 11, S. 86; 19. Jg., 1884, Nr. 12, S. 95.
45) L. Otto-Peters Das erste Vierteljahrhundert, S. 53 ff., 58 ff.; "Neue Bahnen", 18. Jg., 1883, Nr. 21/22, S. 161 ff., 169 ff.
  * Qu. 498 ff.   ** Qu. 526 ff.   *** vgl. Qu. 529 ff.

"Die Frau spielt in der Geschichte der Menschheit die Rolle einer spezifischen Erlöserin des Mannes. Sie, das Lamm der Natur, nimmt seine Sünden auf sich – mag sie unter dem Kreuz zusammenbrechen"[46].*

"Das ist einer der Zwecke der großen beginnenden Frauenreform, auch diese Arbeit gleichmäßiger zu teilen. Wir möchten gern von den sieben Schwertern, die wir als geborene Madonnen in der Brust tragen, drei und ein halbes abgeben"[47].**

---

46) Hedwig Dohm, Der Frauen Natur und Recht. Berlin 1876, S. 67 ff.
47) Hedwig Dohm, Der Jesuitismus im Hausstande. Berlin 1873, S. 40 ff.
  • Qu. 538 •• Qu. 216

IV. Forderungen zur rechtlichen Stellung der Frau

1. Im persönlichen Lebensbereich

"Der Rechtszustand der Frauen ist noch heutigen Tages: benutzt und beschützt zu werden, so weit und so lange es die Männer für gut befinden".

"Der Grundbegriff, der das Verhältnis der Geschlechter zueinander bestimmt, ist derselbe heute wie vor Tausenden von Jahren. Er ist derselbe
in der Nacht der Barbarei unter den asiatischen Völkern und bei den erleuch-
tetsten Nationen Europas. Dieser Grundbegriff heißt: Gehorsam. Gehorsam
des Weibes gegen den Mann".

Hedwig Dohm (1876)[1]*

Vergleicht man das Ausmaß der Aktivität der im Allgemeinen deutschen Frauenverein und im Verband deutscher Frauenbildungs- und Erwerbsvereine organisierten Frauen auf diesem Gebiet z. B. mit ihrem
ununterbrochenen Engagement in Bildungs- und Berufsfragen, so fällt
auf, wie zögernd und vorsichtig man hier vorging und wie eng man sich
in seinen Änderungswünschen auf den "Normal-Alltag" der Ehefrau und
Mutter sowie der großjährigen unverheirateten Tochter beschränkte.
    Die Gründe sind evident: einerseits konnten Änderungswünsche nur
aus dem Erfahrungsbereich eines den Frauen naheliegenden, vertrauten Lebensraumes erwachsen; andererseits gab es, abgesehen von der
"hohen Politik", wohl kaum ein Gebiet, das den Frauen so fremd war
und auf dem man ihnen den Zutritt - ja schon den Einblick - so heftig
verwehrte, wie das der Jurisprudenz. So löste auch die von Holtzendorff
1867 erhobene Forderung, den Frauen das juristische Fach - "namentlich die Advokatur" - zu eröffnen[2],** keine Reaktion in den Reihen der
Frauenbewegung aus (vgl. Kap. B. I. 2 d).
    Den entscheidenden Anstoß zur Beschäftigung mit der rechtlichen
Stellung der Frau gaben jeweils entsprechende Vorgänge im Reichstag. Obwohl die verschiedenen Beiträge in den "Neuen Bahnen" und im
"Frauen-Anwalt" eindeutig zeigen, daß der Allgemeine deutsche Frauenverein und der Verband deutscher Frauenbildungs- und Erwerbsvereine
gleiche Anschauungen und Ziele vertraten, wandte sich (soweit das vorliegende Quellenmaterial hierüber Auskunft gibt) nur der Allgemeine
deutsche Frauenverein dreimal mit entsprechenden Petitionen an dieses Gremium:
    Im Herbst 1867 sandte er eine Petition an den Norddeutschen Reichs-
tag mit der Bitte:

1) Hedwig Dohm. Der Frauen Natur und Recht. Berlin 1876.
2) "Neue Bahnen", 3. Jg., 1868, Nr. 4, S. 30.
   * Qu. 539   ** Qu. 157

"die hohe Reichsversammlung möge bei vorkommenden Fragen, wie Freizügigkeit, Orts- und Heimatberechtigung, Gewerbefreiheit, ihre Aufmerksamkeit darauf richten, daß die Benachteiligung, in der sich hier und da die Frauen in dieser Rücksicht befinden, aufhöre"[3] ... .

Der Bundesrat antwortete, die Petition in Erwägung ziehen zu wollen; die Materie wurde auch positiv im Sinne der Frauen geregelt, z. B. in der Gewerbeordnung (1869), die Männer und Frauen gleichstellte.

1876 richtete der Allgemeine deutsche Frauenverein eine Petition an den Reichstag:

"Bei Abfassung des neuen Civilgesetzbuches auch mit Rücksicht zu nehmen auf die Stellung der Frauen im Familienrecht".

Da alle Zweigvereine zustimmten, soll die Petition "die Ansichten von mindestens 11-12 000 Frauen" vertreten haben[4].

Diese Petition fiel dem Allgemeinen deutschen Frauenverein offensichtlich schwer. Einig war man sich in der bürgerlichen Frauenbewegung, daß die Stellung der Gattin und Mutter eine "würdigere" in der Ehe werden müsse; alle bejahten das Ideal der aus gegenseitiger Neigung geschlossenen Ehe, in der sich Mann und Frau als gleichwertige Geschöpfe harmonisch ergänzten und als gleichberechtigte Partner gegenseitig achteten (vgl. Kap. B. I. 1). Doch diesen idealen Zustand glaubte man vor allem "von innen heraus" herbeiführen zu können durch Erziehung und Bildung, durch Berufsertüchtigung und eine hieraus erwachsende größere Selbständigkeit des weiblichen Geschlechts. So blieben auf der Generalversammlung des Allgemeinen deutschen Frauenvereins 1869 auch die Ausführungen Professor Röders ohne Widerhall, der die Notwendigkeit betont hatte, verschiedene die Frauen benachteiligende Punkte der Gesetzgebung umzugestalten[5]. - Erst als sich die Öffentlichkeit stärker mit dem Problem der Rechtseinheit auf dem Gebiete des bürgerlichen Rechts beschäftigte und 1873 durch Verfassungsänderung das Zivilrecht der Kompetenz des Reiches unterstellt wurde, beantragte Henriette Goldschmidt auf der Generalversammlung 1873, in Gemeinschaft mit dem Verband deutscher Frauenbildungs- und Erwerbsvereine "Petitionen an den Reichstag zu senden um Abänderung der Civilgesetzgebung in Bezug auf die rechtliche Stellung der Frauen". - Die Versammlung verwarf eine Gemeinschaftspetition und beschloß, nicht sogleich "an den Reichstag zu gehen, ... sondern sich zuerst an die Volksvertretungen der Einzelstaaten zu wenden"[6].

---

3) L. Otto-Peters, Das erste Vierteljahrhundert, S. 15 f.

4) L. Otto-Peters, Das erste Vierteljahrhundert, S. 43 f.
Eine dritte Petition wurde nach der ersten Lesung des BGB-Entwurfes eingereicht, genauere Hinweise fehlen. (H. Lange, G. Bäumer, Handbuch, II, S. 136).

5) L. Otto-Peters, Das erste Vierteljahrhundert, S. 18.

6) L. Otto-Peters, Das erste Vierteljahrhundert, S. 29/30, 33.

Die Einsetzung einer Fachkommission von seiten des Reiches zur Vorbereitung eines bürgerlichen Gesetzbuches 1874 dürfte den Damen die Zuständigkeit des Reichstages endlich verdeutlicht haben, und 1875 beschloß nun auch die Generalversammlung, eine entsprechende Petition an diese Adresse zu richten. Ein scharf-kritischer Vortrag[7] über "Die Rechte der Mutter auf ihre Kinder" dürfte noch zögernden Delegierten Mut gemacht haben, gegen "das Überwiegen der männlichen Gewalt im Ehe- und Familienrecht" zu petitionieren[8]. Man beauftragte den Vorstand, entsprechende Schritte zu unternehmen, und im Februar 1876 bat Louise Otto-Peters in den "Neuen Bahnen" ihre Mitglieder, in den verschiedenen Bundesstaaten von Juristen die einschlägigen Paragraphen sammeln zu lassen und dem Vorstand zuzuleiten; gleichzeitig ersuchte sie alle Frauen, die unter den bestehenden Gesetzen gelitten hatten, um Mitteilung an den Vorstand[9]. - Doch man war offensichtlich weit von der Absicht entfernt, die eingehenden Unterlagen und Informationen zu einer Kampfschrift[10] zusammenzuschmieden. Das juristische Material stellte man zusammen zu einer Denkschrift[11], aber zu den Mitteilungen "unglücklicher Frauen aus Hütten und Palästen" erklärte Louise Otto-Peters (1876), sie könne sie nicht veröffentlichen, "weil unsere Feder sich sträubt, in diesen Schmutz zu tauchen, und es uns unmöglich ist, Scham, Ekel und Abscheu so weit zu überwinden, wie wir es müßten, wenn wir veröffentlichen wollten, was andere fremde Frauen uns doch nur als Frauen vertraut"[12].

Der 1876 eingereichten Petition in Sachen BGB dürfte es deshalb sofort an der nötigen Stoßkraft gefehlt haben - sowohl gegenüber den Reichsgremien als auch in der Frauenwelt selbst, die man hätte wachrütteln und erschüttern müssen. Der Reichstag sandte die Petition als nicht erledigt zunächst zurück, und anstatt sie nun nochmals an den Reichstag zu richten, um eine öffentliche Debatte und damit eine größere Breitenwirkung zu erreichen, sandte man die Petition an das Reichskanzleramt mit der Bitte, sie der Kommission zur Beratung der neuen Zivilgesetze zu übergeben - was auch geschah; Louise Otto-Pe-

---

7) Charlotte Pape, in: "Neue Bahnen", 11. Jg., 1876, Nr. 2, S. 9 ff.

8) L. Otto-Peters, Das erste Vierteljahrhundert. S. 35 f.

9) "Neue Bahnen", 11. Jg., 1876, Nr. 4, S. 32.

10) Anm. d. V.: Den Angriff besorgte anstelle der Organisationen der Frauenbewegung Hedwig Dohm in ihren Kampfschriften:
"Der Jesuitismus im Hausstand" (1873)* und
"Der Frauen Natur und Recht" (1876)**,
in denen sie auch die rechtliche Situation der Mutter und Ehefrau einer scharfen Kritik unterzog.

11) Einige deutsche Gesetzesparagraphen. Leipzig 1876; "Neue Bahnen", 11. Jg., 1876, Nr. 15-20.

12) "Neue Bahnen", 11. Jg., 1876, Nr. 14, S. 107 f.

* Qu. 208 ff.   ** Qu. 535 ff.

ters knüpfte an diesen technischen Routinevorgang die Hoffnung (auf der Generalversammlung 1877), "daß auch das Ziel ihres Inhalts nicht unerreichbar sei"[13].

Der Inhalt der Petition wird nicht überliefert, man kann ihn jedoch rekonstruieren mit Hilfe der Hauptgesichtspunkte der Denkschrift[14] und einiger Artikel in den "Neuen Bahnen" und im "Frauen-Anwalt".

Ein Angriffspunkt[15] der bürgerlichen Frauenbewegung war das gesetzliche eheliche Güterrecht, durch welches das Vermögen der Frau der Verwaltung und Nutznießung des Ehemannes unterstellt wurde, wenn nicht durch Vertrag (der zur Information der möglichen Gläubiger des Ehemannes öffentlich kundzugeben war) Teile oder das ganze Vermögen der Frau zum "Vorbehaltsgut" erklärt wurden und somit der Verwaltung und Nutznießung der Frau vorbehalten blieben. Dieses vertragliche Vorbehaltsgut war dem Zugriff möglicher Gläubiger des Ehemannes entzogen (wie auch das "gesetzlich vorbehaltene Vermögen" der Frau: Kleider, Wäsche, Schmuck und die ihr vom Mann überreichte "Morgengabe"). Die hier beschriebene vertraglich zu vollziehende eheliche Güterordnung, die Gütertrennung, wünschte man als gesetzlich allgemein gültiges eheliches Güterrecht[16].

Ferner wandte sich die bürgerliche Frauenbewegung gegen die allgemeinen Beschränkungen der Handlungsfähigkeit der Ehefrau durch die gesetzlich vorgeschriebene Einwilligung des Ehemannes bei Rechtsgeschäften und gegen die Vormundschaft des Mannes in gerichtlichen Angelegenheiten: ohne eheherrliche Erlaubnis sollte die Frau alle mit ihrem Besitz in Verbindung stehenden Geschäfte regeln und durch Testament frei über ihn verfügen können; sollte sie ein selbständiges Gewerbe betreiben und außerhäusliche Arbeit übernehmen dürfen, der Ver-

---

13) L. Otto-Peters, Das erste Vierteljahrhundert, S. 44.

14) "Neue Bahnen", 11. Jg., 1876, Nr. 15-20, S. 113 ff., 121 ff., 129 ff., 137 ff., 145 ff., 153 ff.

15) Anm. d. V.: Die Hinweise auf die Rechtslage der Frauen stützen sich vor allem auf das Preußische Allgemeine Landrecht; dieses Vorgehen dürfte erlaubt sein, da trotz der abweichenden Formulierung einiger Paragraphen in den partikularen Gesetzeswerken die Grundtendenzen allen gemeinsam waren.

16) Anm. d. V.: Als durch die neue Konkursordnung des Deutschen Reiches das Konkursvorrecht beseitigt wurde, welches das bestehende eheliche Güterrecht dem unter Verwaltung und Nutznießung des Ehemannes stehenden Vermögen der Ehefrau gegenüber seinen Gläubigern zugestanden hatte, erhob 1876 "Ein Jurist" in den "Neuen Bahnen" (11. Jg., Nr. 8, S. 60 f.) scharfen Protest und stellte fest:
"Solange die Gesetzgebung das Vermögen der Frau in die Willkür des Mannes gibt, ...
die Ehefrau bei jedem Schritte von der ehemännlichen Erlaubnis abhängig macht, ...
der Ehefrau nicht das Recht gibt, ihr Vermögen jederzeit zurückzuverlangen -
solange ist es auch Pflicht der Gesetzgebung, das Vermögen der Frau zu schützen und ihr vor allen Gläubigern den Vorzug zu geben, unbekümmert darum, ob dieselben auf solches Vermögen spekuliert haben oder nicht".

dienst aus ihrer Arbeit und dessen Nutznießung sollten ihr - und nicht dem Ehemann (!) - zustehen; ferner sollte sie ohne Einwilligung und Zuziehung des Eheherrn allgemein Verträge abschließen[17] und Prozesse führen können.

Wenn der Eindruck, den die noch vorliegenden Quellen vermitteln, nicht trügt, so standen die oben aufgeführten Bereiche noch nicht allgemein im Brennpunkt des Interesses, denn sehr viele Frauen dürften kaum fähig gewesen sein, ein größeres Vermögen oder Geschäftsunternehmen sachkundig zu verwalten. Kernpunkt der Wünsche der Frauen war offensichtlich die innere Gestaltung des Familienlebens: nicht der Mann sollte allein "Haupt der ehelichen Gesellschaft" sein und alle die Familie betreffenden Angelegenheiten regeln, sondern Mann und Frau sollten diese in Gemeinschaft beraten und beschließen, und vor allem sollte die "väterliche Gewalt" über die Kinder in eine "elterliche" des Vaters und der Mutter umgewandelt werden. - Hier entwickelte man recht konkrete Vorstellungen, sobald man erkannt hatte, daß bei der bestehenden Rechtslage die Mutter unmöglich ein Kind das "ihre" nennen konnte: dem Vater allein war die Verwaltung und Nutznießung des Kindesvermögens zugesprochen, nur er konnte das Kind gesetzlich nach außen vertreten, er allein bestimmte die Erziehung und Ausbildung sowie den Aufenthaltsort des Kindes[18]. Der Mutter blieb neben dem Vater die Pflicht, für den Unterhalt der Kinder zu sorgen, und als Sonderpflicht deren körperliche Pflege und Wartung; doch auch hier dominierte der väterliche Wille, sogar die Dauer der Stillzeit wurde von seiner "Bestimmung" abhängig gemacht. - Starb die Mutter, so blieb die oben beschriebene väterliche Gewalt unangetastet; starb der Vater, so ging neben der Pflicht, für den Unterhalt des Kindes zu sorgen, das Erziehungsrecht auf die Mutter über; sie konnte ferner durch die Obervormundschaft oder durch Testament des Vaters zur Vormünderin der Kinder bestellt werden, doch auch in diesem Fall trat ihr ein Ehrenvormund zur Seite, der sich der Verwaltung des Kindesvermögens wid-

---

17) Anm. d. V.: Die Beschränkung der Geschäftsfähigkeit der Ehefrau erstreckte sich sogar auf ihre Zugehörigkeit zu einer Organisation der bürgerlichen Frauenbewegung, sobald diese den Status einer juristischen Person erworben hatte. Als dies 1885 bei dem Allgemeinen deutschen Frauenverein der Fall war, wurde in § 5 der Satz eingefügt:

"Ehefrauen haben bei der Anmeldung die ehemännliche Genehmigung zum Beitritt in den Verein beizubringen".

(Louise Otto-Peters, Das erste Vierteljahrhundert, S. 64).

18) Anm. d. V.: Nach dem Preußischen Allgemeinen Landrecht konnte der Vater das vierjährige Kind gegen den Willen der Mutter deren Aufsicht und Pflege entziehen und in einer Erziehungsanstalt unterbringen, ja sogar zur Adoption fortgeben!

(Vgl. Marianne Weber, Ehefrau und Mutter in der Rechtsentwicklung. Tübingen 1907, S. 338).

mete und seine Nutznießung durch Mutter und Kinder überwachte[19]. Im Falle der Wiederheirat erlosch sofort automatisch die Vormundschaft der Mutter (die des Vaters nicht). - Andererseits konnten der Vater (durch Testament) oder die Obervormundschaft einen anderen Vormund bestimmen, dem dann die Vermögensverwaltung, die gesetzliche Vertretung der Kinder und die Aufsicht über die Erziehung durch die Mutter übertragen wurden.

Auf diesem Gebiet wünschte die Frauenbewegung ausdrücklich, wie man es 1875 auf der Generalversammlung des Allgemeinen deutschen Frauenvereins formulierte,

1. daß der Vater nicht ohne Einwilligung der Mutter über die Kinder verfügen dürfe; wenn eine Einigung nicht möglich sei, so solle die Obervormundschaft entscheiden:

2. daß jede überlebende Mutter wie der überlebende Vater die volle elterliche Gewalt besitzen solle[20].

Eine gerechtere Lösung wünschte man auch hinsichtlich der Verteilung der Kinder und der Rechte der Mutter nach einer Scheidung; konkrete Stellungnahmen fehlen zu diesem Punkt wie auch zu dem Problem der Scheidung selbst; doch es ist erkennbar, daß man der Möglichkeit der Scheidung und einer Erleichterung der Prozedur positiv gegenüberstand.

Die Diskussionen über das Personenstandsgesetz (1875) lenkten das Augenmerk der Frauenbewegung auch auf die Situation der unverheirateten großjährigen Tochter. Obwohl die Geschlechtsvormundschaft als "aufgehoben" galt, die jedes weibliche Wesen lebenslang unter die Vormundschaft eines Mannes stellte (des Vaters, des Gatten, eines anderen männlichen Verwandten oder eines durch die Obervormundschaft bestellten oder selbst gewählten Kurators), waren beträchtliche Überreste der Geschlechtsvormundschaft nicht nur über verheiratete, sondern auch über unverheiratete Frauen erhalten geblieben[21]. Am drückendsten lastete auf den unverheirateten großjährigen Töchtern die fortdauernde "väterliche Gewalt": gegenüber dem großjährigen Sohn fand sie ihr Ende, sobald dieser sich selbständig ernähren konnte und das väterliche Haus verließ; gegenüber der großjährigen ledigen Tochter endete sie erst mit dem Tode des Vaters oder mit seiner ausdrücklichen

19) Hinsichtlich ihres eigenen und ererbten Vermögens besaß die Witwe jedoch unbeschränkte Geschäfts- und Prozeßfähigkeit.

20) "Neue Bahnen", 11. Jg., 1876, Nr. 2, S. 12.

21) Anm. d. V.: So durften z. B. die privilegierten Kauffrauen der Freien und Hansestadt Hamburg selbständig Geschäfte eröffnen und Verträge abschließen, aber vor Gericht nicht ohne männlichen oder gerichtlichen Beistand auftreten.
In gleicher Weise war auch die Prozeßfähigkeit der unverheirateten bayrischen Frauen beschränkt, selbst Rechtsgeschäfte konnten sie erst nach einer Rechtsbelehrung gültig abschließen.

Entlassungserklärung. War dies geschehen, so wurde die unverheiratete Frau geschäfts- und prozeßfähig und frei in ihrer persönlichen Lebensgestaltung. Verzichtete aber der Vater nicht auf die Ausübung der väterlichen Gewalt, so konnte er Zeit seines Lebens ihr Vermögen in der Hand behalten, ihren Aufenthaltsort bestimmen und - die Hauptanklagepunkte der Frauenbewegung - ihr jede berufliche Ausbildung und Erwerbstätigkeit verweigern und sie zwingen, im Elternhaus zu bleiben; und dies geschehe, so konstatierte man erbittert, meist nur aus "Egoismus und Standesdünkel" von seiten der Eltern, nach deren Tod die Not über die Töchter hereinbreche, die dann zu alt seien, um noch einen Beruf zu ergreifen[22]. - Die Frauenbewegung wünschte hier nachdrücklich die rechtliche Gleichstellung der Töchter mit den Söhnen.

Das Personenstandsgesetz schlug an einer Stelle eine Bresche in die väterliche Gewalt: es bestimmte u. a., daß Töchter im Alter von 24 Jahren und Söhne im Alter von 25 Jahren auch ohne die Erlaubnis des Vaters eine Ehe eingehen konnten. - Der Reichstag dürfte sich zu dieser Beschränkung nicht nur aus Besorgnis um uneheliche Geburten und wilde Ehen bereit gefunden haben, denn hierbei konnte es auch um das "Lebensglück" des Mannes gehen - und dieses verdiente die volle Würdigung des Hohen Hauses.

Anders verhielt es sich bei den Wünschen der Frauenbewegung hinsichtlich der rechtlichen Stellung der Ehefrau und Mutter. Sicher wurden auch einige Stimmen laut, die für ihre volle Gleichberechtigung eintraten[23] oder für die Aufhebung der Beschränkungen "im bürgerlichen Rechtsverkehr" plädierten[24], doch die überwältigende Masse der deutschen Männerwelt war anderer Ansicht. In seltener Glaubensstärke stand sie zu den "natürlichen" oder "göttlichen" Lebensordnungen, durch welche die Frau ihrem "Schutz" unterworfen wurde (vgl. Kap. B. I. 1); und so phantasiereich die Verteidigung dieser Lebensordnungen auch geführt wurde, die ihr zugrunde liegende Absicht war logisch: Herzstück der männlichen Anliegen war die Verwaltung und Nutznießung des eheweiblichen Vermögens. Hierzu explizierte Professor Heinrich von Sybel:

"Der Grundsatz: die Ehegatten wollen Eines sein in allen Stücken, führt ... in seiner Konsequenz zu der völligen Einheit auch ihres Vermögens. Es gibt zwischen ihnen kein Mein und Dein mehr: ... Dagegen scheint der ... Vorbehalt eines selbständigen Vermögens unter gesonderter Verwaltung allerdings in formellem Widerspruche zu dem sittlichen Be-

22) Marie Calm, in: "Frauen-Anwalt", 5. Jg., 1874/75, Nr. 11/12, S. 263 f.; und auf der Generalversammlung des Allg. dtsch. Frauenvereins 1873; vgl. L. Otto-Peters, Das erste Vierteljahrhundert, S. 29.

23) Vgl. Rößler-Mühlfeld, in: "Neue Bahnen", 11. Jg., 1876, Nr. 3, S. 22 ff.

24) "Frauen-Anwalt", 2. Jg., 1871/72, Nr. 11, S. 407.

griffe der Ehe zu stehen. Was soll man zu der Selbstachtung der Braut sagen, welche zwar ihre Person, aber ja nicht ihre Talerstücke dem Bräutigam anvertrauen will?"[25]*

Hatte die Frau aber ihr Vermögen nicht in der Hand, so war sie von dem Unterhalt, dem "Schutz und Schirm" des Gatten abhängig - und: Schutz schafft Herrschaft für den Beschützer, Unterwerfung, Gehorsamspflicht für den Beschützten - ganz wie es der Code Civil formulierte:

"Der Mann schuldet seiner Frau Schutz, die Frau ihrem Manne Gehorsam"[26].

Die selbstverständliche und unabwendbare Folge eines solchen Zustandes war die Alleinherrschaft des Gatten und Vaters über Ehefrau und Kinder.

Der BGB-Entwurf der ersten Lesung 1888 trug diesen männlichen Anliegen weitestgehend Rechnung: obgleich man nun das Prinzip der Geschäfts- und Prozeßfähigkeit der Ehefrau anerkannte, wurde dieses durch die Rechte des Ehemannes an dem Vermögen und der Person der Ehefrau so stark eingeschränkt, daß praktisch die rechtliche Situation der Ehefrau fast unverändert blieb. Nur eine wesentliche Konzession hatte man angesichts der veränderten wirtschaftlichen Verhältnisse machen müssen: der Erwerb der Ehefrau durch eigene selbständige oder aus einem Dienstvertrag sich ergebende Arbeit war zum gesetzlichen Vorbehaltsgut erklärt und damit dem Zugriff des Ehemannes oder seiner Gläubiger entzogen worden. Gleichzeitig wurde aber dieses Recht im "Entwurf erster Lesung" weitgehend paralysiert durch die gesetzlich geforderte Zustimmung des Ehemannes zur Erwerbstätigkeit der Ehefrau.

Insgesamt traf dieses Zugeständnis vor allem jene Schichten, die aus Not auf eine außerhäusliche Erwerbstätigkeit der Ehefrau angewiesen waren - kaum jemals einen Ehemann der herrschenden Kreise (es sei denn, daß er Gatte einer Künstlerin oder Schriftstellerin gewesen wäre). Üblicherweise heirateten diese Männer nicht "erwerbstätige", sondern "vermögende" Frauen, und das Vermögen der Ehefrau blieb in dem projektierten gesetzlichen ehelichen Güterrecht der Verwaltung und Nutznießung des Ehemannes überlassen. - Ebenso rücksichtsvoll waren in herkömmlicher Weise die Interessen jener Männer behandelt worden, denen "mitarbeitende" Ehefrauen im eigenen Unternehmen (im Bauernhof, Handwerks- oder Geschäftsbetrieb) tüchtig zur Seite standen: alles, was mit Hilfe der Arbeit der Ehefrau hier erworben wurde, floß allein dem Ehemann als Eigentum zu.

25) Hch. v. Sybel, op. cit., S. 8 ff.
26) M. Weber, Ehefrau und Mutter, S. 321.
   * Qu. 200 f.

Die Enttäuschung der bürgerlichen Frauenbewegung dürfte 1888 nicht gering gewesen sein; leider fehlt das Quellenmaterial jener Jahre. Marie Stritt erwähnt, daß der Allgemeine deutsche Frauenverein nach der ersten Lesung nochmals eine Petition an den Reichstag gerichtet habe, die so gut wie "unbeachtet" geblieben sei[27]. Datum und Inhalt der Petition werden nicht mitgeteilt. Die Nichtbeachtung spiegelt jedoch getreu den Geist der Zeit und den Geist der Kommission - der in nuce aufleuchtet in dem Argument:

"Der Mann brauche die Verwaltung und Nutznießung (des Frauenvermögens, d. V.), 'um seinen Pflichten als H e r r d e r F a m i l i e gerecht zu werden'"[28].

2. Im politischen Raum

"Für mich liegt der Anfang alles wahrhaften Fortschritts auf dem Gebiet der Frauenfrage im Stimmrecht der Frauen". "... die Gewährung des Stimmrechts ist der Schritt über den Rubikon. Erst mit dem Frauenstimmrecht beginnt die Agitation für jene großartigen Reformen, die das Ziel unserer Bestrebungen sind. Die Teilnahme am politischen Leben macht alle anderen Fragen zu offenen".

Hedwig Dohm (1873/76)[29]*

"Suffrage universel" nur auf die Männer ausgedehnt, erregte in weiten bürgerlichen Kreisen - ganz gleich ob liberal, klerikal oder konservativ - einen Schauder des Unwillens; "suffrage universel" unter Einbeziehung der Frauen erregte Entsetzen, Hohn und Spott: es bedeutete das Ende "göttlicher" oder "natürlicher Ordnungen", und dankbar klammerten sich auch Liberale an den Apostel Paulus, der als Sprachrohr Gottes das männlich-christliche Herrschaftsprinzip verkündet hatte: "m u l i e r taceat in ecclesia".

Die Argumente, die man in den 70er Jahren z. B. im House of Commons äußerte** - die einen ausgehend von der zu konservierenden Erhabenheit, Zartheit und Reinheit des weiblichen Geschlechts, die von dem wüsten politischen Treiben befleckt werden könnten; die anderen verwurzelt in der Überzeugung der geistigen Inferiorität der Frau, die, hineingezogen in die hohe Politik, nur die Auflösung aller gesellschaftlichen Ordnungen verursachen werde - diese Argumente genossen universelle Verbreitung und Anerkennung. In Deutschland wurden sie be-

27) H. Lange, G. Bäumer, Handbuch, II, S. 136.
28) M. Weber, Ehefrau und Mutter, S. 483.
29) Hedwig Dohm: Der Jesuitismus im Hausstand, 1873, S. 164 f.;
       Der Frauen Natur und Recht, 1876, S. 159 f.
 * Qu. 228, 548   ** Qu. 233 ff.

reichert um jene echt-deutsche Variante über den "Beruf" der Frau (den "natürlichen", "heiligen", "echten" und "wahren" - vgl. B. I. 1) und gestärkt durch eine Nuance jenes "reckenhaften Germanentums", das z. B. in Heinrich von Treitschke lebendig war, wenn er seine Studenten wie folgt belehrte:

Man erkennt, "daß unsere germanischen Vorfahren von gesundem Sinne gewesen sind, wenn sie die Weiber von der Regierung ausgeschlossen haben". "Obrigkeit ist männlich; das ist ein Satz, der sich eigentlich von selbst versteht. Von allen menschlichen Begabungen liegt keine dem Weibe so fern wie der Rechtssinn. Fast alle Frauen lernen, was Recht ist, erst durch ihre Männer. ... Dazu das rein physische Moment, daß Regieren bedeutet: bewaffneten Männern gebieten, und daß bewaffnete Männer sich den Befehl eines Weibes nicht gefallen lassen"[30].*

Professor Dr. jur. Otto von Gierke äußerte sich in ähnlichem Sinne gegen eine Teilnahme der Frauen am öffentlichen Leben:

"Wer ... dem geschichtlich bewährten Ideal des männlichen Staates die Treue hält, würde töricht handeln, wenn er ein Zugeständnis machte. Unsere Zeit ist ernst. ... Sorgen wir vor allem, daß unsere Männer Männer bleiben! Es war stets ein Zeichen des Verfalls, wenn die Männlichkeit den Männern abhanden kam und sie ihre Zuflucht zu den Frauen nahmen"[31]!

Die "Männlichkeit", die hier gepriesen wurde, war die der starken physischen Gewalt, oft gepaart mit brutaler Rohheit, aber durch Bismarcks Blut- und-Eisen-Politik als "kernechte deutsche Männlichkeit" auf den Schild der Nation erhoben. Jener von Marschmusik und Marschtritt untermalte "Männlichkeitskult" fand sein Pendant in einer sich intensivierenden Nichtachtung und Verachtung der Frau, die man als Spielzeug des Mannes vergötterte, auch als brave, schaffende Hausmutter lobte, als Magd akzeptierte und als "dienende" Gehilfin im Berufsleben schlecht und recht duldete - aber: die aufstrebende, den Anspruch auf Gleichberechtigung erhebende Frau verachtete und verspottete man mehr denn je.

Ein weiteres Moment trat erschwerend hinzu; es war die Ausstrahlung des autoritären bürokratischen Herrschaftssystems auf das familiäre und persönliche Leben der "Untertanen": der Mann, der sich vor Königsthronen und Amtssesseln wider besseres Wissen seiner Überzeugungen und seines Mannesmutes begab - oder sich aus Gewohnheit duckte -, wollte an einem Ort selbst "Herr sein", und wo hätte er das besser gekonnt als in der eigenen Familie, wo Tradition und Gesetze ihn zum "Haupt der ehelichen Gesellschaft" erhoben? Familienväter dieser Art mochten vielleicht ihren Gattinnen und Töchtern herzlich zu-

30) Hch. v. Treitschke, Politik, S. 248 ff.
31) In: Arthur Kirchhoff, Die akademische Frau. Berlin 1897. S. 21 ff.
   * Qu. 194 ff.

getan sein, aber sie "regierten" sie und waren im übrigen der Meinung, daß Weiber für die Politik nichts taugten. Spießer und Professor, Erzpriester und Junker, Bauer und Städter waren hier einhelliger Meinung: nur ganz wenige dürften andere Anschauungen vertreten haben, und sicher noch wenigere hatten den Mut, sich zu diesem Punkt zu äußern.

Um 1870 waren jene abweichenden Meinungen noch recht heterogen. Der nationalliberale Professor Heinrich von Sybel erklärte (1870):

"Daß das 'allgemeine Stimmrecht' den Frauen vorzuenthalten, wenn man es so roh wie heute als menschliches Naturattribut auffaßt, untunlich sei, habe er schon 1867 auf dem Reichstag ausgesprochen; aber, ... besser wird es sein, es auch bei den Männern zu beschränken"[132].*

Sein christlich-konservativer Kollege von Nathusius verstand ihn, auch er wünschte die Aufhebung des allgemeinen Stimmrechts, meinte aber:

"praktisch würde wahrscheinlich das Mitbestimmen der Frauen sich nur als Verbesserung herausstellen, weil das w e i b l i c h e G e s c h l e c h t im ganzen noch m e h r k o n s e r v a t i v e n I n s t i n k t besitzen möchte a l s d a s m ä n n l i c h e; wie denn dies auch von den in England seit dem neuen Gesetz vorgekommenen Munizipalwahlen bereits berichtet wird"[133].**

Der liberale Bijouteriefabrikant Moritz Müller-Pforzheim, der sich an den Vereinstagen deutscher Arbeitervereine lebhaft beteiligte[34], war ebenfalls der Meinung, daß ein "allgemeines" Wahlrecht auch die Frauen einschließen müsse; Volksvertreter sollten sie jedoch nicht werden, auch besondere Frauenkammern lehnte er ab; ihm schwebte offenbar eine "Berufsvertretung" der Frauen als Erzieherinnen der Menschheit in Familie und Gesellschaft vor, und er erklärte:

"aber das befürworte ich, und es ist bei unserem Wahlsystem möglich: Diejenigen F r a u e n v e r e i n e, welche die Reform der Familien- und Volkserziehung zum Zweck haben, erhalten das Recht, Frauenwahlen zu veranstalten, damit von seiten des weiblichen Geschlechts, im Namen der Frauen und Mütter, M ä n n e r auftreten, welche ihre gute Sache repräsentieren"[135].

Die wohlvertraute Bevormundung war also auch hier am Werke: nur die Familien- und Volkserziehung wurden den Frauen als Domäne zugewiesen und einer speziellen Vertretung für würdig befunden. Sprach-

---

32) Hch. v. Sybel, Über die Emanzipation der Frauen, 1870; zit. nach: Ph. v. Nathusius, Zur Frauenfrage, 1871, S. 147/48.

33) Ph. v. Nathusius, op. cit., S. 20.

34) Anm. d. V.: Auf dem Vereinstag 1865 in Stuttgart war Müller Referent über die Frauenarbeit und brachte eine positive Resolution ein. Die von Müller in seinem Referat vertretene Überzeugung: "Die Frau ist zu jeder Arbeit berechtigt, zu der sie befähigt ist" - wurde ein "Kampfruf" der Frauenbewegung (vgl. Kap. A. III. 1).

35) "Neue Bahnen", 4. Jg., 1869, Nr. 16, S. 126 f.

* Qu. 203 f. ** Qu. 176

rohr der Frauenvereine sollten aber nur Männer sein, offensichtlich um als "Filter" alle zu weit gehenden oder über diese Domänen hinausgehenden Forderungen "auszufiltern" und um notfalls die Frauen zur Raison zu bringen!

Der liberale Professor Franz von Holtzendorff trat 1867 warm für das Frauenstimmrecht ein und stellte fest:

"Was verlangen die Frauen aber damit? Nur Gerechtigkeit. ... Wie ihr es ... auch betrachtet, immer habt ihr kein Recht, die Frau von der Wahlbeteiligung auszuschließen".

Aber gleichzeitig bemerkte er bedauernd:

"in Deutschland stehen wir leider diesen neuen Forderungen so fern, daß der Mann, der es wagt, seine Stimme für eine Beteiligung der Frauen an den Wahlen zu erheben, sich dem Hohn preisgibt"[36].*

"Für Deutschland hat das Stimmrecht der Frau noch nicht einmal eine Stelle unter den Gegenständen der politischen Diskussion gefunden"[37].**

Bei einem Vergleich der deutschen und englischen Verhältnisse suchte er den Grund für den Rückstand der deutschen Frauen in der Frauenstimmrechtsbewegung in der "deutschen Sitte", die eine Beteiligung der Frauen an öffentlichen Angelegenheiten als "unweibliches Tun" verdamme; erst nach einer Umformung dieser Denkweise werde sich in Deutschland eine andere Entwicklung anbahnen. Als erste und wichtigste Aufgaben auf diesem Wege bezeichnete er die Verbesserung der Mädchen- und Frauenbildung, die Erwerbsertüchtigung und die Erweiterung der Erwerbsmöglichkeiten für das weibliche Geschlecht. - Es ist bezeichnend für die zähe Unbeeindruckbarkeit und den Widerstand der Umwelt, daß von Holtzendorff diesen Aufsatz aus dem Jahre 1867 im Jahre 1877 ohne wesentliche Änderungen in 2. Auflage erscheinen lassen konnte. - Auch andere Freunde der Frauenbewegung zogen sich auf diesen Nenner zurück. "Nichts überstürzen", war ihr Motto; erst müsse man die drängendsten Probleme lösen, dann werde die Entwicklung das Weitere weisen.

Es erhebt sich nun die Frage: Welche Entwicklungen vollzogen sich zur gleichen Zeit in der bürgerlichen Frauenbewegung hinsichtlich einer Teilnahme der Frauen am politischen Leben?

Wählt man als Ausgangspunkt die Gründungsjahre 1865/66, so kann man feststellen, daß sowohl der Allgemeine deutsche Frauenverein wie auch der Lette-Verein und die ihm nahestehenden Kreise sehr schnell eine lebhafte "Aufmerksamkeit" in dieser Richtung entwickelten. Bei

---

36) "Neue Bahnen", 3. Jg., 1868, Nr. 1, S. 23 ff.

37) F. v. Holtzendorff, Die Verbesserungen in der gesellschaftlichen und wirtschaftlichen Stellung der Frauen. Berlin 1867, 2. Auflage 1877, S. 16 ff.

* Qu. 155   ** Qu. 158 f.

dem Allgemeinen deutschen Frauenverein unter Führung der 48er Demokratin Louise Otto-Peters war diese Entwicklung zu erwarten; in dem Lette-Verein dürfte dieser Fortschritt dem Einfluß Professor von Holtzendorffs (Vors. 1868/69-1872) und Jenny Hirschs[38] zu danken sein, denn noch 1865 hatte der Gründer Dr. Adolf in seiner Denkschrift erklärt (vgl. Kap. A. III. 2):

"Was wir nicht wollen (mit doppelter Unterstreichung des "nicht") und niemals, auch nicht in noch so fernen Jahrhunderten wünschen und bezwekken, ist die politische Emanzipation und Gleichberechtigung der Frauen"[39] *

Trotzdem läßt sich in Form und Inhalt ein gradueller Unterschied in der Intensität dieses Wirkens zwischen den beiden Vereinsgruppen feststellen. - Die wenigen vorliegenden Jahrgänge der "Neuen Bahnen" und die nur mit Unterbrechung erschienenen zehn Jahrgänge des "Frauen-Anwalts" erlauben weder eine statistische Aufgliederung noch absolut gesicherte Feststellungen. Doch die zahlreichen Hinweise vermitteln recht klare Eindrücke, die man wie folgt zusammenfassen kann:

a) die Aktivität des Allgemeinen deutschen Frauenvereins war geprägt von der Mitwirkung eines größeren Frauenkreises; sie war deshalb lebhafter, vielseitiger, marschierte weniger im gemäßigten Gleichschritt und zeigte an manchen Stellen ein Drängen zu neuen, vorstoßenden Konzeptionen; diese Vorgänge vollzogen sich vorwiegend in den "Neuen Bahnen", verlagerten sich aber auch in die Generalversammlungen;

b) die Verbandstage des Verbandes deutscher Frauenbildungs- und Erwerbsvereine waren vor allem praktischen Fragen gewidmet, und die immer zahlreich beteiligten Männer sorgten dafür, daß sie auch geklärt und rhetorische Extravaganzen vermieden wurden; der von Jenny Hirsch herausgegebene "Frauen-Anwalt" erlaubte sich dagegen größere Freiheiten, die jedoch, dafür dürfte die Herausgeberin gesorgt haben, nicht von der "großen prinzipiellen Linie" abwichen.

Die "große prinzipielle Linie" war bei den führenden Frauen beider Vereinsgruppen fast dieselbe; 1869 erklärte hierzu Louise Otto-Peters mit wünschenswerter Deutlichkeit anläßlich eines Vortrages in Berlin:

"Nach meiner persönlichen Überzeugung bin ich sogar für die allgemeine Gleichberechtigung der Männer und Frauen auch in politischen Angelegenheiten, also auch für das allgemeine Stimmrecht, und selbst wenn eine Frau

---

38) Anm. d. V.: Jenny Hirsch war Mitbegründerin des Allgemeinen deutschen Frauenvereins und Mitherausgeberin der "Neuen Bahnen" (1865/66); wandte sich aber 1866 dem Lette-Verein zu, wurde 1. Schriftführerin und rückte in dieser Eigenschaft 1866 als einzige Frau in den Vorstand ein; 1869 übersetzte sie John Stuart Mills "On the Subjection of Women"; 1870/71 ff. war sie Herausgeberin des "Frauen-Anwalts".

39) H. Lange, G. Bäumer. Handbuch. I, S. 46.

* vgl. Qu. 140

in den Reichstag gewählt würde, so würde dies den s o z i a l e n Fragen nur nützlich sein. Aber ich spreche dies nur im Prinzip aus, dafür wirken zu wollen, wäre noch zu früh"[40].

Da man aber, wie Louise Otto-Peters 1876 betonte, angesichts der herrschenden Vorurteile "immer ängstlich" darüber wachte, "jeden Schritt und jedes Wort zu vermeiden, welche dem Vorurteil neue Nahrung gegeben hätten"[41], klangen die offiziellen Äußerungen der Führerinnen auf den Generalversammlungen wesentlich sibyllinischer; so umriß 1872 Louise Otto-Peters die Aufgabe des Allgemeinen deutschen Frauenvereins wie folgt:

"Aufgabe ... sei: den Wirkungskreis der Frauen zu erweitern ... inbezug auf alle ihr verliehenen Anlagen und der unbeschränkten Behauptung derselben in allen Lebensverhältnissen, in der Familie, in der Gemeinde, im Staat, in der ganzen Menschheit"[42].

1876 erläuterte Jenny Hirsch die prinzipielle Haltung des Lette-Vereins und der ihm nahestehenden Kreise:

"Wir ... erklären, daß wir durchaus nicht zu den prinzipiellen Gegnern des Frauenstimmrechts gehören. ... Anders stellen wir uns aber zu der Frage, ob es an der Zeit sei, diese Forderung zu erheben. ... wir gehen von dem Grundsatz aus, durch eine bessere, gründlichere Erziehung des weiblichen Geschlechts, durch eine Ausbreitung der weiblichen Berufstätigkeit und eine Vertiefung der Bildung s c h r i t t w e i s e den Boden zu bereiten und das Gebäude aufzuführen, für das alsdann das F r a u e n stimmrecht gleichsam die K r ö n u n g würde"[43].*

Eindeutig geht aus diesen Stellungnahmen hervor, daß man das Frauenstimmrecht und damit eine mitbestimmende Teilnahme der Frauen am öffentlichen Leben als "Fernziele" betrachtete, die man nur allmählich über realisierte "Nahziele" erreichen konnte. Diese Haltung wurde bestimmt:

a) von der pragmatischen Erwägung, daß man die Nahziele gefährde durch eine unzeitgemäße Propagierung der Fernziele angesichts der feindseligen Haltung der Öffentlichkeit;

b) von der Überzeugung, daß man keine Rechte für die deutschen Frauen fordern dürfe, solange sie noch nicht reif seien zur Erfüllung der mit diesen Rechten verbundenen Pflichten.

Im Allgemeinen deutschen Frauenverein erhob man diese Überzeugung zu einem Aktionsprinzip, das man wie folgt formulierte:

---

40) "Neue Bahnen", 4. Jg., 1869, Nr. 18, S. 142.
41) "Neue Bahnen", 11. Jg., 1876, Nr. 14, S. 106.
42) L. Otto-Peters, Das erste Vierteljahrhundert, S. 24.
43) "Frauen-Anwalt", 6. Jg., 1875/76, Nr. 12, S. 288 f.
   * Qu. 557

"Die Frau muß erst durch ihre Leistung und ihr ganzes Verhalten die Beweise beibringen, daß sie zur Übernahme dieser oder jener Arbeit, dieser Pflicht und dieses Rechts geeignet ist ..."[44].

Es ist jedoch bemerkenswert, daß die beiden Vereinsgruppen - trotz des vorläufigen Verzichtes auf die politische Gleichberechtigung und eine direkt und offen auf dieses Ziel gerichtete Agitation - nicht untätig auf der Stelle stehen blieben, sondern in einer Weise zu wirken begannen, in der man durchaus eine erste Entwicklungsphase der Frauenstimmrechtsbewegung erblicken darf. Man könnte jene Phase als ein "Stadium der Information" bezeichnen, dem in der Geschichte der Frauenstimmrechtsbewegung noch weitere Stadien[45] folgten, bis durch die Novemberrevolution 1918 die Sozialisten das aktive und passive Wahlrecht auf die Frauen ausdehnen konnten.

Auch in jenem Wirken, das Ende der 60er Jahre einsetzte, zeigt sich auf der "Hauptlinie" kein wesentlicher Unterschied zwischen den beiden Vereinsgruppen; andere Akzente verrät eine "Nebenlinie" im Allgemeinen deutschen Frauenverein, die jedoch um 1877 endete. - Die Untersuchung wendet sich deshalb zunächst der Zeitspanne bis um 1877 zu.

Auf der "Hauptlinie" widmeten sich beide Vereinsgruppen einer bejahenden, fast "empfehlenden" Berichterstattung über die Frauenstimmrechtsbewegung in England und den U.S.A. und die sich im Ausland voll-

---

44) Frances Magnus- v. Hausen, Ziel und Weg in der deutschen Frauenbewegung des XIX. Jahrhunderts. In: Deutscher Staat und deutsche Parteien. Friedrich Meinecke Festschrift. Hrsg. v. Paul Wentzcke, Berlin 1922, S.206.

45) Anm. d. V.: 1. Stadium der Information: vgl. die oben ff. Ausführungen: 2. Stadium der Meinungsbildung: Ausführliche agitatorische schriftliche und mündliche Stellungnahmen der führenden Frauen über die Notwendigkeit des Frauenstimmrechts und die mitbestimmende Teilnahme der Frauen auf allen Gebieten des öffentlichen Lebens; Beginn einer "politischen Schulung" der Mitglieder.
Ziel: Meinungsbildung unter den Mitgliedern und nahestehenden Kreisen; beginnende Einflußnahme auf die Öffentlichkeit.
3. Stadium der Beschlußfassung: Gründung von Frauenstimmrechtsvereinen; Anerkennung des Frauenwahlrechts (entweder nur des Gemeindewahlrechts oder auch des Wahlrechts für Landtag und Reichstag) als Arbeitsgebiet o. Programmpunkt durch Beschlüsse der Generalversammlungen anderer Vereine der Frauenbewegung; fortdauernde gezielte Agitation und systematischere "politische Schulung" der Mitglieder.
Ziel: Zusammenfassung der Kräfte innerhalb und außerhalb der eigenen Reihen zum Kampf für die politische Gleichberechtigung der Frau; intensive Einflußnahme auf die Öffentlichkeit.
4. Stadium der Realisierung = Stadium des Kampfes:
Petitionen an Reichstag und Landtage; starke Agitation in der Öffentlichkeit durch Wort und Schrift; Teilnahme am politischen Geschehen; Eintritt in Parteien und andere Organisationen; politische "Schulungskurse" für die Mitglieder.
Ziel: Mobilisierung weitester Kreise der Öffentlichkeit;
Durchsetzung der Frauenforderungen in den Parlamenten.

ziehende Teilnahme der Frauen am öffentlichen Leben. Die hierbei verfolgten Ziele dürften gewesen sein: Wissensvermittlung, Erweiterung des Horizontes, erste Anregung und Förderung der Meinungsbildung unter den Mitgliedern und nahestehenden Kreisen. - Louise Otto-Peters machte aus ihren Absichten kein Hehl und erklärte 1868 ausdrücklich:

"... wo immer ihnen (den Frauen, d. V.) eine Anerkennung, ein Zugeständnis zuteil wird, da wird es insofern schon ideell allen Frauen zuteil, auch wenn sie faktisch noch so lange darauf warten müssen, als daß sie begreifen lernen, daß ihnen noch fehlt, was ihnen gebührt, und was ihnen ebensogut werden muß, wie es ihren ... noch so fernen Geschlechtsgenossinnen geworden ist"[46].

Die "schwache Stelle" in jener von beiden Vereinsgruppen gleich rührig betriebenen Informationsarbeit dürfte jedoch in dem bewußten Verzicht auf eine informierende politische Bildungsarbeit unter den Mitgliedern zu suchen sein. Bei sehr vielen Mitgliedern wie auch unter den Massen der nicht organisierten Frauen dürften die Kenntnisse über das gesamte öffentliche Leben gleich Null gewesen sein. Diese Feststellung ist kein Vorwurf: die Schulen zogen derart "unweibliche" Lehrgegenstände niemals in den Gesichtskreis der Mädchen, und später dürften Väter und Gatten den in dieser Hinsicht - trotz aller Verhütungsmaßnahmen - mißratenen Töchtern und Gattinnen ans Herz gelegt haben, sie doch nicht zu kompromittieren durch die Beschäftigung mit Dingen, von denen eine Frau nichts verstehe (weil sie eben nichts davon verstehen dürfe). 1884 bemerkte hierzu Theodor Barth in der "Nation":

"Es würde dem Renommee einer jungen Dame ohne Zweifel sehr nachteilig sein, wenn sie bei einer ästhetischen Unterhaltung Richard Wagner zu den Operetten-Komponisten zählen wollte, während es vielleicht nur den Reiz ihrer Unschuld erhöht, wenn sie in der Unterhaltung Eugen Richter zum Führer der Konservativen macht"[47].

---

46) Anm. d. V.: In diesem Sinne ließ sich sogar die Generalversammlung des Allgemeinen deutschen Frauenvereins 1868 im ersten frischen Ansturm zu einer Sympathieerklärung an den in Bern tagenden Kongreß der "Internationalen Friedens- und Freiheitsliga" hinreißen, die zur Errichtung einer europäischen Friedensordnung (Föderation der Völker Europas, "Vereinigte Staaten von Europa") auch die Frauen heranziehen wollte und ihre rechtliche und politische Gleichberechtigung forderte - allerdings nicht zu stürmisch: 1868 nahm der Kongreß den folgenden Antrag von Frau Marie Goegg an, den ein Befürworter wegen seiner Bescheidenheit (!) empfohlen hatte; er lautete:
"Die Unterzeichneten verlangen,
der Kongreß möge anerkennen, daß alle menschlichen Rechte, sowohl die ökonomischen, bürgerlichen, sozialen und politischen, i m P r i n z i p den Frauen zustehen,
und ersuchen den Kongreß, die Forschung nach den geeigneten Mitteln zur Herbeiführung des Tages ins Auge zu fassen, wo die Frauen in die volle Ausübung dieser Rechte eintreten können".
("Neue Bahnen", 3. Jg., 1868, Nr. 23, S. 180 ff.).
47) "Nation", 1. Jg., Nr. 18, 2. 2. 1884, S. 257.

Die Führerinnen der Frauenbewegung waren sich dieser Situation voll bewußt: sie verwiesen immer wieder auf den Zusammenhang zwischen dem politischen Interesse sowie der politischen Aktivität der Engländerinnen und dem Gewicht der Frauenstimmrechtsbewegung im öffentlichen Leben Großbritanniens; nur aus diesem Grunde, so betonte man, schenke auch das Parlament den Frauenstimmrechtspetitionen Beachtung. Nur selten fehlte der Hinweis auf das eifrige Zeitungslesen der Engländerinnen verbunden mit der Mahnung, die deutschen Frauen möchten ein Gleiches tun.

Aber: sowohl die "Neuen Bahnen" als auch der "Frauen-Anwalt" vermieden sorgfältig jeden Vorstoß in eine "politische" Richtung. Man brachte zwar Berichte über politische Vorgänge, über Debatten und Beschlüsse der Parlamente oder anderer Organisationen, aber sie betrafen nur Frauenfragen. Die "große Politik" war tabu.

Als Louise Otto-Peters 1869 einen Vorschlag ablehnte, der offensichtlich eine politische Berichterstattung in den "Neuen Bahnen" anzuregen suchte, verwies sie auf die Gefahr der parteipolitischen Färbung, ohne die es keine "Politik" gebe, hiermit seien keine Leserinnen zu gewinnen, sie würden über derartiges hinwegblättern[48]. - Ferner hätte eine nicht immer vermeidbare parteipolitische Färbung das von Louise Otto-Peters aufgestellte Prinzip der "Neutralität" durchbrochen (vgl. B. II. 2), das Wohlwollen einflußreicher Kreise getrübt oder zerstört, die feindliche Öffentlichkeit noch mehr verärgert, andersdenkende Mitglieder abgeschreckt und die Gewinnung neuer in solchen Kreisen gefährdet. All diese Gesichtspunkte wogen zugunsten der Selbstbeschränkung hinsichtlich des allgemeinen politischen Geschehens, wogen offensichtlich auch schwerer als die hinzutretenden Gefahren,

a) daß gerade die politische Abstinenz der Vereinsorgane das politische Desinteresse der Mitglieder und nahestehender Kreise begünstigte - allen Ermahnungen zum Trotz;

b) daß wegen der mangelnden Kenntnis des gesamten politischen Lebens auch jene bildende Informationsarbeit nur totes Wissen erzeugte - bar jedes aktivierenden Impulses.

Verlief in dieser Weise das Wirken beider Vereinsgruppen auf derselben "Hauptlinie", die ihr Ziel und ihre "Krönung" irgendwann in der Zukunft erreichen sollte, so betrieb der Allgemeine deutsche Frauenverein gleichzeitig auf einer "Nebenlinie" politische Nahzielarbeit.

Ein Gegenstand der Kritik Louise Otto-Peters' war das preußische Vereinsgesetz (§ 8)[49], sie verurteilte es als eine "Entwürdigung des gan-

---

48) "Neue Bahnen", 4. Jg., 1869, Nr. 11, S. 84.

49) § 8 des preußischen Vereinsgesetzes lautete:

"Für Vereine, welche bezwecken, politische Gegenstände in Versammlungen zu erörtern, gelten außer vorstehenden Bestimmungen nachstehende Beschränkungen: Sie dürfen keine Frauenspersonen, Schüler und Lehrlinge als Mitglieder aufnehmen ...

zen weiblichen Geschlechts"[50] und als ein Hemmnis für alle Selbsthilfemaßnahmen und politischen Bildungsversuche der Arbeiterinnen[51]. -
Konkrete Vorstöße gegen das preußische Vereinsgesetz wurden jedoch
nicht unternommen[52].

In den Bemühungen, die Frauen am öffentlichen Leben zu beteiligen, war die Forderung der Verwendung der Frauen im Gemeindedienst (1868, 1869, 1873, 1875 und 1877; vgl. B.III) ein geschickter Ansatzpunkt. Ferner bietet gerade das Vorgehen in dieser Angelegenheit
die Möglichkeit, die politische Vorstellungswelt und die taktischen Überlegungen der Führerinnen an einigen Punkten zu beleuchten.

Hatte Louise Otto-Peters 1869 festgestellt (vgl. oben), daß die Gegenwart einer Frau im Reichstag "den s o z i a l e n Fragen nur nützlich" sein würde, so erwuchs diese beschränkende Spezifizierung aus
ihrem Leitbild von der idealgestalteten politischen Gesellschaft, das sie
1866 noch einmal ihren Lesern darbot - noch einmal, denn es war dasselbe wie 1851!*(Vgl. Kap. A.I. 4) - Der zentrale Gedanke war noch
immer, daß das "Ewig-Weibliche" ("Was dem Weibe von der Gottheit
als Erbe übergeben worden, ...) gerettet und zur Wirksamkeit gebracht
werden müsse gegen den "einseitigen Verstandespotismus" der Männer, "gegen die Übermacht einer entweder kalten oder brutalen Kraft",
"damit es nicht nur die Einzelnen, sondern die ganze Menschheit hinanziehe zu höheren Standpunkten, zum Ziel der Vollendung". - Frauen
und Männer sollten sich hierbei in keinen "widersinnigen Wettkampf ein-
lassen", sondern "in würdiger Vereinigung ... nebeneinander sich beteiligen an der Arbeit des Jahrhunderts".

"Bleibe es immerhin dem männlichen Geschlecht unbenommen, durch
körperliche Kraft und Stärke, wie durch die Schärfe seines Verstandes und
die strengere Logik seines Denkens die Welt zu regieren - aber es lasse das
weibliche Geschlecht gerade um seines Gemütslebens, seiner Empfänglich-

Frauenspersonen, Schüler und Lehrlinge dürfen den Versammlungen und Sitzungen
solcher politischen Vereine nicht beiwohnen".

50) "Neue Bahnen", 3. Jg., 1868, Nr. 6, S. 45.

51) "Neue Bahnen", 10. Jg., Nr. 9, S. 69.

52) Anm. d. V.: Man gewinnt den Eindruck, daß sich der Allgemeine deutsche Frauenverein mit seinem Vorort in Leipzig (im Königreich Sachsen) für Vorstöße im Königreich Preußen nicht für zuständig hielt, das hätten die "preußischen" Mitglieder tun müssen. Aber diese waren offensichtlich zu stark von der vielseitigen Kleinarbeit absorbiert
und standen noch außerhalb der politischen Bewußtseinsbildung. Die Berlinerin Lina Morgenstern, der man einen solchen Vorstoß hätte zutrauen können (ihr Hausfrauenverein petitionierte ja auch in Sachen Dienstboten, vgl. B.I. 3), dürfte ihn aus Vorsicht vermieden
haben, denn es war ein hochpolitischer Gegenstand; und wenn auch einem bürgerlichen
Frauenverein kaum das Schicksal der Auflösung gedroht hätte, man würde sich doch miß-
liebig gemacht haben - und auf das "Wohlwollen" aller regierenden und führenden Kreise
war gerade Lina Morgenstern immer sehr bedacht.

* Qu. 36 ff.

keit für alles Große und Schöne, seiner erregbareren Phantasie und seiner emporstrebenden idealen Richtung willen zur Mitregentschaft zu"[53].*

Diese Ausführungen enthüllen zugleich jene Impulse, die Louise Otto-Peters zur Forderung des "sozialen Wirkens" der Frauen hinleiteten: die den Frauen zugesprochenen ewig-weiblichen Kräfte der Liebe, der Wärme, der Begeisterung, der Hingabe und Opferbereitschaft prädestinierten sie für ein helfendes, pflegendes, emporziehendes Wirken unter allen Bedrückten und Elenden. Diese Arbeit konnte deshalb n u r die Frau vollbringen, nicht der Mann, der sich ihr meist nur aus Pflichtgefühl unterzog. Ferner bot sich hier ein Arbeitsfeld, auf dem die Frau neben denjenigen des Mannes wirken konnte - "in würdiger Vereinigung ... nebeneinander". Daß sich dieses Wirken aufsteigend von den unteren Ebenen in den Gemeinden auch auf den höchsten der politischen Gesellschaft vollziehen sollte, beweist u. a. ihre Bemerkung über die Frau im Reichstag.

Henriette Goldschmidts Forderung, man brauche auch "Mütter" der Gemeinde[54] (vgl. B. III.), unterstrich in konkreter Weise Louise Otto-Peters' Ziele. Soweit die vorliegenden Berichte Auskunft geben, wurde diese Forderung in der Öffentlichkeit stets unter starker Betonung des hier zu leistenden Dienstes der Frau erhoben; die zur Ausübung dieser Pflichten notwendig vorausgehende Erweiterung der kommunalen Rechte der Frau fand kaum Erwähnung; und doch hätte ohne jede Reserve die Zulassung der Frauen zum aktiven und passiven Gemeindewahlrecht gefordert werden müssen, da allgemein (nach den Gemeindeordnungen) nur Personen zu einem Gemeindeamt zugelassen wurden, die wahlberechtigt waren oder die man bereits in den Gemeinderat gewählt hatte. Doch niemandem entschlüpfte offensichtlich das Wörtchen "Wahlrecht"! Man betonte höchstens, daß "Rechte und Pflichten Hand in Hand gehen" müßten[55]. - Die Gründe für diese Sprachregelung dürften identisch sein mit jenen, die den Allgemeinen deutschen Frauenverein bestimmten, in dieser Angelegenheit alle Vorstöße durch Petitionen zu vermeiden, die 1869 Henriette Goldschmidt gefordert hatte[56], nämlich: die zögernde, unsichere, ängstliche Haltung in den eigenen Reihen, der feindliche Widerstand der Umwelt und die absolute Aussichtslosigkeit, in den Parlamenten Gehör zu finden; mit Sicherheit wäre es zu Anfeindungen und Auseinandersetzungen gekommen, wo-

---

53) L. Otto-Peters, Recht-Erwerb, S. 62 f.

54) Anm. d. V.: Sie forderte die Heranziehung der Frauen zur Armen- u. Waisenpflege, zur Aufsicht über Kranken-, Siechen- und Armenhäuser, ferner über Schulen, Kindergärten, Dienstbotenherbergen, Volksküchen und Gefängnisse sowie zur Mitarbeit bei der Sittenpolizei.

55) "Neue Bahnen", 10. Jg., 1875, Nr. 23, S. 181.

56) "Neue Bahnen", 4. Jg., 1869, Nr. 22, S. 174.

* Qu. 558 ff.

mit man dann in der paradoxen Situation gewesen wäre, ein Recht durch
"Kampf" gewinnen zu wollen, das man nur in "ewig-weiblicher" Liebe
und Begeisterung auszuüben gedachte; so erklärte 1875 Henriette Goldschmidt ausdrücklich:

"Das Bewußtsein müsse die deutsche Frau mehr durchdringen, daß sie
nicht nur in der Familie, sondern auch im Gemeinwesen und im Staate der
versöhnende und harmonische, ausgleichende Mittelpunkt sein dürfe"[57].

In den Fesseln dieser Überzeugungen blieb den Frauen nur eine
Möglichkeit: die Umwelt mußte von der Notwendigkeit "der helfenden
Hand der Frau für gewisse Zweige unseres Volkslebens"[58] überzeugt
werden; das überzeugende Argument sollte die Tat sein, nämlich das
gemeinnützige Wirken der Frauenvereine, das Henriette Goldschmidt
1875 als "Vorpostendienst für ihr Wirken im Gemeindeleben" bezeichnete[59]. Die Mitglieder wiederum mußten zu gemeinnützigem Wirken angeregt und über den Gemeindedienst aufgeklärt werden; daß man sich
dieser Aufgabe mit Zielbewußtsein unterzog, beweist die fünfmalige Behandlung dieses Gegenstandes auf den acht Generalversammlungen von
1868-77. - Zieht man ferner das oben aufgeführte Aktionsprinzip in Erwägung, so darf man schließen, daß die Führerinnen des Allgemeinen
deutschen Frauenvereins die Frauen offensichtlich für "reif" genug hielten, um in absehbarer Zeit Pflichten und Rechte im Gemeindedienst treu
und verantwortungsbewußt auszuüben.

Offenbar hatte das oben geschilderte Wirken aber erreicht, daß einige politisch begabte Köpfe unter den Mitgliedern des Allgemeinen
deutschen Frauenvereins darüber nachdachten, warum es mit den Frauenbestrebungen in Deutschland so langsam oder gar nicht vorwärts ging;
vermutlich fiel es ihnen auch auf, daß die Engländerinnen trotz - oder
gerade wegen - der Frauenstimmrechtsbewegung in Bildungs- und Berufsfragen, in der Zulassung zum Kommunalwahlrecht und der ver-
zweigten kommunalen Selbstverwaltung größte Erfolge erzielten. Bei
diesen Frauen fielen auch Hedwig Dohms Argumente* (1873/76) auf
fruchtbaren Boden. Hedwig Dohm stellte die Forderung des Frauenstimmrechts an den Anfang der Frauenbestrebungen, denn nur über diese Forderung und das Frauenstimmrecht selbst seien jene Reformen
zu erreichen, die dem ganzen weiblichen Geschlecht von Nutzen seien,
während die winzigen Abhilfemaßnahmen der Frauenbewegung nur einem
winzigen Kreis und auch diesem nicht durchgreifend helfen könnten. Sie
erklärte:

---

57) "Frauen-Anwalt", 6. Jg., 1875/76, Nr. 9, S. 235.
58) Henriette Goldschmidt, in: "Frauen-Anwalt", 5. Jg., 1874/75, Nr. 8, S. 187.
59) "Neue Bahnen", 10. Jg., 1875, Nr. 23, S. 181.
  * Qu. 227 ff., 535 ff.

"Die Frauen verlangen das Stimmrecht, weil jede Klasse, die am politischen Leben unbeteiligt ist, unterdrückt wird; die Beteiligung am politischen Leben dagegen notwendig im Laufe der Zeit die Gleichheit vor dem Gesetze zur Folge haben muß".* "Erst wenn die Frauen das Stimmrecht erlangt haben, wird ihr Wille, ihr Glück und ihre Meinung in die Waagschale fallen an Stätten, wo man die Geschicke der Klassen und Nationen abwägt. Aus ihrer Macht über die Frauen leiten die Männer ihre Rechte den Frauen gegenüber her. Die Tatsache der Herrschaft ist aber kein Recht. ... Solange es heißt: der Mann will und die Frau soll, leben wir nicht in einem Rechts-, sondern in einem Gewaltstaat. Und solange der Mann unverantwortlicher Gesetzgeber für die Frau ist, werden im wesentlichen die Zustände bleiben, wie sie sind. ...

Die Frauen wollen keine Gnadenbeweise, sie betteln nicht um Privilegien, sie betteln nicht um Wohltaten und Almosen. S i e f o r d e r n G e r e c h -
t i g k e i t "60.**

Hedwig Dohms Ausführungen über den Weg zum Ziel "Frauenstimmrecht" sind knapp, aber sie zeichnete bereits jene Entwicklung, die sich nach mehr als zwei Jahrzehnten (um die Jahrhundertwende) in Deutschland vollziehen sollte. Ausgehend von dem Grundsatz -
"Anspruch ohne Macht bedeutet wenig" -
rief sie die deutschen Frauen auf, "Macht" zu erlangen
"durch die Konzentration aller weiblichen Kräfte, die für die politischen Rechte der Frauen einzutreten bereit sind, durch die Organisation und energische Leitung von Vereinen".

Dieser Appell Hedwig Dohms richtete sich offensichtlich kaum an die bestehenden Organisationen der Frauenbewegung, deren zehnjähriges vorsichtig taktierendes und auf nahe und nächste Ziele gerichtetes Wirken alles andere als politische Kampfkraft verriet; Hedwig Dohm wünschte eindeutig die Gründung von Frauenstimmrechtsvereinen (nach dem Vorbild der englischen und amerikanischen), um jene Frauen zu erreichen,
"die nur durch den Mangel einer Organisation behindert sind, eine agitatorische Tätigkeit zu entfalten und Wort und Tat einzusetzen für die großen Frauenreformen der Zukunft".***

Und doch reagierte die bürgerliche Frauenbewegung: für den Kreis des Lette-Vereins gab Jenny Hirsch 1876 jene oben zitierte Erklärung**** ab, in der das Frauenstimmrecht als letztes Ziel - als "Krönung" - nach der Realisierung anderer Frauenbestrebungen ausgewiesen wurde. Zweideutiger war die Reaktion des Allgemeinen deutschen Frauenvereins. Louise Otto-Peters erlaubte 1876 einem Hamburger Mitglied,

60) H. Dohm, Der Frauen Natur und Recht, 1876, S. 159 ff.
    * Qu. 550   ** Qu. 550   *** Qu. 555   **** Qu. 557

Hedwig Dohms neu erschienenes Buch[61] ausführlich in den "Neuen Bahnen" zu besprechen und zu verkünden:

"... wir wollen schon heute bekennen, daß es Hedwig Dohm gelungen ist, unsere eigenen Ansichten über diesen Punkt bedeutend zu erschüttern; weshalb wir es für geboten erachten, ihre Ansichten einer genauen Prüfung zu unterwerfen. ... Wie viele andere, hielten auch wir die Erlangung dieses Rechts vorderhand für ein überflüssiges, um das es sich kaum lohne, sich zu bemühen, solange noch so viele näher liegende und dringendere Bedürfnisse der Frauen unerledigt seien. Frau Hedwig Dohm weist nach, wie das 'Stimmrecht der Frau' das sicherste Mittel ist, alles andere zu erreichen. ... Wenn wir nun am Anfange unseres Aufsatzes sagten, Hedwig Dohm habe unsere Ansichten über das Frauenstimmrecht wesentlich erschüttert, so wollen wir damit sagen, daß sie uns überzeugt hat, nur indem den Frauen das Mittel wird, an der Gesetzgebung teilzunehmen, können sie hoffen, alle jene Gesetze, welche auf Unterdrückung der Frauen abzielen, abgeschafft zu sehen"[62].*

Auffällig ist ferner, daß diese fortschrittlichen Ausführungen nicht vereinzelt dastehen, sondern daß sich die noch vorliegenden Jahrgänge 1875/76 der "Neuen Bahnen" in mehreren Beiträgen durch ein frischeres, zupackenderes Temperament von den übrigen unterscheiden. Man gewinnt den Eindruck, daß sich ein neues Kraftfeld im Allgemeinen deutschen Frauenverein zu formieren suchte, dessen Trägerinnen vorwärts zu einem Ausbruch drängten. Die Richtung, in die man offenbar vorzustoßen suchte, zeigt ein Artikel, der unmittelbar demjenigen folgte, der die Forderungen Hedwig Dohms bejahte; eine bekannte Mitarbeiterin stellte hier fest,

daß es höchstwahrscheinlich noch nicht an der Zeit sei "zur praktischen Aufnahme des Kampfes für das Frauenstimmrecht ... Es ist aber sicher nicht zu früh, uns über die Sache im Prinzip klar zu werden, ..."[63].**

Wäre man bereit gewesen, dieser Aufforderung zu folgen, so hätte man im Allgemeinen deutschen Frauenverein den Schritt vom Stadium der Information zum Stadium der Meinungsbildung (vgl. oben) vollziehen müssen mit einer systematischeren Aufklärung über die Notwendigkeit des Frauenstimmrechts und einer politischen Bildungsarbeit in den eigenen Reihen. Dieser Schritt erfolgte nicht. Warum? Blicken wir auf die beiden Vorsitzenden des Allgemeinen deutschen Frauenvereins, so könnte man meinen, daß Louise Otto-Peters in wesentlich offenerer Weise als Auguste Schmidt mit der Forderung des Frauenstimmrechts

---

61) "Der Frauen Natur und Recht". Berlin 1876. In: "Neue Bahnen", Nr. 9, S. 65 ff.; Nr. 10, S. 73 ff.

62) Elise Mirus, in: "Neue Bahnen", 11. Jg. 1876; Nr. 9, S. 65 ff., Nr. 10, S. 73 ff.

63) Charlotte Pape, in: "Neue Bahnen", 11. Jg., 1876, Nr. 15, S. 117 ff.

* Qu. 556   ** Qu. 561

in ihrer Berichterstattung umging. Und doch war es Louise Otto-Peters, die 1876 (ebenfalls unmittelbar nach jenem Hedwig Dohm betreffenden Artikel) in einem Rechenschaftsbericht des Allgemeinen deutschen Frauenvereins erklärte:

"Wer sich erinnert, welchen Vorurteilen, welchem Mißtrauen sich der erste deutsche Frauentag entgegenzustemmen hatte und wie bescheiden zugleich die Forderungen waren, wird es nur billigen können, daß in diesen Kreisen immer ängstlich darüber gewacht ward, jeden Schritt und jedes Wort zu vermeiden, welche dem Vorurteil neue Nahrung gegeben hätten"[64].

Sie begrüßte freudig die erzielten Fortschritte in Bildungs- und Erwerbsfragen und die gewandelte Haltung der Presse, die die Berechtigung diesbezüglicher Frauenforderungen nun anerkenne. - Hinsichtlich der Forderungen einer mitbestimmenden und verantwortlichen Teilnahme der Frauen am politischen Leben waren aber die Vorurteile noch absolut nicht abgebaut, weder in der Umwelt noch in den eigenen Reihen. Hohn, Spott und Auseinandersetzungen mit der Umwelt hätte man als sichere Folgen erwarten müssen (wie oben in Sachen des kommunalen Frauenwahlrechts bereits dargestellt). Doch auch die Gefahren in den eigenen Reihen wären groß gewesen. Die aufgeklärten politischen Köpfe unter den Frauen, die schon jahrelang aktiv in der Frauenbewegung wirkten, wären sicher zahlreich genug gewesen, um eine gezielte Aufklärungs- und Agitationsarbeit für das Frauenstimmrecht durchzuführen und allen Angriffen standzuhalten. Die Gefahr lag bei dem ängstlichen Fußvolk, bei Frauen, die zaghaft dem Verein beigetreten waren, weil sie sich gerade in Bildungs- oder Erwerbsfragen zur Erkenntnis notwendiger Reformen durchgerungen hatten; die erste hohnvolle Attacke hätte sie schaudernd den Allgemeinen deutschen Frauenverein fliehen lassen. Die Gewinnung neuer Mitglieder wäre dann eine Unmöglichkeit geworden, denn diese konnte man nur durch wahrhaft "maßvolle" Forderungen zur Mitarbeit in den Reihen der Frauenbewegung und zum Beitritt in einen Verein oder zur Vereinsgründung bewegen. So wurden z. B. in Stuttgart Bedenken laut, man möge eine andere Stadt wählen, als die Generalversammlung 1873 in Stuttgart tagen wollte; die Tagung kam aber zustande, auch ein Frauenverein wurde gegründet. 1875 baten die Frankfurter Mitglieder, die für 1875 in Frankfurt a. M. vereinbarte Generalversammlung an einem anderen Ort stattfinden zu lassen und nicht vor Herbst 1876 in Frankfurt zu tagen. - Die klaffende Lücke zwischen dem Entwicklungsgrad der politischen Köpfe und dem der zaghaften Mitglieder war das größte Hemmnis für die innere politische Weiterentwicklung des Allgemeinen deutschen Frauenvereins. Den Führerinnen war die Rücksichtnahme auf ihre breite vorsichtige Anhängerschaft eindeutig wichtiger als die "politischen" Vorstöße ihrer politischen Köp-

64) "Neue Bahnen", 11. Jg., 1876, Nr. 14, S. 103 ff.

fe in den eigenen Reihen: denn jene Mitglieder waren zahlreicher und leisteten die lokale Kleinarbeit, sie verbreiteten in ihren Kreisen die dominierenden Forderungen zu Bildungs- und Erwerbsfragen, sie widmeten sich einer gemeinnützigen Tätigkeit und bereiteten somit den Boden für weiterreichende politische Ziele vor - aber man durfte sie durch diese Ziele nicht erschrecken. Der äußerste Vorstoß, den man ihnen zumuten konnte, war offensichtlich nach Meinung der Führerinnen die Agitation für eine Zulassung der Frau zu den Gemeindeämtern, d. h. zu denjenigen Obliegenheiten, "die einer Frau angemessen sind sowohl im Familienleben wie in der Gemeinde"[65].

Als sich Louise Otto-Peters (ebenfalls 1876) dagegen aussprach, die Frauenstimmrechtsfrage auf die Tagesordnung der Frauenbewegung zu setzen, verwies sie zur Begründung einerseits auf diese für näherliegende Ziele wirkenden Frauen, die man nicht beirren wolle; "andererseits" geschehe dies, so betonte sie,

"um erst Bildung, Selbständigkeit, Unabhängigkeit unter den Frauen so weit zu fördern, daß sie dann ganz von selbst Mut und Einsicht gewinnen werden, welche erforderlich sind, um auch politische Rechte sich selbst zu erkämpfen und damit zusammenhängende Pflichten in würdiger Weise auszuüben"[66].

Jenes "Sich-selbst-erkämpfen" sollte sich nach Louise Otto-Peters' Anschauungen wohl kaum als Kampf, sondern als organischer Entwicklungsprozeß vollziehen; man vertraute offensichtlich fest darauf (1876):

"daß endlich ganz von selbst ... treu geübte Pflichten auch Rechte und deren Erweiterung bedingen würden" -[67]

mit der "Krone" des Frauenstimmrechts für alle Parlamente am Ende des Weges.

Hedwig Dohm kannte diese Anschauungen sicher genau, als sie 1876 zur Gründung von Frauenstimmrechtsvereinen aufrief. Sie schätzte die politische Situation der Frauen nüchterner ein; ihre Ausführungen zeigen deutlich, daß sie keineswegs an jenen optimistischen Kausalzusammenhang glaubte, wonach den Frauen nach treuer Pflichterfüllung und Bewährung sozusagen als Belohnung politische Rechte zuteil werden sollten. Die Vorgänge im anglo-amerikanischen Raum bewiesen zudem eindeutig, daß die Frauen ohne politische Kämpfe auch ohne politische Rechte bleiben würden. Die von ihr geforderten Frauenstimmrechtsvereine sollten vor allem Kampforganisationen sein, denen einerseits die Aufgabe zufallen sollte, die Frauen aufzuklären, zu mobilisieren und zu organisieren, und die andererseits durch ihren Kampf für das "Großziel" Frauenstimmrecht einen solchen Druck auf die öffentlichen

65) Henriette Goldschmidt, in: "Frauen-Anwalt", 5. Jg., 1874/75, Nr. 8, S. 187.
66) F. Magnus- v. Hausen, op. cit., S. 206.
67) "Neue Bahnen", 11. Jg., 1876, Nr. 14, S. 103 ff.

Gewalten ausüben sollten, daß sich diese bezüglich der "Teilziele" der Frauenbewegung zu Zugeständnissen bereitfinden würden. In dieser Erwartung konnte sie sich auf die Erfahrungen der politisch versierten Engländerinnen stützen, die unverhohlen zugaben, daß die Frauenbewegung ihre Erfolge der Frauenstimmrechtsbewegung verdanke, denn indem die Frauen "alles" forderten, um die von ihnen erstrebten Reformen durchzuführen, hätten sie wenigstens Zugeständnisse bezüglich der Reformen erreicht - z.B. in Bildungs- und Berufsfragen und in der Zulassung zum kommunalen Wahlrecht. - Hedwig Dohm wollte offensichtlich durch diesen Einsatz und diese Kämpfe die Frauen zur Ausübung des Frauenstimmrechts "reif" machen, denn sie glaubte nicht an eine baldige Realisierung dieser Forderung; 1873 meinte sie, daß noch ein halbes Jahrhundert vergehen werde, bis sich das Prinzip der Gerechtigkeit und Humanität verwirkliche. Ihre Prognose:

"Nach Ablauf weniger Jahre werden Amerikanerinnen und Engländerinnen im Besitz des Stimmrechts sein, Russinnen und Italienerinnen werden folgen und mit der Zeit auch die Deutschen"[68].*

Die damals fortschrittlichste deutsche Frauenorganisation, der Allgemeine deutsche Frauenverein, entschied sich jedoch 1876 ausdrücklich für den Weg der "organischen Entwicklung"[69].** Überblickt man den weiteren Verlauf der deutschen politischen Frauenbewegung, so gewinnt man den Eindruck, daß der Allgemeine deutsche Frauenverein mit dieser Zurückhaltung um 1876 die Chance, führende Spitzengruppe der politischen bürgerlichen Frauenbewegung zu werden, vergeben hatte; er führte zwar später das breite Feld der "Gemäßigten", als sich dieses politisch zu orientieren suchte - die Führungsspitze der politischen bürgerlichen Frauenbewegung übernahmen während der 90er Jahre jedoch die "Radikalen".

Jene Zurückhaltung des Allgemeinen deutschen Frauenvereins in Sachen Frauenstimmrecht bewirkte aber zugleich auch, daß sich im politischen Kräftefeld der Abstand zu den Frauenstimmrechtsforderungen der sozialistischen Arbeiterbewegung vergrößerte, die mit ihrer Forderung des Wahlrechtes für alle Staatsangehörigen (1875) noch sehr widerstrebend einen ebenso halbherzigen Beschluß gefaßt hatte, aber dennoch mit einem Fuß aus dem Stadium der Meinungsbildung in das der Beschlußfassung (vgl. oben) übergetreten war, während die Frauen vor dem Schritt zum Stadium der Meinungsbildung zurückschreckten. Sicher war den Frauen diese Tatsache nicht bewußt, und nichts hätte auch politisch interessierten Köpfen ferner gelegen, als sich an den Forderungen der "Commune" zu orientieren oder sie zu unterstützen. Gerade bei vielen politisch aktiven Frauen bestimmte in jener Zeit der wach-

68) H. Dohm, Jesuitismus im Hausstande, S. 214, 224.
69) Auguste Schmidt auf der Generalversammlung 1875. In: "Neue Bahnen", 10. Jg., 1875, Nr. 22, S. 169 f.
* Qu. 236   ** Qu. 560 f.

senden sozialen und politischen Kämpfe die Zugehörigkeit zur bürgerlichen Klasse ihren politischen Standort: sie erkannten sofort den "kulturhistorischen Beruf" der Frau (vgl. B. I. 1), diesem Geschehen gegenüber einen "sittlichen Damm" zu bilden

"als Priesterin des Hauses,

als Erzieherin der Jugend,

als Vertreterin der Sitte,

als Hüterin der höchsten Güter der Menschheit: des ideellen und religiösen Elementes"[70].*

Einhellig verurteilte man 1879 das "weibliche Nihilistentum" in
Rußland[71], dem "Treue und Glauben" nicht mehr als "köstlicher Schmuck"
galten, wie Johanna Friederike Wecker (ein Mitglied des Allgemeinen
deutschen Frauenvereins) im "Frauen-Anwalt" feststellte; und sie rief
den "Frauen Rußlands" zu:

"Ohne Treue und Glauben kein echtes weibliches Gemüt; ... Was immer auch bei Euch im argen liegt, haltet fest am Rechte, in Treue fest, damit der Glaube an Euch nicht verloren gehe"[72]!**

Auf allerhöchsten Befehl durften nun auch Frauenvereine und Frau-
en von den Behörden als "Gehilfen" in der Armenpflege herangezogen
werden - zur "Befestigung der gesellschaftlichen Ordnung"; und auch
liberale Männerkreise dachten während der 80er Jahre darüber nach,
wie "durch die Frau das individuelle Moment des sozialen Klassengegensatzes bewältigt" werden könnte (vgl. B. III.).

Hinsichtlich des Wirkens beider Vereinsgruppen für eine mitbestimmende Teilnahme der Frauen am öffentlichen Leben läßt sich beginnend Ende der 70er Jahre bis zum Ende des hier behandelten Zeitabschnittes (1889) nur noch jene "Hauptlinie" nachweisen, an der man im
altvertrauten Gleichmaß festhielt: Berichterstattung über Vorgänge im
Ausland, ansonsten absolute Zurückhaltung gegenüber dem politischen
Geschehen. -- Die fruchtbare "Nebenlinie" des Allgemeinen deutschen
Frauenvereins war nicht mehr vorhanden; nach Louise Otto-Peters'
Versammlungsberichten trat auch Henriette Goldschmidt nach 1877 auf
den Generalversammlungen nicht mehr für jene breite Verwendung der
Frauen im Gemeindedienst ein. Man gab sich offensichtlich zunächst
zufrieden mit ihrer Heranziehung zur Armenpflege in der Hoffnung auf
eine Erweiterung ihrer kommunalen Aufgaben nach treuer Pflichterfüllung auf diesem Gebiet. Die liberale Männerwelt stärkte diese Hoffnung; Karl Schrader erklärte 1884 in der "Nation",

70) Marie Calm, in: "Frauen-Anwalt", Febr. 1879, S. 47 ff.

71) Auguste Schmidt auf der Generalversammlung 1879; in: L. Otto-Peters, Das erste
Vierteljahrhundert, S. 51.

72) "Frauen-Anwalt", 1879, Nr. 5, S. 145 ff.

* Qu. 565   ** Qu. 567 f.

"daß, wenn sie daran (an der kommunalen Arbeit, d. V.) ihren gebührenden Anteil haben wollen, sie auf den ihnen bereits offen stehenden Gebieten ihre Befähigung auch zu Größerem durch ernste Pflichterfüllung und durch wirkliches Studium derjenigen Dinge, mit welchen sie sich beschäftigen, zu beweisen haben werden"[73].

Pflichten - ernste Pflichterfüllung - Lernen zwecks noch besserer Pflichterfüllung - und Rechte? Als im Kreise um Gertrud Guillaume-Schack in Berlin (Verein zur Vertretung der Arbeiterinneninteressen 1885/86, vgl. B. II. 4) die Forderung des Frauenstimmrechts erhoben wurde, erwiderte Karl Baumbach 1885 sofort in der "Nation":

"... trotz ... Stuart Mill bin ich nicht gewillt, die Gleichberechtigung der Frau von dem privatrechtlichen Gebiet auf dasjenige des öffentlichen Rechts zu übertragen.

Schlimm genug, daß die eiserne Notwendigkeit manche Frau dazu zwingt, aus dem trauten Kreise des Familienglücks heraus- und mit dem Manne in den ernsten Wettkampf der Arbeit ... einzutreten.

Lassen Sie, Verehrteste, im übrigen die Frau in ihrer eigensten Berufssphäre, da, wo der Reichtum eines warmen Gemüts zur Geltung kommt, während sich der kalte Verstand des Mannes draußen abmüht; sei es im Parlament, sei es außerhalb desselben"[74].

1885 - zwanzig Jahre Frauenbewegung - und noch immer: "In der Umwelt nichts Neues".

Die überwältigende Majorität der in beiden Vereinsgruppen organisierten Frauen dürfte eine derart abgeschmackte Zurechtweisung gar nicht zur Kenntnis genommen haben. Obwohl die entsprechenden Jahrgänge 1885/86 der "Neuen Bahnen" fehlen, darf man nach dem Gesamtbericht Louise Otto-Peters' vermuten, daß dieselbe Majorität ebensowenig von Guillaume-Schacks Frauenstimmrechtsforderungen Notiz nahm wie 1880 ff. von ihrem Kampf gegen die Reglementierung der Prostitution im Kulturbund (vgl. B. III). - Den führenden Kräften im Kreise des Lette-Vereins, die prinzipiell eine mitbestimmende Teilnahme der Frau am öffentlichen Leben als "Fernziel" betrachteten, dürfte diese Stagnation in der inneren Entwicklung der Frauenbewegung kein Anlaß zur Besorgnis gewesen sein; sie hatten sich zudem mit Bescheidenheit und Geduld gewappnet - so erklärte 1873 Jenny Hirsch in einer Polemik gegenüber Hedwig Dohm:

"Und kommt es alsdann dahin, daß Frauen wählen und in Parlamenten sitzen - ... so sind es doch die guten, bescheidenen deutschen Frauen, die durch ihre Arbeit und ihre Geduld dieses Ziel erreicht haben"[75].

---

73) "Nation", 1. Jg., 1883/84, Nr. 42, S. 577 ff.

74) "Nation", 2. Jg., 1884/85, Nr. 25, S. 361.

75) "Frauen-Anwalt", 4. Jg., 1873/74, Nr. 8/9, S. 266.

Die Führerinnen des Allgemeinen deutschen Frauenvereins, allen voran Louise Otto-Peters, dürften unter dieser Stagnation und dem niederdrückenden politischen Geschehen gelitten haben. Ihre Bemühungen verlagerten sich zu Beginn der 80er Jahre nochmals auf die Arbeiterinnen (vgl. B. II. 3) und ganz intensiv auf die Reform der höheren Mädchenbildung (mit dem Ziel des Maturitätsexamens) sowie auf die Zulassung der Frauen zum Studium an den bestehenden Universitäten (Medizin, höheres Lehramt; vgl. B. I. 2b-d). - Mit diesem intensiven Einsatz für die höheren Bildungs- und Arbeitsbereiche versuchten sie zugleich, nun auch entschiedener auf dem von ihnen gewählten Weg der "organischen Entwicklung" zum Frauenstimmrecht voranzuschreiten: Bildung sollte den Frauen helfen, die Vorurteile über die Inferiorität des weiblichen Verstandes niederzukämpfen und zu beweisen, daß der weibliche Verstand dem männlichen gleichwertig zur Seite treten könne; Bildung sollte alle weiblichen Anlagen und Fähigkeiten zur vollen Entfaltung und Wirksamkeit bringen, Selbständigkeit und Unabhängigkeit fördern und die Frauen befähigen, übernommene Pflichten treu zu erfüllen, um über eine Erweiterung der Pflichten auch die mit ihnen verbundenen Rechte zu gewinnen.

An dem Ziel der Mitarbeit der Frauen "in der Gemeinde, im Staat, in der ganzen Menschheit" hielten die Führerinnen des Allgemeinen deutschen Frauenvereins unbeirrt fest, voller Hoffnung auf positive Entwicklungen in der Zukunft. So erklärten Louise Otto-Peters und Auguste Schmidt im Geleitwort der "Neuen Bahnen" 1883:

"In unserer Zeit ist es nun doppelt not, nicht zu wanken, nicht still zu stehen oder zum Alten zurückzukehren, wie dies leider auf so vielen Gebieten der weiteren Entwicklung des Humanitätsgedankens versucht wird ...

Wir lassen uns darum nicht beirren und fassen unser Ziel umso fester ins Auge, je mehr manche Freunde so gut wie die Feinde es kürzer stecken oder unsere Blicke davon abwenden möchten".

"Es ist immer so gewesen, daß nur eine kleine Minderzahl in irgendeiner Sache das Zukünftige vorausgesehen hat, so sei es auch uns vergönnt, an eine Zukunft zu glauben, in welcher die Frau das ihren Fähigkeiten entsprechende Arbeitsgebiet und mit ihm das freie Bürgerrecht auf Erden gewinnt"[76].

V. Zwei Jahrzehnte Frauenbewegung - ihre Bedeutung -
- ihre Grenzen

1889, am Ende der hier behandelten Epoche, war es der bürgerlichen Frauenbewegung noch nicht gelungen, ein einflußreicher Faktor

76) "Neue Bahnen", 18. Jg., 1883, Nr. 1, S. 1, 4.

im öffentlichen Leben zu werden; sie hatte jedoch im Laufe der Jahrzehnte dank ihrer "praktischen" Tätigkeit darin Fuß fassen können. Diese erstreckte sich auf die "Arena der Arbeit" (Einrichtungen zur Erwerbsertüchtigung einschließlich der Bemühungen um die Arbeiterinnen) und auf die "gemeinnützige Tätigkeit". Die praktischen Unternehmungen zugunsten der Erwerbstätigkeit der Frauen gingen Hand in Hand mit einer unermüdlichen Aufklärung über die Notwendigkeit der Frauenarbeit und ihre Schwierigkeiten in den eigenen Reihen und in der Öffentlichkeit. Die harten Fakten der wirtschaftlichen und sozialen Verhältnisse sicherten diesem Wirken der Frauenbewegung von Anbeginn einen gewissen Erfolg, da sie der sonst so feindseligen, spröden Umwelt das Gesetz des Handelns aufzwangen und jene prinzipiellen Anschauungen über den "natürlichen", "heiligen Beruf" der Frau in Familie und Haus dahingehend modifizierten, daß man die Erwerbsarbeit vor allem der unverheirateten Töchter als Ausweg aus schwierigen wirtschaftlichen Verhältnissen allgemein akzeptierte, wenn man sich auch noch keineswegs der Auffassung der Frauenbewegung genähert hatte, die die Arbeit als eine Pflicht und Ehre des weiblichen Geschlechts betrachtete. Mit Sicherheit waren es jene harten Fakten und die stets wachsende Zahl der erwerbstätigen Frauen, die die Frauenarbeit zu einem Gegenstand der öffentlichen Diskussion machten; gleichzeitig verstand es aber die Frauenbewegung, sich durch ihre Agitation und vor allem durch ihre "Taten" zu einem "anregenden" Gesprächspartner zu entwickeln. Wenn es ihr hierbei auch nicht gelang, die Frauenarbeit zu einem Gegenstand der öffentlichen Fürsorge zu erheben, so war Ende der 80er Jahre doch weiten Kreisen die Erkenntnis erwachsen, daß etwas für die zur Erwerbsarbeit drängenden und bereits erwerbstätigen Mädchen und Frauen getan werden müsse, daß sie der Förderung und des Schutzes bedürftig seien. - Die Tatsache, daß das auf die "Arena der Arbeit" und gemeinnützige Zwecke konzentrierte Wirken der Frauenorganisationen weite Kreise der Öffentlichkeit und auch die öffentlichen Gewalten beeindruckte, läßt sich ablesen an dem Beschluß allerhöchster Regierungskreise, die Vaterländischen Frauenvereine und damit auch andere Frauenorganisationen oder einzelne Frauen zur Armenpflege heranzuziehen zum Zwecke der "Befestigung der gesellschaftlichen Ordnung" (1880); auch liberale Männerkreise dachten während der 80er Jahre darüber nach, wie durch das Wirken der Frauen "das individuelle Moment des sozialen Klassengegensatzes" bewältigt werden könne. Obgleich man mit diesen Überlegungen und Beschlüssen den ersten Schritt tat, um die Frauen für politische Ziele "nutzbar" zu machen, ohne auch nur die geringste Verbesserung ihrer öffentlich-rechtlichen Stellung in Erwägung zu ziehen, so beweisen sie dennoch, daß man den Frauen etwas zutraute, trotz des Glaubens an die Inferiorität des weiblichen Verstandes.

Es ist nicht uninteressant festzustellen, daß gerade jene praktische Arbeit, die die Öffentlichkeit honorierte, von der Frauenbewegung zwar unter vollem Einsatz ihrer materiellen und geistigen Kräfte geleistet wurde, daß sie aber von den führenden Gruppen und sicher auch von einem großen Teil der Mitglieder des Allgemeinen deutschen Frauenvereins wie auch des Verbandes deutscher Frauenbildungs- und Erwerbsvereine nicht als Zentralpunkt der Frauenbestrebungen betrachtet wurde. Zentralpunkt war eindeutig die Verbesserung der Mädchen- und Frauenbildung, vor allem auf den höheren Bildungs- und Arbeitsbereichen. Bildung galt den Frauen als unabdingbares Mittel, um alle Fähigkeiten und Anlagen der Frauen zur vollen harmonischen Entfaltung und Wirksamkeit zu bringen und sie hierdurch zu befähigen, bestehende Aufgaben und Pflichten besser zu erfüllen, neue Pflichten zu übernehmen und mit ihnen verbundene Rechte zu gewinnen. Der Blick der Frauen richtete sich hierbei auf die höheren Arbeitsbereiche und die familienrechtliche Stellung der Ehefrau und Mutter sowie der unverheirateten großjährigen Tochter; vorsichtiger behandelte man die gleichberechtigte Teilnahme der Frauen im politischen Raum; das Frauenstimmrecht wurde als Fernziel, als "Krönung", betrachtet.

Die Bedeutung dieses Wirkens darf nicht an den kärglichen Erfolgen gemessen werden; wichtig ist, daß diese notwendigen Forderungen durchdacht, formuliert und vertreten wurden gegenüber den eigenen Mitgliedern und der Öffentlichkeit. Die Organisationen der Frauenbewegung gewannen hierdurch inmitten des sich vollziehenden wirtschaftlichen und sozialen Umwandlungsprozesses die Bedeutung eines "geistigen Führungszentrums", eines ordnenden, planenden Mittelpunktes, der Sorge trug, daran zu erinnern, daß sich die "Frauenfrage" nicht in der "Brotfrage" erschöpfe, sondern als "Menschheitsfrage" alle Bereiche des menschlichen Lebens berühre.

Echte Bedeutung erlangten unter dem Druck der wirtschaftlichen und sozialen Verhältnisse jedoch nur die Forderungen bezüglich der höheren Bildungs- und Arbeitsbereiche, und das sowohl in den Frauenorganisationen wie auch in der Öffentlichkeit: die Frauenorganisationen entwickelten im Laufe der beiden Jahrzehnte ihre Bildungskonzeptionen, die Öffentlichkeit war bis zu einem gewissen Grade geneigt, sie zu diskutieren und sich an ihnen zu orientieren - und sei es auch nur, um sie zu verwerfen.

Weniger intensiv war die Aufklärungs- und Agitationsarbeit bezüglich der familienrechtlichen Forderungen in den eigenen Reihen und in der Öffentlichkeit; Erfolg? Die Frauenforderungen wurden überhaupt nicht beachtet. - Hinsichtlich des Frauenstimmrechts vermieden es die Frauenorganisationen sogar, dieses als klare Forderung zu formulieren und in den eigenen Reihen zu vertreten; man leistete zwar eine recht engagierte Informationsarbeit z.B. über die Frauenstimmrechtsbewegung in England und den U. S. A., aber es fehlte ihr schon in den eigenen Reihen der politische meinungsbildende Impuls, ganz zu schweigen von irgendeiner Wirkung auf die Öffentlichkeit.

Das Wirken der Frauenbewegung fand seine schroffsten Grenzen an der feindlichen Haltung der Umwelt, die sich jeder fortschrittlichen Veränderung der weiblichen Lebensnormen widersetzte. - Von Ausnahmen im liberalen und sozialistischen Lager abgesehen, war die vorherrschende Haltung der Männerwelt eine negierende Abwehrstellung; sie baute sich auf aus Egoismen und Vorurteilen, die in dem dogmatischen Glauben wurzelten, daß das Weib zu "dienen" habe - dem Manne, seinen privaten und öffentlichen Interessen - und daß der Mann das Recht habe, die Frau zu zwingen, ihm in diesem Sinne dienstbar, nutzbar zu sein. Da auch nur die Männer regierten, besaßen sie alle Macht über die Frauen, und es hing von ihnen ab, ob dringend notwendige Reformen zugunsten der Frauen durchgeführt wurden oder nicht. - Der weibliche Teil der hemmenden Umwelt verharrte in unerschütterlicher Gleichgültigkeit und Engstirnigkeit, in blindem Gehorsam gegenüber gesellschaftlichen Konventionen und in untertänigem Wohlverhalten gegenüber jenen von der Männerwelt geprägten Lebensnormen für das weibliche Geschlecht. Das Grundprinzip des weiblichen Lebens war "dienen und gehorchen" - im Elternhaus dem Vater, in der Ehe dem Gatten und, wenn die Not dazu zwang, am Arbeitsplatz dem männlichen Vorgesetzten. Die Anzahl der geistig selbständigen Frauen, die diese Untertänigkeit und Abhängigkeit verwarfen, dürfte äußerst gering gewesen sein; größer war vermutlich die Zahl jener, denen die Not die Unhaltbarkeit der bestehenden weiblichen Lebensnormen verdeutlichte.

Dieses Feld mußte 1865/66 ff. von den jungen Organisationen der Frauenbewegung bearbeitet werden. Es leuchtet ein, daß sich die Frauenbewegung deshalb zunächst jener "praktischen" Tätigkeit zuwandte, die Probleme berührte, die auch der Umwelt empfindlich auf den Nägeln brannten. Auf diese Weise konnte die Frauenbewegung nicht nur begrenzt Hilfe bringen, sondern auch neue Mitglieder gewinnen und an anderen Orten neue Frauenorganisationen gründen. Dem Lette-Verein, Berlin, der sich ursprünglich ganz auf Erwerbsfragen konzentrierte, gelang es, unmittelbar nach seiner Konstituierung etwa neun ähnliche Vereinsgründungen in anderen Städten anzuregen und 1869 siebzehn Vereine zum Verband deutscher Frauenbildungs- und Erwerbsvereine zusammenzuschließen;* damit hatte er aber auch sofort die Grenze seiner Expansionsmöglichkeiten erreicht. - Die weitere Ausbreitung der "Frauenbewegung" blieb dem Allgemeinen deutschen Frauenverein überlassen, 1889 dürfte er rd. zwanzig Mitgliedsvereine umfaßt haben.** An diesem Geschehen fällt auf, daß sich die Neugründung der Frauenor-

* Qu. 150   ** Qu. 149

ganisationen kaum je einmal spontan an einem Ort vollzog, sondern eines Anstoßes von außen bedurfte: so wurden neun von sechzehn Lokalvereinen des Allgemeinen deutschen Frauenvereins (1868 bis zu Beginn der 80er Jahre) nach Generalversammlungen gegründet, die zu diesem Zweck stets an einem anderen Ort stattfanden, in dem wiederum einige rührige Einzelmitglieder beheimatet waren, die alle notwendigen Vorbereitungen trafen; andere Vereine konstituierten sich nach Vorträgen der führenden Frauen des Allgemeinen deutschen Frauenvereins.

Wesentlich an diesem Geschehen ist, daß die Frauenbewegung (und es handelt sich hierbei vor allem um die führenden Gruppen im Allgemeinen deutschen Frauenverein) immer wieder in dieselbe kaum veränderte Umwelt vorstoßen mußte, um mit ebenfalls kaum veränderten Argumenten die Umwelt zu überzeugen, wenn sie ihre Pionierarbeit durchführen und sich weiter ausbreiten wollte. Ein weiteres Problem ergab sich aus der Mitgliedschaft dieser "gerade" gewonnenen Frauen: die Frauenorganisationen mußten in ihrem Wirken auf sie Rücksicht nehmen, sie allmählich aufklären und zu neuen Zielen hinführen. Legte die der Ausbreitung dienende Pionierarbeit der Frauenbewegung schon Zügel an in ihrer Öffentlichkeitsarbeit auf den Generalversammlungen, so hemmten jene gerade gewonnenen, noch ganz in koventionellen Vorstellungen befangenen Mitglieder die Weiterentwicklung notwendiger Forderungen in den eigenen Reihen und ihre Vertretung in der Öffentlichkeit. Selbst auf jenem zentralen Gebiet der höheren Mädchen- und Frauenbildung benötigte man rund zwei Jahrzehnte, bis entsprechende Konzeptionen ausgereift waren und man zur Tat schreiten konnte. Politisch heiße Forderungen wie das Frauenstimmrecht mußte man behutsam angehen, am besten tat man jedoch, sie als geheimes Fernziel zu behandeln.

Dieses Vorgehen wurde weiterhin diktiert von der Machtlosigkeit der deutschen Frauen. Zunächst waren sie politisch absolut rechtlos; wollte die Frauenbewegung durchgreifende Hilfsmaßnahmen oder Reformen erreichen, so war sie auf das Wohlwollen, die Geneigtheit und Unterstützung regierender, führender und einflußreicher Kreise angewiesen. Angesichts der dort vorherrschenden feindlichen Haltung, empfahl sich ebenfalls ein äußerst maßvolles, vorsichtiges Vorgehen. - Diese Folgen der politischen Machtlosigkeit wurden vertieft durch die finanzielle Ohnmacht der deutschen Frauenbewegung; sie war so arm wie die deutschen Frauen selbst, deren Vermögen und deren Verdienst aus eigener Hände Arbeit ganz der Verwaltung und Nutznießung des Ehemannes anheimgegeben wurden. Er konnte mit jedem Pfennig ihres Geldes knausern - und entsprechend niedrig, ja armselig, waren die Vereinseinnahmen.

1867 verzeichnete der Allgemeine deutsche Frauenverein eine Einnahme von 281 Talern[77]; 1875 betrug das Vermögen des "blühenden" Frauenbildungsvereins Breslau 998 Taler bei einer Jahreseinnahme von 752 Talern und einer Jahresausgabe von 607 Talern[78]; der von der Kronprinzessin in finanzieller Hinsicht stets geförderte Lette-Verein meldete im Januar 1874 die Höhe der jährlichen Einnahmen durch Beiträge: 1000-1100 Taler[79]; im Geschäftsjahr 1874/75 betrugen seine gesamten Einnahmen (Beiträge, Schulgeld, Spenden): 5 912 Taler, seine Ausgaben: 5 563 Taler[80]; (Zahl der Schülerinnen 1873: 603)[81]; im Geschäftsjahr 1879/80 lautete der Kassenstand;

Bestand:	6. 577, 34 Mark
Einnahmen:	41. 406, 99 Mark
	47. 984, 33 Mark
Ausgaben:	41. 824, 26 Mark
Rest:	6. 160, 07 Mark

(Zahl der Schülerinnen 1879/80: rd. 1 400)[82].
Als der Lette-Verein 1872 den Bau eines Vereinshauses plante, stützte die Kronprinzessin die Spendenaufrufe; Einnahme: 8. 000 Taler (Baukosten: 95. 000 Taler)[83]. 1874 veranstaltete der Lette-Verein mit ihrer Unterstützung zu diesem Zweck nochmals einen "Bazar"; Einnahme: 15. 000 Taler[84]. - Man vergleiche hiermit die Vermögenspolster der Vaterländischen Frauenvereine: 1873: 141. 827 Taler

1875:	78. 075 Taler
1879:	771. 000 Mark
1880:	786. 000 Mark
1881:	974. 864 Mark

und man erkennt sofort, daß die deutsche Frauenbewegung angesichts ihrer Geldarmut auch keine kraftvollen Selbsthilfemaßnahmen gegen den Widerstand der Umwelt durchführen konnte, wie es z. B. die Engländerinnen taten, die mit Hilfe riesiger Spenden höhere Mädchenschulen, Colleges, Women's Hospitals errichteten und viele andere Hilfsmaßnahmen durchführten. Daß jene Armut aber auch zugleich die kraftvolle Vertretung wichtiger Frauenforderungen in der Öffentlichkeit

77) "Neue Bahnen", 3. Jg., 1868, Nr. 22, S. 174.
78) "Neue Bahnen", 10. Jg., 1875, Nr. 6, S. 46.
79) "Frauen-Anwalt", 4. Jg., 1873/74, Nr. 10, S. 292.
80) "Frauen-Anwalt", 6. Jg., 1875/76, Nr. 1, S. 17.
81) "Frauen-Anwalt", 4. Jg., 1873/74, Nr. 10, S. 296.
82) "Frauen-Anwalt", 1880, Nr. 4, S. 121 ff.
83) "Frauen-Anwalt", 4. Jg., 1873/74, Nr. 10, S. 296.
84) "Frauen-Anwalt", 5. Jg., 1874/75, Nr. 1, S. 23.

hemmte, beweist das lange Zögern des Allgemeinen deutschen Frauenvereins, der erst mit seinen Petitionen zum Frauenstudium an die Öffentlichkeit trat, als er durch Spenden[85] in Höhe von 130.000 Mark (1885-88) auch die sichere Basis für ein Vereinsunternehmen gewonnen hatte, das in "Selbsthilfe" Mädchen auf das Abitur und für ein Universitätsstudium vorbereiten sollte.

Weiterhin prägte z.T. auch die rechtliche und materielle Lage der Frauen das Auftreten der Frauenbewegung in der Öffentlichkeit: mußten die Töchter und Gattinnen zu Hause jeden Pfennig, die Erfüllung eines jeden noch so berechtigten Wunsches erbetteln, mußten sie geduldig den Familienpatriarchen überzeugen mit vielen guten Worten und noch besseren Argumenten, so übertrug sich diese Grundhaltung auch auf das Wirken der organisierten Frauen in der Öffentlichkeit, und der Wunsch, das Wohlwollen und die Geneigtheit der führenden und regierenden Kreise geduldig zu gewinnen, entsprach ihrem Wesen tausendmal mehr als ein Pochen auf Rechte und selbstbewußter Kampf. - Übrigens bot die Männerwelt in dieser Hinsicht auch kein leuchtendes Beispiel: statt in den Parlamenten und in der Öffentlichkeit zu kämpfen, zogen es viele Männer vor, das Ohr der jeweiligen Kamarilla zu erreichen, um über sie die allerhöchste Wohlgeneigtheit für ihre Anliegen zu gewinnen. Auch die Damen der Frauenbewegung, abgesehen von Louise Otto-Peters, waren oft nur zu geneigt, bei Majestäten und Hoheiten zu antichambrieren; die Protektion der erlauchten Damen über einen Frauenverein oder auch nur die Hilfe in einer Angelegenheit waren zumeist die Antwort. Mochte diese Unterstützung bei dringenden Aufgaben auch den Frauen willkommen sein, der Stil ihres öffentlichen Wirkens wurde dadurch nicht gefördert und schon gar nicht die Entwicklung weiterreichender Forderungen in den eigenen Reihen, die von den gekrönten Häuptern nicht bejaht wurden.

Weitere Grenzen erwuchsen der Frauenbewegung aus den Überzeugungen und Gefühlen der Frauen selbst. Noch immer glaubte man fest an die "spezifisch weibliche Individualität", die sich in ihrer vollen harmonischen Entfaltung durch "ewig-weibliche" Tugenden auszeichne -

---

85) Anm. d. V.: Jene Spenden eines kinderlosen Ehepaares stehen in der frühen Vereinsgeschichte der bürgerlichen Frauenbewegung einzigartig da. Zum Vergleich sei das Schicksal der Louise-Büchner-Stiftung erwähnt. Nach L. Büchners Tod (1877) beschloß 1878 der Verband deutscher Frauenbildungs- und Erwerbsvereine einen Spendenaufruf für eine Stiftung, durch die der Druck unentgeltlicher oder billiger populär gehaltener Schriften für die Frauen des Volkes finanziert werden sollte; sie sollten die Stellung, Aufgaben und Pflichten der Frauen behandeln, ferner Gesundheitspflege, Hauswirtschaft u.a.m. (In: "Frauen-Anwalt", 1878, Nr.11, S.336).
Im Dez. 1880 meldet der "Frauen-Anwalt" (1880, Nr.12, S.376), daß insgesamt nur 2.162,50 Mark eingegangen seien, die Generalversammlung beschloß deshalb, diese Summe für die Errichtung eines "würdigen Grabdenkmals" zu verwenden.

Liebe, Begeisterung, Hingabe, Opferbereitschaft – und die in einer ganz
bestimmten Weise wirke, nämlich:
"mit den sanften Waffen, die ihr verliehen,
dem mahnenden Worte,
der Macht des Beispiels,
der Würde und Anmut ihres Wesens, ... "[86].

Kämpfe zur Erringung von Reformen oder gar neuen Rechten für
das weibliche Geschlecht waren angesichts dieser Geistes- und Gefühlslage eine absolute Unmöglichkeit und hätten zudem die Frauenbewegung
in die paradoxe Situation gebracht, Rechte durch wenig anmutigen,
unwürdigen und unweiblichen Kampf gewinnen zu wollen, die man nur
mit ewig-weiblichen Tugenden auszuüben gedachte, denn auch im öffentlichen Leben sollte die Frau "der versöhnende und harmonische,
ausgleichende Mittelpunkt" sein[87]; das "Ewig-Weibliche" sollte "in der
Menschheit zur Geltung gebracht werden, damit es nicht nur den einzelnen, sondern die ganze Menschheit hinanziehe zu höheren Standpunkten, zum Ziel der Vollendung"[88].

Aus diesem überhöhten Endziel ergab sich ein weiteres retardie-
rendes Element: blickte man nur auf diese kaum realisierbare Mission,
die die Frauen erfüllen sollten, dann mußte die gleichzeitig leben-
de Frauengeneration wegen mangelnder Fähigkeiten schon ausscheiden;
die kommenden Generationen mußte man erst durch Bildung darauf vorbereiten – aber: sobald man die Erringung neuer Rechte von dem Entwicklungsgrad der Bildung abhängig machte, mußte man sich auf längste
Wartezeiten bezüglich der notwendigen Fortschritte einrichten, denn
Bildungsprozesse vollziehen sich langsam, sie kennen keine Sprünge.
Arbeit und Geduld war deshalb das Motto der Frauen; nicht Kampf für
ein Recht, sondern geduldige Vorbereitung der Frauen für die Ausübung
des erstrebten Rechts und geduldige Überzeugung der Öffentlichkeit von
der Notwendigkeit desselben.

Ferner: schied jeglicher Kampf als ein Mittel zur "Überzeugung"
der Öffentlichkeit aus, dann blieben nur die "sanften Waffen" übrig, und
zu ihren besten zählten die treu geübten Pflichten, die beweisen sollten, daß die Frauen würdig und fähig seien, andere Pflichten und damit
verbundene Rechte zu übernehmen. Arbeit – Leistung – Pflichterfüllung standen immer an erster Stelle, die Forderung eines Rechtes weit
ab an zweiter, wenn ihm nicht ganz die Qualität einer "Belohnung" beigelegt wurde. – Das entscheidende Aktionsprinzip des Allgemeinen deutschen Frauenvereins lautete deshalb:

---

86) Marie Calm, in: "Frauen-Anwalt", Febr. 1879, S. 47 ff.
87) Henriette Goldschmidt, in: "Frauen-Anwalt", 6. Jg., 1875/76, Nr. 9, S. 235.
88) Louise Otto-Peters, Recht-Erwerb, S. 63.

"Die Frau muß erst durch ihre Leistung und ihr ganzes Verhalten die Beweise beibringen, daß sie zur Übernahme dieser oder jener Arbeit, dieser Pflicht oder dieses Rechts geeignet ist ..."[89].

Auffällig an dem Gesamtverhalten und der Gesamtentwicklung der Frauenorganisationen ist ferner, daß beide Vereinsgruppen sich kaum veränderten inmitten einer sich rapid umgestaltenden Gesellschaft; doch gerade hierdurch liefen die Vereine Gefahr zu altern – zusammen mit ihren Führerinnen.

Am Lette-Verein und dem von ihm geführten Verband deutscher Frauenbildungs- und Erwerbsvereine wird dies am stärksten spürbar. Rein äußerlich ist es erkennbar an der stagnierenden Zahl der Verbandsvereine und an dem Ringen um den Bestand des Verbandsorgans, des "Frauen-Anwalts". Die Qualität des Blattes kann ohne Einschränkung als gut bezeichnet werden, aber die Verbandsvereine zögerten, das Blatt zu unterstützen, wie Jenny Hirsch, die Herausgeberin, 1878 auf dem Verbandstag kritisch feststellte[90]. Das entstehende Defizit mußte der Lette-Verein decken; in dieser defizitären Entwicklung dürfte auch der Grund zu suchen sein, weshalb der "Frauen-Anwalt" zunächst 1876 nach sechs Jahrgängen und dann 1881 nach weiteren vier Jahrgängen sein Erscheinen einstellte. Umgekehrt wirft dieses Geschehen nicht gerade ein günstiges Licht auf das Solidaritätsbewußtsein und das innere Engagement der Verbandsvereine und seiner Mitglieder.

Ferner litt der führende Verbandsverein, der Lette-Verein (Berlin), in seiner geistig-ideellen Entwicklung unter der Mitarbeit der Männer; in den Verbandsvereinen dürfte es ähnlich ausgesehen haben: die Männer dominierten im Vorstand und in den Versammlungen, und trotz aller Beteuerungen, daß Männer und Frauen harmonisch kooperierten und einander als Gleichberechtigte ergänzten, enthüllt hin und wieder eine Bemerkung der Männer die wahren Motive ihrer Präsenz; so erklärte u. a. 1878 A. Lammers:

"Sie stellt ihnen (den Frauen, d. V.) jene Vertrautheit mit den Formen und Gebräuchen des öffentlichen Lebens zur Verfügung, die den Männern aus so viel älterer Praxis eigen ist, und sie dient der übrigen Männerwelt als eine Art Bürgschaft, daß es sich in den modernen Frauenvereinen nicht um revolutionäre Attentate auf Herkommen, Recht und Sitte handle, nicht um radikale Himmelstürmerei auf Wolkenleitern, sondern um schrittweise allmähliche Verbesserungen in dem ohne Zweifel ja noch verbesserungsfähigen Erdenlose der Frauen"[91].

Doch man möchte meinen, daß die führenden Frauen dieser Organisation sich dieses Tatbestandes oft nicht bewußt waren; so konnte es geschehen, daß Louise Büchner (als Delegierte des Lette-Vereins und

89) Frances Magnus- v. Hausen, op. cit., S. 206.
90) "Frauen-Anwalt", 1878, Nr. 11, S. 335.
91) "Frauen-Anwalt", 1878, Nr. 8, S. 237.

des ihm angeschlossenen Verbandes) auf der Generalversammlung des Allgemeinen deutschen Frauenvereins 1876 während einer Diskussion über die "Selbsthilfe" erklärte:
"daß die Frauen n u r bei den Männern Hilfe suchen und sie finden würden".

Worauf Louise Otto-Peters erwiderte:
"daß der Allgemeine deutsche Frauenverein auch Männer mit beratender Stimme unter seinen Mitgliedern habe, daß aber die Frauen erst durch Selbsthilfe und eigene Kraft sich ein Recht auf das Verlangen verdienen müßten, daß ihnen geholfen werde"[92].

Es paßt in dieses Bild, daß es Ende der 70er Jahre Männer waren, die im Bereich des Lette-Vereins Gymnasialkurse und die Teilnahme der Frauen an der Armenpflege anregten; man geht wohl auch nicht fehl mit der Vermutung, daß die männlichen Mitglieder Zurückhaltung empfahlen bei Petitionen in Sachen Familienrecht im BGB-Entwurf, ebenso bei Petitionen in Sachen Frauenstudium, als sich 1888/89 der Allgemeine deutsche Frauenverein zu diesem Schritt entschloß, während in Berlin gerade Helene Langes Realkurse eröffnet wurden, die bestenfalls auf die Schweizer Maturität vorbereiteten. Man wünschte "schrittweise allmähliche Verbesserungen ..." - mehr nicht. - Auch Kronprinzessin (Kaiserin) Friedrich dürfte die Arbeit des Lette-Vereins stärker auf praktische Nahziele (wie den Ausbau der Lehrinstitute) als auf die Entwicklung und Ausformung weiterreichenderer Ziele gelenkt haben.

Man gewinnt den Eindruck, daß der Verband deutscher Frauenbildungs- und Erwerbsvereine gegen Ende der 80er Jahre seine Mission erfüllt hatte. Die Probleme auf den höheren Bildungs- und Arbeitsbereichen wurden von anderen Vereinen aufgegriffen, und die Einrichtungen zur Erwerbstüchtigung des weiblichen Geschlechts waren von der Gesellschaft weithin anerkannt und wurden nachgeahmt. Es entstand deshalb keine Lücke in der deutschen Frauenbewegung, als sich der Verband deutscher Frauenbildungs- und Erwerbsvereine nach Gründung des Bundes deutscher Frauenvereine (1894) auflöste; einige seiner Verbandsvereine (nachweisbar 5, unter ihnen der Lette-Verein) traten sofort dem Bund deutscher Frauenvereine bei.

Während der 80er Jahre wurde auch im Allgemeinen deutschen Frauenverein eine gewisse Stagnation spürbar. Es fehlte einerseits an dem Nachwuchs jüngerer Kräfte[93], andererseits wurde es schwierig, neue Vereine zu gründen; nach der Generalversammlung in Lübeck (1881) wurde kein Lokalverein gegründet (erst später um 1885 kam die Gründung zustande); die Generalversammlungen in Düsseldorf (1883),

92) "Neue Bahnen", 11. Jg., 1876, Nr. 21, S. 167.
93) L. Otto-Peters, Das erste Vierteljahrhundert, S. 54.

in Augsburg (1887), in Erfurt (1889) blieben ganz erfolglos; die zwanzigjährige Jubiläumsversammlung (1885) verlegte man sofort nach Leipzig.

Die wenigen vorliegenden Quellen vermitteln ferner den Eindruck, daß das verhüllte politische Engagement ebenfalls schwächer geworden war. Trotzdem fehlte es dem Verein nicht an "innerem Leben" dank der Beharrlichkeit seiner Führerinnen, die man angesichts der jahrzehntelangen Enttäuschungen uneingeschränkt bewundern muß. Man wandte sich (1881, 1883, 1885) nochmals den Problemen der Arbeiterinnen zu und ganz intensiv der höheren Mädchen- und Frauenbildung. Der größte belebende Impuls ging jedoch von den hohen Spenden aus (130.000 M.), die 1885-88 dem Allgemeinen deutschen Frauenverein zuflossen und es ihm erlaubten, endlich zur Tat zu schreiten und zu petitionieren. Blieben die Petitionen auch ohne Erfolg, so förderten sie doch die Beziehungen, die nun zwischen der vierzigjährigen Helene Lange (Berlin) und den greisen Führerinnen in Leipzig geknüpft wurden; dem Allgemeinen deutschen Frauenverein näherte sich hiermit eine der kraftvollsten Frauen der deutschen Frauenbewegung, die jederzeit zur "Ablösung" aufgerufen werden konnte.

Es läßt sich nicht feststellen, ob und inwieweit diese Petitionen in Sachen Frauenstudium auch von dem jungen, aber entschieden auftretenden und äußerst kampfestüchtigen Deutschen Frauenverein Reform (gegr. 1888) angeregt oder beeinflußt wurden, dessen Vorstellungen über die höhere Mädchen- und Frauenbildung weniger von den Plänen des Allgemeinen deutschen Frauenvereins abwichen als von den Wünschen Helene Langes, die gleichzeitig mit dem Allgemeinen deutschen Frauenverein in Verbindung trat. - Es deuten sich hier bereits die Positionen eines Spannungsfeldes an - zwischen dem Allgemeinen deutschen Frauenverein und Helene Lange einerseits und dem Deutschen Frauenverein Reform sowie ihm nahestehender "radikaler" Kreise andererseits - die sich wenige Jahre später zu einem Kampffeld verwandeln und dem Allgemeinen deutschen Frauenverein eine neue Bedeutung als führende "gemäßigte" Kraft geben sollten.

LITERATUR

A. LITERATUR AUS FRAUENKREISEN

I. Des mittleren ("gemäßigten") Flügels der bürgerlichen Frauenbewegung

"Frauen-Zeitung". Hrsg. v. Louise Otto, 3./4. Jg., Gera 1851/52.

"Neue Bahnen". Hrsg. v. Louise Otto-Peters u. Auguste Schmidt, Leipzig, 3./4. Jg., 1868/69; 10./11. Jg., 1875/76; 18./19 Jg., 1883/84; 31.-54. Jg., 1896-1919;

hrsg. nacheinander von: Auguste Schmidt, Elsbeth Krukenberg, Dr. phil. Gertrud Bäumer, Dr. phil. Elisabeth Altmann-Gottheimer:

"Blätter für soziale Arbeit" (Beilage zu den "Neuen Bahnen") hrsg. v. Dr. phil. Elisabeth Altmann-Gottheimer, 4.-7. Jg., Karlsruhe 1912-15.

"Der Frauen-Anwalt". Hrsg. v. Jenny Hirsch, 1.-6. Jg., Berlin 1870/71-1875/76;

"Deutscher Frauen-Anwalt". Hrsg. v. Jenny Hirsch, Berlin 1878-81.

"Die Frau", Monatsschrift für das gesamte Frauenleben unserer Zeit. Hrsg. v. Helene Lange (später zusammen mit Dr. phil. Gertrud Bäumer), 1.-27. Jg., Berlin 1893/94-1919/20.

"Centralblatt des Bundes deutscher Frauenvereine". Hrsg. v. Jeanette Schwerin, 1. Jg., Berlin 1899/1900; hrsg. v. Marie Stritt, 2.-14. Jg., 1900/1901-1912/13;

"Die Frauenfrage", Zentralblatt des Bundes deutscher Frauenvereine. Hrsg. v. Marie Stritt, 15.-22. Jg., Berlin, Leipzig 1913/14-1920;

"Mitteilungen des Rheinisch-Westfälischen Frauenverbandes", "Mitteilungen des Vereins Frauenbildung-Frauenstudium" (Beilagen zum "Centralblatt", 13. Jg., 1911/12 ff.);

"Frau und Staat" (Beilage zum "Centralblatt", 14. Jg., 1912/13 ff.), hrsg. v. Ida Dehmel, 1.-5. Jg., 1912/13-1916.

"Die Staatsbürgerin". Red. Adele Schreiber-Krieger, 3.-8. Jg., Berlin 1914/15-1919 (1./2. Jg.: "Frauenstimmrecht", s.u.).

"Jahrbuch der Frauenbewegung". Hrsg. v. Dr. phil. Elisabeth Altmann-Gottheimer, Leipzig, Berlin 1913, 1914.

"Jahrbuch des Bundes deutscher Frauenvereine". Hrsg. v. Dr. phil. Elisabeth Altmann-Gottheimer, Leipzig, Berlin, 1917, 1918, 1919.

B ä u m e r , Gertrud: Weit hinter den Schützengräben, Aufsätze aus dem Weltkrieg. Jena 1916.

B ä u m e r , Gertrud: Lebensweg durch eine Zeitenwende. 6. Auflage Tübingen 1933.

B ä u m e r , Gertrud: Gestalt und Wandel, Frauenbildnisse. Berlin-Grunewald 1950.

B e r g e r , Adeline: Die zwanzigjährige Arbeiterinnenbewegung Berlins und ihre Ergebnisse. Berlin 1889.

B e r n a u , Anna: Hunger und Liebe in der Frauenbewegung. Minden 1901.

B ü c h n e r , Louise: Die Frauen und ihr Beruf, Ein Buch der weiblichen Erziehung. 3. Auflage Hamm 1860.

Frauenbewegung und Sexualethik, Beiträge zur modernen Ehekritik. Von Ika Freudenberg, Marianne Weber u. a. m. Heilbronn 1909.

Frauenforderungen zur Strafrechtsreform, Kritik und Reformvorschläge, Nach den Beschlüssen der Rechtskommission des Bundes deutscher Frauenvereine zusammengestellt und bearbeitet von Julie Eichholz. Mannheim 1908.

G e r h a r d , Adele; S i m o n , Helene: Mutterschaft und geistige Arbeit. Berlin 1901.

H i r s c h , Jenny: Geschichte der 25jährigen Wirksamkeit (1866-1891) des unter dem Protektorat Ihrer Majestät der Kaiserin und Königin Friedrich stehenden Lette-Vereins zur Förderung höherer Bildung und Erwerbsfähigkeit des weiblichen Geschlechts. Berlin 1891.

J e l l i n e k , Camilla: Frauenforderungen zur Strafrechtsreform. In: Monatsschrift für Kriminalpsychologie, Mai 1908. (Als Sonderdruck: Die Strafrechtsreform und die §§ 218 und 219 des StGB. Heidelberg 1909).

L a n g e , Helene: Die höhere Mädchenschule und ihre Bestimmung, Begleitschrift zu einer Petition an das preußische Unterrichtsministerium und das preußische Abgeordnetenhaus. 2. Auflage Berlin 1888.

L a n g e , Helene: Frauenwahlrecht. In: Cosmopolis, August 1896.

L a n g e , Helene/ B ä u m e r , Gertrud: Handbuch der Frauenbewegung. 5 Bde. Berlin 1901-1906.

L a n g e , Helene: Die Frauenbewegung in ihren modernen Problemen. 1. Auflage Leipzig 1908, 2. Auflage 1914.

L a n g e , Helene: Lebenserinnerungen. Berlin 1921.

L e w a l d , Fanny: Osterbriefe für die Frauen. Berlin 1863.

L e w a l d , Fanny: Gefühltes und Gedachtes. Dresden, Leipzig, Minden 1900.

L y s c h i n s k a , Mary J.: Henriette Schrader-Breymann, Ihr Leben aus Briefen und Tagebüchern. 2 Bde., Berlin 1922.

M a g n u s - v. H a u s e n , Frances: Ziel und Weg in der deutschen Frauenbewegung des XIX. Jahrhunderts. In: Deutscher Staat und Deutsche Parteien, Friedrich Meinecke Festschrift, hrsg. v. Paul Wentzcke, Berlin 1922.

M e y s e n b u g , Malwida von: Memoiren einer Idealistin, Berlin, Leipzig o. J. (1. Auflage 1875).

M i e ß n e r , Elisabeth: Die freie Liebe und die Frauen. Berlin 1900.

O t t o , Louise: Die Teilnahme der weiblichen Welt am Staatsleben. In: Volkstaschenbuch "Vorwärts", 5. Jg., Leipzig 1847, hrsg. v. Robert Blum.

O t t o - P e t e r s , Louise: Das Recht der Frauen auf Erwerb. Hamburg 1866.

O t t o - P e t e r s , Louise: Das erste Vierteljahrhundert des Allgemeinen deutschen Frauenvereins gegründet am 18. Okt. 1865 in Leipzig. Auf Grund der Protokolle mitgeteilt. Leipzig 1890.

Petition des Bundes deutscher Frauenvereine zur Reform des Strafgesetzbuches und der Strafprozeßordnung. Nach den Beschlüssen der Generalversammlung zu Breslau, im Auftrag der Rechtskommission ausgearbeitet von C a m i l l a J e l l i n e k . Mannheim 1909.

Petition und Begleitschrift betr. das "Familienrecht" in dem Entwurf des neuen bürgerlichen Gesetzbuches für das deutsche Reich. S c h r i f t e n d e s B u n d e s d e u t s c h e r F r a u e n v e r e i n e , H. II, Breslau 1896.

Politisches Handbuch für Frauen. Hrsg. v. Allgemeinen deutschen Frauenverein. Leipzig 1909.

S c h m i d t , Auguste; R ö s c h , Hugo: Louise Otto-Peters. Leipzig 1898.

S o d e n , Eugenie von: Das Frauenbuch. 3 Bde. Stuttgart 1913/14.

W e b e r , Marianne: Ehefrau und Mutter in der Rechtsentwicklung. Tübingen 1907.

W e b e r , Marianne: Frauenfragen und Frauengedanken, Gesammelte Aufsätze. Tübingen 1919.

W e b e r , Marianne: Lebenserinnerungen. Bremen 1948.

W e b e r , Mathilde: Ärztinnen für Frauenkrankheiten, eine ethische und sanitäre Notwendigkeit. Tübingen 1888.

W e g e l e , Dora: Malwida von Meysenbug und Theodor Althaus, Ein Beitrag zur Geschichte der vormärzlichen Demokratie. In: Deutscher Staat und Deutsche Parteien, Friedrich Meinecke Festschrift, hrsg. v. Paul Wentzcke. München, Berlin 1922.

W e x , Else: Staatsbürgerliche Arbeit deutscher Frauen. Berlin 1929.

Z a h n - H a r n a c k , Agnes von: Wandlungen des Frauenlebens vom 18. Jahrhundert bis zur Gegenwart. Berlin, Hannover, Frankfurt 1951.

II. Des linken ("radikalen") Flügels der bürgerlichen Frauenbewegung

Schriften des Vereins Frauenwohl. II. 1. 2; Berlin 1891.

"Frauenwohl". Hrsg. v. Minna Gauer, 1./2. Jg., Berlin 1893/94.

"Die Frauenbewegung", Zeitschrift für Foraueninteressen. Hrsg. v. Minna Cauer, 1.-25. Jg., Berlin 1895-1919.

"Beilage zur Frauenbewegung, Parlamentarische Angelegenheiten und Gesetzgebung". Red. Dr. jur. Anita Augspurg, 1900-1906.

"Zeitschrift für Frauenstimmrecht". Hrsg. v. Dr. jur. Anita Augspurg, 1.-6. Jg., Berlin 1907-12.

"Frauenstimmrecht", Monatshefte des Deutschen Verbandes für Frauenstimmrecht. Red. Dr. jur. Anita Augspurg, 1./2. Jg., München 1912/13-1913/14 (3.-8. Jg.: "Die Staatsbürgerin", s.o.).

"Zeitschrift für Frauenstimmrecht, Monatsschrift für die staatsbürgerliche Bildung der Frau". Hrsg. v. Minna Cauer, Berlin 1912-18.

"Mutterschutz, Zeitschrift zur Reform der sexuellen Ethik". Hrsg. v. Dr. phil. Helene Stöcker, 1.-3. Jg., Frankfurt/M. 1905-07.

"Die Neue Generation". Hrsg. v. Dr. phil. Helene Stöcker, 4.-15. Jg., Berlin 1908-19.

"Die Frau im Staat". Hrsg. v. Dr. jur. Anita Augspurg u. Lida Gustava Heymann, 1. Jg., München 1919/20.

Bericht. Internationaler Frauenkongreß - Haag - vom 28. April - 1. Mai 1915. Hrsg. v. Internationalen Frauenkomitee für dauernden Frieden. Amsterdam 1915.

B r é , Ruth: Das Recht auf Mutterschaft, Eine Forderung zur Bekämpfung der Prostitution und der Geschlechtskrankheiten. Leipzig 1903.

D o h m , Hedwig: Was die Pastoren von den Frauen denken. Berlin 1872.

D o h m , Hedwig: Der Jesuitismus im Hausstande. Berlin 1873.

D o h m , Hedwig: Die wissenschaftliche Emanzipation der Frau. Berlin 1874.

D o h m , Hedwig: Der Frauen Natur und Recht. Berlin 1876.

D o h m , Hedwig: Die Antifeministen. Berlin 1902.

D o h m , Hedwig: Die Mütter. Berlin 1903.

D o h m , Hedwig: Erziehung zum Frauenstimmrecht. Berlin 1909.

Ehe? zur Reform der sexuellen Moral von Hedwig Dohm, Anita Augspurg u. a. m. Berlin 1911.

K e t t l e r , J. (d. i. Hedwig): Was wird aus unseren Töchtern? 3. Auflage Weimar 1891.

K e t t l e r , J. (d. i. Hedwig): Was ist Frauenemanzipation? In: Bibliothek der Frauenfrage Nr. 8, 9; Weimar, 1891.

K e t t l e r , J. (d. i. Hedwig): Gleiche Bildung für Mann und Frau. In: Bibliothek der Frauenfrage Nr. 6; Weimar 1891.

K e t t l e r , J. (d. i. Hedwig): Das erste deutsche Mädchengymnasium. In: Bibliothek der Frauenfrage Nr. 19, Weimar 1891.

Zur K r i s e im Bund für Mutterschutz. Hrsg. v. Deutsch, Regine und Sklarek, Francis, o. O. , 1910.

L ü d e r s , Else: Der "linke Flügel". Ein Blatt aus der Geschichte der deutschen Frauenbewegung. Berlin 1904.

L ü d e r s , Else: Ein Leben dem Kampfe um Recht und Freiheit, Minna Cauer zum 70. Geburtstage. Berlin 1911.

S c h r e i b e r - K r i e g e r , Adele: Hedwig Dohm als Vorkämpferin und Vordenkerin neuer Frauenideale. Berlin 1913.

S t ö c k e r , Helene: Krisenmache, Eine Abfertigung. Haag 1910.

S t ö c k e r , Helene: 10 Jahre Mutterschutz. Berlin 1915.

S t r e i t b e r g , Gisela von (d. i. Bülow v. Dennewitz, Gertrud Gräfin): Die Bevölkerungsfrage in weiblicher Beurteilung. (Sammlung: Kultur und Fortschritt), Leipzig 1908-09.

S t r e i t b e r g , Gisela von: Die Beseitigung des keimenden Lebens, § 218 StGB. Oranienburg, Berlin 1910.

III. Des sozialistischen Flügels der deutschen Frauenbewegung

"Die Gleichheit". Red. Clara Zetkin, 1. -29. Jg. , Berlin, Stuttgart 1891-1918/19.

Z e t k i n , Clara: Ein Sammelband zum Gedächtnis der großen Kämpferin. Moskau-Leningrad 1934.

Z e t k i n, Clara. Zu den Anfängen der politischen Frauenbewegung in Deutschland. Hrsg. v. Marx-Engels-Lenin-Institut b. ZK der SED, Berlin 1956.

A d a m s - L e h m a n n, Hope Bridges: Frauenbuch. 2 Bde., 6. Auflage Stuttgart 1897.

B l o s, Anna: Die Frauenfrage im Lichte des Sozialismus. Dresden 1930.

B r a u n, Lily: Die Frauenfrage, ihre geschichtliche Entwicklung und ihre wirtschaftliche Seite. Leipzig 1901.

B r a u n, Lily: Memoiren einer Sozialistin, Lehrjahre, Kampfjahre. 2 Bde., München 1909, 1911.

I h r e r, Emma: Die Organisation der Arbeiterinnen Deutschlands. Berlin 1893.

Z e t k i n, Clara: Leben und Lehren einer Revolutionärin. Verbindende Texte von Anneliese Bauch. Berlin 1949.

IV. Sonstige

B ä u m e r, Gertrud: Die Frau im deutschen Staat. Berlin 1932.

B ä u m e r, Gertrud: Der neue Weg der deutschen Frau. Stuttgart 1946.

Bericht der Bundesregierung über die Situation der Frauen in Beruf, Familie und Gesellschaft. Bonn 1966.

B l u m, Agnes: Die rassenhygienischen Aufgaben des weiblichen Arztes. Berlin 1936.

B r e m m e, Gabriele: Die politische Rolle der Frau in Deutschland. Göttingen 1956.

D a u t h e n d e y, Elisabeth: Vom neuen Weib und seiner Liebe. Berlin 1907.

D a u t h e n d e y, Elisabeth: Hunger. Berlin, Leipzig 1901.

D u e n s i n g, Frieda: Ein Buch der Erinnerung. Berlin 1926.

F i s c h e r - D ü c k e l m a n n: Das Geschlechtsleben des Weibes. Berlin 1912.

F r i e d a n, Betty: The Feminine Mystique. 9. Auflage New York 1966 (1. Auflage 1964). (In Deutsch: Der Weiblichkeitswahn oder die Mystifizierung der Frau. Hamburg 1966).

H a l l g a r t e n, Constanze: Als Pazifistin in Deutschland. Stuttgart 1956.

I n g e, Maria: Der Schrei nach dem Kind. Leipzig 1902.

K e y, Ellen: Essays. Berlin 1901.

238

Key, Ellen: Die Wenigen und die Vielen, Neue Essays. Berlin 1901.
Lexikon der Frau. 2 Bde. Zürich 1953/54.

Lion, Hilde: Zur Soziologie der Frauenbewegung. Berlin 1926.

Magnus- v. Hausen, Frances: Zehn Jahre deutsche Staatsbürgerin. Berlin 1930.

Marholm, Laura: Das Buch der Frauen. Paris, Leipzig 1895.

Marholm, Laura: Zur Psychologie der Frau. Berlin 1897.

Marholm, Laura: Die Frauen in der sozialen Bewegung. Mainz 1900.

Mayreder, Rosa: Zur Kritik der Weiblichkeit. Jena 2. Auflage 1907.

Paulsen, Anna: Aufbruch der Frauen, Ein Beitrag zum Gespräch zwischen Frauendiakonie und Frauenbewegung. Lahr 1964.

Perkins-Stetson, Charlotte: Mann und Frau, Die wirtschaftlichen Beziehungen der Geschlechter als Hauptfaktor der sozialen Entwicklung. Deutsche Übersetzung Marie Stritt. Dresden 1901.

Reichardt-Stromberg, Mathilde: Die Staatsbürgerin. Leipzig 1880.

Sanger, Margareth: Zwangs-Mutterschaft. Übers. v. Rudolf Nutt, Stuttgart, Berlin, Leipzig 1929.

Schirmacher, Käthe: Flammen, Erinnerungen aus meinem Leben. Leipzig 1921.

Strecker, Gabriele: Frausein heute. Weilheim/Obb. 1965.

Troll-Borostyáni, Irma von: Die Gleichstellung der Geschlechter. Hrsg. v. Bayerischen Verein für Frauenstimmrecht, 3. Auflage München 1913.

Weber, Marianne: Max Weber, Ein Lebensbild. Tübingen 1926.

Weber, Marianne: Die Ideale der Geschlechtergemeinschaft. o. O. 1930.

Weber, Marianne: Die Frauen und die Liebe. Königstein, Leipzig 1936.

Weber, Marianne: Erfülltes Leben. Heidelberg 1946.

Wege einer Freundschaft. Briefwechsel Peter Wust - Marianne Weber. Hrsg. v. T. W. Cleve. Heidelberg 1951.

Wolff-Arndt, Philistine: Wir Frauen von einst, Erinnerungen einer Malerin. München 1929.

B. LITERATUR AUS MÄNNERKREISEN

I. Zur Frauenbewegung

"Die Nation", Wochenschrift für Politik, Volkswirtschaft und Literatur. Hrsg. v. Theodor Barth, 1.-24. Jg., Berlin 1883/84-1906/07.

"Die Hilfe". Hrsg. v. Friedrich Naumann, 1.-25. Jg., Berlin 1895-1919.

"Sozialistische Monatshefte". Hrsg. v. Joseph Bloch, Berlin 1908-14, 1916, 1918/19.

Allgemeine Werbeflugschriften der Deutschen Demokratischen Partei. Hrsg. v. Johannes Rathje, Berlin-Zehlendorf 1918.

Flugschriften aus der Deutschen Demokratischen Partei. H. 1-4, Leipzig 1919/20.

Flugschriften der Deutschen Demokratischen Partei. Hrsg. v. Johannes Rathje. Berlin-Zehlendorf 1918.

Albert, Eduard: Die Frauen und das Studium der Medizin. Wien 1895.

Bamberger, Ludwig: Erinnerungen. Hrsg. v. Paul Nathan. Berlin 1899.

Baumgarten, Otto: Politik und Moral. Tübingen 1916.

Baumgarten, Otto: Erziehungsaufgaben des neuen Deutschland. Tübingen 1917.

Baumgarten, Otto: Meine Lebensgeschichte. Tübingen 1929.

Bayer, Hans: Die Frau in der politischen Entscheidung. Stuttgart 1933.

Bebel, August: Die Frau und der Sozialismus. Berlin 1946.

Bebel, August: Aus meinem Leben. 1.-3. Teil, Stuttgart 1910-14.

Bischoff, Theodor L.W. von: Das Studium und die Ausübung der Medizin durch Frauen. München 1872.

Carpenter, Eduard: Wenn die Menschen reif zur Liebe werden. Übers. von Karl Federn. Leipzig 1902.

Cohn, Gustav: Die deutsche Frauenbewegung. Eine Betrachtung über deren Entwicklung und Ziele. Berlin 1896.

Daul, Anton: Die Frauenarbeit oder der Kreis ihrer Erwerbsfähigkeit. Altona 1868.

Duboc, Julius: 50 Jahre Frauenfrage in Deutschland. Geschichte und Kritik. Leipzig 1896.

F e h l i n g, Hermann: Lehrbuch der Frauenkrankheiten. 3. Auflage Stuttgart 1906.

F o r e l, August: Die sexuelle Frage. München 1905.

F r a e n k e l, Ernst: Hygiene des Weibes, Gesundheitslehre für alle Lebensalter. Berlin 1903.

G e r l a c h, Helmut von: Erinnerungen eines Junkers. Berlin 1924.

G r u b e r, Max von: Hygiene des Geschlechtslebens. 1918, a. O.

H e b e r l i n: Der habituelle Schwachsinn des Mannes. Dresden 1903.

H e g a r, Alfred: Der Geschlechtsbetrieb. Stuttgart 1894.

H e r z e n, Alexander: Wissenschaft und Sittlichkeit. Berlin 1897.

H e u ß, Theodor: Friedrich Naumann. Stuttgart, Berlin 1937.

H i p p e l, Theodor Gottlieb von: Über die bürgerliche Verbesserung der Weiber. Berlin 1792.

H i p p e l, Theodor Gottlieb von: Über die Ehe. Leipzig 1911 (Neudruck).

H i r s c h, Max: Fruchtabtreibung und Präventivverkehr in Zusammenhang mit dem Geburtenrückgang. Würzburg 1913.

H i r t, Ludwig: Die gewerbliche Tätigkeit der Frauen vom hygienischen Standpunkt aus. Leipzig, Breslau 1873.

H o l t z e n d o r f f, Franz von: Die Verbesserungen in der gesellschaftlichen und wirtschaftlichen Stellung der Frauen. In: Sammlung gemeinverständlicher wissenschaftlicher Vorträge, hrsg. v. Rudolf Virchow u. Franz von Holtzendorff, II. Serie, H. 40, Berlin 1867; (2. Auflage: Berlin 1877).

K l e n c k e, Hermann: Das Weib als Gattin, Lehrbuch über die physischen, seelischen und sittlichen Pflichten, Rechte und Gesundheitsregeln der deutschen Frau im Eheleben, Eine Körper- und Seelendiätetik des Weibes in der Liebe und Ehe. Leipzig 1872.

K i r c h h o f f, Arthur: Die akademische Frau. Berlin 1897.

K r o n f e l d, M.: Die Frauen und die Medizin, Professor Albert zur Antwort, zugleich eine Darstellung der ganzen Frage. Wien 1895.

L a n g e m a n n, Ludwig: Der deutsche Bund zur Bekämpfung der Frauenemanzipation, Seine Aufgaben und seine Arbeit. Berlin 1913.

M i l l, John Stuart: On the Subjection of Women. London 1869.

M ö b i u s, Paul Julius: Über den physiologischen Schwachsinn des Weibes. Halle 1900.

Müller, Moritz: Aphorismen zur Frauenfrage. Pforzheim 1873.

Nathusius, Philipp von: Zur "Frauenfrage". Halle 1871.

Naumann, Friedrich: Neudeutsche Wirtschaftspolitik. Berlin-Schöneberg 1902.

Naumann, Friedrich: Die Frau im Maschinenzeitalter. München 1903.

Naumann, Friedrich: Das blaue Buch von Vaterland und Freiheit. Königstein, Leipzig 1913.

Richter, Karl Thomas: Das Recht der Frauen auf Arbeit und die Organisation der Frauenarbeit. 2. Auflage Wien 1869.

Runge, May: Das Weib in seiner Geschlechtsindividualität. Berlin 1896.

Pieck, Wilhelm: Clara Zetkin, Leben und Kampf, 1857-1933. Berlin 1948.

Pierstorff, Julius: Frauenbewegung und Frauenfrage. Göttingen 1879.

Pierstorff, Julius: Frauenarbeit und Frauenfrage. Jena 1900.

Prittwitz, Moritz von: Die Frauenwirtschaft. Berlin 1863.

Rosenthal, Max: Mutterschutz und Sexualreform. Breslau 1912.

Schmoller, Gustav: Grundriß der allgemeinen Volkswirtschaftslehre. Leipzig 1901.

Schriften des Vereins für Sozialpolitik. München, Berlin 1932.

Simon, Jules: Die Arbeiterin. Übers. v. F. Meßler, Zürich 1862.

Stein, Lorenz von: Die Frau auf dem Gebiete der Nationalökonomie. Stuttgart 1876.

Stein, Lorenz von: Die Frau auf dem socialen Gebiete. Stuttgart 1880.

Sybel, Heinrich von: Über die Emanzipation der Frauen. Bonn 1870.

Thönnessen, Werner: Die Frauenemanzipation in Politik und Literatur der deutschen Sozialdemokratie (1863-1933). Diss. Gelnhausen 1959.

Traub, Gottfried: Ethik und Kapitalismus. 2. Auflage 1909.

Treitschke, Heinrich von: Politik, Vorlesungen gehalten an der Universität zu Berlin. Hrsg. v. Max Cornicelius, 2 Bde., Leipzig 1897/98.

Treitschke, Heinrich von: Aufsätze, Reden und Briefe. Hrsg. v. Karl Martin Schiller, Meersburg 1929 (2 Bde.).

Wenck, Martin: Geschichte des National-Sozialen Vereins. Berlin-Schöneberg 1905.

W i n t e r f e l d , Achim von: Auswahl aus: Th. G. v. Hippel, "Über die bürgerliche Verbesserung der Weiber". In: Kultur und Fortschritt Nr. 219-20. Leipzig 1909.

W o l f f , Karl: Katechismus der Frauenbewegung. Leipzig 1905.

W u t t k e , Robert: Die erwerbstätigen Frauen im Deutschen Reiche. In: Jahrbuch der Gehe-Stiftung zu Dresden, Bd. 2, Dresden 1897.

W y c h g r a m , Joseph: H a n d b u c h des höheren Mädchenschulwesens. Leipzig 1897.

Z i e g l e r , Theobald: Die geistigen und sozialen Strömungen des 19. Jahrhunderts. Berlin 1899.

Z i e g l e r , Theobald: Die soziale Frage eine sittliche Frage. 6. Auflage Stuttgart 1899.

II. Sonstige

B a r t h , Theodor: Neue Aufgaben des Liberalismus. Berlin-Schöneberg 1904.

B e r g s t r ä s s e r , Ludwig: Geschichte der politischen Parteien in Deutschland. München 1955.

B o e s e , Franz: Geschichte des Vereins für Sozialpolitik 1872-1932. Berlin 1939.

B r a n d e n b u r g , Erich: 50 Jahre nationalliberale Partei 1867-1917. Berlin 1917.

B r e n t a n o , Lujo: Mein Leben im Kampf um die soziale Entwicklung Deutschlands. Jena 1930.

B u ß m a n n , W. : Zur Geschichte des deutschen Liberalismus im 19. Jahrhundert. In: Historische Zeitschrift, Bd. 186, 1958.

Demokratische Studien, unter Mitwirkung von Ludwig Bamberger hrsg. v. L. Walesrode. 2 Bde. , Hamburg 1860/61.

Deutscher Liberalismus im Zeitalter Bismarcks, Eine politische Briefsammlung 1859-1870. Hrsg. v. Julius Heyderhoff u. Paul Wentzcke, 2 Bde. , Bonn, Leipzig 1925/26.

D u n c k e r , Max: Abhandlungen aus der neueren Geschichte. Leipzig 1887.

E r d m a n n , Gerhard: Die Entwicklung der deutschen Sozialgesetzgebung. Göttingen, Berlin, 2. Auflage Frankfurt 1957.

E y c k , Erich: Der Vereinstag deutscher Arbeitervereine 1863-68. Diss. Berlin 1904.

F e d e r i c i , F. : Der deutsche Liberalismus, Die Entwicklung einer politischen Idee von I. Kant bis Th. Mann. Zürich 1946.

Festschrift zum 70. Geburtstag von Ludwig Bergsträsser, Aus Geschichte und Politik. Hrsg. v. Alfred Herrmann, Düsseldorf 1954.

F r a n k , Ludwig: Die bürgerlichen Parteien des deutschen Reichstages. Kleine Bibliothek Nr. 13, Stuttgart 1911.

F r e e s e , Heinrich: Die konstitutionelle Fabrik. Jena 1909.

G a g e l , Walter: Die Wahlrechtsfrage in der Geschichte der deutschen liberalen Parteien. Düsseldorf 1958.

G l e i c h a u f , W. : Geschichte des Verbandes der deutschen Gewerkvereine. Berlin 1907.

G r o t e w o l d , Chr. : Die Parteien des deutschen Reichstages. Leipzig 1908.

G r o t h , Otto: Die Zeitung. 2 Bde. , Mannheim, Leipzig, Berlin 1929.

H a r t m a n n , Gustav: 50 Jahre deutsche Gewerkvereine 1868-1918. Jena 1918.

H e y d t e , von der Sacherl: Soziologie der deutschen Parteien. München 1955.

Jahrbuch Statistik amtliche - des Preußischen Staates. Berlin 1863.

K ä h l e r , Siegfried: Stöckers Versuch, eine christliche Arbeiterpartei in Berlin zu gründen (1878). In: Deutscher Staat und Deutsche Parteien. Friedrich Meinecke Festschrift, hrsg. v. Paul Wentzcke, München, Berlin 1922.

K l e i n - H a t t i n g e n , Oskar: Geschichte des deutschen Liberalismus. 2 Bde. , Berlin-Schöneberg 1911/12.

L a m p r e c h t , Karl: Deutsche Geschichte. Ergänzungsbände I, II 1, 2; Berlin 1902-04.

L a s k e r , Eduard: Wege und Ziele der Kulturentwicklung. Leipzig 1881.

N a u m a n n , Friedrich: Demokratie und Kaisertum. 4. Auflage Berlin-Schöneberg 1905.

N a u m a n n , Friedrich: Die Politik der Gegenwart. Berlin-Schöneberg 1905.

N a u m a n n , Friedrich: Die politischen Parteien, Berlin-Schöneberg 1910.

N a u m a n n , Friedrich: Freiheitskämpfe. Berlin-Schöneberg 1911.

N a u m a n n , Friedrich: Mitteleuropa. Berlin-Schöneberg 1915.

N a u m a n n , Friedrich: Gestalten und Gestalter. Berlin, Leipzig 1919.

N i p p e r d e y , Th. : Die Organisation der bürgerlichen Parteien in Deutschland vor 1918. In: Historische Zeitschrift, Bd. 185, 1958.

O n c k e n , Hermann: Rudolph von Bennigson, Ein deutscher Politiker. 2 Bde., Stuttgart, Leipzig 1910.

P a r i s i u s , Ludolf: Leopold Freiherr von Hoverbeck. 2 Bde., Berlin 1898/ 1900.

P h i l i p p s o n , Martin: Max von Forckenbeck, Ein Lebensbild. Dresden, Leipzig 1898.

P r e l l e r , Ludwig: Von den tragenden Ideen der ersten deutschen Sozialpolitik. In: Festschrift Ludwig Bergsträsser. Hrsg. v. Alfred Herrmann, Düsseldorf 1954.

R i c h t e r , Eugen: Die Irrlehren der Sozialdemokratie. Berlin 1890.

R i c h t e r , Eugen: Sozialdemokratische Zukunftsbilder. Berlin 1891.

R o s e n b e r g , Hans: R. Haym und die Anfänge des klassischen Liberalismus. In: Historische Zeitschrift 1933.

R o t h , Paul: Die Programme der politischen Parteien und die politische Tagespresse in Deutschland. Halle 1913.

S a l o m o n , Felix: Die deutschen Parteiprogramme. H. 1 u. 2, Leipzig, Berlin 1907.

S c h i e d e r , Theodor: Das Verhältnis von politischer und gesellschaftlicher Verfassung und die Krise des bürgerlichen Liberalismus. In: Historische Zeitschrift, Bd. 177, 1954.

S c h i e d e r , Theodor: Die Theorie der Partei im älteren deutschen Liberalismus. In: Festschrift Ludwig Bergsträsser, hrsg. v. Alfred Herrmann, Düsseldorf 1954.

S c h i e d e r , Theodor: Staat und Gesellschaft im Wandel unserer Zeit. München 1958.

S c h m o l l e r , Gustav: Die sociale Frage und der preußische Staat: In Preußische Jahrbücher, 33. Bd., 1874.

S e l l , Friedrich C. : Die Tragödie des deutschen Liberalismus. Stuttgart 1953.

S o m b a r t , Werner: Sozialismus und soziale Bewegung im 19. Jahrhundert. 4. Auflage Jena 1901.

S o m b a r t , Werner: Der proletarische Sozialismus. 2 Bde., Jena 1924.

S o m b a r t , Werner: Luxus und Kapitalismus. München, Leipzig 1913.

S o m b a r t , Werner: Krieg und Kapitalismus. München, Leipzig 1913.

S t i l l i c h , Oscar: Die politischen Parteien in Deutschland. II. Bde. Der Liberalismus. Leipzig 1911.

S y b e l , Heinrich von: Die Begründung des deutschen Reiches. 3 Bde., Leipzig 1930.

W e b e r , Max: Grundriß der Oekonomie, III. Abt. Wirtschaft und Gesellschaft. Tübingen 1922.

T r e i t s c h k e , Heinrich von: Deutsche Geschichte im 19. Jahrhundert. Bd. 5 Leipzig 1894.

T r e i t s c h k e , Heinrich von: Reden im deutschen Reichstag 1871-84. Hrsg. v. Otto Mittelstädt. Leipzig 1896.

T r e i t s c h k e , Heinrich von: Historische und politische Aufsätze, Bd. 3, 6. Auflage Leipzig 1903.

W e n c k , Martin: Die Geschichte und Ziele der deutschen Sozialpolitik. Leipzig 1908.

W e s t p h a l , Otto: Welt- und Staatsauffassung des deutschen Liberalismus, Eine Untersuchung über die Preußischen Jahrbücher und den konstitutionellen Liberalismus in Deutschland. München, Berlin 1919.

W i e s e , Leopold von: System der Allgemeinen Soziologie. 2. Auflage München 1933.

W i l d e m a n n , Rudolf: Partei und Fraktion. In: Parteien, Fraktionen und Regierungen; Schriftenreihe der Vereinigung für die Wissenschaft von der Politik; Bd. II, Meisenheim 1954.

C. BIBLIOGRAPHISCHE LITERATUR

Die Frauenfrage in Deutschland, Strömungen und Gegenströmungen 1790-1930, Sachlich geordnete und erläuterte Quellenkunde. Hrsg. v. Hans Sveistrup u. Agnes von Zahn-Harnack. 2. Auflage Tübingen 1961.

Die Frauenfrage in Deutschland, 1931-1950. Hrsg. v. Akademikerinnenbund. 2. Auflage Berlin 1964.

Die Frauenfrage in Deutschland, 1951-1960. Hrsg. v. Akademikerinnenbund. Köln 1961.

B e r g s t r ä s s e r , Ludwig: Die Entstehung und Entwicklung der Parteikorrespondenzen. In: Die Zeitungswissenschaft, Berlin 1933.

Die Deutsche Presse, Zeitungen und Zeitschriften. Hrsg. v. Institut für Publizistik an der Freien Universität Berlin, 1954.

Handbuch der Deutschen Tagespresse. 20. Auflage 1951.

D u b o c , Julius: Die politische Tagespresse in Deutschland. In: Im Neuen Reich. Leipzig 1872.

K i r c h n e r , Joachim: Das deutsche Zeitschriftenwesen, Vom Wiener Kongreß bis zum Ausgang des 19. Jahrhunderts, Wiesbaden 1962.

Die Parteien, Urkunden und Bibliographie der Parteienkunde. In: Beihefte zur Zeitschrift für Politik, hrsg. v. Richard Schmitz u. Adolf Grabowsky, Bd. 1-3, Leipzig 1912.

S c h o t t e n l o h e r , Karl: Flugblatt und Zeitung, Ein Wegweiser durch das gedruckte Tagesschrifttum. Berlin 1922.